THE NAKAZ OF CATHERINE THE GREAT

The Vinogradoff Institute
Dickinson School of Law
Pennsylvania State University

THE
NAKAZ
OF CATHERINE THE GREAT

Collected Texts

Edited by

William E. Butler
John Edward Fowler Distinguished Professor of Law,
Pennsylvania State University
Academician, National Academy of Sciences of Ukraine and
Russian Academy of Natural Sciences

Vladimir A. Tomsinov
Head of the Chair of the History of State and Law,
Moscow Lomonosov State University

THE LAWBOOK EXCHANGE
Clark, New Jersey

ISBN 9781584779926 (hardcover)
ISBN 9781616191085 (paperback)

Translation Copyright © 2009 Paul Dukes of Chapters 21 and 22 of the Macartney/Dukes English text of the Nakaz.

Preface and Introduction Copyright © 2009 by William Elliott Butler and Vladimir Alekseevich Tomsinov

Bibliography Copyright © 2009 by William Elliott Butler

Photograph © The State Hermitage Museum.
Photo by Vladimir Terebenin, Leonard Kheifets, Yuir Molodkovets

Lawbook Exchange edition 2010

The Lawbook Exchange, Ltd.
33 Terminal Avenue
Clark, New Jersey 07066-1321

Please see our website for a selection of our other publications and fine facsimile reprints of classic works of legal history:
www.lawbookexchange.com

Library of Congress Cataloging-in-Publication Data

Nakaz of Catherine the Great : collected texts / edited by William E. Butler, Vladimir A. Tomsinov.
   p. cm.
  Includes bibliographical references.
  Text in English, Russian, Latin, French, and German.
  ISBN 978-1-58477-992-6 (hardcover : alk. paper) -- ISBN 978-1-61619-108-5 (pbk. : alk. paper)
  1. Law reform--Russia--History--Sources. 2. Law--Russia--Codification--History--Sources. 3. Law--Russia--History--Sources. 4. Russia. Sovereign (1762-1796 : Catherine II). Nakaz Kommissii o sochinenii proekta novogo ulozheniia. I. Butler, William Elliott, 1939- II. Tomsinov, V. A. (Vladimir Alekseevich) III. Russia. Sovereign (1762-1796 : Catherine II) IV. Russia. Komissiia o sochinenii proekta novogo ulozheniia, 1767. V. Russia. Sovereign (1762-1796 : Catherine II). Nakaz Kommissii o sochinenii proekta novogo ulozheniia.
  KLA470.N35 2010
  340.5--dc22   2010041932

Printed in the United States of America on acid-free paper.

Contents

Preface	vii
The Nakaz of Empress Catherine the Great (1729-1796): Biographical and Textual Notes	
- William E. Butler and Vladimir A. Tomsinov	11

Texts of the Nakaz

Russian text:
Наказ. Данные Комиссии о сочинении проекта
нового Уложения   27

French text:
Instruction de Sa Majesté Impériale Catherine II. pour la
Commission chargée de dresser le projet d'un nouveau
Code de loix   111

Latin text:
Instructio Coetui ad condendam ideam noui legum Codicis
  Conuocato, plenaque ad id donato potestate   187

German text:
Instruction für die zu Verfertigung des Entwurfs zu dem
  neuen Gesetzbuche verordnete Comission   269

English texts:
English Translations of Catherine's Nakaz
  - William E. Butler   361

The Grand Instructions to the Commissioners, appointed to frame a new Code of Laws for the Russian Empire.
Composed by Her Imperial Majesty Catherine II, Empress of all the Russias
[The Tatischeff Text]   363

The Grand Instructions to the Commissioners, appointed to frame a new Code of Laws for the Russian Empire.
Composed by Her Imperial Majesty Catherine II
[The Macartney/Dukes Text]   445

Bibliography

Printed Editions of Catherine's Nakaz: A Bibliography
  - William E. Butler   521

Preface

This edition of the Catherine's Nakaz replicates a version published in Moscow (2008) in the Russian language by the present authors with a different introduction and further emendations to the bibliography and introductory materials. Just as the Russian edition was the first of its kind, so too is this version the first to make available to a western audience the Russian, Latin, French, German, and two English-language texts of the Nakaz under the same two covers.

The concept and practice of multi-lingual editions of the Nakaz was introduced by Catherine II herself in most magnificent fashion. In 1770 the masterpiece of all printed editions of the Nakaz was published at St. Petersburg in four parallel texts containing the Russian, Latin, German, and French versions. Four title pages, one in each language, followed one after the other. The first and last pages of the texts were embellished with fine allegorical engravings by Christopher Melhior Roth (d. 1798), who had come in 1768 to St. Petersburg from Nuremburg at the invitation of the Russian Academy of Sciences. The engravings were after drawings by Jacob Stählin (1709-1785), also known as Jakob von Staehlin, a native of the Swabian town of Memmingen who ventured to Russia in 1735 and made a reputation as a poet, lecturer on history, literature, and rhetoric, editor of the *Sankt-Petersburger Zeitung*, tutor to Peter III, and author of essays and articles. From 1738 he was responsible for the Chamber of Engravings of the Academy of Sciences and in 1757 appointed Director of the Academy of Arts. To an English readership Stählin is well-known for his *An Account of the New Northern Archipelgao Lately Discovered by the Russians in the Seas of Kamtschatka and Anadir* (London,

1774) and *Original Anecdotes of Peter the Great* (London, 1788), both translated from the German.[1]

The German language version was printed in a Gothic typeface and for the purposes of this edition has been transcribed into a modern typeface by Professor Tomsinov. Although we reproduce the German text from the 1770 edition, it is not the only German translation in existence. Johann Joseph Haigold, the *nom de plume* of August Ludwig von Schlözer (1735-1809), prepared a different version for publication at Riga, Latvia. In the Preface to the Riga edition Haigold (Schlözer) wrote: "I knew, moreover, that the German translation placed on the page printed in Moscow of the document together with the Russian text is not authentic: therefore I thought to make a new translation, and it has proved to be more pure, literal, and accurate".[2] Yet another German translation was published in 1769 at Frankfurt.

Catherine II, of course, composed the original text of the Nakaz in the French language primarily and partly in Russian. Both the French and Russian versions may therefore be considered to be original texts of the Nakaz and were so officially gazetted in parallel texts in the Полное собрание законов Российской Империи [Complete Collected Laws of the Russian Empire] in 1830, vol. 18, No. 12949, pp. 192-280.[3] Chechulin determined in his 1907 study that G.V. Kozitskii had translated Catherine's French text into the Russian language and that Catherine had edited his translation insofar as she had not herself composed in Russian.

---

1. "... a professor of eloquence and poetry ... wrote poetry in German and created allegorical pictures, illuminations, and fireworks at state and royal occasions". A. Woronzoff-Dashkoff, *Dashkova: A Life of Influence and Exile* (2008), p. 161.
2. See "Vorerinnerung", to the 1768 Riga edition. He had in view by the "Moscow page" the 1767 bilingual Russian/German edition published at Moscow.
3. One may speculate why this was done and, indeed, argue that the inclusion of the Nakaz in the Polnoe Sobranie zakonov introduced the Nakaz into effect, although that argument was never made by Russian jurists. Dixon refers to the "somewhat incongruous place" of the Nakaz in the first series of the Polnoe so-

The Latin version, one must assume, was pure vanity. In the seventeenth century and earlier there would have been a place or market in Europe for a Latin version, but by the 1770s that had long since mostly disappeared. Perhaps the Latin version was intended to reinforce Catherine's pretension to be seen as the Russian Justinian and reaffirm the link between Catherinian Russia and the Byzantine Roman Empire in matters of lawgiving.

The two English-language versions reproduced below are contemporary to the Nakaz, one produced by a Russian in London and published there and the second produced by either George Macartney (unlikely) or an Englishman closely associated with his Embassy (probable, but unidentified) and not published until Professor Paul Dukes did so in 1977. Professor Dukes translated Chapters 21 and 22 himself, as these were not in existence at the time the Macartney version was prepared. A comparison will readily demonstrate that the Tatishchev and Macartney/Dukes translations are quite different and all the more interesting for being so.

There are several variants of the French version, although we have preferred that version by the Empress herself. The French text published at Yverdon in 1769 claims on the title page to have been "translated from the German".

As the Bibliography at the end of this volume shows, what originated as a set of Instructions to deputies summoned in assembly transmuted into one of the major documents of the European Enlightenment and secured for its authoress the encomium "the Great". The simple fact of its translation into the leading European tongues from the very outset suggested that it was intended by Catherine not merely as a fulcrum for domestic discussions about possible internal reforms, but

---

branie. See S. Dixon, "The Posthumous Reputation of Catherine II in Russia 1797-1837", *Slavonic and East European Review*, LXXVII (1999), p. 670.

as an act of Imperial creation and provenance for consideration throughout the civilized world.

Whether the Empress so intended or not when encouraging the dissemination of her work throughout Europe, the foreign language versions establish another dimension of her contribution. Having composed the original mostly in French and then become involved in reviewing the Russian language version produced by Kozitskii, she was well aware that often the Russian language lacked appropriate words or terminology for the ideas she had expressed in French (and *vice versa*).

Professor de Madariaga has drawn attention to the importance of comparing the various texts of the Nakaz:

> However rich the language in ordinary speech, Russian had not yet evolved a precise terminology for the language of politics. One has only to compare the various translations of Catherine's Instruction into other languages, and note the difficulties faced by translators in finding exact equivalents ... These semantic difficulties acquire particular importance for two reasons: first, the interpretation of Catherine's political 'doctrine' has hinged a great deal on her use of words; secondly, because she borrowed so widely from other writers it is essential to understand precisely what she thought she was borrowing.[4]

It is our hope that the availability of these versions simultaneously in a single volume, each version quite uncommon in the antiquarian book market, will elevate Catherinian studies to new horizons.

Transliteration of Russian words follows the simplified Library of Congress system.

The Russian language version of the Nakaz has been converted into modern script. The eighteenth-century English-language Tatishchev version follows the original spelling.

William E. Butler
Vladimir A. Tomsinov
July 2010

---

4. See I. de Madariaga, *Russia in the Age of Catherine the Great* (1981), p. 152.

The Nakaz of Empress Catherine the Great (1729-1796)

Biographical and Textual Notes

William E. Butler
Vladimir A. Tomsinov

Catherine II impresses in so many respects as a commanding figure of her age, and not least as a political being with a keen sense for the importance of ideology and a sound appreciation of law. The Nakaz,[1] or Instruction, of 1767 as augmented in 1768 gives evidence of her qualities as statesman and political leader, thinker,[2] and writer.

---

1. The term "Nakaz" came into use not later than 1495 and has three dictionary meanings. The first, associated with наставление, would seem to amount to a "behest". The second meaning is stronger, being associated with an "order" [приказ], "command" [повеление], or "edict" [указ]. The third usage seems more formal, in the sense of a prescription [предписание] or a written regulation [письменное распоряжение]. But English equivalents are also arbitrary, for we lack the administrative legal tradition that gave rise to this terminology. See F. P. Filin (ed.), Словарь русского языка XI-XVII вв. [Dictionary of Russian Language XI-XVII Centuries], X, pp. 108-109. These usages carried over into the eighteenth century, but an additional meaning emerged expressly because of Catherine's Nakaz. This is a "State act, official edict, containing an instruction concerning the fulfillment of some assignment or task". The dictionaries cite §522 of Catherine's Nakaz itself for this definition. See Iu. S. Sorokin (ed.), Словарь русского языка XVIII века [Dictionary of Russian

The Nakaz, also known as the Grand Instruction, Great Instruction, and hereinafter simply as the Nakaz, was mentioned as forthcoming in a Manifesto of 14 December 1766 summoning a "Legislative Commission" to Moscow with a view to systematizing and modernizing Russian legislation. Although the phrase "code of laws" is widely used in this connection, there is little evidence that the Empress had in view a "code" in the Napoleonic sense that this term later acquired. Rather it would seem that she wished to modernize the 1649 Sobornoe ulozhenie, itself a leading European example of systematization produced by a "Land Assembly" summoned by Tsar Aleksei Mikhailovich for this purpose. From Peter the Great onwards the task of integrating into the Sobornoe ulozhenie (the first *printed* law book in Russia) the vast morass of individual edicts and other legislative acts generated over the next century had stymied the eleven commissions and committees formed to advance this assignment.[3] However, her Nakaz was not, nor intended to be, a draft Sobornoe ulozhenie, nor was the Legislative Commission conceived of as being a parliament to enact the document. Here the French "Instruction" is entirely apt, for the document was intended as guidance for the deputies, an agenda for the Legislative Commission, an exposition of general princi-

---

Language of the XVIII Century], XIII, p. 209. Whether a "Nakaz" constitutes a normative legal act continues to be debated; the fact that Catherine's Nakaz was later officially gazetted speaks in favor of so characterizing it. The dictionaries are strongly influenced by the fact that the original French version composed by Catherine II and the French text gazetted together with the Russian version used the word "Instruction". Among her other contributions to law and the legal system, Catherine II enriched the Russian legal vocabulary by introducing the term "Nakaz" in the meaning of an Instruction.

2. Simon Dixon entitles the relevant chapter of his biography "Philosopher on the Throne". See S. Dixon, *Catherine the Great* (2009), pp. 156-183. Although he may have been influenced in his choice of title by Catherine's extensive readings among the philosophes, his own term is broader and more appropriate.

3. For the role of F. G. Strube de Piermont in this process, see W. E. Butler, *Russia and the Law of Nations in Historical Perspective* (2009), pp. 129-144.

ples for properly establishing and ordering the State and society.

The Legislative Commission has been seen as a "... major, highly personal political experiment"[4] formed by election and intended to represent the "estates" of the empire. Representation was accorded to State institutions, landowners, and social groups not otherwise included in the first two categories. Representation was fundamentally territorial, with delegates to be selected as representatives of the nobility, each registered town, free soldier farmers, State peasants, and tribute-paying peasants. Each ethnic people or tribe, whether converted to Christianity or not, was granted representation, as were the Cossack Hosts. The Russian Orthodox clergy did not constitute an estate for these purposes, being represented by the Holy Synod.

Service on the Legislative Commission would require considerable time away from home and other duties for those in attendance. The Empress was clever enough to recognize that attendance was not to be regarded as onerous State service. She transformed election into a privilege by conferring benefits on the status of deputy:

> ... deputies were to be paid a salary, ranging from 400r. p.a. for nobles and 122r. p.a. for town deputies to 37r. p.a. for others. They were to be immune from the death penalty, corporal punishment and torture for life. Their property was protected from confiscation except in the case of debt, and anyone assaulting a deputy would incur a double penalty. Finally deputies were to be issued with a special badge of office which was to be returned to the state on their death. Nobles were entitled to incorporate this badge in their coats of arms so that their descendants may know that they took part in this great affair.[5]

What precisely inspired Catherine to embark upon her Nakaz remains unknown. She commenced work in about January 1765

---

4. de Madariaga, *Russia in the Age of Catherine the Great* (1981), p. 139.
5. Ibid., p. 140. The rates for remuneration were soon increased.

and later recalled that "for two years I read and wrote, and for eighteen months I consulted no one, but was guided solely by my heart and reason …".[6] Chechulin's[7] careful analysis of her text disclosed that of the 526 articles in Part I of the Nakaz,[8] 294 were taken from C. L. de Secondat Montesquieu (1689-1755), *L'Esprit des Lois*; 108 from Cesare Beccaria (1738-1794), *Dei Delitti e delle Pene*; and others from the *Encyclopédie*; F. Quesnay (1694-1774), *Le Droit Naturel*; Adam Smith (1723-1790) via the writings of S. E. Desnitskii (c. 1740-1789), among others. To these others Professor Omelchenko has added the name of Elie Luzac,[9]

---

6. Записки императрицы Екатерины Второй. Перевод с подлинника, изданного Императорской Академией наук [Notes of Empress Catherine II Translation from the Original Published by the Imperial Academy of Sciences] (1907), p. 544. Dixon notes the toll on her health. The Empress said this immense task occupied most of her mornings for the best part of eighteen months. When she came to complete a medical questionnaire in advance of her inoculation against smallpox in 1768, she complained of unbearable headaches during the preceding two years caused by tired eyes, overwork, and the fact that for three years running she awakened between four and five in the morning. See Dixon, note 2 above, p. 157.

7. N. D. Chechulin, «Об источниках Наказа» [On the Sources of the Nakaz], Журнал Министерства народного просвещения [Journal of the Ministry of Public Enlightenment] (April 1902), pp. 306-317. Chechulin originally believed that J. F. von Bielfeld (1717-1770) and J. H. Gottlob von Justi (1702-1771) had been sources for the Nakaz, but subsequently adjusted this attribution when he found notes that indicated A. P. Shuvalov and S. E. Desnitskii were responsible for these. See N. D. Chechulin, «Предпоследнее слово об источниках «Наказа» [Penultimate Word on Sources of the "Nakaz"], in Сборник статей в честь Д. А. Корсакова [Collection of Articles in Honor of D. A. Korsakov] (Kazan, 1913), pp. 22-25.

8. Others give the number as 525 articles in twenty chapters, augmented in 1768 by two further chapters and making 655 articles in all. See O. A. Omelchenko, «История законодательства старой России» [History of Legislation of Old Russia], in Omelchenko (ed.), Традиции и Наследие русского права [Traditions and the Legacy of Russian Law] (2006), II, p. 108.

9. See O. Omelchenko, «Голландский литератор Э. Люзак и Наказ императрицы Екатерины (Новые сведения об источниках текста *Наказа*)»

whose anonymous introduction appeared in all the Dutch editions of Montesquieu in French between 1759 and 1765. A textual comparison discloses that the Empress also adapted materials from both Elie Luzac's introduction to Montesquieu (at least nineteen articles) and from the text of Montesquieu. Compared with all the sources identified of the Nakaz, the Luzac introduction is third in importance,[10] exceeded only by Montesquieu and Beccaria.

She was assisted in her labors by G. V. Kozitskii (1724-1775), one of her secretaries, but "all the materials used" in the Nakaz were selected by her and written out in her own hand. It was Kozitskii's responsibility to translate either himself or with the assistance of others the results of her work into other languages. From June 1765 she showed her drafts, or parts of them, to friends and advisors and directed the procurator general to read the draft Nakaz aloud to the Senate. Many recommended excisions, and the Empress accepted some of these recommendations, especially in the draft Chapter on serfdom, where she had followed Montesquieu closely.

By December 1766 the Envoy-Extraordinary from the Court of St. James to the Court of St. Petersburg, Sir George Macartney (1737-1806), had written to his superior in London, the Rt. Hon. Henry Seymour Conway (1721-1795):

[Dutch Literary Figure E. Luzac and the Nakaz of Empress Catherine II (New Information on the Sources of the Text of the Nakaz)], in E. Waegemans (ed.), *Russia and the Law Countries in the Eighteenth Century* (1998), p. 235 (Baltic Studies 5). Elie Luzac was a descendant of the elder Jean Luzac's first marriage, and thus a half-cousin of Etienne and Jean Luzac. See J. D. Popkin, *News and Politics in the Age of Revolution: Jean Luzac's Gazette de Leyde* (1989), p. 12, fn. 36. Jeremy Bentham was among the readers of Luzac's Gazette.

10. Omelchenko, note 9 above, p. 240. Given the numerous editions of Montesquier in Catherine II's library and the sundry sources from which her books were acquired, the precise edition of Montesquieu which she used when drafting her Nakaz cannot be identified with certainty.

At present the Czarina's attention is principally engaged by a favourite project, the Success of which will do her more real Honour, and be of greater Advantage to her, than the winning of a Battle or the Acquisition of a Kingdom. She, whose penetrating Genius is equally happy in discovering Defects and in finding Resources to remedy them, has long beheld with Regret the Confusion, Tediousness, Ambiguity, and Injustice of the Laws of her Empire: to correct them has long been the object of her ambition; and for this purpose, She has examined and compared with the utmost Attention and Precision the different Legislations of other Countries. From her own observations upon the whole, and from the opinions of her most learned and able Counsellors, she has formed a Code of Laws, equally adapted to the Good of her Subjects, and the Genius of her People. This Code is to be laid before the States of the Empire assembled at Moscow, in the course of the next Summer, who are to deliver their Sentiments upon it, to mark what appears defective to Them, and to propose their Alterations – When these Points are agreed upon, and finally settled, the whole is to be published as the solemn Law of the Empire for the future. A most noble Undertaking, and worthy the Ambition of a great Prince who prefers the Title of Legislator to the Fame of conquest, and founds his Glory upon providing for the Happiness, and not the Destruction of Mankind.[11]

A comparison of the Nakaz with Montesquieu's work shows that the Empress borrowed individual phrases, definitions, and ideas but not the doctrine of monarchical rule. Montesquieu described monarchical rule from the standpoint of a monarchy representing particular estates. In his conception a true monarchy is the rule by one person through basic laws which assume the existence of mediating channels through which power moves. These channels comprise, in Montesquieu's view, the clergy, the nobility, and

---

11. Public Record Office, London, State Papers 91/77, pp. 352-353; quoted from P. Dukes (ed.), *Russia Under Catherine the Great* (1977), II, p. 9.

town dwellers. They act not only as the conduits for the power of the monarchy but also as a power limiting the monarchy.

Catherine reproduced in her Nakaz what Montesquieu had to say about basic laws assuming channels through which power passes, but in doing so added two words: that is to say, "the government".[12] By adding the words "that is, the government", Catherine II fundamentally changed the scheme on monarchical rule proposed by Montesquieu. The Nakaz names the "government" as the mediating institution, that is, administrative institutions. Monarchical rule finds its foundation not in the estates, but in the bureaucracy. That was the type of monarchy which existed in Russia from Peter the Great onwards, consolidated by his Table of Ranks and Spiritual Reglament, pursuant to which the nobility and the clergy lost their previous character and de facto became component parts of the bureaucracy. This provision of the Nakaz completed the legal and ideological formalization of the bureaucratic monarchy.

Montesquieu, moreover, suggested that the prerogatives of the estates were a guarantee against a monarchy becoming despotic. The Nakaz saw the safeguard against despotism in the self-limitations introduced by the Empress herself (Article 512, Nakaz). These limitations Catherine articulated in Articles 13 and 15 of the Nakaz, and also in the proposition that the ruler would no longer be directly involved in the management of all State affairs but would confine oneself to being the "general inspector" of affairs.

The Empress was assuredly concerned about the legitimacy of her occupancy of the Russian throne, given the circumstances under which she had come to power. Surviving scraps suggest that she intended to compose a draft law on succession in the event of her death.[13] This would have been legislation proper, not an

---

12. A nuance which the Macartney/Dukes translation does not correctly pick up, although the Tatishchev version does.
13. «Отрывок собственноручного чернового проекта манифеста Екатерины II о престолонаследии» [Fragment on Draft Manifesto of Catherine II in Her Own Hand on Succession to the Throne], Русская старина [Russian Antiq-

instruction, and fallen into the category of constitutional law. Others see the Legislative Commission and the document prepared to guide its deliberations, the Nakaz, as a "public and resounding endorsement of the legitimacy of her rule ...", [14] an approach which also accommodates her desire to affirm her legitimacy in the eyes of a foreign audience through the distribution abroad of her ideas and labors.

While the present volume concentrates upon the circulation of the Nakaz outside Russia, the 1767 Russian-language edition was directed to be sent to about 57 State offices throughout the country, where the text was to be read aloud on Saturday mornings ("when they have nothing else to do") to senior State officials but kept away from the clerks and people of lower ranks.[15] In all it is reckoned that the various editions of the Nakaz amounted to more than 5,000 copies – a tremendous figure for books of this nature in print during the late eighteenth century. The school reforms introduced in Russia in 1782 required that portions of the Nakaz be read in schools and individual passages from the Nakaz were even selected to be written out as an exercise in penmanship.[16]

In due course the volumes entered the antiquarian book market at a significant price. The Decembrist, P. Kakhovskoi, recalled in a letter to Emperor Nicholas I on the eve of his execution in 1826 how he had heard for the first time at meetings of peasant communes "extracts from the Nakaz of the Great Catherine" read aloud.[17]

---

uity], XII, no. 2 (1875), pp. 384-385.
14. I. de Madariaga, note 4 above, p. 162.
15. Chechulin, note 7 above, p. cxlvii; Полное собрание законов Российской Империи, XVIII, no. 12,977 (24 September 1767); also see de Madariaga, note 4 above, p. 610.
16. See Omelchenko, note 8 above, II, p. 115: "There are virtually no legal works or books on legislation, especially with regard to State and criminal law, where the Nakaz was not mentioned".
17. See P. I. Shchegolev, Декабристы [Decembrists] (1926), p. 166.

Biographical and Textual Notes

***

Professor de Madariaga described the Nakaz as "... one of the most remarkable political treatises ever compiled and published by a reigning sovereign in modern times".[18] Alexander observed that "it became the centerpiece in a rapidly emerging Catherinian cult of rulership that gradually displaced the Petrine model".[19] The Nakaz and Legislative Assembly that followed were also part of "... Catherine's scenario of rule. They played a crucial role in defining her image as sovereign and presenting her within the Petrine motif of conquest and renovation".[20] The Nakaz, a Russian historian noted, had entered "the sphere of myth and fulfilled a mythological function".[21]

The concluding provisions of the Nakaz have been said to evoke "the image of paradise". The introduction of its principles would make the Russian people the "most happy" of any people on earth.[22]

The allegorical engravings by Roth after Stählin facing one another at the beginning and conclusion of the 1770 quadrilingual edition of the Nakaz place Catherine and the Nakaz in an Olympian setting. In the engraving at the beginning Catherine is seated in the embrace of Themis awaiting the onset of a storm. The tailpiece shows the impact of Enlightenment, the spectacular dawning. En-

---

18. I. de Madariaga, note 4 above, p. 151.
19. J. T. Alexander, *Catherine the Great: Life and Legend* (1989), p. 101.
20. See R. Wortman, *Scenarios of Power: Myth and Ceremony in Russian Monarchy* (1995), I, p. 122.
21. V. M. Zhivov, «Государственный миф в эпоху Просвещения и его разрушение в России конца XVIII века» [State Myth in the Era of the Enlightenment and the Destruction Thereof in Russia at the End of the XVIII Century], in Век Просвещения: Россия и Франция. Випперовские чтения [Era of Enlightenment; Russia and France, Wipper Readings] (1989), XXII, p. 150; cited in Wortman, ibid., I, p. 123, fn. 28.
22. See S. Baehr, *The Paradise Myth in Eighteenth Century Russia* (1991), pp. 121-122.

veloped in radiant sunlight, Catherine gestures towards an obelisk bearing her initials with her left hand, and towards a book with her right hand at the base of the monument, presumably the Nakaz or other book of laws. Saturn is seated to the right of the obelisk and next to him is Minerva preparing to spear a gnome, symbolizing the forces of evil.[23]

Aware that much of her population was illiterate, including some of the deputies elected to the Legislative Commission, Catherine had composed her Nakaz in a style suitable for reading aloud, imparting to the text "an urgent rhythm" in imitation of Montesquieu's series of "short, staccato chapters" in her own 526 laconic articles.[24] This too is a dimension of symbolism and an intention to grip the imagination and intellect of the prospective audience. Catherine sought not merely to formulate a legal norm, usually in the form of a prohibition, but also to express the moral position. Her formulations routinely contained sentiments of a more noble nature – a style of presentation that invites comparisons with Russian sermons and other theological literature.

The solemn opening ceremony took place on 30 July 1767, where some 460 deputies (out of 564 eventually elected) had assembled at 7:00 hours in the Monastery of Miracles to sign an oath and then process with the Empress to attend a mass at the Dormition Cathedral.[25] The deputies then proceeded into the Audience Chamber of the Kremlin Palace, where the Empress greeted them, clothed in the imperial mantle and small crown and standing on the dais. Beside her on the table were the Nakaz, the rules of

---

23. Wortman, note 20 above, I, pp. 125-127, who expresses indebtedness to Andrew Day for an analysis of the engravings, in particular for the suggestion that it is the Empress herself, and not Rossiia, who is the central female figure.
24. See W. G. Jones, "The Spirit of the Nakaz: Catherine II's Literary Debt to Montesquieu", *Slavonic and East European Review*, LXXVI (1998), p. 662.
25. On the ceremony we refer to Wortman, note 20 above, I, pp. 127-129, who in turn relied upon the account in S. M. Solovev, Сочинения в восемнадцати книгах [Works in Eighteen Books] (1994), XIV, pp. 67-70.

procedure for the Legislative Assembly, and the Instruction to the Procurator General, a post then occupied by Prince A. A. Viazemskii (1727-1793). The Metropolitan of Novgorod, Dmitrii, delivered an address declaring Catherine to be the successor to Justinian, and Russia the heir to the Byzantine legal tradition.

The Vice Chancellor, Prince A. M. Golitsyn (1723-1807), then gave the deputies their charge, to comply with their oath, and to glorify themselves and their era and to gain the respect and gratitude of posterity. Each deputy was permitted to kiss the Empress' hand.

At the second session of the Legislative Commission in the Palace of Facets, the reading out loud of the full text of the Nakaz commenced. The Procurator General took the lead, being relieved by Prince G. G. Orlov (1734-1783) and others. Reading the entire text of the Nakaz aloud was no mere formality. Unlike western Europe, where a special legal vocabulary and language had developed comprehensible to individuals who had studied the law, Russian legal terminology coincided more or less with ordinary speech. Desnitskii had observed in his "Address on Direct and Immediate Means for Teaching Jurisprudence" that "in Russia everything to be brought to general information was in the natural language and there were never difficult and incomprehensible words in Russian edicts as is seen in the laws of feudal rulers".[26] In other words, the laws in Russia were set out in the same language in which any literary works were written. The monuments of Russian law are simultaneously monuments of Russian literature. The deputies were said to have received the text in this form with rapture, and many cried.

---

26. See S. E. Desnitskii, in «Слово о прямом и ближайшем способе к научению юриспруденции» [Address on Direct and Immediate Means for Teaching Jurisprudence] Юридические произведения прогрессивных русских мыслителей: вторая половина XVIII в. [Legal Works of Progressive Russian Thinkers: Second Half of the XVIII Century] (1959), pp. 162-163.

A printed version of the Russian text was distributed to each on 30 July. By the fifth session on 9 August the deputies began to ask: "What may be done for a sovereign so kind to her subjects and serving as a model to all monarchs? How may one express to her how happy and obliged the people are to be ruled by her?"[27]

In pursuance of this sentiment, on Sunday, 12 August 1767, the deputies collected in the palace to render personal recognition and homage to the Empress. They offered to Catherine the titles of Great, Most Wise, and Mother of the Fatherland.[28] With "studied modesty",[29] she declined all three. Only posterity could determine whether she was "great", she said, and only God was "most wise". As for "Mother of the Fatherland", this would be superfluous since the duty of her calling was to be beloved by them and her greatest wish.

Nonetheless, there is every reason to believe that Catherine II was acutely aware of the symbolic power of her Nakaz. Shortly after its publication in 1767, Catherine II issued an instruction directing that a silver "riza" (a decorative "frame", often made of gold and/or silver, to be placed over an icon) be made for the Nakaz (it is unclear whether the Russian edition distributed to the deputies or the Russian/German version was to be used).[30] The reference to a "riza" suggests veneration,[31] and a deliberate attempt on the part of the Empress to encourage this.

---

27. Solovev, ibid., XIV, p. 69.
28. Solovev, libid., XIV, p. 70.
29. Dixon: "… carefully choreographied performance at the Golovin Palace, Catherine formally refused the honour, saying that it should be left to posterity to judge". Dixon, note 2 above, p. 174.
30. ПСЗ, vol. 18, No. 12,877 (1st series).
31. "For some, it was an object of veneration". S. Dixon, "The Posthumous Reputation of Catherine II in Russia 1797-1837", *Slavonic and East European Review*, LXXVII (1999), p. 671.

Dixon records that when the "Russian transcript" was sent to the Senate in 1777, the French original went to the Kunstkammer, where it was placed in a "bronze casket" to be exhibited to foreign visitors and taken to meetings at the Russian Academy of Sciences.[32] This casket, "with its priceless contents, remained on the table as a symbolic repository of authority when a new hall was dedicated to the Academy on the occasion of its centenary in 1826".[33]

* * *

What might have transpired in Russian history had the Legislative Commission succeeded in its mission one may only speculate. The conservatism of the deputies and the powerful influence of the pre-existing legal traditions and infrastructure the Empress had underestimated. She later observed that "The number of ignorant noblemen was immeasurably larger than I could ever have supposed".[34] However, the Commission did generate empirical materials that informed later legislation – and this was one of the purposes of the exercise. War with the Ottoman Porte and the need for many deputies to serve in the hostilities required that the Commission sessions terminate. Various subcommissions continued to operate until 1774 and a "skeletal secretariat was still employed at the end of her reign".[35]

---

32. A practice which, if true, is reminiscent of the skeleton of Jeremy Bentham, reposing in a glass case on casters, being wheeled in to be present at certain ceremonial occasions in University College London.
33. Dixon, note 31 above, p. 671. It remains unclear whether the "riza" and the "bronze casket" were one and the same; precisely what the "Russian transcript" of the Nakaz was; whether the object in the "bronze casket" (or "riza") was Catherine's own manuscript or a printed version; and what the fate of these objects was.
34. Quoted in Dixon, note 2 above, p. 182.
35. Dixon, note 2 above, p. 183.

The war notwithstanding, many of the foreign editions of the Nakaz, and indeed the four-language Russian edition, all appeared throughout Europe after the Commission had dispersed. The campaign to secure Catherine's place in history with the status of lawgiver was just underway.

Western European thinking in Catherine's day about the purpose and essence of laws and the means of combating violations of law was of a speculative nature. In reality, strict compliance with the laws could be as harmful for society as failure to comply. The Empress was well aware of this. But the speculative notions of Montesquieu, Beccaria, Diderot, and others as accepted by Catherine and brought by her to Russian society in the form of the Nakaz had, in her eyes, one positive feature: they as a whole were an ideal about which one could talk about forever and aspire to achieve for a lifetime without actually doing anything to act upon them.

In imparting an educational or nurturing function to her laws, Catherine might consider her legislation to be effective even if it was not fully implemented by Russian officials. Nurturing is an extended process, and the results may not be seen for generations even with respect to an individual, not to say an entire society.

Many Catherinian laws may usefully be viewed in this context. The Empire which she ruled was, with respect to legal order, in many respects deplorable and cannot be demonstrated to have improved markedly during her reign. But there is good in everything bad, and as she remarked in one of her letters on another matter: "They thieve from me just as they do from others, but this is a good sign and shows there is something worth thieving".

TEXTS OF THE NAKAZ

НАКАЗ
ЕЯ ИМПЕРАТОРСКАГО ВЕЛИЧЕСТВА
ЕКАТЕРИНЫ ВТОРЫЯ
САМОДЕРЖИЦЫ ВСЕРОССИЙСКИЯ
ДАННЫЙ КОММИССИИ
О СОЧИНЕНИИ ПРОЕКТА
НОВАГО УЛОЖЕНИЯ

ГОСПОДИ БОЖЕ МОЙ! ВОНМИ МИ, И ВРАЗУМИ МЯ, ДА СОТВОРЮ СУД ЛЮДЕМ ТВОИМ ПО ЗАКОНУ СВЯТОМУ ТВОЕМУ СУДИТИ В ПРАВДУ.

1.

ЗАКОН Христианский научает нас взаимно делати друг другу добро, сколько возможно.

2. Полагая сие законом веры предписанное правило, за вкоренившееся, или за долженствующее вкорениться в сердцах целаго народа, не можем инаго кроме сего сделать положения, что всякаго честнаго человека в обществе желание есть, или будет, видети все отечество свое на самой вышней степени благополучия, славы, блаженства и спокойствия;

3. А всякаго согражданина особо видеть охраняемаго законами, которые не утесняли бы его благосостояния, но защищали его ото всех сему правилу противных предприятий.

4. Но дабы ныне приступити ко скорейшему исполнению такого, как надеемся, всеобщаго желания, то основываясь на вышеписанном первом правиле надлежит войти в естественное положение сего государства.

5. Ибо законы весьма сходственные с естеством суть те, которых особенное разположение соответствует лучше разположению народа, ради котораго они учреждены. В первых трех следующих главах описано сие естественное положение.

ГЛАВА I.

6.

РОССИЯ есть Европейская держава.

7. Доказательство сему следующее. Перемены, которыя в России предприял ПЕТР Великий, тем удобнее успех получили, что нравы бывшие в то время со всем не сходствовали со климатом, и принесены были к нам смешением

разных народов, и завоеваниями чуждых областей. ПЕТР Первый, вводя нравы и обычаи Европейские в Европейском народе, нашел тогда такия удобности, каких он и сам не ожидал.

ГЛАВА II.

8.

РОССИЙСКАГО государства владения простираются на тридцать два степеня широты, и на сто шестьдесят пять степеней долготы по земному шару.

9. Государь есть самодержавный; ибо никакая другая, как только соединенная в его особе, власть не может действовати сходно со пространством толь великаго государства.

10. Пространное государство предполагает самодержавную власть в той особе, которая оным правит. Надлежит чтобы скорость в решении дел, из дальних стран присылаемых, награждала медление отдаленностию мест причиняемое.

11. Всякое другое правление не только было бы России вредно, но и в конец разорительно.

12. Другая причина та, что лучше повиноваться законам под одним господином, нежели угождать многим.

13. Какий предлог самодержавнаго правления? Не тот, чтоб у людей отнять естественную их вольность: но чтобы действия их направити к получению самаго большаго ото всех добра.

14. И так правление к сему концу достигающее лучше прочих, и при том естественную вольность меньше других ограничивающее, есть то, которое наилучше сходствует с намерениями в разумных тварях предполагаемыми, и соответствует концу, на который в учреждении гражданских обществ взирают неотступно.

15. Самодержавных правлений намерение и конец есть слава граждан, государства и Государя.

16. Но от сея славы происходит в народе единоначалием управляемом разум вольности, который в державах сих может произвести столько же великих дел, и столько споспешествовати благополучию подданных, как и самая вольность.

ГЛАВА III.

17. *О безопасности постановлений государственных.*

18.

ВЛАСТИ средния, подчиненныя и зависящия от верьховной, составляют существо правления.

19. Сказано МНОЮ: власти средния, подчиненныя и зависящия от верьховной; в самой вещи Государь есть источник всякия государственныя и гражданския власти.

20. Законы основание державы составляющие, предполагают малые протоки, сиречь правительства, чрез которые изливается власть Государева.

21. Законы сим правительствам дозволяющие представляти, что такий то указ противен Уложению, что он вреден, темен, что не льзя по оному исполнить; и определяющие наперед, каким указам должно повиноваться, и как по оным надлежит чинить исполнение: Сии законы несомненно суть делающие твердым и неподвижным установление всякаго государства.

ГЛАВА IV.

22.

НАДОБНО иметь хранилище законов.

23. Сие хранилище инде не может быть ни где, как в государственных правительствах, которыя народу извещают вновь сделанные, и возобновляют забвению преданные законы.

24. Сии правительства, принимая законы от Государя, разсматривают оные прилежно, и имеют право представлять, когда в них сыщут, что они противны Уложению и прочая, как выше сего в главе III, в 21 статье сказано.

25. А если в них ничего такого не найдут, вносят оные в число прочих уже в государстве утвержденных, и всему народу объявляют во известие.

26. В России Сенат есть хранилище законов.

27. Другия правительства долженствуют и могут представляти с тою же силою Сенату и самому Государю, как выше упомянуто.

28. Однако ежели кто спросит, что есть хранилище законов? На сие ответствую: законов хранилище есть особливое наставление, которому последуя выше означенныя места, учрежденныя для того, чтобы попечением их наблюдаема была воля Государева сходственно с законами во основание положенными и с государственным установлением, обязаны поступать в отправлении своего звания по предписанному тамо порядка образу.

29. Сии наставления возбранят народу презирать указы Государевы, не опасаяся за то никакого наказания, но купно и охранят его от желаний самопроизвольных и от непреклонных прихотей.

30. Ибо с одной стороны сими наставлениями оправдаются осуждения на преступающих законы уготованныя; а с другой стороны ими же утверждается быти правильным отрицание то, чтобы вместити противныя государственному благочинию законы в число прочих уже принятых, или чтоб поступать по оным в отправлении правосудия и общих всего народа дел.

ГЛАВА V.

31. *О состоянии всех в государстве живущих.*

32.

ЕЛИКОЕ благополучие для человека быти в таких обстоятельствах, что когда страсти его вперяют в него мысли быти злым, он однако щитает себе за полезнее не быти злым.

33. Надлежит чтоб законы, по елику возможно, предохраняли безопасность каждаго особо гражданина.

34. Равенство всех граждан состоит в том, чтобы все подвержены были тем же законам.

35. Сие равенство требует хорошаго установления, которое воспрещало бы богатым удручать меньшее их стяжание имеющих; и обращать себе в собственную пользу чины и звания порученныя им только, как правительствующим особам государства.

36. Общественная или государственная вольность не в том состоит, чтобы делать все, что кому угодно.

37. В государстве, то есть в собрании людей обществом живущих, где есть законы, вольность не может состоять ни в чем ином, как в возможности делать то, что каждому надлежит хотеть, и чтоб не быть принужденну делать то, чего хотеть не должно.

38. Надобно в уме себе точно и ясно представити: что есть вольность? Вольность есть право, все то делати, что законы дозволяют; и ежели бы где какий гражданин мог делать законами запрещаемое, там бы уже больше вольности не было: ибо и другие имели бы равным образом сию власть.

39. Государственная вольность во гражданине есть спокойство духа произходящее от мнения, что всяк из них собственною наслаждается безопасностию: и что бы люди имели сию вольность, надлежит быть закону такову, чтоб один гражданин не мог бояться другаго, а боялися бы все одних законов.

ГЛАВА VI.

40. *О законах во обще.*

41.

НИЧЕГО не должно запрещать законами кроме того, что может быти вредно или каждому особенно, или всему обществу.

42. Все действия, ничего такого в себе не заключающия, нимало не подлежат законам, которые не с иным намерением установлены, как только, чтобы сделать самое большее спокойствие и пользу людям под сими законами живущим.

43. Для нерушимаго сохранения законов надлежало бы, чтоб они были так хороши, и так наполнены всеми способами к достижению самаго большаго для людей блага ведущими, чтобы всяк несомненно был уверен, что он ради собственныя своея пользы старатся должен сохранить нерушимыми сии законы.

44. И сие то есть самый высочайший степень совершенства, котораго достигнути старатся должно.

45. Многия вещи господствуют над человеком: вера, климат, законы, правила принятыя в основание от правительства, примеры дел прешедших, нравы, обычаи.

46. От сих вещей раждается общее в народе умствование с оными сообразуемое. На пример:

47. Природа и климат царствуют почти одни во всех диких народах.

48. Обычаи управляют Китайцами.

49. Законы владычествуют мучительски над Япониею.

50. Нравы некогда устроивали жизнь Лакедемонян.

51. Правила принятыя в основание от властей и древние нравы обладали Римом.

52. Разные характиры народов составлены из добродетелей и пороков, из хороших и худых качеств.

53. То составление благополучным назвать можно, от котораго произтекает много великих благ, о коих часто и догадаться не льзя, чтоб они от той происходили причины.

54. Я здесь привожу во свидетельство сего разные примеры действия различнаго. Во все времена прославляемо было доброе сердце Ишпанцов; история описывает нам их верность во хранении вверенаго им залога; они часто претерпевали смерть для соблюдения онаго в тайне. Сия верность, которую они прежде имели, есть у них и теперь. Все народы, торгующие в Кадиксе, поверяют стяжания свои Ишпанцам, и никогда еще в том не разкаивалися. Но сие удивительное качество, совокупленное с их леностию, делает такую смесь или состав, от котораго происходят действия для них вредныя. Европейские народы отправляют пред глазами их всю торговлю принадлежащую собственно их Монархии.

55. Характер Китайцов другаго состава, который со всем противен Ишпанскому характеру. Жизнь их ненадежная причиною, [по свойству климата и земли] что они имеют проворство почти непонятное, и желание прибытка столь безмерное, что ни один торгующий народ себя им не может вверить. Сия изведанная неверность сохранила им торг Японский. Ни один Европейский купец не осмелился в сей торг вступити под их именем, хотябы и очень легко можно сие сделати чрез приморския их области.

56. Предложенное МНОЮ здесь не для того сказано, чтобы хотя на малую черту сократить безконечное разстояние находящееся между пороками и добродетелями. Боже сохрани! Мое намерение было только показать, что не все политические пороки суть пороки моральные, и что не все пороки моральные суть по-

литические пороки. Сие непременно должно знать, дабы воздержаться от узаконений с общим народа умствованием невместных.

57. Законоположение должно применяти к народному умствованию. Мы ничего лучше не делаем, как то, что делаем вольно, непринужденно, и следуя природной нашей склонности.

58. Для введения лучших законов необходимо потребно, умы людские к тому приуготовить. Но чтоб сие не служило отговоркою, что не льзя установить и самаго полезнейшаго дела. Ибо если умы к тому еще не приуготовлены; так приймите на себя труд приуготовить оные, и тем самим вы уже много сделаете.

59. Законы суть собенныя и точныя установления законоположника; а нравы и обычаи суть установления всего во обще народа.

60. И так когда надобно сделать перемену в народе великую к великому онаго добру, надлежит законами то изправляти, что учреждено законами, и то переменять обычаями, что обычаями введено. Весьма худая та политика, которая переделывает то законами, что надлежит переменять обычаями.

61. Есть способы препятствующие вогнездиться преступлениям; на то положены в законах наказания: так же есть способы перемену обычаев вводящие; к сему служат примеры.

62. Сверьх того чем большее сообщение имеют между собою народы, тем удобнее переменяют свои обычаи.

63. Словом сказать: всякое наказание, которое не по необходимости налагается, есть тиранское. Закон не производит единственно от власти. Вещи между добрыми и злыми средния по своему естеству не подлежат законам.

ГЛАВА VII.

64. *О законах подробно.*

65.

АКОНЫ преходящие меру во благом бывают причиною, что раждается оттуда зло безмерное. 66. В которых законах законоположение доходит до крайности, от тех всех избыть находятся способы. Умеренность управляет людьми, а не выступление из меры.

67. Гражданская вольность тогда торжествует, когда законы на преступников выводят всякое наказание из особливаго каждому преступлению свойства. Все произвольное в наложении наказания исчезает. Наказание не должно происходить от прихоти законоположника, но от самой вещи; и не человек должен делать насилие человеку, но собственное человека действие.

68. Преступления разделяются на четыре рода.

69. Перваго рода преступления против закона, или веры;

70. Втораго противу нравов;

71. Третьяго против тишины и спокойства;

72. Четвертаго против безопасности граждан устремляются.

73. Наказания чинимыя за оныя должны быть производимы из особливаго каждому преступлений роду свойства.

74. 1). Между преступлениями касающимися до закона или веры, Я не полагаю никаких других, кроме стремящихся прямо противу закона, каковы суть прямыя и явныя святотатства. Ибо преступления, которыя смущают упражнение в законе, носят на себе свойство преступлений нарушающих спокойствие или безопасность граждан, в число которых оныя и относить должно. Чтобы наказание за вышеписанныя святотатства производимо было из свойства самой вещи, то должно оное состояти в лишении всех выгод законом нам даруемых, как то: изгнание из храмов, исключение из собрания верных на время, или навсегда, удаление от их присутствия.

75. Во обыкновении же есть употребление и гражданских наказаний.

76. 2). Во втором роде преступлений заключаются те, которыя развращают нравы.

77. Такия суть, нарушение чистоты нравов или общей всем, или особенной каждому, то есть, всякия поступки против учреждений показующих, каким образом должно всякому пользоваться внешними выгодами естеством человеку данными для нужды, пользы и удовольствия его. Наказания сих преступлений должно так же производить из свойства вещи. Лишение выгод от всего общества присоединенных ко чистоте нравов, денежное наказание, стыд или безславие, принуждение скрываться от людей, безчестие всенародное, изгнание из города и из общества, словом: все наказания зависящия, от судопроизводства исправительнаго довольны укротить дерзость обоего пола. И во истину сии вещи

не столько основаны на злом сердце, как на забвении и презрении самаго себя. Сюда принадлежат преступления касающияся только до повреждения нравов; а не и те, которыя в месте нарушают безопасность народную, каково есть похищение и насилование; ибо сии уже вмещаются между преступлениями четвертаго рода.

78. 3). Преступления третьяго рода суть нарушающия спокойство и тишину граждан. Наказания за оныя должны производимы быть из свойства вещи, и относимы к сему спокойству, как то лишение онаго, ссылка, исправления и другия наказания, которыя безпокойных людей возвращают на путь правый, и приводят паки в порядок установленный. Преступления противу спокойства полагаю Я в тех только вещах, которыя простое нарушение гражданских учреждений в себе содержат.

79. Ибо нарушающие спокойство, и устремляющиеся в месте против безопасности граждан, относятся ко четвертому роду преступлений.

4). Наказания сих последних преступлений называются особливым именем казни. Казнь не что иное есть, как некоторый род обратнаго воздаяния, посредством коего общество лишает безопасности того гражданина, который оную отнял, или хочет отнять у другаго. Сие наказание произведено из свойства вещи, основано на разуме, и почерпнуто из источников блага и зла. Гражданин бывает достоин смерти, когда он нарушил безопасность даже до того, что отнял у кого жизнь, или предприял отнять. Смертная казнь есть некоторое лекарство больнаго общества. Если нарушается безопасность в разсуждении имения, то можно сыскати доказательства, что в сем случаи не надлежит казнити смертию; а кажется лучше и с самим естеством сходственнее, чтобы преступления, против безопасности во владении имением устремляющияся, наказываемы были потерянием имения; и сему бы надлежало непременно так быть, если бы имение общее, или у всех равное. Но как неимущие ни какого стяжания стремятся охотнее отнимать оное у других: то надлежало конечно место денежнаго в пополнение употребити телесное наказание. Все МНОЮ здесь сказанное основано на естестве вещей, и служит к защищению вольности гражданской.

ГЛАВА VIII.

80. *О наказаниях.*

81.

ЮБОВЬ к отечеству стыд и страх поношения суть средства укротительныя и могущия воздержать множество преступлений.

82. Самое большое наказание за злое какое ни будь дело во правлении умеренном будет то, когда кто в том изобличится. Гражданские законы там гораздо легче исправлять будут пороки, и не будут принуждены употребляти столько усилия.

83. В сих областях не столько потщатся наказывати преступления, как предупреждать оныя; и приложить должно более старания к тому, чтобы вселить узаконениями добрые нравы во граждан, нежели привести дух их в уныние казнями.

84. Словом сказать: все что в законе называется наказание, действительно не что иное есть, как труд и болезнь.

85. Искуство научает нас, что в тех странах, где кроткия наказания, сердце граждан оными столько же поражается, как во других местах жестокими.

86. Сделался вред в государстве чувствительный от какого непорядка? Насильное правление хочет незапно оный исправить, и в место того, чтобы думать и стараться о исполнении древних законов, установляет жестокое наказание, которым зло вдруг прекращается. Воображение в людях действует при сем великом наказании так же, как бы оно действовало и при малом; и как уменьшится в народе страх сего наказания, то нужно уже будет установити во всех случаях другое.

87. Не надобно вести людей путями самыми крайними; надлежит с бережливостию употребляти средства естеством нам подаваемыя для препровождения оных к намереваемому концу.

88. Испытайте со вниманием вину всех послаблений: увидите, что она происходит от ненаказания преступлений, а не от умеренности наказаний. Последуим природе давшей человеку стыд в место бича, и пускай самая большая часть наказания будет безчестие в претерпении наказания заключающееся.

89. И если где сыщется такая область, в которой бы стыд не был следствием казни; то сему причиною мучительское владение,

которое налагало те же наказания на людей беззаконных и добродетельных.

90. А ежели другая найдется страна, где люди инако не воздерживаются от пороков, как только суровыми казнями; опять ведайте, что сие происшекает от насильства правления, которое установило сии казни за малыя погрешности.

91. Часто законодавец, хотящий уврачевати зло, не мыслит более ни о чем, как о сем уврачевании; очи его взирают на сей только предлог, и не смотрят на худыя оттуда следствия. Когда зло единожды уврачевано, тогда мы не видим более ничего кроме суровости законодавца; но порок в общенародии остается от жестокости сея произрастший; умы народа испортились: они приобыкли к насильству.

92. В повестях пишут о воспитании детском у Японцов, что с детьми надлежит поступать со кротостию для того, что от наказаний в сердце их вселяется ожесточение; так же, что и с рабами не должно обходиться весьма сурово: ибо они тот час к обороне приступают. Примечая душу долженствующую обитать и царствовати в домашнем правлении, не могли ли они разсуждениями дойти и до той, которую надлежало влити так же и в правление государственное и гражданское?

93. Можно и тут сыскати способы, возвратить заблуждение умы на путь правый; правилами закона Божия, любомудрия и нравоучения, выбранными и соображенными с сими умоначертаниями, уравненным смешением наказаний и награждений, безпогрешным употреблением пристойных правил честности, наказанием состоящим во стыде, непрерывным продолжением благополучия и сладкаго спокойствия. А если бы была опасность, что умы, приобыкшие ни чем не укрощаться иным кроме свирепаго наказания, не могут быть усмирены наказанием кротким; тут бы надлежало поступать, [*внимайте прилежно сие, как правило опытами засвидетельствованное в тех случаях, где умы испорчены употреблением весьма жестоких наказаний*] образом скрытным и нечувствительным; и в случаях особливых излияния милости неотчужденных налагати за преступления казнь умеренную до тех пор, покамест бы можно достигнути того, чтоб и во всех случаях оную умерить.

94. Весьма худо наказывать разбойника, который грабит на больших дорогах, равным образом как и того, который не только

грабит, но и до смерти убивает. Всяк явно видит, что для безопасности общенародной надлежало бы положить какое различие в их наказании.

95. Есть государства, где разбойники смертнаго убийства не делают для того, что воры грабительствующие только могут надеяться, что их пошлют в дальния поселения; а смертноубийцы сего ожидать не могут ни под каким видом.

96. Хорошие законы самой точной средины держатся: они не всегда денежное налагают наказание, и не всегда так же подвергают и наказанию телесному законопреступников.

Все наказания, которыми тело человеческое изуродовать можно, должно отменить.

ГЛАВА IX.

97. *О производстве суда во обще.*

98.

ЛАСТЬ судейская состоит в одном исполнении законов, и то для того, чтобы сомнения не было о свободе и безопасности граждан.

99. Для сего ПЕТР Великий премудро учредил Сенат, коллегии и нижния правительства, которыя должны давать суд именем Государя и по законам: для сего и перенос дел к самому Государю учинен толь трудным; закон, который, не должен быть никогда нарушен.

100. И так надлежит быти правительствам.

101. Сии правительства чинят решения или приговоры: оные должно хранить, и знать должно оные для того, чтобы в правительствах так судили сего дни, как и вчера судили, и чтобы собственное имение и жизнь каждаго гражданина были чрез оныя надежно утверждены и укреплены так, как и самое установление государства.

102. В самодержавном государстве отправление правосудия, от приговоров котораго не только жизнь и имение, но и честь зависит, многотрудных требует испытаний.

103. Судия должен входити в тонкости и в подробности тем больше, чем больший у него хранится залог, и чем важнее вещь, о

которой он чинит решение. И так не должно удивляться, что в законах сих держав находится столько правил, ограничений, распространений, от которых умножаются особливые случаи, и кажется, что оное все составляет науку самаго разума.

104. Различие чинов, поколения, состояния людей, установленное в единоначальном правлении, влечет за собою часто многия разделения в существе имения; а законы относимые к установлению сея державы, могут умножить еще число сих разделений.

105. По сему имение есть собственное, приобретенное, приданое, отцовское, материнское, домашний скарб и проч. и проч.

106. Всякий род имения подвержен особливым правилам: оным надобно последовать, чтоб учинити в том распоряжение; чрез сие раздробляется еще больше на части единство вещи.

107. Чем больше суды в правительствах умножаются в правлении единоначальном, тем больше обременяется законоучение приговорами, которые иногда друг другу противоречат; или для того, что судьи одни попеременно следующие за другими разно думают; или что те же дела иногда хорошо, иногда худо бывают защищаемы; или на конец по причине безчисленнаго множества злоупотреблений вкрадывающихся по малу во все то, что идет чрез руки человеческия.

108. Сие зло неминуемо, которое законодавец исправляет от времени до времени, как противное естеству и самаго умереннаго правления.

109. Ибо когда кто принужден прибегнуть ко правительствам, надлежит, что бы то происходило от естества государственнаго установления, а не от противуречия и неизвестности законов.

110. В правлении, где есть разделение между особами, там есть так же и преимущества особам законами утвержденныя. Преимущество особенное законами утверждаемое, которое меньше всех прочих отягощает общество, есть сие: судиться пред одним правительством предпочтительнее нежели пред другим. Вот новыя затруднения, то есть, чтоб узнать пред которым правительством судиться должно.

111. Слышно часто, что в Европе говорят: надлежало бы, чтобы правосудие было отправляемо так, как в Турецкой земле. По сему нет никакого во всей подсолнечной народа, кроме во глубочайшем невежестве погруженнаго, который бы толь ясно

понятие имел о вещи такой, которую знать людям нужнее всего на свете.

112. Испытывая прилежно судебные обряды, без сомнения вы сыщете в них много трудностей, представив себе те, какия имеет гражданин, когда ищет судом, чтоб отдали ему имение его, или чтобы сделали ему удовольствие во причиненной обиде; но сообразив оныя с вольностию и безопасностию граждан, часто приметите, что их очень мало; и увидите, что труды, проести и волокиты, так же и самыя в судах опасности не что иное суть, как дань, которую каждый гражданин платит за свою вольность.

113. В Турецких странах, где очень мало смотрят на стяжания, на жизнь и на честь подданных, оканчивают скоро все распри таким или иным образом. Способов, как оныя кончить, у них не разбирают, лишь бы только распри были кончены. Баша, незапно ставши просвещенным, велит по своему мечтанию палками по пятам бить имеющих тяжбу, и отпускает их домой.

114. А в государствах умеренность наблюдающих, где и самаго меньшаго гражданина жизнь, имение и честь во уважение принимается, не отъемлют ни у кого чести, ниже имения прежде, нежели учинено будет долгое и строгое изыскание истинны; не лишают никого жизни, разве когда само отечество против оныя востанет: но и отечество ни на чью жизнь не востает инако, как дозволив ему прежде все возможные способы защищать оную.

115. Судебные обряды умножаются по тому, в каком где уважении честь, имение, жизнь и вольность граждан содержится.

116. Ответчика должно слушать не только для узнания дела, в котором его обвиняют, но и для того еще, чтоб он себя защищал: он должен или сам себя защищать, или выбрать кого для своего защищения.

117. Есть люди, которые думают, что молодший член во всяком месте по должности своей мог бы защищати ответчика, как на пример, прапорщик в роте. Из сего последовала бы еще другая польза в том состоящая, что судии чрез то во своем звании сделалися бы гораздо искуснее.

118. Защищати значит здесь не что иное, как представлять суду в пользу ответчика все то, чем его оправдать можно.

119. Законы осуждающие человека по выслушании одного свидетеля, суть пагубны вольности. Есть закон во время наследников Константина I, изданный, по которому свидетельство че-

ловека во знатном каком чине находящагося приемлется за достаточное вины доказательство, и других по тому делу свидетелей больше уже слушать не повелевается оным законом. Волею сего законодавца расправу чинили очень скоро и очень странно; о делах судили по лицам, а о лицах по чинам.

120. По здравому разсуждению требуются два свидетеля: ибо свидетель один утверждающий дело, и ответчик отрицающийся от того, составляют две равныя части; ради того должно быть еще третьей для опровержения ответчика, если не будет кроме того других неоспоримых доказательств, или общая ссылка на одного.

121. Послушествование двух свидетелей почитается довольным к наказанию всех преступлений. Закон им верит так, будто бы они говорили устами самыя истинны. Следующая глава о сем яснее покажет.

122. Таким же образом судят почти во всех государствах, что всякий младенец заченшийся во время супружества есть законно рожденный: закон в сем имеет доверенность к матери. О сем здесь упоминается по причине неясности законов на сей случай.

123. Употребление пытки противно здравому естественному разсуждению; само человечество вопиет против оныя, и требует, чтоб она была во все уничтожена. Мы видим теперь народ гражданскими учреждениями весьма прославившийся, который оную отметает, не чувствуя оттуда никакого худаго следствия: чего ради она не нужна по своему естеству. МЫ ниже сего пространнее о сем изъяснимся.

124. Есть законы, кои не дозволяют пытати кроме только в тех случаях, когда ответчик не хочет признать себя ни виноватым, ниже невинным.

125. Делати присягу чрез частное употребление весьма общею, ничто иное есть, как разрушать силу ея. Крестнаго целования не можно ни в каких других случаях употреблять, как только в тех, в которых кленущийся никакой собственной пользы не имеет, как то судия и свидетели.

126. Надлежит, чтоб судимые в великих винах с согласия законов избирали себе судей, или по крайней мере могли бы отрешить из них толикое число, чтоб оставшиеся казались быти в суде по выбору судимых преступников.

127. Так же бы надлежало нескольким из судей быти чина по гражданству такого же, какого и ответчик, то есть, ему рав-

ным; чтоб он не мог подумать, будто бы он попался в руки таких людей, которые в его деле насильство во вред ему употребить могут. Сему уже примеры есть в законах военных.

128. Когда ответчик осуждается, то не судии налагают на него наказание, но закон.

129. Приговоры должны быть, сколь возможно, ясны и тверды, даже до того, чтоб они самыя точныя слова закона в себе содержали. Еслиж они будут заключати в себе особенное мнение судии, то люди будут жить в обществе, не зная точно взаимных в той державе друг ко другу обязательств.

130. Следуют разные образы, коими делаются приговоры. В некоторых землях запирают судей, и не дают им ни пить ни есть до тех пор, покамест единогласно не будет окончан приговор.

131. Есть царства единоначальныя, где судьи поступают на подобие производящих суд третейский; они разсуждают в месте; сообщают друг другу свои мысли; соглашаются между собою; умеряют мнение свое, чтобы сделать оное сходственным со мнением другаго, и ищут соглашать голоса.

132. Римляне не приговаривали по иску, кроме означеннаго точно без прибавки и убавки и безо всякаго умерения онаго.

133. Однако Преторы, или градоначальники выдумали другие образцы истцева права, которое называлося право добрыя совести. В оном чинимы были определения или приговоры по разсмотрению судейскому и по советному их разбору.

134. За приклепный иск истец лишается иска: надлежит и на ответчика налагати пеню, если не признал точно, чем он должен, дабы сим сохранить с обеих сторон добрую совесть.

135. Если властям долженствующим исполнять по законам дозволить право задержать гражданина могущаго дать по себе поруки, то там уже нет никакой вольности; разве когда его отдадут под стражу для того, чтоб немедленно отвечал в доносе на него такой вины, которая по законам смертной подлежит казни. В сем случае он действительно волен; ибо ничему иному не подвергается как власти закона.

136. Но ежели законодательная власть мнит себя быти в опасности по некоему тайному заговору против государства или Государя, или по какому сношению с зарубежными недругами: то она может на уреченное время дозволити власти по законам исполняющей, под стражу брать подозрительных граждан, которые

не для инаго чего теряют свою свободу на время, как только чтобы сохранить оную невредиму навсегда.

137. Но всего лучше означить точно в законах важныя случаи, в которых по гражданине порук принять не льзя: ибо людей, кои порук по себе сыскать не могут, законы во всех землях лишают свободы, покамест общая или частная безопасность того требует. В X главе о сем подробнее написано.

138. Хотя все преступления суть народныя; однако касающияся больше до граждан между собою должно различать от принадлежащих более к государству в разсуждении союза между гражданином и государством хранимаго. Первыя называются особенными или частными, вторыя суть преступления народныя или общественныя.

139. В некоторых государствах Король, будучи возведен на престол для того, чтобы законы во всех державы его странах были исполняемы, по установлению закона государственнаго во всяком правительстве сажает чиновнаго человека ради гонения преступлений именем самаго Короля: от чего звание доносителей в тех землях неизвестно. А ежели когда на сего народнаго мстителя подозревают, что он употребляет во зло должность ему порученную; тогда принудят его объявить имя своего донощика. Сей чин в обществе установленный бдит о благосостоянии граждан; тот производит дело, а они спокойны. У нас ПЕТР Великий предписал прокурорам изъискивать и производить все безгласныя дела: если бы к сему прибавить еще чин или особу, вышеписанною должностью обязанную, тоб и у нас менее известны были донощики.

140. Достойный хулы сей закон Римский, который дозволял судьям брать малые подарки, лишь бы они во весь год не больше как до ста ефимков простирались. Те, которым ничего не дают, не желают ничего; а которым дают мало, те желают тот час не много поболее, и по том много. Сверх сего гораздо легче доказать тому, который будучи должен не брать ничего, возмет нечто, нежели тому, который возмет больше, когда ему меньше взять надлежало; и который всегда сыщет на сие виды, извинения, причины и представления удобно защитить его могущия.

141. Между Римскими законами есть, который запрещает описывать имение на Государя, кроме в случае оскорбления Величества, и то в самом вышшем степени сего преступления. Не редко сходствовало бы со благоразумием следовать силе сего за-

кона, и определити, чтобы в некоторых только преступлениях описывано было имение на Государя; так же не надлежало бы описывать на Государя других кроме приобретенных имений.

ГЛАВА X.

142. *О обряде криминальнаго суда.*

143.

Ы здесь не намерены вступати в пространное изследование преступлений, и в подробное разделение каждаго из них на разные роды, и какое наказание со всяким из сих сопряжено. МЫ их выше сего разделили на четыре рода: в противном случае множество и различие сих предметов, так же разныя обстоятельства времени и места, ввели бы НАС в подробности безконечныя. Довольно будет здесь показать 1. начальныя правила самыя общия, и 2. погрешности самыя вреднейшия.

144. *Вопрос* I. Откуду имеют начало свое наказания, и на каком основании утверждается право наказывать людей?

145. Законы можно назвать способами, коими люди соединяются и сохраняются в обществе, и без которых бы общество разрушилось.

146. Но не довольно было установить сии способы, кои сделались залогом; надлежало и предохранить оный: наказания установлены на нарушителей.

147. Всякое наказание несправедливо, как скоро оно ненадобное для сохранения в целости сего залога.

148. Первое следствие из сих начальных правил есть сие, что не принадлежит никому кроме одних законов, определять наказание преступлениям; и что право, давать законы о наказаниях, имеет только один законодатель, как представляющий во своей особе все общество соединенное, и содержащий всю власть во своих руках. Отсюду еще следует, что судьи и правительства, будучи сами частию только общества, не могут по справедливости, ниже под видом общаго блага, на другаго какого ни будь члена общества наложити наказания законами точно не определеннаго.

149. Другое следствие есть, что Самодержец представляющий и имеющий во своих руках всю власть обороняющую все общество, может один издать общий о наказании закон, которому все члены общества подвержены; однако он должен воздержаться, как выше сего в 99 отделении сказано, чтоб самому не судить: по чему и надлежит ему имети других особ, которые бы судили по законам.

150. Третие следствие: когда бы жестокость наказаний не была уже опровергнута добродетелями человечество милующими, то бы к отриновению оныя довольно было и сего, что она безполезна; и сие служит к показанию, что она несправедлива.

151. Четвертое следствие: судьи судящие о преступлениях, по тому только, что они не законодавцы, не могут иметь права, толковать законы о наказаниях. Так кто же будет законный оных толкователь? Ответствую на сие: Самодержец, а не судья; ибо должность судии в том едином состоит, чтоб изследовать: такий то человек сделал ли, или не сделал действия противнаго закону?

152. Судья судящий о каком бы то ни было преступлении, должен один только силлогисм или соразсуждение сделати, в котором первое предложение, или посылка первая, есть общий закон: второе предложение, или посылка вторая, изъявляет действие, о котором дело идет, сходно ли оное с законами или противное им? заключение содержит оправдание или наказание обвиняемаго. Ежели судья сам собою или убежденный темностию законов делает больше одного силлогисма в деле криминальном, тогда уже все будет не известно и темно.

153. Нет ничего опаснее, как общее сие изречение: *надлежит в разсуждение брати смысл или разум закона, а не слова*. Сие не что иное значит, как сломити преграду противящуюся стремительному людских мнений течению. Сие есть самая непреоборимая истинна, хотя оно и кажется странно уму людей сильно поражаемых малым каким настоящим непорядком, нежели следствиями далече еще отстоящими; но чрезмерно больше пагубными, которыя влечет за собою одно ложное правило каким народом принятое. Всякий человек имеет свой собственный ото всех отличный способ смотреть на вещи его мыслям представляющияся. Мы бы увидели судьбу гражданина премсиясмую переносом дела его из одного правительства во другое, и жизнь его и вольность на удачу зависящую от ложнаго какого разсуждения или от дур-

наго расположения его судии. Мы бы увидели те же преступления наказуемыя различно в разныя времена тем же правительством, если захотят слушаться не гласа непременяемаго законов неподвижных; но обманчиваго непостоянства: самопроизвольных толкований.

154. Не можно сравнити с сими непорядками тех погрешностей, которыя могут произойти от строгаго и точных слов придержащагося изъяснения законов о наказаниях. Сии скоро преходящия погрешности обязуют законодавца сделать иногда во словах закона двоякому смыслу подверженных легкия и нужныя поправки: но по крайней мере тогда еще есть узда воспящающая своевольство толковать и мудрствовать, могущее учиниться пагубным всякому гражданину.

155. Если законы не точно и твердо определены, и не от слова в слово разумеются; если не та единственная должность судии, чтоб разобрать и положить, которое действие противно предписанным законам или сходно с оными; если правило справедливости и несправедливости, долженствующее управлять равно действия невежи как и учением просвещеннаго человека, не будет для судии простый вопрос о учиненном поступке: то состояние гражданина странным приключениям будет подвержено.

156. Имея законы о наказаниях всегда от слова в слово разумеемые, всяк может верно выложить и знать точно непристойности худаго действия, что весьма полезно для отвращения людей от онаго; и люди наслаждаются безопасностию как до их особы, так и до имения их принадлежащею: чему так и быть надобно для того, что сие есть намерение и предмет, без котораго общество рушилося бы.

157. Ежели право толковать законы есть зло, то так же есть зло и неясность оных налагающая нужду толкования. Сие неустройство тем больше еще, когда они написаны языком народу неизвестным, или выражениями незнаемыми.

158. Законы должны быть писаны простым языком; и уложение все законы в себе содержащее, должно быти книгою весьма употребительною, и которую бы за малую цену достать можно было на подобие букваря. В противном случае когда гражданин не может сам собою узнать следствий сопряженных с собственными своими делами и касающихся до его особы и вольности, то будет он зависеть от некотораго числа людей взявших к себе во

хранение законы и толкующих оные. Преступления не столь часты будут, чем большее число людей уложение читать и разумети станут. И для того предписать надлежит, чтобы во всех школах учили детей грамоте попеременно из церьковных книг и из тех книг, кои законодательство содержат.

159. *Вопрос* II. Какия лучшия средства употреблять, когда должно взяти под стражу гражданина, так же открыть и изобличити преступление?

160. Тот погрешит против безопасности личной каждаго гражданина, кто правительству долженствующему исполнять по законам, и имеющему власть сажати в тюрьму гражданина, дозволит отъимать у одного свободу под видом каким маловажным, а другаго оставляти свободным, не смотря на знаки преступления самыя ясныя.

161. Брать под стражу есть наказание, которое ото всех других наказаний тем разнится, что оно по необходимости предшествует судебному объявлению преступлениия.

162. Однакож наказание сие не может быть наложено, кроме в таком случае, когда вероятно, что гражданин во преступление впал.

163. Чего ради закон должен точно определить те знаки преступления, по которым можно взять под стражу обвиняемаго, и которые подвергали бы его сему наказанию, и словесным допросам, кои так же суть некоторый род наказания. На пример:

164. Глас народа, который его винит; побег его; признание учиненное им вне суда; свидетельство сообщника бывшаго с ним в том преступлении; угрозы и известная вражда между обвиняемым и обиженным; самое действие преступления, и другие подобные знаки довольную могут подать причину, чтобы взять гражданина под стражу.

165. Но сии доказательства должны быть определены законом, а не судьями, которых приговоры всегда противоборствуют гражданской вольности, если они не выведены, на какий бы то ни было случай, из общаго правила в уложении находящагося.

166. Когда тюрьма не столько будет страшна, сиречь, когда жалость и человеколюбие внидут и в самыя темницы, и проникнут в сердца судебных служителей; тогда законы могут довольствоваться знаками, чтоб определить взять кого под стражу.

167. Есть различие между содержанием под стражею и заключением в тюрьму.

168. Взяти человека под стражу не что иное есть, как хранить опасно особу гражданина обвиняемаго, доколе учинится известно, виноват ли он, или невиновен. И так содержание под стражею должно длиться сколь возможно меньше, и быть толь снисходительно, коль можно. Время оному надлежит определить по времени, которое требуется ко приготовлению дела к слушанию судьям. Строгость содержания под стражею не может быть иная ни какая, как та, которая нужна для пресечения обвиняемому побега, или для открытия доказательств во преступлении. Решить дело надлежит так скоро, как возможно.

169. Человек бывший под стражею, и по том оправдавшийся, не должен чрз то подлежать ни какому безчестию. У Римлян сколько видим мы граждан, на которых доносили пред судом преступления самыя тяжкия, после признания их невинности почтенных по том и возведенных на чиноначальства очень важныя?

170. Тюремное заключение есть следствие решительнаго судей определения, и служит в место наказания.

171. Не должно сажать в одно место, 1 вероятно обвиняемаго во преступлении, 2 обвиненнаго во оном и 3 осужденнаго. Обвиняемый держится только под стражею, а другие два в тюрьме: но тюрьма сия одному из них будет только часть наказания, а другому самое наказание.

172. Быть под стражею не должно признавать за наказание, но за средство хранить опасно особу обвиняемаго, которое хранение обнадеживает его в месте и о свободе, когда он невиновен.

173. Быть под стражею военною никому из военных не причиняет безчестия; таким же образом и между гражданами почитаться должно, быть под стражею гражданскою.

174. Хранение под стражею переменяется в тюремное заключение, когда обвиняемый сыщется виноватым. И так надлежит быть разным местам для всех трех.

175. Вот предложение общее для выкладки, по которой о истинне содеяннаго беззакония увериться можно примерно: когда доказательства о каком действии зависят одни от других, то есть, когда знаков преступления ни доказать, ни утвердить истинны их инако не можно, как одних чрез другие; когда истинна многих доказательств зависит от истинны одного только доказательства; в то время число доказательств ни умножает ни умаляет вероятности действия по тому, что тогда сила всех доказа-

тельств заключается в силе того только доказательства, от котораго другия все зависят; и если сие одно доказательство будет опровержено, то и все прочия вдруг с оным опровергаются. А ежели доказательства не зависят одно от другаго, и всякаго доказательства истинна особенно утверждается, то вероятность действия умножается по числу знаков для того, что несправедливость одного доказательства не влечет за собою несправедливости и другаго. Может быть кому слыша сие покажется странно, что я слово *вероятность* употребляю, говоря о преступлениях, которыя должны быть несомненно известны, чтоб за оныя кого наказать можно было. Однакоже при сем надлежит примечати, что моральная известность есть вероятность, которая называется известностию для того, что всякий благоразумный человек принужден оную за таковую признать.

176. Можно доказательства преступлений разделить на два рода, на совершенныя и несовершенныя. Я называю совершенными те, которыя исключают уже все возможности к показанию невинности обвиняемаго; а несовершенными те, которыя сей возможности не исключают. Одно совершенное доказательство довольно утвердить, что осуждение чинимое преступнику есть правильное.

177. Чтоже касается до несовершенных доказательств, то надлежит быть их числу весьма великому для составления совершеннаго доказательства: сиречь надобно, чтоб соединение всех таких доказательств исключало возможность к показанию невинности обвиняемаго, хотя каждое порознь доказательство оныя и не исключает. Прибавим к сему и то, что несовершенныя доказательства, на которыя обвиняемый не ответствует ничего, что бы довольно было к его оправданию, хотя невинность его и должна бы ему подать средства к ответу, становятся в таком случае уже совершенными.

178. Где законы ясны и точны, там долг судьи не состоит ни в чем ином, как вывесть наружу действие.

179. В изыскании доказательств преступления надлежит имети проворство и способность; чтоб вывесть из сих изысканий окончательное положение, надобно иметь точность и ясность мыслей: но чтобы судить по окончательному сему положению, не требуется больше ничего, как простое здравое разсуждение, которое вернейшим будет предводителем, нежели все знание судьи приобыкшаго находить везде виноватых.

180. Ради того сей закон весьма полезен для общества, где он установлен, который предписывает всякаго человека судити чрез равных ему; ибо когда дело идет о жребии гражданина, то должно наложить молчание всем умствованиям впреяемым в нас от различия чинов и богатства или щастия; им не надобно иметь места между судьями и обвиняемым.

181. Но когда преступление касается до оскорбления третьяго, тогда половину судей должно взять из равных обвиняемому, а другую половину из равных обиженному.

182. Також и то еще справедливо, чтобы обвиняемый мог отрешить некоторое число из своих судей, на которых он имеет подозрение. Где обвиняемый пользуется сим правом, там виноватый казаться будет, что он сам себя осуждает.

183. Приговоры судей должны быть народу ведомы, так как и доказательства преступлений, чтобы всяк из граждан мог сказати, что он живет под защитою законов: мысль, которая подает гражданам ободрение, и которая больше всех угодна и выгодна самодержавному Правителю на истинную свою пользу прямо взирающему.

184. Вещь очень важная во всех законах есть, точно определить начальныя правила, от которых зависит имоверность свидетелей и сила доказательств всякаго преступления.

185. Всякий здраваго разсудка человек, то есть, котораго мысли имеют некоторую связь одни со другими, и котораго чувствования сходствуют с чувствованиями ему подобных, может быти свидетелем. Но вере, которую к нему иметь должно, мерою будет причина, для коей он захочет правду сказать или не сказать. Во всяком случае свидетелям верить должно, когда они причины не имеют лжесвидетельствовать.

186. Есть люди, которые почитают между злоупотреблениями слов вкравшимися и сильно уже вкоренившимися в житейских делах, достойным примечания то мнение, которое привело законодавцов уничтожити свидетельство человека виноватаго приговором уже осужденнаго. Такой человек почитается граждански мертвым, говорят законоучители; а мертвый никакого уже действия произвести не может. Если только свидетельство виноватаго осужденнаго не препятствует судебному течению дела, то для чего не дозволить и после осуждения, в пользу истинны и ужасной судьбины нещастнаго, еще мало времени, чтоб он мог

или сам себя оправдать, или и других обвиненных, ежели только может представить новыя доказательства, могущия переменить существо действия.

187. Обряды нужны в отправлении правосудия; но они не должны быть никогда так законами определены, чтобы когда ни будь могли служити к пагубе невинности; в противном случае они принесут с собою великия безполезности.

188. Чего для можно принять во свидетели всякую особу никакой причины не имеющую к ложному послушествованию. По сему вера, которую ко свидетелю иметь должно, будет больше или меньше во сравнении ненависти или дружбы свидетелевой к обвиняемому, так же и других союзов или разрывов находящихся между ими.

189. Одного свидетеля не довольно для того, что когда обвиняемый отрицается от того, что утверждает один свидетель, то нет тут ничего известнаго, и право всякому принадлежащее, верить ему, что он прав, в таком случае перевешивает на сторону обвиняемаго.

190. Имоверность свидетеля тем меньшей есть силы, чем преступление тяжчае и обстоятельства менее вероятны. Правило сие так же употребить можно при обвинениях в волшебстве, или в действиях безо всякой причины суровых.

191. Кто упрямится, и не хочет ответствовать на вопросы ему от суда предложенные, заслуживает наказание, которое законом определить должно, и которому надлежит быть из тяжких между устанавляемыми, чтоб виноватые не могли тем избежать, дабы их народу не представили в пример, который они собою дать должны. Сие особенное наказание не надобно, когда нет в том сомнения, что обвиняемый учинил точно преступление, которое ему в вину ставят; ибо тогда уже признание не нужно, когда другия неоспоримыя доказательства показывают, что он виноват. Сей последний случай есть больше обыкновенный; понеже опыты свидетельствуют, что по большой части в делах криминальных виноватые не признаются в винах своих.

192. *Вопрос* III. Пытка не нарушает ли справедливости, и приводит ли она к концу намереваемому законами?

193. Суровость утвержденная употреблением всьма многих народов, есть пытка производимая над обвиняемым, во время устроивания судебным порядком дела его, или чтоб вымучить у

него собственное его во преступлении признание, или для объяснения противуречий, которыми он в допросе спутался, или для принуждения его объявити своих сообщников, или ради открытия других преступлений, в которых его не обвиняют, в которых однакож он может быть виновен.

194. 1). Человека не можно почитать виноватым прежде приговора судейскаго; и законы не могут его лишить защиты своей прежде, нежели доказано будет, что он нарушил оные. Чего ради какое право может кому дати власть налагати наказание на гражданина в то время, когда еще сомнительно, прав ли он или виноват? Не очень трудно заключениями дойти к сему соразсуждению: преступление или есть известное или нет; ежели оно известно, то не должно преступника наказывать инако, как положенным в законе наказанием; и так пытка не нужна: если преступление не известно, так не должно мучить обвиняемаго по той причине, что не надлежит невиннаго мучить, и что по законам тот не винен, чье преступление не доказано. Весьма нужно без сумнения, чтоб ни какое преступление, ставши известным, не осталось без наказания. Обвиняемый терпящий пытку не властен над собою в том, чтоб он мог говорити правду. Можно ли больше верити человеку, когда он бредит в горячке, нежели когда он при здравом разсудке и в добром здоровьи? Чувствование боли может возрасти до такого степени, что со всем овладев всею душею, не оставит ей больше ни какой свободы производить какое либо ей приличное действие, кроме как в то же самое мгновение ока предприять самый кратчайший путь, коим бы от той боли избавиться. Тогда и невинный закричит, что он виноват, лишь бы только мучить его перестали. И то же средство употребленное для различения невинных от виноватых истребит всю между ними разность; и судьи будут так же неизвестны, виноватаго ли они имеют пред собою или невиннаго, как и были прежде начатия сего пристрастнаго распроса. По сему пытка есть надежное средство осудить невиннаго имеющаго слабое сложение, и оправдать беззаконнаго на силы и крепость свою уповающаго.

195. 2). Пытку еще употребляют над обвиняемым для объяснения, как говорят, противуречий, которыми он спутался в допросе ему учиненном; будто бы страх казни, неизвестность и забота в разсуждении, так же и самое невежество, невинным и виноватым общее, не могли привести ко противуречиям и боязливаго

невиннаго и преступника ищущаго скрыти свое беззаконие; будто бы противуречия толь обыкновенныя человеку во спокойном духе пребывающему, не должны умножаться при востревожении души, всей в тех мыслях погруженной, как бы себя спасти от наступающей беды.

196. 3). Производить пытку для открытия, не учинил ли виноватый других преступлений кроме того, которое ему уже доказали, есть надежное средство к тому, что бы все преступления остались без должнаго им наказания; ибо судья всегда новыя захочет открыти. В прочем сей поступок будет основан на следующем разсуждении: ты виноват в одном преступлении; так может быть ты еще сто других беззаконий сделал. Следуя законам станут тебя пытать и мучить не только за то, что ты виноват, но и за то, что ты может быть еще гораздо больше виновен.

197. 4). Кроме сего пытают обвиняемаго, чтоб объявил своих сообщников. Но когда Мы уже доказали, что пытка не может быти средством к познанию истинны, то как она может способствовати к тому, чтоб узнать сообщников злодеяния? Без сомнения показующему на самаго себя весьма легко показывать на других. В прочем справедливо ли мучити человека за преступление других? Как будто не можно открыть сообщников испытанием свидетелей на преступника сысканных; изследованием приведенных против него доказательств, и самаго действия случившагося в исполнении преступления; и на конец всеми способами послужившими ко изобличению преступления обвиняемым содеяннаго.

198. *Вопрос* IV. Наказания должно ли уравнять со преступлениями, и как бы можно твердое сделати положение о сем уравнении?

199. Надлежит законом определити время к собранию доказательств и всего нужнаго к делу в великих преступлениях, чтоб виноватые умышленными во своем деле переменами не отводили в даль должнаго им наказания, или бы не запутывали своего дела. Когда доказательства все будут собраны, и о подлинности преступления станет известно, надобно виноватому дати время и способы оправдать себя, если он может. Но времени сему надлежит быть весьма короткому, чтоб не сделати предосуждения потребной для наказания скорости, которая почитается между весьма сильными средствами к удержанию людей от преступлений.

200. Что бы наказание не казалося насильством одного или многих противу гражданина воставших, надлежит чтоб оно было народное, по надлежащему скорое, потребное для общества, умеренное сколь можно при данных обстоятельствах, уравненное со преступлением, и точно показанное в законах.

201. Хотя законы и не могут наказывать намерения, однакож не льзя сказать, чтоб действие, которым начинается преступление, и которое изъявляет волю стремящуюся произвести самим делом то преступление, не заслуживало наказания, хотя меньшаго, нежели какое установлено на преступление самою вещию уже исполненное. Наказание потребно для того, что весьма нужно предупреждать и самыя первыя покушения ко преступлению: но как между сими покушениями и исполнением беззакония может быти промежутка времени, то не худо оставить большее наказание для исполненнаго уже преступления, что бы тем начавшему злодеяние дать некоторое побуждение могущее его отвратить от исполнения начатаго злодеяния.

202. Так же надобно положить наказания не столь великия сообщникам в беззаконии, которые не суть безпосредственными онаго исполнителями, как самим настоящим исполнителям. Когда многие люди согласятся подвергнуть себя опасности, всем им общей, то чем более опасность, тем больше они стараются сделать оную равною для всех. Законы наказующие с большею жестокостию исполнителей преступления, нежели простых только сообщников, воспрепятствуют, чтоб опасность могла быть равно на всех разделена, и причинят, что будет труднее сыскати человека, который бы захотел взять на себя совершить умышленное злодеяние; понеже опасность, которой он себя подвергнет, будет больше в разсуждении наказания за то ему положеннаго неравнаго с прочими сообщниками. Один только есть случай, в котором можно сделать изъятие из общаго сего правила, то есть, когда исполнитель беззакония получает от сообщников особенное награждение: тогда для того, что разнота опасности награждается разностию выгод, надлежит быть наказанию всем им равному. Сии разсуждения покажутся очень тонки: но надлежит думати, что весьма нужно, дабы законы сколь возможно меньше оставляли средств сообщникам злодеяния согласиться между собою.

203. Некоторыя правительства освобождают от наказания сообщника великаго преступления донесшаго на своих товари-

щей. Такий способ имеет свои выгоды, так же и свои неудобства, когда оный употребляется в случаях особенных. Общий всегдашний закон, обещающий прощение всякому сообщнику открывающему преступление, должно предпочесть временному особому объявлению в случае каком особенном; ибо такий закон может предупредить соединение злодеев, вперяя в каждаго из них страх, чтоб не подвергнуть себя одного опасности: но должно по том и наблюдати свято сие обещание и дать, так говоря, защитительную стражу всякому, кто на сей закон ссылаться станет.

204. *Вопрос* V. Какая мера великости преступлений?

205. Намерение установленных наказаний не то, чтоб мучити тварь чувствами одаренную; они на тот конец предписаны, чтоб воспрепятствовать виноватому, дабы он в перед не мог вредить обществу, и чтоб отвратить сограждан от соделания подобных преступлений. Для сего между наказаниями надлежит употреблять такия, которыя, будучи уравнены со преступлениями, впечатлели бы в сердцах людских начертание самое живое и долго пребывающее, и в то же самое время были бы меньше люты над преступниковым телом.

206. Кто не объемлется ужасом, видя в истории столько варварских и безполезных мучений, выисканных и в действо произведенных без малейшаго совести зазора людьми давшими себе имя премудрых? Кто не чувствует внутри содрогания чувствительнаго сердца при зрелище тех тысячь безщастных людей, которые оныя претерпели и претерпевают, многажды обвиненные во преступлениях сбыться трудных или немогущих, часто соплетенных от незнания, а иногда от суеверия? Кто может, говорю Я, смотреть на растерзание сих людей с великими приуготовлениями отправляемое людьми же, их собратиею? Страны и времена, в которых казни были самыя лютейшия в употреблении, суть те, в которых содевались беззакония самыя безчеловечныя.

207. Чтоб наказание произвело желаемое действие, довольно будет и того, когда зло оным причиняемое превосходит добро ожиданное от преступления, прилагая в выкладке, показывающей превосходство зла над добром, так же и известность наказания несомненную и потерянию выгод преступлением приобретаемых. Всякая строгость преходящая сии пределы безполезна, и следовательно мучительская.

208. Если где законы были суровы, то они или переменены, или ненаказание злодейств родилось от самой суровости законов.

Великость наказаний должна относима быть к настоящему состоянию и к обстоятельствам, в которых какий народ находится. По мере как умы живущих в обществе просвещаются, так умножается и чувствительность каждаго особо гражданина; а когда во гражданах возрастает чувствительность, то надобно, чтобы строгость наказаний умалялася.

209. *Вопрос* VI. Смертная казнь полезналь и нужна ли в обществе для сохранения безопасности и добраго порядка?

210. Опыты свидетельствуют, что частое употребление казней никогда людей не сделало лучшими: чего для если Я докажу, что в обыкновенном состоянии общества смерть гражданина ни полезна ни нужна, то Я преодолею востающих противу человечества. Я здесь говорю: *в обыкновенном общества состоянии*: ибо смерть гражданина может в одном только случае быть потребна, сиречь: когда он лишен будучи вольности, имеет еще способ и силу могущую возмутить народное спокойство. Случай сей не может нигде иметь места, кроме когда народ теряет, или возвращает свою вольность, или во время безначалия, когда самые беспорядки заступают место законов. А при спокойном царствовании законов, и под образом правления соединенными всего народа желаниями утвержденным, в государстве противу внешних неприятелей защищенном, и внутри поддерживаемом крепкими подпорами, то есть силою своею и вкоренившимся мнением во гражданах, где вся власть в руках Самодержца; в таком государстве не может в том быть никакой нужды, чтоб отнимати жизнь у гражданина. Двадцать лет государствования Императрицы ЕЛИСАВЕТЫ ПЕТРОВНЫ подают отцам народов пример к подражанию изящнейший, нежели самыя блистательныя завоевания.

211. Не чрезмерная жестокость и разрушение бытия человеческаго производят великое действие в сердцах граждан, но непрерывное продолжение наказания.

212. Смерть злодея слабее может воздержать беззакония, нежели долговременный и непрерывно пребывающий пример человека, лишеннаго своея свободы для того, чтобы наградить работою своею чрезо всю его жизнь продолжающеюся вред им сделанный обществу. Ужас причиняемый воображением смерти может быть гораздо силен, но забвению в человеке природному оный противустоять не может. Правило общее: впечатления во человеческой душе стремительныя и насильственныя тревожат

сердце и поражают, но действия их долго в памяти не остаются. Чтобы наказание было сходно со правосудием, то не должно оному иметь большаго степени напряжения как только, чтоб оно было довольно к отвращению людей от преступления. И так Я смело утверждаю, что нет человека, который бы, хотя мало подумавши, мог положить в равновесии, с одной стороны преступление, какия бы оно выгоды ни обещало; а с другой всецелое и со жизнию кончащееся лишение вольности.

213. *Вопрос* VII. Какия наказания должно налагать за различныя преступления?

214. Кто мутит народное спокойство; кто не повинуется законам; кто нарушает сии способы, которыми люди соединены в общества, и взаимно друг друга защищают; тот должен из общества быть исключен, то есть, стать извергом.

215. Надлежит важнейшия имети причины к изгнанию гражданина, нежели чужестранца.

216. Наказание объявляющее человека безчестным есть знак всенароднаго о нем худаго мнения, которое лишает гражданина почтения и доверенности обществом ему прежде оказанной, и которое его извергает из братства хранимаго между членами тогоже государства. Безчестие законами налагаемое должно быть тоже самое, которое происходит из всесветнаго нравоучения: ибо когда действия, называемыя нравоучителями средния, объявятся в законах безчестными, то воспоследует сие неустройство, что действия долженствующия для пользы общества почитаться безчестными, перестанут вскоре признаваемы быть за такия.

217. Надлежит весьма беречься, чтоб не наказывать телесными и боль причиняющими наказаниями зараженных пороком притворнаго некоего вдохновения и ложной святости. Сие преступление, основанное на гордости или кичении, из самой боли получит себе славу и пищу. Чему примеры были в бывшей тайной канцелярии, что таковые по особливым дням прихаживали единственно для того, чтобы претерпеть наказания.

218. Безчестие и посмеяние суть одни наказания, кои употреблять должно противу притворно вдохновенных и лжесвятош; ибо сии гордость их притупити могут. Таким образом противуположив силы силам тогоже рода, просвещенными законами разсыплют аки прах удивление, могущее вогнездиться во слабых умах о ложном учении.

219. Безчестия на многих вдруг налагать не должно.

220. Наказанию надлежит быть готовому, сходственному со преступлениями, и народу известному.

221. Чем ближе будет отстоять наказание от преступления, и в надлежащей учинится скорости, тем оно будет полезнее и справедливее: *справедливее* по тому, что оно преступника избавит от жестокаго и излишняго мучения сердечнаго о неизвестности своего жребия, производство дела в суде должно быть окончено в самое меньшее, сколь можно, время. Сказано МНОЮ, *что в надлежащей скорости чинимое наказание полезно*; для того, что чем меньше времени пройдет между наказанием и преступлением, тем больше будут почитати преступление причиною наказания, а наказание действом преступления. Наказание должно быть непреложно и неизбежно.

222. Самое надежнейшее обуздание от преступлений есть не строгость наказания, но когда люди подлинно знают, что преступающий законы непременно будет наказан.

223. Известность и о малом но неизбежном наказании сильнее впечатлеется в сердце, нежели страх жестокой казни совокупленный с надеждою избыть от оныя. По елику наказания станут кротчае и умереннее, милосердие и прощение тем меньше будет нужно; ибо сами законы тогда духом милосердия наполненны.

224. Во всем, сколь ни пространно, государстве не надлежит быть никакому месту, которое бы от законов не зависело.

225. Вообще стараться должно о истреблении преступлений, а наипаче тех, кои более людям вреда наносят, и так средства законами употребляемыя для отвращения от того людей, должны быть самыя сильнейшия в разсуждении всякаго рода преступлений, по мере чем больше они противны народному благу, и по мере сил могущих злыя или слабыя души привлещи к исполнению оных. Ради чего надлежит быть уравнению между преступлением и наказаниями.

226. Если два преступления вредящия не равно обществу получают равное наказание, то неравное распределение наказаний произведет сие странное противуречие, мало кем примеченное, хотя очень часто случающееся, что законы будут наказывать преступления имиж самими произращенныя.

227. Когда положится тоже наказание тому, кто убьет животину, и тому, кто человека убьет, или кто важное какое писмо

подделает, то вскоре люди не станут делать никакого различия между сими преступлениями.

228. Предполагая нужду и выгоды соединения людей в общества, можно преступления, начав от великаго до малаго, поставить рядом, в котором самое тяжкое преступление то будет, которое клонится к конечной разстройке и к непосредственному по том разрушению общества; а самое легкое, малейшее раздражение, которое может учиниться какому человеку частному. Между сими двумя краями содержаться будут все действия противныя общему благу и называемыя беззаконными, поступая нечувствительным почти образом от перваго в сем ряду места до самаго последняго. Довольно будет, когда в сих рядах означатся постепенно и порядочно в каждом из четырех родов, о коих МЫ в седьмой главе говорили, действия достойныя хулы ко всякому из них принадлежащия.

229. МЫ особое сделали отделение о преступлениях касающихся прямо и непосредственно до разрушения общества, и клонящихся ко вреду того, кто во оном главою, и которыя суть самыя важнейшия по тому, что они больше всех прочих суть пагубны обществу: они названы преступлениями в оскорблении Величества.

230. По сем первом роде преступлений следуют те, кои стремятся против безопасности людей частных.

231. Не можно без того никак обойтися, чтоб нарушающаго сие право не наказать каким важным наказанием. Беззаконныя предприятия противу жизни и вольности гражданина суть из числа самых великих преступлений: и под сим именем заключаются не только смертноубийства учиненныя людьми из народа; но и того же рода насилия содеянныя особами, какого бы произшествия и достоинства они ни были.

232. Воровства совокупленныя с насильством и без насильства.

233. Обиды личныя противныя чести, то есть клонящияся отнять у гражданина ту справедливую часть почтения, которую он имеет право требовать от других.

234. О поединках не безполезно здесь повторить то, что утверждают многие, и что другие написали: что самое лучшее средство предупредить сии преступления есть наказывать наступателя, сиречь того, кто подает случай к поединку, а невиноватым

объявить принужденнаго защищати честь свою, не давши к тому никакой причины.

235. Тайный провоз товаров есть сущее воровство у государства. Сие преступление начало свое взяло из самаго закона: ибо чем больше пошлины, и чем больше получается прибытка от тайно провозимых товаров, следовательно тем сильнее бывает искушение, которое еще вящше умножается удобностию оное исполнить, когда окружность заставами стрегомая есть великаго пространства, и когда товар запрещенный или обложенный пошлинами есть мал количеством. Утрата запрещенных товаров и тех, которые с ними в месте везут, есть весьма правосудна. Такое преступление заслуживает важныя наказания, как то суть, тюрма и лицеимство сходственное с естеством преступления. Тюрма для тайно провозящаго товары не должна быть таже, которая и для смертноубийцы или разбойника по большим дорогам разбивающаго; и самое приличное наказание кажется быть работа виноватаго выложенная и постановленная в ту цену, которою он таможню обмануть хотел.

236. О проторговавшихся, или выступающих с долгами из торгов должно упомянуть. Надобность доброй совести в договорах и безопасность торговли обязует законоположника подать заимодавцам способы ко взысканию уплаты с должников их. Но должно различить выступающаго с долгами из торгов хитреца от честнаго человека без умыслов проторговавшагося. С проторговавшимся же без умысла, который может ясно доказать, что неустойка в слове собственных его должников, или приключившаяся им трата, или неизбежное разумом человеческим неблагополучие лишили его стяжаний ему принадлежавших; с таким не должно по той же строгости поступать. Для каких бы причин вкинуть его в тюрму? Ради чего лишить его вольности, одного лишь оставшагося ему имущества? Ради чего подвергнуть его наказаниям преступнику только приличным, и убедить его, чтоб он о своей честности раскаивался? Пускай почтут, если хотят, долг его за неоплатный даже до совершеннаго удовлетворения заимодавцов; пускай не дадут ему воли удалиться куда ни будь без согласия на то соучастников; пускай принудят его употребити труды свои и дарования к тому, чтобы прийти в состояние удовлетворить тем, кому он должен: однакож никогда никаким твердым доводом не можно оправдать того закона, который бы лишил его своей вольности безо всякой пользы для заимодавцов его.

237. Можно кажется во всех случаях различить обман с ненавистными обстоятельствами от тяжкой погрешности, и тяжкую погрешность от легкой, и сию от безпримесной невинности; и учредить по сему законом и наказания.

238. Осторожный и благоразумный закон может воспрепятствовать большой части хитрых отступов от торговли, и приуготовить способы для избежания случаев могущих сделаться с человеком честной совести и радетельным. Роспись публичная сделанная порядочно всем купецким договорам, и безпрепятственное дозволение всякому гражданину смотреть и справляться с оною: банк учрежденный складкою разумно на торгующих распределенною, из котораго бы можно было брать приличныя суммы для вспомоществования нещастных, хотя и рачительных торговцов, были бы установления приносящия с собою многия выгоды, и никаких в самой вещи неудобств не причиняющия.

239. *Вопрос* VIII. Какия средства самыя действительныя ко предупреждению преступлений?

240. Гораздо лучше предупреждать преступления, нежели наказывать.

241. Предупреждать преступления есть намерение и конец хорошаго законоположничества, которое не что иное есть, как искуство приводить людей к самому совершенному благу, или оставлять между ними, если всего искоренить не льзя, самое малейшее зло.

242. Когда запретим многия действия слывущия у нравоучителей средними, то тем не удержим преступлений могущих от того воспоследовать, но произведем чрез то еще новыя.

243. Хотите ли предупредить преступления? Сделайте, чтоб законы меньше благодетельствовали разным между гражданами чинам, нежели всякому особо гражданину.

244. Сделайте, чтоб люди боялися законов, и никого бы кроме их не боялися.

245. Хотите ли предупредить преступления? Сделайте, чтобы просвещение распространилося между людьми.

246. Книга добрых законов не что иное есть, как недопущение до вреднаго своевольства причиняти зло себе подобным.

247. Еще можно предупредить преступление награждением добродетели.

248. На конец самое надежное, но и самое труднейшее средство сделать людей лучшими есть приведение в совершенство воспитания.

249. В сей главе найдутся повторения о том, что уже выше сказано: но разсматривающий, хотя с малым прилежанием, увидит, что вещь сама того требовала; и кроме того очень можно повторять то, что долженствует быть полезным человеческому роду.

ГЛАВА XI.

250.

РАЖДАНСКОЕ общество, так как и всякая вещь, требует известнаго порядка; надлежит тут быть одним, которые правят и повелевают, а другим, которые повинуются.

251. И сие есть начало всякаго рода покорности; сия бывает больше или меньше облегчительна, смотря на состояние служащих.

252. И так когда закон естественный повелевает нам по силе нашей о благополучии всех людей пещися; то обязаны МЫ состояние и сих подвластных облегчати, сколько здравое разсуждение дозволяет.

253. Следовательно и избегати случаев, чтобы не приводить людей в неволю, разве крайняя необходимость к учинению того привлечет, и то не для собственной корысти, но для пользы государственной; однако и та едва не весьма ли редко бывает.

254. Какого бы рода покорство ни было, надлежит, чтоб законы гражданские с одной стороны злоупотребление рабства отвращали, а с другой стороны предостерегали бы опасности могущия оттуду произойти.

255. Нещастливо то правление, в котором принуждены установляти жестокие законы.

256. ПЕТР ПЕРВЫЙ узаконил в 1722 году, чтобы безумные и подданных своих мучащие были под смотрением опекунов. По первой статьи сего указа чинится исполнение; а последняя для чего без действа осталася, не известно.

257. В Лакедемоне рабы не могли требовати в суде никакого удовольствия: и нещастие их умножалося тем, что они не одного только гражданина, но притом и всего общества были рабы.

258. У Римлян в увечьи сделанном рабу не смотрели более ни на что, как только на убыток причиненный чрез то господину. За одно почитали рану животине нанесенную и рабу, и не принимали более ничего в разсуждение, как только сбавку цены: и то обращалося в пользу хозяину, а не обиженному.

259. У Афинян строго наказывали того, кто с рабом поступал свирепо.

260. Не должно вдруг и чрез узаконение общее делать великаго числа освобожденных.

261. Законы могут учредить нечто полезное для собственнаго рабов имущества.

262. Окончим все сие, повторяя правило то, что правление весьма сходственное с естеством есть то, котораго частное расположение соответствует лучше расположению народа, ради котораго оно учреждается.

263. При чем однако весьма же нужно, чтобы предупреждены были те причины; кои столь часто привели в непослушание рабов против господ своих; не узнав же сих причин, законами упредить подобных случаев не льзя, хотя спокойство одних и других от того зависит.

ГЛАВА XII.

264. *О размножении народа в государстве.*

265.

РОССИЯ не только не имеет довольно жителей, но обладает еще чрезмерным пространством земель, которыя ни населены, ниже обработаны. И так не можно сыскать довольно ободрений к размножению народа в государстве.

266. Мужики большою частию имеют по двенадцати, пятнадцати и до двадцати детей из одного супружества; однако редко и четвертая часть оных приходит в совершенный возраст. Чего для непременно должен тут быть какий ни будь порок, или в

пище, или во образе их жизни, или в воспитании, который причиняет гибель сей надежде государства. Какое цветущее состояние было бы сея державы, если бы могли благоразумными учреждениями отвратить или предупредить сию пагубу!

267. Прибавьте к сему и то, что двести лет прошло, как незнаемая предкам болезнь перешла к северу из Америки, и устремилась на пагубу природы человеческой. Сия болезнь распространяет печальныя и погибельныя следствия во многих провинциях. Надлежит попечение иметь о здравии граждан: чего ради разумно бы было пресечь сея болезни сообщение чрез законы.

268. Мойсеевы могут к сему служити примером.

269. Кажется еще, что новозаведенный способ от дворян, сбирати свои доходы, в России уменьшает народ и *земледелие*; все деревни почти на оброке. Хозяева не быв вовсе или мало в деревнях своих, обложат каждую душу по рублю, по два, и даже до пяти рублей, не смотря на то, каким способом их крестьяне достают сии деньги.

270. Весьма бы нужно было предписать помещикам законом, чтоб они с большим разсмотрением располагали свои поборы, и те бы поборы брали, которые менее мужика отлучают от его дома и семейства: тем бы распространилось больше земледелие, и число бы народа в государстве умножилось.

271. А ныне иный земледелец лет пятнадцать дома своего не видит, а всякий год платит помещику свой оброк, промышляя в отдаленных от своего дома городах, бродя по всему почти государству.

272. При великом благополучии государства легко умножается число граждан.

273. Страны луговыя, и ко скотоводству способныя, обыкновенно мало имеют народа по тому, что мало людей находят себе тамо упражнение; пахатныя же земли большее число людей в упражнении содержат и имеют.

274. Везде, где есть место, в котором могут выгодно жить, тут люди умножаются.

275. Но страна, которая податями столь много отягчена, что рачением и трудолюбием своим люди с великою нуждою могут найти себе пропитание, чрез долгое время должна обнажена быть жителей.

276. Где люди не для инаго чего убоги, как только, что живут под тяжкими законами, и земли свои почитают не столько за

основание к содержанию своему, как за подлог к удручению, в таких местах народ не размножается. Они сами для себя не имеют пропитания; так как им можно подумать от онаго уделить еще своему потомству? Они не могут сами в своих болезнях надлежащим пользоваться присмотром; так как же им можно воспитывати твари находящиеся в безперерывной болезни, то есть, во младенчестве? Они закапывают в землю деньги свои, боясь пустить оныя во обращение; боятся богатыми казаться; боятся, чтоб богатство не навлекло на них гонения и притеснений.

277. Многие пользуясь удобностию говорить, но не будучи в силах испытать в тонкость о том, о чем говорят, сказывают: *чем в большем подданные живут убожестве, тем многочисленнее их семьи.* Так же и то: *чем большия на них наложены дани, тем больше приходят они в состояние платить оныя.* Сии суть два мудрования, которыя всегда пагубу наносили, и всегда будут причинять погибель самодержавным государствам.

278. Зло есть почти неисцелимое, когда обнажение государства от жителей происходит от долгих времен по причине внутренняго некоего порока и худаго правления. Люди там исчезли чрез нечувствительную и почти в природу уже преобратившуюся болезнь. Родившися в унынии и в бедности, в насилии, или в принятых правительством лживых разсуждениях, видели они свое истребление, часто не приметив причин истребления своего.

279. Чтобы возстановить державу таким образом обнаженную от жителей, напрасно будем ожидать помощи в сем от детей могущих впредь родиться. Надежда сия вовсе безвременна; люди во своих пустынях живущие не имеют ни ободрения, ниже рачения. Поля могущия пропитать целый народ, едва дают прокормление одному семейству. Простый народ в сих странах не имеют участия и в бедности, то есть в землях никогда неоранных, которых там великое множество. Некоторые начальные граждане или Государь сделались нечувствительно владетелями всего пространства тех земель впусте лежащих; разоренныя семьи оставили оныя им на паствы, а трудолюбивый человек ни чего не имеет.

280. В таких обстоятельствах надлежало бы во всем пространстве той земли делать то, что Римляне делали в одной своего государства части; предприять в недостатке жителей то, что они наблюдали в их излишестве, разделити земли всем семьям, которыя никаких не имеют; подать им способы вспахать оныя и

обработать. Сие разделение должно учинить тот час, когда только сыщется человек, который бы принял оное так, чтоб ни мало времени не было упущено для начатия работы.

281. Иулий Кесарь давал награждения имеющим много детей. Августовы законы были гораздо понудительнее. Он наложил наказание на не вступающих в супружество, и увеличил награждения сочетавающихся браком, так же и имеющих детей. Сии законы были несходственны с установленями нашего православнаго закона.

282. В некоторых областях определены законами выгоды женатым, как то на пример, там старосты и выборные в деревнях должны быть выбраны из женатых. Неженатый и бездетный не может быть ни хожатым за делом, и в деревенском суде сидеть не может. У котораго более детей, тот сидит в том суде в большом месте. Тот мужик, у котораго более пяти сыновей, не платит уже никаких податей.

283. Неженатые у Римлян не могли ничего получать по завещанию посторонних; а женатые, но бездетные, больше половины не получали.

284. Выгоды, которыя могли иметь муж и жена по взаимным друг от друга завещаниям, были ограничены законом. Они могли отказать после себя в завещании все, если имели друг от друга детей: а ежели у них детей не было, то могли наследствовать только десятую часть имения по умершем в разсуждении их супружества: если же имели детей от перваго брака, то могли давати друг другу столько раз десятую часть, сколько имели детей.

285. Если муж отсутствовал от жены своей для другой какой причины, не по делам до общества касающимся, то не мог он быть ея наследником.

286. В некиих странах определено уреченное жалованье имеющим десять детей, а еще большее тем, у которых было двенадцать. Однако не в том дело состоит, чтоб награждать необычайное плодородие; надлежало бы больше сделати жизнь их, сколько возможно, выгоднее, то есть, подать рачительным и трудолюбивым случай ко пропитанию себя и семей своих.

287. Воздержание народное служит ко размножению онаго.

288. Обыкновенно в узаконениях положено отцам сочетавать союзом брачным детей своих. Но что из сего выйдет, если притеснение и сребролюбие дойдут до того, что присвоят себе

неправильным образом власть отцовскую? Надлежало бы еще отцов поощряти, чтоб детей своих браком сочетавали, а не отымать у них воли сочетавать детей по их лучшему усмотрению.

289. В разсуждении браков весьма бы нужно и важно было, сделать единожды известное и ясное положение, в каком степени родства брак дозволен, и в каком родства степени брак запрещен.

290. Есть области, в которых закон [в случае недостатка в жителях] делает гражданами чужестранных, или незаконно рожденных, или которые родились только от матери гражданки: но когда они таким образом получат довольное число народа, то уже больше не делают сего.

291. Дикий Канадский народ сожигают своих пленников: но когда у них есть шалаши пустые, кои можно отдати пленным, тогда признают они их за соплеменников своих.

292. Есть народы, которые, завоевав другия страны, соединяются браком со завоеванными; чрез что два великия намерения исполняют: утверждение себе завоеваннаго народа, и умножение своего.

ГЛАВА XIII.

293. *О рукоделии и торговле.*

294.

Е может быть там ни искусное рукоделие, ни твердо основанная торговля, где земледелие в уничтожении, или нерачительно производится.

295. Не может земледельство процветать тут, где никто не имеет ничего собственнаго.

296. Сие основано на правиле весьма простом: «Всякий человек имеет более попечения о своем собственном, нежели о том, что другому принадлежит; и никакого не прилагает старания о том, в чем опасаться может, что другой у него отымет».

297. Земледелие есть самый большой труд для человека; чем больше климат приводит человека к избежанию сего труда, тем больше законы ко оному возбуждать должны.

298. В Китае Богдохан ежегодно уведомляется о хлебопашце превзошедшем всех прочих во своем искусстве, и делает его чле-

ном осьмаго чина в государстве. Сей Государь всякий год с великолепными обрядами начинает сам пахати землю сохой своими руками.

299. Не худо бы было давать награждение земледельцам поля свои в лучшее пред прочими приведшим состояние.

300. И рукоделам употребившим во трудах своих рачение превосходнейшее.

301. Сие установление во всех земли странах произведет успехи. Оно послужило и в наши времена к заведению весьма важных рукоделий.

302. Есть страны, где во всяком погосте есть книги правительством изданныя о земледелии, из которых каждый крестьянин может во своих недоумениях пользоваться наставлениями.

303. Есть народы ленивые: чтоб истребити леность в жителях от климата раждающуюся, надлежит тамо сделать такие законы, которые отнимали бы все способы ко пропитанию у тех, кои не будут трудиться.

304. Всякий народ ленивый надмен во своем поведении; ибо не трудящиеся почитают себя некоторым образом властелинами над трудящимися.

305. Народы в лености утопающие обыкновенно бывают горды; можно бы действие обратити противу причины производящей оное, и истребити леность гордостью.

306. Но славолюбие есть столь твердая подпора правлению, сколь опасна гордость. Во уверение сего должно только представить себе с одной стороны безчисленное множество благ от славолюбия происходящих; отсюду рачение, науки и художества, учтивость, вкус: а с другой стороны, безконечное число зол раждающихся от гордости некоторых народов: леность, убожество, отвращение ото всего, истребление народов, случайно им во власть пришедших, а по том и их самих погибель.

307. Гордость приводит человека устраняться от трудов; а славолюбие побуждает умети трудиться лучше пред другим.

308. Посмотрите прилежно на все народы, вы увидите, что по большой части надменность, гордость и леность в них идут рядом.

309. Народы Ахимские и спесивы и ленивы; у кого из них нет раба, тот нанимает, хотя бы то было только для того, чтобы перейти сто шагов, и перенести два четверика сарацынскаго пшена; он почел бы себе за безчестие, если бы сам оные нес.

310. Жены в Индии за стыд себе вменяют учиться читать: сие дело, говорят они, принадлежит рабам, которые поют у них духовныя песни во храмах.

311. Человек не для того убог, что он ничего не имеет, но для того, что он не трудится; тот, который не имеет никакого поместья да трудится, столь же выгодно живет, сколько имеющий дохода сто рублев да не трудящийся.

312. Ремесленник, который обучил детей своих своему искуству, и то дал им в наследие, оставил им такое поместье, которое размножается по количеству числа их.

313. Земледелие есть первый и главный труд, к которому поощрять людей должно: вторый есть рукоделие из собственнаго произращения.

314. Махины, которыя служат к сокращению рукоделия, не всегда полезны. Если что сделанное руками стоит посредственной цены, которая равным образом сходна и купцу и тому, кто ее сделал, то махины сокращающия рукоделие, то есть уменьшающия число работающих, во многонародном государстве будут вредны.

315. Однако надлежит различать то, что делается для своего государства, от того, что для вывоза в чужие краи делается.

316. Не можно довольно споспешествовать махинами рукоделию в вещах отсылаемых ко другим народам, которые получают, или могут получать такия же вещи у наших соседов или у других народов, а наипаче в нашем положении.

317. Торговля оттуда удаляется, где ей делают притеснение, и водворяется тамо, где ея спокойствия не нарушают.

318. Афины не отправляли той великой торговли, которую им обещали труды их рабов, великое число своих мореходцов, власть, которую они имели над Греческими городами, и что больше всего, преизрядныя установления Солоновы.

319. Во многих землях, где все на откупу, правление государственных сборов разоряет торговлю своим неправосудием, притеснениями и чрезмерными налогами; однако оно ее разоряет, еще не приступая к сему, затруднениями оным причиняемыми, и обрядами от онаго требуемыми.

320. В других местах, где таможни па вере, весьма отличная удобность торговать; одно слово письменное оканчивает превеликия дела. Не надобно купцу терять напрасно времяни, и иметь

на то особливых приставников, чтобы прекратить все затруднения затеянныя откупщиками, или чтоб покориться оным.

321. Вольность торговли не то, когда торгующим дозволяется делать, что они захотят; сие было бы больше рабство оныя. Что стесняет торгующаго, то не стесняет торговли. В вольных областях купец находит безчисленныя противуречия; а там где рабство заведено, он никогда столько законами не связан. Англия запрещает вывозити свою волну и шерсть; она узаконила возить уголье в столичный город морем; она запретила вывозити к заводам способных лошадей; корабли, из ея Американских селений торгующие в Европу, должны на якорях становиться в Англии. Она сим и сему подобным стесняет купца, но все в пользу торговли.

322. Где есть торги, тут есть и таможни.

323. Предлог торговли есть вывоз и привоз товаров в пользу государства; предлог таможен есть известный сбор с сегож самаго вывоза и привоза товаров в пользу так же государству; для того должно государство держать точную средину между таможнею и торговлею, и делать такия распоряжения, чтоб сии две вещи одна другой не запутывала: тогда наслаждаются люди там вольностию торговли.

324. Англия не имеет положеннаго торговаго пошлиннаго устава [или тарифа] с другими народами: торговый пошлинный ея устав переменяется, так сказать, при всяком заседании парламента чрез особыя пошлины, которыя она налагает и снимает. Чрезмерное имея всегда подозрение на торговлю в ея земле производимую, мало когда с другими державами обязуется договорами, и ни от чьих, кроме своих законов, не зависит.

325. В некоторых государствах изданы законы весьма способные ко унижению держав домостроительные торги ведущих; им запрещено туда привозити другие товары кроме простых не выделанных, и то из собственной их земли, и не дозволено приезжать им торговать туды инако, как на кораблях состроенных в той земле, откуда они приезжают.

326. Державе налагающей сии законы надлежит быти в таком состоянии, чтобы легко сама могла торги отправлять; а без того она себе по крайней мере равный причинит вред. Лучше дело имети с таким народом, который изыскивает не много, и который по нуждам торговли некиим образом сам привязан к

нам; с таким народом, который по пространству своих намерений или дел знает, куды девать излишние товары; который богат, и может для себя взяти много вещей; который за оныя готовыми деньгами заплатит; который, так сказать, принужден быть верным; который миролюбив по вкорененным в нем правилам; который ищет прибыли, а не завоеваний; гораздо лучше, говорю Я, иметь дело с таким народом, нежели с другими всегдашними совместниками, и которые всех сих выгод не дадут.

327. Еще меньше должна держава подвергать себя тому, чтобы все свои товары продавать одному только народу под тем видом, что оный возмет все товары по известной цене.

328. Истинное правило есть неисключать никакого народа из своей торговли без весьма важных причин.

329. Во многих государствах учреждены с хорошим успехом банки, которые доброю своею славою изобретши новые знаки ценам, сих обращение умножили. Но чтоб в единоначальном правлении таковым учреждениям безопасно верили, должно сии банки присовокупить к установлениям святости причастным, не зависящим от правительств и жаловальными грамотами снабденным, к которым никому не можно и не должно иметь дела, как то: больницы, сиротские домы и прочее; чтобы все люди были уверены и надежны, что Государь денег их не тронет никогда, и кредита сих мест не повредит.

330. Некоторый лучший о законах писатель говорит следующее: «Люди побужденные действиями в некоторых державах употребляемыми думают, что надлежит установить законы поощряющие дворянство к отправлению торговли; сие было бы способом к разорению дворянства безо всякой пользы для торговли. Благоразумно в сем деле поступают в тех местах, где купцы не дворяне; но они могут сделаться дворянами; они имеют надежду получити дворянство, не имея в том действительнаго препятствия; нет у них другаго надежнейшаго способа выйти из своего звания мещанскаго, как отправлять оное с крайним рачением, или имети в нем щастливые успехи; вещь, которая обыкновенно присовокуплена к довольству и изобилию. Противно существу торговли, чтобы дворянство оную в самодержавном правлении делало; погибельно было бы сие для городов, так утверждают Императоры Онорий и Феодосий, и отняло бы между купцами и чернью удобность покупать и продавать товары свои. Противно и существу

самодержавнаго правления, чтобы в оном дворянство торговлю производило. Обыкновение дозволившее в некоторой державе торги вести дворянству принадлежит к тем вещам, кои весьма много способствовали ко приведению тамо в безсилие прежняго учрежденнаго правления».

331. Есть люди сему противнаго мнения, разсуждающие, что дворянам не служащим дозволить можно торговать, с тем предписанием, чтоб они во всем подвергали себя законам купеческим.

332. Феофил увидя корабль нагруженный товарами для своей супруги Феодоры, сжег оный. Я Император, сказал он ей; а ты меня делаешь господином над стругом. Чем же могут бедные люди пропитати жизнь свою, если мы вступим еще в их звание и промыслы? Он мог к сему прибавить: Кто может нас воздержать, если мы станем входить в откупы? Кто нас заставит исполнять наши обязательства? Торги нами производимые видя, захотят производить и придворные знатные люди: они будут корыстолюбивее и несправедливее нас. Народ имеет доверенность к нам в разсуждении нашего правосудия, а не богатства нашего; столько податей, которыя их приводят в бедность, явно свидетельствуют о наших нуждах.

333. Когда Португальцы и Кастилианцы начали владычествовать над восточными Индиями, торговля там имела толь богатыя ветьви, что Государи их разсудили за благо, и сами за оныя ухватиться. Сие разорило заведенныя ими селения в тамошних частях света. Королевский наместник в Гое дал разным людям грамоты исключительныя. Никто к таким особам не имеет доверенности; торговля рушилась безпрестанною переменою тех людей, коим оную поручали; никто сей торговли не щадит и не заботится о том ни мало, когда оставит ее своему преемнику в конец разоренную; прибыль остается в руках не многих людей, и далеко не распространяется.

334. Солон узаконил в Афинах, чтоб не делали больше лицеимства за гражданские долги. Сей закон весьма хорош для обыкновенных дел гражданских; но Мы имеем причину не наблюдать онаго в делах до торговли касающихся: ибо купцы принуждены бывают вверять великия суммы часто на очень короткое время, давать оныя и принимать обратно: так надлежит должнику исполняти всегда в уреченное время по своим обязательствам; что предполагает уже лицеимство. В делах, происходящих по уговор-

ным записям гражданским обыкновенным, закон не должен чинить лицеимства ради того, что оное повреждает больше вольность гражданина, нежели способствует выгоде другаго; но в уговорах бывающих по торговле закон долженствует больше взирать на выгоду всего общества, нежели на вольность гражданина. Однако сие не воспящает употребления оговорок и ограничений, которых может требовать человечество и хорошее гражданское учреждение.

335. Женевский закон весьма похвален, который исключает от правления и ото входа в великий совет детей тех людей, которые жили, или которые умерли, не уплатя долгов, если они не удовольствуют заимодавцов за долги отцов своих. Действие сего закона производит доверенность для купцов, для правительства и для самаго города; собенная каждаго в том городе человека верность имеет еще там силу общей всего народа верности.

336. Родияне еще далее в сем поступили: у них сын не мог избыть от уплаты долгов за своего отца и отказавшися от наследства по нем. Родийский закон дан обществу основанному на торговле: ради чего мнится, что самое естество торговли требовало, придати к сему закону следующее ограничение: чтоб долги нажитые отцом после того, как сын начал сам торговать, не касалися до имения сим последним приобретеннаго, и не пожирали бы онаго. Купец всегда должен знать свои обязательства, и вести себя в каждое время по состоянию своего стяжания.

337. Ксенофонт определяет давать награждение тем над торговлею начальникам, которые суд по оной случившийся скорее вершат; он предвидел надобность словеснаго судопроизводства.

338. Дела по торговле бывающия, весьма мало судебных обрядов сносить могут. Они суть ежедневныя вещей торговлю составляющих произвождения, за которыми другия тогож рода неотменно следовать должны всякий день: для сего и надлежит оным решеным быть ежеденно. Совсем другое с делами житейскими, которыя с будущим впредь человеческим состоянием великое имеют спряжение, однако очень редко случаются. Женятся и посягают, больше как один раз, редко; не всякий день делают завещания или дарения; в совершенный возраст прийти никому больше одного раза не удастся.

339. Платон говорит, что в городе, где нет морских торгов, надлежит быти гражданских законов половиною меньше; и сие

весьма справедливо. Торговля приводит в одно место различныя племена народов, великое число договоров, разные виды имения, и способы ко приобретению онаго. И так в торговом городе меньше судей и больше законов.

340. Право присвояющее Государю наследство над имением чужестранца в областях его умершаго, когда у сего наследник есть; так же право присвояющее Государю или подданным весь груз корабля у берегов сокрушившагося, весьма неблагоразумны и безчеловечны.

341. Великая хартия в Англии, запрещает брать земли или доходы должника, когда движимое или личное его имение довольно на уплату долгов, и когда он хочет сам то имение отдать: тогда всякое имение Агличанина почиталося за наличныя деньги. Сия хартия не воспящает, чтоб земли и доходы Агличанина не представляли таким же образом наличных денег, как и другое его имение: оныя намерение клонится к отвращению обид, могущих приключиться от суровых заимодавцов. Правость удручается, когда взятье имения за долги нарушает превосходством своим ту безопасность, которой может всяк требовать; и если одного имения довольно на уплату долгов, нет никакой причины побуждающей брать в уплату оных другое. А как земли и доходы берутся на уплату долгов уже тогда, когда другаго имения не достает на удовольствование заимодавцов; то кажется не можно и их исключать из числа знаков наличныя представляющих деньги.

342. Проба золота, серебра и меди в монете, так же выпечатание и внутренняя цена монеты должны остаться всегда в установленном однажды положении, и не надобно от того отступать ни для какой причины: ибо всякая перемена в монете повреждает государственный кредит. Ничто так должно быть не подвержено перемене, как та вещь, которая есть общею мерою всего. Купечество само собою весьма неизвестно: и так увеличилося бы еще зло присовокуплением новой неизвестности к той, которая на естестве вещи основана.

343. В некоторых областях есть законы запрещающие подданным продавать свои земли, чтоб не переносили они таким образом своих денег в чужия государства. Законы сии могли быти в то время хороши, когда богатства каждыя державы принадлежали ей так, что великая была трудность переносить оныя в иностранную область. Но после того, как посредством векселей бо-

гатства уже больше не принадлежат никакому особливо государству; и когда столь легко можно переносить оныя из одной области в другую; то худым надобно назвать закон недозволяющий располагать о своих землях по собственному всякаго желанию для учреждения дел своих, когда можно располагать о своих деньгах каждому по своей воле. Сей закон еще худ по тому, что он дает преимущество имению движимому над недвижимым; по тому, что чужестранным делает отвращение приходить селиться в тех областях; и по тому на конец, что от исполнения онаго можно вывернуться.

344. Всегда, когда кто запрещает то, что естественно дозволено или необходимо нужно, ничего другаго тем не сделает, как только безчестными людьми учинит совершающих оное.

345. В областях торговле преданных, где многие люди ничего кроме своего искуства не имеют, правительство часто обязано прилагати старание о вспомоществовании старым, больным и сиротам в их нуждах. Благоучрежденное государство содержание таковых основывает на самых искуствах; во оном налагают на одних работу с силами их сходственную, других обучают работать, что уже так же есть работа.

346. Подаяние милостыни нищему на улице не может почесться исполнением обязательств правления долженствующаго дати всем гражданам надежное содержание, пищу, приличную одежду и род жизни здравию человеческому не вредящий.

ГЛАВА XIV.

347. О воспитании.

348.

ПРАВИЛА воспитания суть первыя основания приуготовляющия нас быть гражданами.

349. Каждая собенная семья должна быть управляема по примеру большой семьи, включающей в себе все частныя.

350. Не возможно дать общаго воспитания многочисленному народу, и вскормить всех детей в нарочно для того учрежденных домах: и для того полезно будет, установить несколько общих правил, могущих служить в место совета всем родителям.

1.

351. Всякий обязан учить детей своих страха Божия, как начала всякаго целомудрия, и вселяти в них все те должности, которых Бог от нас требует в десятословии своем, и православная наша восточная Греческая вера во правилах и прочих своих преданиях.

352. Так же вперяти в них любовь к отечеству, и повадить их иметь почтение к установленным гражданским законам, и почитать правительства своего отечества, как пекущияся по воле Божией о благе их на земли.

2.

353. Всякий родитель должен воздерживаться при детях своих не только от дел, но и от слов клонящихся к неправосудию и насильству, как то: брани, клятвы, драк, всякой жестокости и тому подобных поступок, и не дозволять и тем, которые окружают детей его, давать им такие дурные примеры.

3.

354. Он запретить должен детям и тем, кои около них ходят, чтоб не лгали, ниже в шутку: ибо ложь изо всех вреднейший есть порок.

355. МЫ присовокупим здесь для наставления всякому особо человеку то, что уже напечатано, как служащее общим правилом от НАС уже установленным и еще установляемым для воспитания училищам и всему обществу.

356. «Должно вселять в юношество страх Божий, утверждать сердце их в похвальных склонностях, и приучать их к основательным и приличествующим состоянию их правилам; возбуждати в них охоту ко трудолюбию, и чтоб они страшились праздности, как источника всякаго зла и заблуждения; научати пристойному в делах их и разговорах поведению, учтивости, благопристойности, соболезнованию о бедных, нещастливых, и отвращению ото всяких продерзостей; обучать их домостроительству во всех онаго подробностях и сколько в оном есть полезнаго; отвращать их от мотовства; особливо же вкореняти в них собственную склонность к опрятности и чистоте, как на самих себе, так и на принадлежащих к ним: одним словом, всем тем добродетелям и качествам, кои принадлежат к доброму воспитанию, которыми во свое

время могут они быть прямыми гражданами, полезными общества членами, и служить оному украшением».

ГЛАВА XV.

357. *О дворянстве.*

358.

ЕМЛЕДЕЛЬЦЫ живут в селах и деревнях, и обработывают землю, из которой произрастающие плоды питают всякаго состояния людей; и сей есть их жребий.

359. В городах обитают мещане, которые упражняются в ремеслах, в торговле, в художествах и науках.

360. Дворянство есть нарицание в чести различающее от прочих тех, кои оным украшены.

361. Как между людьми одни были добродетельнее других, а при том и заслугами отличались, то принято издревле отличить добродетельнейших и более других служащих людей, дав им сие нарицание в чести; и установлено, чтоб они пользовались разными преимуществами основанными на сих выше сказанных начальных правилах.

362. Еще и далее в сем поступлено: учреждены законом способы, какими сие достоинство от Государя получить можно, и означены те поступки, чрез которыя теряется оное.

363. Добродетель с заслугою возводит людей на степень дворянства.

364. Добродетель и честь должны быть оному правилами предписывающими любовь к отечеству, ревность ко службе, послушание и верность к Государю, и безпрестанно внушающими, не делать никогда безчестнаго дела.

365. Мало таких случаев, которые бы более вели к получению чести, как военная служба: защищать отечество свое, победить неприятеля онаго, есть первое право и упражнение приличествующее дворянам.

366. Но хотя военное искуство есть самый древнейший способ, коим достигали до дворянскаго достоинства, и хотя военныя добродетели необходимо нужны ко пребыванию и сохранению государства:

367. Однакож и правосудие не меньше надобно во время мира, как и в войне; и государство разрушилося бы без онаго.

368. А из того следует, что не только прилично дворянству, но и приобретать сие достоинство можно и гражданскими добродетелями так, как и военными.

369. Из чего паки следует, что лишити дворянства никого не можно, кроме того, который сам себя лишил онаго своими основанию его достоинства противными поступками, и сделался чрез то звания своего недостойным.

370. И уже честь и сохранение непорочности дворянскаго достоинства требуют, чтоб такий, сам чрез поступки свои, основание своего звания нарушающий, был по обличении исключен из числа дворян и лишен дворянства.

371. Поступки же противныя дворянскому званию суть измена, разбой, воровство всякаго рода, нарушение клятвы и даннаго слова, лжесвидетельство, кое сам делал, или других уговаривал делать, составление лживых крепостей, или других тому подобных писем.

372. Одним словом, всякий обман противный чести, а наипаче те действия, кои за собою влекут уничижение.

373. Совершенство же сохранения чести состоит в любви к отечеству и наблюдении всех законов и должностей; из чего последует

374. Похвала и слава, особливо тому роду, который между предками своими считает более таких людей, кои украшены были добродетелями, честию, заслугою, верностию и любовию ко своему отечеству, следовательно и к Государю.

375. Преимущества же дворянския должны все основаны быть на вышеписанных начальных правилах, составляющих существо дворянскаго звания.

ГЛАВА XVI.

376. *О среднем роде людей.*

377.

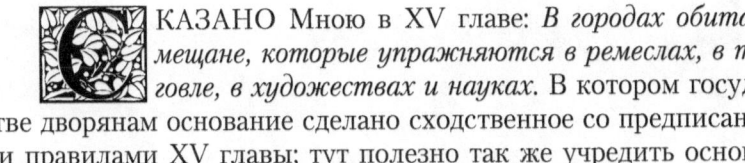КАЗАНО Мною в XV главе: *В городах обитают мещане, которые упражняются в ремеслах, в торговле, в художествах и науках.* В котором государстве дворянам основание сделано сходственное со предписанными правилами XV главы; тут полезно так же учредить основанное на добронравии и трудолюбии, и к оным ведущее положение, коим пользоваться будут те, о коих здесь дело идет.

378. Сей род людей, о котором говорить надлежит, и от котораго государство много добра ожидает, если твердое на добронравии и поощрении ко трудолюбию основанное положение получит, есть средний.

379. Оный пользуясь вольностию, не причисляется ни ко дворянству, ни ко хлебопашцам.

380. К сему роду людей причесть должно всех тех, кои не быв дворянином, ни хлебопашцем, упражняются в художествах, в науках, в мореплавании, в торговле и ремеслах;

381. Сверх того всех тех, кои выходить будут, не быв дворянами, изо всех Нами и предками Нашими учрежденных училищ и воспитательных домов, какого бы те училища звания ни были, духовныя или светския;

382. Так же приказных людей детей. А как в оном третьем роде суть разныя степени преимуществ, то не входя в подробность оных, открываем только дорогу к разсуждению об нем.

383. Как все основание сему среднему роду людей будет иметь в предмете добронравие и трудолюбие: то напротив того нарушение сих правил будет служить к исключению из онаго, как то на пример, вероломство, неисполнение своих обещаний, особливо если тому причина лень или обман.

ГЛАВА XVII.

384. О городах.

385.

ЕСТЬ города разнаго существа, более или менее важные, по своему положению.

386. В иных городах более обращений торга сухим или водным путем.

387. В других лишь единственно товары привезенные складывают для отпуска.

388. Есть и такие, кои единственно служат к продаже продуктов приезжающих земледельцев того или другаго уезда.

389. Иный цветет фабриками.

390. Другой близ моря лежа соединяет все сии и другия выгоды.

391. Третий пользуется ярманками.

392. Иные суть столицы и проч.

393. Сколько ни есть разных положений городам, только в том они все вообще сходствуют, что им всем нужно иметь одинакий закон, который бы определил: что есть город, кто в оном почитается жителем, и кто составляет общество того города, и кому пользоваться выгодами по свойству естественнаго положения того места, и как сделаться городским жителем можно?

394. Из сего родится, что тем, кои обязаны принимать участие в добром состоянии города, имев в нем дом и имения, дается имя мещан. Сии суть обязаны для собственнаго своего же благосостояния, и для гражданской их безопасности в жизни, имении и здоровьи, платить разныя подати, дабы пользоваться сими выгодами и прочим своим имением безпрепятственно.

395. Кои же не дают сего общаго, так сказать, залога, те и не пользуются правом иметь мещанския выгоды.

396. Основав города, остается разсмотреть, какия выгоды которому роду городов без ущерба общия пользы иметь можно, и какия учреждения в их пользу постановить следует?

397. В городах, в коих многия обращения торг имеет, весьма смотреть должно, чтобы чрез честность граждан сохранился кредит во всех частях коммерции; ибо честность и кредит суть души

коммерции; где хитрость и обман возмет верьх над честностию, тут и кредит быть не может.

398. Малые города суть весьма нужны по уездам, дабы земледелец мог сбыть плоды земли и рук его, и себя снабдить тем, в чем ему случится нужда.

399. Города, Архангельский, Санктпетербург, Астрахань, Рига, Ревель и тому подобные суть города и порты морские. Оренбург, Кяхта, и многие другие города имеют обращения другаго рода. Из чего усмотреть можно, сколь великое свойство имеет положение мест со гражданскими учреждениями, и что не знав обстоятельств, каждому городу удобное положение сделать, нет возможности.

400. О цеховых мастерствах и установлении цехов для мастерств по городам еще состоит великий спор: лучше ли иметь цехи по городам, или без них быть, и что из сих положений более споспешествует рукоделиям и ремеслам?

401. Но то безспорно, что для заведения мастерства цехи полезны: а бывают они вредны, когда число работающих определено; ибо сие самое препятствует размножению рукоделий.

402. Во многих городах в Европе оные сделаны свободными в том, что не ограничено число; а могут вписываться в оные по произволению: и примечено, что то служило к обогащению тех городов.

403. В малолюдных городах полезны быть могут цехи, дабы иметь искусных людей в мастерствах.

ГЛАВА XVIII.

404. *О наследствах.*

405.

ОРЯДОК в наследии выводится от оснований права государственнаго, а не от оснований права естественнаго.

406. Раздел имения, законы о сем разделе, наследие по смерти того, кто имел сей раздел, все сие не могло быть инако учреждено, как обществом; и следовательно законами государственными или гражданскими.

407. Естественный закон повелевает отцам кормить и воспитывать детей своих, а не обязывает их делать оных своими наследниками.

408. Отец на пример, обучивший сына своего какому ни будь искуству или рукомеслу могущему его пропитать, делает его чрез то гораздо богатее, нежели когда бы он оставил ему малое свое имение, учиня его ленивцем или праздным.

409. Правда, порядок государственный и гражданский требует часто, чтоб дети наследниками были после отцев: но оный не взыскивает быть сему так всегда.

410. Правило сие общее: воспытывать детей своих есть обязательство права естественнаго; а давать им свое наследие есть учреждение права гражданскаго или государственнаго.

411. Всякое государство имеет законы о владении имениями, соответствующие государственному установлению: следовательно отцовским имением должно владеть по образу законами предписанному:

412. И надлежит установить порядок неподвижный для наследия, чтоб можно было удобно знать, кто наследник, и чтоб о сем не могло произойти никаких жалоб и споров.

413. Всякое узаконение должно быть всеми и каждым исполнено, и не надобно дозволять нарушать онаго собенными кого либо из граждан распоряжениями.

414. Порядок наследия понеже был установлен в следствие государственнаго закона у Римлян, то никакий гражданин не должен был онаго развращать собенною своею волею; сиречь с первых времен в Риме не дозволено было никому делать завещания: однакож сие было ожесточительно, что человек в последние жизни своей часы лишен был власти делать благодеяния.

415. И так сыскано было средство в разсуждении сего согласить законы с волею частных особ; дозволили располагать о своем имении в собрании народа; и всякое завещание было некоторым образом дело власти законодательной той республики.

416. В последующия времена дали неопределенное дозволение Римлянам делать завещания, что не мало способствовало к нечувствительному разрушению государственнаго установления о разделе земель; а сие больше всего ввело весьма великую и погибельную им разность между богатыми и убогими гражданами; многия поместья удельныя собраны были сим образом во

владение одного барина; граждане Римские имели очень много, а безчисленное множество других ничего не имели, и чрез то сделались несносным бременем той державе.

417. Древние Афинские законы не дозволяли гражданину делать завещания; Солон дозволил, выключая тех, у которых были дети.

418. А Римские законодавцы воображением отеческой власти будучи убеждены, дозволили отцам делать завещания во вред и самих своих детей.

419. Надобно признаться, что древние Афинские законы гораздо сходнее были с заключениями здраваго разума, нежели законы Римские.

420. Есть государства, где держатся средины во всем сем, то есть, где дозволено завещания делать о приобретенном имении; а не дозволено, чтоб деревня одна была разделена на разные части. И ежели отцовское наследство, или лучше сказать, отчина продана или расточена, то узаконено, чтоб равная оному наследству часть из купленнаго или приобретеннаго имения отдана была природному наследнику; ежели доказательства утвержденныя на законах не учинили его недостойным наследия: в сем последнем случае следующие по нем заступают его место.

421. Как природному наследнику, так и наследнику избранному по завещанию, можно дозволить отказаться от наследства.

422. Дочери у Римлян были исключены из завещания; для сего утверждали за ними под обманом и подлогом. Сии законы принуждали или сделаться безчестными людьми, или презирать законы естественные, вперяющие в нас любовь к детям нашим. Сии суть случаи, которых, дая законы, убегать должно;

423. Понеже ничто так не наносит ослабления законам, как возможность коварством избегнуть от оных. Так же и ненужные законы умаляют почтение к нужным.

424. У Римлян жены были наследницами, если сие согласовало с законом о разделе земель: а ежели сие могло тот закон нарушить, то не были они наследницами.

425. МОЕ намерение в сем деле склоняется больше к разделению имения; понеже Я почитаю СЕБЕ за долг желать, чтобы каждый довольную часть на свое пропитание имел. Сверьх сего земледелие таким образом может прийти в лучшее состояние, и государство чрез то большую получит пользу, имея несколько

тысячей подданных наслаждающихся умеренным достатком, нежели имея несколько сот великих богачей.

426. Но разделение имения не должно вреда наносити другим общим при установлении законов правилам, столь же или и более нужным для сохранения в целости государства, которых без примечания оставлять не должно.

427. Раздел по душам, как доныне делывалось, вреден земледелию, тягость причиняет в сборах, и приводит последних раздельщиков в нищету; а разделение наследия до некоторой части, сходственнее с сохранением всех сих главных правил и с прибылью общественною и собенною каждаго.

428. Недоросль до указных возраста лет есть член семьи домашней, а не член общества; и так полезно сделать учреждение о опекунстве, как на пример:

429. 1. Для детей оставшихся после смерти отцовской в летах возраста несовершеннаго, когда им имения их в полную власть поручить еще не можно ради той опасности, чтоб они по незрелому своему разсудку не разорилися.

430. Так 2. и для безумных или лишившихся ума.

431. Не меньше же 3. и тому подобных.

432. В некоторых вольных державах ближним родственникам человека расточившаго половину своего имения, или пришедшаго в долги той половине равные, дозволено запретить ему владеть другою онаго имения половиною. Доходы сей оставшейся половины разделяются на несколько частей, и одну часть дают впадшему в сей случай на содержание его, а другия употребляют на уплату долгов; при чем запрещается ему уже больше продавать и закладывать. После уплаты долгов отдают ему, если поправится, опять его имение, для егож собственной пользы родственниками сбереженное; а если не поправится, то одни доходы ему отдают ежегодно.

433. Надлежит положить правила приличныя каждому из сих случаев, чтоб закон предохранял всякаго гражданина от насилия и крайности могущих быть при сем.

434. Законы поручающие опеку матери, больше смотрят на сохранение оставшагося сироты; а вверяющие оную ближнему наследнику, уважают больше сохранение имения.

435. У народов испорченные имеющих нравы законодавцы опеку над сиротою вручили матери; а у тех, где законы должны

иметь упование на нравы граждан, дают опеку наследнику имения, а иногда и обоим.

436. Жены у Германцов не могли быть без опекуна никогда. Август узаконил, женам имевшим троих детей, быть свободным от опеки.

437. У Римлян законы дозволяли жениху дарить невесту, и невесте жениха, прежде брака; а после брачнаго сочетания делать то запрещали.

438. Закон западных Готфов повелевал, чтобы жених будущей своей супруге не дарил больше десятой части своего имения; и в первый год после бракосочетания не дарил бы ей ничего.

ГЛАВА XIX.

439. *О составлении и слоге законов.*

440.

СЕ права должно разделить на три части.
441. Первой части будет заглавие: *законы*.
442. Вторая приймет название: *учреждения временныя*.

443. Третьей дастся имя: *указы*.

444. Под словом *законы* разумеются все те установления, которыя ни в какое время не могут перемениться, и таковых числу быть не можно великому.

445. Под названием *временныя учреждения* разумеется тот порядок, которым все дела должны отправляемы быть, и разные о том наказы и уставы.

446. Имя *указы* заключает в себе все то, что для каких ни будь делается приключений, и что только есть случайное, или на чью особу относящееся, и может со временем перемениться.

447. Надобно включить во книге прав всякую порознь материю по порядку в том месте, которое ей принадлежит: на пример, судныя, воинския, торговыя, гражданския или полицейския, городския, земския и проч. и проч.

448. Всякий закон должен написан быть словами вразумительными для всех, и при том очень коротко; чего ради без сомнения надлежит, где нужда потребует, прибавить изъяснения или

толкования для судящих, чтоб могли легко видеть и понимать как силу, так и употребление закона. Воинский устав наполнен подобными примерами, которым удобно можно последовать.

449. Но однакож должно поступать весьма осторожно в сих изъяснениях и толкованиях: понеже оныя легко могут иногда более затмить, нежели объяснить случай; чему бывали многие примеры.

450. Когда в каком законе исключения, ограничения и умерения не надобны, то гораздо лучше их и не полагать; ибо такия подробности приводят ко другим еще подробностям.

451. Если пишущий законы хочет в них изобразить причину побудившую к изданию некоторых между оными, то должно, чтобы причина та была сего достойна. Между Римскими законами есть определяющий слепому в суде не производить ни какого дела для того, что он не видит знаков и украшений судейских. Сия причина весьма плоха, когда можно было привести довольно других хороших.

452. Законы не должны быть тонкостями от остроумия происходящими наполнены; они сделаны для людей посредственнаго разума равномерным образом, как и для остроумных; в них содержится не наука предписывающая правила человеческому уму, но простое и правое разсуждение отца о чадах и домашних своих пекущагося.

453. Надлежит, чтобы в законах видно было везде чистосердечие; они даются для наказания пороков и злоухищрений: и так надобно им самим заключати в себе великую добродетель и незлобие.

454. Слог законов должен быть краток, прост; выражение прямое всегда лучше можно разуметь, нежели околичное выражение.

455. Когда слог законов надут и высокопарен, то они инако не почитаются, как только сочинением изъявляющим высокомерие и гордость.

456. Неопределенными речьми законов писать не должно; чему здесь прописывается пример. Закон одного Императора Греческаго наказывать велит смертию того, кто купит освобожденнаго как будто раба, или *кто такого человека станет тревожить и безпокоить*. Не должно было употреблять выражения так неопределеннаго и неизвестнаго: *безпокойство и тревоженье* при-

чиняемое человеку зависит вовсе от того, какую кто степень чувствительности имеет.

457. Слог уложения блаженныя памяти Царя *Алексея Михайловича* по большой части ясен, прост и краток; с удовольствием слушаешь, где бывают из онаго выписи; никто не ошибется в разумении того, что слышит; слова в нем внятны и самому посредственному уму.

458. Законы делаются для всех людей; все люди должны по оным поступать: следовательно надобно, чтобы все люди оные и разуметь могли.

459. Надлежит убегать выражений витиеватых, гордых или пышных, и не прибавляти в составлении закона ни одного слова лишняго, чтоб легко можно было понять вещь законом установляемую.

460. Так же надобно беречься, чтобы между законами не были такие, которые не достигают до намереннаго конца; которые изобильны словами, а недостаточны смыслом; которые по внутреннему своему содержанию маловажны, а по наружному слогу надменны.

461. Законы признавающие необходимо нужными действия непричастныя ни добродетели ни пороку, подвержены той непристойности, что они заставляют почитать напротив того действия необходимо нужныя за ненужныя.

462. Законы при денежном наказании или пени, означивающие точно число денег за какую либо вину платимых, надлежит по крайней мере всякия пятьдесят лет вновь пересматривать для того, что плата деньгами признаваемая в одно время достаточною, в другое почитается за ничто: ибо цена денег переменяется по мере имущества. Был некогда в Риме такий сумосбродный человек, который всем попадающимся ему на встречу раздавал пощочины, платя при том тот час всякому из них по двадцати по пяти копеек, то есть, по скольку законом была предписано.

ГЛАВА XX.

463. *Разныя статьи требующия изъяснения.*

464. А. Преступление в оскорблении Величества.

465.

ОД сим именованием разумеются все преступления противныя безопасности Государя и государства.

466. Все законы должны составлены быть из слов ясных и кратких, однако нет между ними никаких, которых бы сочинение касалося больше до безопасности граждан, как законы принадлежащие ко преступлению в оскорблении Величества.

467. Вольность гражданина ни от чего не претерпевает большаго нападения, как от обвинений судебных и сторонних во обще; сколь же бы ей великая настояла опасность, если бы сия толь важная статья осталась темною: ибо вольность гражданина зависит во первых от изящества законов криминальных.

468. Не должно же криминальных зоконов смешивать с законами учреждающими судебный порядок.

469. Если преступление в оскорблении Величества описано в законах словами неопределенными, то уже довольно из сего может произойти различных злоупотреблений.

470. Китайские законы, на пример, присуждают, что если кто почтения Государю не окажет, должен казнен быти смертию. Но как они не определяют, что есть неоказание почтения, то все может там дать повод к отнятию жизни, у кого захотят, и к истреблению поколения, чье погубить пожелают. Два человека определенные сочинять придворныя ведомости, при описании некотораго со всем неважнаго случая поставили обстоятельства с истинною несходственными; сказано на них, что лгать в придворных ведомостях не что иное есть, как должнаго почтения Двору не оказывать; и казнены они оба были смертию.

Некто из князей на представлении подписанном Императором из неосторожности поставил какой то знак: заключили из сего, что он должнаго почтения не оказал Богдохану. И сие причинило всему сего князя поколению ужасное гонение.

471. Называти преступлением до оскорбления Величества касающимся такое действие, которое в самой вещи онаго в себе не заключает, есть самое насильственное злоупотребление. Закон Римских Кесарей как со святотатцами поступал с теми, кои сомневались о достоинствах и заслугах людей избранных ими к какому ни есть званию, следовательно и осуждал их на смерть.

472. Другий закон тех, которые делают воровския деньги, объявлял виновными во преступлении оскорбления Величества. Но они ни что иное суть как воры государственные. Таким образом смешиваются вместе разныя о вещах понятия.

473. Давать имя преступления в оскорблении Величества другому какому преступлению ни что иное есть, как уменьшать ужас сопряженный со преступлением оскорбления Величества.

474. Градоначальник писал к Римскому Императору, что делают приуготовление судить, как виновнаго в преступлении оскорбления Величества, судью учинившаго приговор противный сего Кесаря узаконениям; Кесарь ответствовал, что в его владение преступления в оскорблении Величества непрямыя, но окольныя в суде не приемлются.

475. Еще между Римскими законами находился такий, который повелевал наказывать, как преступников в оскорблении Величества тех, кои хотя из неосторожности бросали что ни будь пред изображениями Императоров.

476. В Англии закон один почитал виновными в самой высочайшей измене всех тех, которые предвещают Королевскую смерть. В болезни Королей врачи не смели сказать, что есть опасность: думать можно, что они поступали по сему и в лечении.

477. Человеку снилося, что он умертвил Царя; сей Царь приказал казнить его смертию, говоря, что не приснилось бы ему сие ночью, если бы он о том днем на яву не думал. Сей поступок был великое тиранство: ибо если бы он то и думал, однакож на исполнение мысли своей еще не поступил; законы не обязаны наказывать никаких других кроме внешних, или наружных действий.

478. Когда введено было много преступлений в оскорблении Величества, то и надлежало непременно различить и умерить сии преступления. Так наконец дошли до того, чтоб не почитать за такия преступления кроме тех только, кои заключают умысел в себе противу жизни и безопасности Государя, и измену против государства, и тому подобныя; каковым преступлениям и казни предписаны самыя жестойчашия.

479. Действия суть не ежедневныя, многие люди могут оныя приметить; ложное обвинение в делах может легко быть объяснено.

480. Слова совокупленныя с действием принимают на себя естество того действия; таким образом человек пришедший на пример на место народнаго собрания увещавать подданных к возмущению, будет виновен в оскорблении Величества по тому, что слова совокуплены с действием, и заимствуют нечто от онаго. В сем случае не за слова наказуют, но за произведенное действие, при котором слова были употреблены. Слова не вменяются никогда во преступление, разве оныя приуготовляют, или соединяются, или последуют действию беззаконному. Все превращает и опровергает, кто делает из слов преступление смертной казни достойное; слова должно почитать за знак только преступления смертной достойнаго казни.

481. Ничто не делает преступления в оскорблении Величества больше зависящим от толка и воли другаго, как когда нескромныя слова бывают онаго содержанием; разговоры столько подвержены истолкованиям; толь великое различие между нескромностию и злобою, и толь малая разнота между выражениями от нескромности и злобы употребляемыми, что закон ни коим образом не может слов подвергнуть смертной казни, по крайней мере не означивши точно тех слов, которыя он сей казни подвергает.

482. И так слова не составляют вещи подлежащей преступлению; часто они не значат ничего сами по себе, но по голосу каким оныя выговаривают; часто пересказывая те же самыя слова, не дают им того же смысла; сей смысл зависит от связи соединяющей оныя с другими вещьми. Иногда молчание выражает больше, нежели все разговоры. Нет ничего, что бы в себе столько двойнаго смысла замыкало, как все сие. Так как же из сего делать преступление толь великое, каково оскорбление Величества, и наказывать за слова так, как за самое действие? Я чрез сие не хочу уменьшить негодования, которое должно иметь на желающих опорочить славу своего Государя, но могу сказать, что простое исправительное наказание приличествует лучше в сих случаях, нежели обвинение в оскорблении Величества, всегда страшное и самой невинности.

483. Письма суть вещь не так скоро преходящая, как слова; но когда они не приуготовляют ко преступлению оскорбления

Величества, то и они не могут быть вещию содержащею в себе преступление в оскорблении Величества.

484. Запрещают в самодержавных государствах сочинения очень язвительныя: но оныя делаются предлогом подлежащим градскому чиноправлению, а не преступлением; и весьма беречься надобно изъискания о сем далече распространять, представляя себе ту опасность, что умы почувствуют притеснение и угнетение: а сие ни чего инаго не произведет, как невежество, опровергнет дарования разума человеческаго, и охоту писать отнимет.

485. Надлежит наказывать клеветников.

486. Во многих державах закон повелевает под смертною казнию открывать и те заговоры, о которых кто не по сообщению с умышленниками, но по слуху знает. Весьма прилично сей закон употребить во всей онаго строгости в преступлении самаго высочайшаго степени, касающемся до оскорбления Величества.

487. И весьма великая в том состоит важность, не смешивать различных сего преступления степеней.

488. В. О судах по особливым нарядам.

489. Самая безполезная вещь Государям в самодержавных правлениях есть наряжать иногда особливых судей судить кого ни будь из подданных своих. Надлежит быть весьма добродетельным и справедливым таковым судьям, чтоб они не думали, что они всегда оправдаться могут их повелениями, скрытною какою то государственною пользою, выбором в их особе учиненным, и собственным их страхом. Столь мало от таковых судов происходит пользы, что не стоит сие того труда, чтобы для того превращать порядок суда обыкновенный.

490. Еще же может сие произвести злоупотребления весьма вредныя для спокойства граждан. Пример сему здесь предлагается. В Англии при многих Королях судили членов верьхней камеры чрез наряженных из той же камеры судей; сим способом предавали смерти всех, кого хотели из онаго вельмож собрания.

491. У нас часто смешивали изследование такого то дела чрез таких то наряженных судей, и их о том деле мнение с судным по оному делу приговором.

492. Однакож великая разница собрать все известия и обстоятельства какого дела и дать о том свое мнение, или судить то дело.

493. Г. Правила весьма важныя и нужныя.

494. В толь великом государстве разпространяющем свое владение над толь многими разными народами весьма бы вредный для спокойства и безопасности своих граждан был порок, запрещение или недозволение их различных вер.

495. И нет подлинно инаго средства, кроме разумнаго иных законов дозволения, православною нашею верою и политикою неотвергаемаго, которым бы можно всех сих заблудших овец паки привести к истинному верных стаду.

496. Гонение человеческие умы раздражает, а дозволение верить по своему закону умягчает и самыя жестоковыйныя сердца, и отводит их от заматерелаго упорства, утушая споры их противные тишине государства и соединению граждан.

497. Надлежит быть очень осторожным в изследовании дел о волшебстве и о еретичестве. Обвинение в сих двух преступлениях может чрезмерно нарушить тишину, вольность и благосостояние граждан, и быть еще источником безчисленных мучительств, если в законах пределов оному не положено. Ибо как сие обвинение не ведет прямо к действиям гражданина, но больше к понятию воображенному людьми о его характере, то и бывает оно очень опасно по мере простонароднаго невежества. И тогда уже гражданин всегда будет в опасности для того, что ни поведение в жизни самое лучшее, ни нравы самые непорочные, ниже исполнение всех должностей, не могут быть защитниками его противу подозрений в сих преступлениях.

498. Царствующу Греческому Императору Мануилу Комнину, доносили на протостратора, что он имел умысел против Царя, и употреблял к тому тайныя некоторыя волшебства, делающия людей невидимыми.

499. В Цареградской истории пишут, что как по откровению учинилось известно, коим образом чудодействие престало по причине волшебства некоего человека, то и он и сын его осуждены были на смерть. Сколько тут разных вещей, от которых сие преступление зависело, и которыя судии разбирать надлежало? 1) что чудодействие престало, 2) что при сем пресечении чудодействия было волшебство; 3) что волшебство могло уничтожить чудодеяние, 4) что тот человек был волшебник, 5) на конец, что он сие действие волшебства учинил.

500. Император Феодор Ласкарь приписывал болезнь свою чародейству. Обвиняемые в том не имели другаго средства ко спасению, как осязать руками раскаленное железо, и не ожечься. Со преступлением во свете самым неизвестным совокупляли опыты для изведания самыя неизвестныя.

501. Д. Как можно узнать, что государство приближается к падению и конечному своему разрушению?

502. Повреждение всякаго правления начинается почти всегда с повреждения начальных своих оснований.

503. Начальное основание правления не только тогда повреждается, когда погасает то умоначертание государственное, законом во всяком из них впечатленное, которое можно назвать равенством предписанным законами, но и тогда еще, когда вкоренится умствование равенства до самой крайности дошедшаго, и когда всяк хочет быть равным тому, который законом учрежден быть над ним начальником.

504. Ежели не оказуют почтения Государю, правительствам, начальствующим; если не почитают старых, не станут почитать ни отцов, ни матерей, ни господ; и государство нечувствительно низриновенно падет.

505. Когда начальное основание правления повреждается, то принятыя в оном *положения* называются *жестокостию* или *строгостию*; установленныя *правила* именуются *принуждением*; бывшее прежде сего *радение* нарицается *страхом*. Имение людей частных составляло прежде народныя сокровища; но в то время сокровище народное бывает наследием людей частных, и любовь к отечеству исчезает.

506. Чтоб сохранить начальныя основания учрежденнаго правления невредимыми, надлежит удержать государство в настоящем его величии; и сие государство разрушится, если начальныя в нем переменятся основания.

507. Два суть рода повреждения: первый когда не наблюдают законов; второй когда законы так худы, что они сами портят; и тогда зло есть неизлечимо по тому, что оно в самом лекарстве зла находится.

508. Государство может так же перемениться двумя способами: или для того, что установление онаго исправляется, или что

оноеж установление портится. Если в государстве соблюдены начальныя основания, и переменяется онаго установление, то оно исправляется; если же начальныя основания потеряны, когда установление переменяется, то оно портится.

509. Чем больше умножаются казни, тем больше опасности предстоит государству: ибо казни умножаются по мере повреждения нравов, что так же производит разрушение государств.

510. Что истребило владения поколений Цина и Суи? говорит некоторый Китайский писатель; то, что сии владетели не довольствуясь главным надзиранием одним только приличным Государю, восхотели всем безпосредственно управлять, и привлекли к себе все дела долженствующия управляться установлением разных правительств.

511. Самодержавство разрушается еще тогда, когда Государь думает, что он больше свою власть покажет, ежели он переменит порядок вещей, а не оному будет следовать, и когда он больше прилепится к мечтаниям своим, нежели ко своим благоизволениям, от коих проистекают, и проистекли законы.

512. Правда, есть случаи, где власть должна и может действовать безо всякой опасности для государства в полном своем течении. Но есть случаи и такие, где она должна действовать пределами себе еюж самою положенными.

513. Самое вышнее искуство государственнаго управления состоит в том, что бы точно знать, какую часть власти, малую ли или великую употребить должно в разных обстоятельствах; ибо в самодержавии благополучие правления состоит от части в кротком и снисходительном правлении.

514. В изящных махинах искуство употребляет столь мало движения, сил и колес, сколько возможно. Сие правило так же хорошо и в правлении: средства самыя простыя суть часто самыя лучшия, а многосплетенныя суть самыя хуждшия.

515. Есть некоторая удобность в правлении: лучше чтоб Государь ободрял, а законы бы угрожали.

516. Министр тот очень не искусен во звании своем, который вам всегда станет сказывать, что Государь досадует, что он нечаянно упрежден, что он в том поступит по своей власти.

517. Еще бы сие великое было нещастие в государстве, если бы не смел никто представлять своего опасения о будущем каком приключении, ни извинять своих худых успехов от упорства щастия произшедших, ниже свободно говорить своего мнения.

518. Но скажет кто: когда же должно наказывать, и когда прощать должно? Сие есть такая вещь, которую лучше можно чувствовать, нежели предписать. Когда милосердие подвержено некоторым опасностям, то опасности сии очень видны. Легко различить можно милосердие от той слабости, которая Государя приводит ко презрению наказания, и в такое состояние, что он сам не может разобрать, кого наказать должно.

519. Правда, что хорошее мнение о славе и власти Царя могло бы умножить силы державы его; но хорошее мнение о его правосудии равным образом умножит оныя.

520. Все сие не может понравиться ласкателям, которые по вся дни всем земным обладателям говорят, что народы их для них сотворены. Однакож МЫ думаем и за славу СЕБЕ вменяем сказать, что МЫ сотворены для НАШЕГО народа, и по сей причине МЫ обязаны говорить о вещах так, как они быть должны. Ибо, Боже сохрани! чтобы после окончания сего законодательства был какий народ больше справедлив, и следовательно больше процветающ на земле; намерение законов НАШИХ было бы не исполнено: нещастие, до котораго Я дожить не желаю!

521. Все приведенные в сем сочинении примеры, и разных народов обычаи, не должны инаго производить действия, как только споспешествовать выбору способов, коими бы народ Российский, сколько возможно по человечеству, учинился во свете благополучнейшим.

522. Остается ныне коммиссии, подробности каждыя части законов сравнять со правилами сего наказа.

ОКОНЧАНИЕ.

523. Может случиться, что некоторые прочитав сей наказ, скажут: не всяк его поймет. На сие не трудно ответствовать: подлинно не всяк его поймет, прочитав одиножды слегка: но всякий поймет сей наказ, если со прилежанием, и при встречающихся случаях выберет из онаго то, что ему в разсуждениях его правилом служить может. Должно сей наказ почаще твердить, дабы он знакомее сделался: и тогда всякий твердо надеяться может, что его поймет. Понеже

524. Прилежание и радение все преодолевают: так как лень и нерадение ото всякаго добра отводят.

525. Но дабы сделать облегчение в сем трудном деле: то должно сей наказ читать в коммиссии о сочинении проекта новаго уложения, и во всех частных от нея зависящих коммиссиях, а особливо главы и статьи им порученныя, одиножды в начале каждаго месяца до окончания коммиссии.

526. Но как нет ничего совершеннаго, что человеком сочинено, то если откроется в производстве, что на какия ни есть учреждения в сем наказе правила еще не положено, дозволяется коммиссии, о том НАМ докладывать и просить дополнения.

Подлинный подписан собственною
ЕЯ ИМПЕРАТОРСКАГО ВЕЛИЧЕСТВА рукою тако:

ЕКАТЕРИНА.

Москва, 1767 года, Июля 30 дня.
Печатано при Сенате.

ДОПОЛНЕНИЕ
к
большому
НАКАЗУ.

ГЛАВА XXI.

527. *О благочинии, называемом инако полициею.*

528.

ЧАСТО разумеется под названием полиции порядок во обще в государстве.

529. МЫ изъяснимся в сей главе, что МЫ здесь под именем полиции разумеем,

530. К попечению которыя все то принадлежит, что служит к сохранению благочиния в обществе.

531. Уставы сея части суть со всем другаго рода от прочих гражданских законов.

532. Есть преступники такие, которых наказывают;

533. Есть иные, которых только исправляют.

534. Первые подлежат силе закона, другие власти онаго; те извергаются из общества, сии напротив того приводятся жить по учрежденным в обществе правилам.

535. Вещи ко благочинию принадлежащия суть такия, кои всякий час случиться могут, и в коих обыкновенно дело идет о малом чем. И так не надлежит тут быть пространным судебным обрядам.

536. Полиция безпрестанно занята подробностями или мелочьми; по сему дела, которых изследование требует очень долгаго времени, не свойственны разсматриванию и разбору сего правления. Во многих местах дела по прошествии известнаго означеннаго числа дней отсылаются в те судебныя правительства, к которым оныя принадлежат.

537. Действия полиции должны быть ни мало не медлительны; и оныя чинятся над вещьми всякий день сызнова случающимися. И так великия наказания тут не вместны; и великие примеры не для сего правления сделаны.

538. Более нужны оному уставы, нежели законы.

539. Люди от онаго зависящие всегда находятся в глазах градскаго начальства; и мудрыя установления о благочинии препятствуют им впадать в большия преступления.

540. Чего для не надобно смешивать великаго нарушения законов с простым нарушением установленнаго благочиния: сих вещей в одном ряду ставить не должно.

541. Отсюду следует, на пример, что поступок некоего Султана, указавшаго посадить на кол хлебника поиманнаго в обмане, есть поступок тиранна, не знающаго быть инако правосудным, как переходя меру самаго правосудия.

542. Весьма потребно те случаи, в которых надлежит наказывать, от тех отделять, в коих только исправлять надобно.

543. Не довольно того, чтоб узнать непорядки, и выдумать способы для отвращения их; надлежит еще сверьх того не дремлющим оком смотреть, чтобы способы сии были при встречающихся случаях самым делом исполняемы.

544. И сия то часть задачи, к решению здесь предлагаемой, во многих землях со всем пренебрежена; однакож без нея и другия части цепи, если так сказать можно, составляющей правление всего государства, прийдут в безпорядок.

545. С уставами сея части точно тоже случилося, что со множеством домов город составляющих, которым земельнаго чертежа прежде начатия их строения не сделано. В таком городе, когда он начинает строиться, всяк занимает место, которое ему лучше понравилося, не смотря ни мало ни на правильность, ни на пространство занимаемаго им места; а оттуда выходит куча зданий, которую в правильный порядок привести едва могут целых веков старания и рачительное смотрение. Тому же неустройству подвержены и законы о сохранении благочиния.

546. По мере нужд число оных учреждений возрастает; но привести их в порядок таким образом, чтобы безо всяких затруднений они могли быть всегда по надлежащему исполняемы, будет самое искусство в разсуждении сея отрасли законов.

547. Сии учреждения разделить надлежит на два рода.

548. Первый содержит в себе полицию градскую,

549. Вторый полицию земскую.

550. Сие последнее не имеет ни предлога, ни пространства равнаго первому.

551. В сих частях должно прилагати тщание о ниже следующем.

552. 1) Чтоб ничего не дозволять, что может смутить отправление службы Божией, творимой в местах к тому определенных, и чтобы порядок и приличное благолепие были гражданами наблюдаемы при крестных ходех и тому подобных обрядах.

553. 2) Целомудрие нравов есть вторым предлогом сохранения благочиния, и заключает в себе все нужное ко стеснению роскоши, к отвращению пьянства, ко пресечению запрещенных игор, пристойное учреждение о общих банях или мыльнях и о позорищах; чтоб воздержати своевольство людей худую жизнь ведущих, и чтоб изгнать из общества обольщающих народ под именем волшебников, прорицателей, предзнаменователей, и других подобных обманщиков.

554. 3) Здоровье третий предмет полиции, и обязует распространити свое тщание на безвредность воздуха, на чистоту улиц, рек, колодязей и других водных источников, на качество съест-

ных и питейных припасов, на конец на болезни, как в народе размножающияся, так и на прилипчивыя.

555. 4) Бдение о сохранении всякаго рода жит и тогда, когда они еще не сняты с корени, соблюдение скота, лугов для их паствы, рыбных ловель и проч. Предписывать должно общия правила о сих вещах по приличию обстоятельств, и какия в том иметь надобно для переду предосторожности.

556. 5) Безопасность и твердость зданий, и правила к наблюдению в сем случаи потребныя для разных художников и мастеровых, от которых твердость здания зависит; содержание мостовой, благолепие и украшение городов, свободный проход и проезд по улицам, общий извоз, постоялые дворы и проч.

557. 6) Спокойство народное требует, чтобы предупреждены были незапные случаи и другия приключения, как то пожары, воровства и проч. И так предписываются для сохранения сего спокойства известныя правила, на пример, гасить огонь в положенные часы, запирать ворота в домах: бродяг и людей никакого вида о себе не имеющих заставляют работать, или высылают из города; запрещают носить оружие людям к тому не имеющим права и проч.; запрещают недозволенныя сходбища или собрания, разноску и раздачу писем возмутительных, или поносительных. По окончании дня стараются соблюсти спокойство и безопасность в городе и в ночное время, освещают улицы и проч.

558. 7) Установляют верный и одинакий вес и меру, и препятствуют, чтоб никакого обмана не было чинено.

559. 8) Наемные слуги и поденные работники составляют также предлог сего правления, как для содержания их в своей должности, так и для того, чтоб они должную себе плату верно получали от тех, кои их нанимают.

560. 9) На конец нищие, а наипаче нищие больные привлекают попечение сего правления к себе, во первых в том, чтоб заставить работать просящих милостыни, которые руками и ногами своими владеют; а при том чтобы дать надежное пропитание и лечение пищим немощным.

561. Как установление сего правления, намерение и конец, есть хороший порядок и благочиние во обще в гражданском со-

житии, то отсюду явствует, что каждый член общества, какого бы чина и состояния он ни был, зависит от сего правления.

562. Где пределы власти полицейския кончатся, тут начинается власть правосудия гражданскаго.

563. На пример, полиция берет под стражу вора или преступника; она делает ему допрос: однако произведение дела его препоручает тому судебному месту, к которому его дело принадлежит.

564. Изо всего выше писаннаго явствует, что сему правлению не надлежит налагать на людей тяжких наказаний; довольно для обуздания особ, и содержания в порядке дел оному порученных, чтоб онаго наказания состояли в исправлениях, пенях денежных и других наказаниях, наносящих стыд и поношение на поступающих худо и безчинно, и удерживающих в почтении сию часть правительства, и в повиновении оному всех прочих сограждан.

565. В судебных местах есть правило, чтоб не судить ни о каких других вещах, кроме представленных в оныя надлежащим порядком к суду.

566. Напротив того полиция открывает преступления, оставляя в прочем судить дела другим правительствам, и отсылает им оныя.

Подлинное подписано собственною
ЕЯ ИМПЕРАТОРСКАГО ВЕЛИЧЕСТВА рукою тако:

ЕКАТЕРИНА.

28 Февраля 1768
Санктпетербург.

Печатано при Сенате.

ДОПОЛНЕНIЕ к большому НАКАЗУ.

ГЛАВА XXII.

567. *О расходахъ, доходахъ и о государственномъ оныхъ управленіи, сирѣчь о государственномъ строительствѣ, инако камернымъ правленіемъ нарицаемомъ.*

568.

СЯК долженъ здѣсь самому себѣ сказать: я человѣкъ; ничего, чему подвержено человѣчество, я чуждымъ себѣ не почитаю.

569. И такъ 1) человѣка не должно и не можно никогда позабывать.

570. 2) Мало въ свѣтѣ человѣкомъ дѣлается, что бы не для человѣка же было, и большею частію все вещи чрезъ него же дѣлаются.

571. Первое изъ сихъ двухъ послѣднихъ изрѣченіе по достоинству требуетъ всякаго возможнаго примѣчанія и вниманія;

572. Второе много благодарности и искренняго ко трудящимся благоволенія.

573. Человѣкъ, кто бы онъ ни былъ, владѣлецъ или земледѣлатель; рукодѣльникъ или торговецъ; праздный хлѣбоядца, или прилежаніемъ и раченіемъ своимъ подающій къ тому способы; управляющій или управляемый; все есть человѣкъ: сіе одно слово подаетъ уже совершенное изображеніе всѣхъ нуждъ и всѣхъ средствъ къ удовольствованію оныхъ.

574. Сколь больше нуждъ есть еще великому множеству людей общежитіемъ въ государствѣ соединенныхъ!

575. Вотъ что называется государственныя надобности, изъ коихъ истекаютъ государственныя издержки, и кои состоятъ въ слѣдующемъ.

576. Сохранение целости государства: 1) содержанием обороны, сиречь войск сухопутных и морских, крепостей, артиллерии или огнестрелия, и всего, что к тому принадлежит.

577. 2). Соблюдением внутренняго порядка, спокойства и безопасности всякаго особенно и всех во обще; содержанием людей для отправления правосудия, благочиния и надзирания над разными установлениями служащими к общей пользе.

578. 3). Предприятиями касающимися до пользы общей. К сему относится строение городов, дорог, делание каналов, то есть прокопов, чищение рек, учреждение училищ, больниц, и прочие безчисленные предлоги, коих в подробности здесь описывать краткость сего сочинения не дозволяет.

579. 4). Благопристойность требует, чтоб довольство и великолепие окружали престол, аки источник благоденствия обществу, от котораго истекают награждения, ободрения и милости. На все сие расходы нужны и полезны.

580. Сделав краткое описание государственным издержкам, надлежит говорить о доходах государственных, и о тех средствах, которыми те сборы сделать можно сносными.

581. Подати суть, как выше показано, дань, которую каждый гражданин платит для сохранения своего собственнаго благосостояния, спокойствия, жизни и имения.

582. Но 1) на какие предлоги налагать подати?

583. 2) Как их учинить легчайшими для народа?

584. 3) Как уменьшить издержки при сборах?

585. 4) Как сделать доходы верными?

586. 5) Как оными управлять?

587. Сии вопросы суть те, которые решить весьма нужно, хотя весьма трудно.

588. На 1). Считают пять предлогов, на которые обыкновенно делается накладка: а) лица, в) имения, г) произрастения домашния употребляемыя людьми, д) товары отвозные и привозные, е) действия.

589. На 2). Легчайшими подати почитают те, кои суть добровольны и от принуждения отделяемы, которыя более касаются до всех во обще государственных жителей, и умножаются по мере роскоши всякаго.

590. Но дабы елико возможно сделать накладки подданным не столь чувствительными, надлежит при том хранить всегдаш-

ним правилом, чтоб во всех случаях избегать монополии, то есть не давать, исключая всех прочих, одному промышлять тем или другим.

591. На 3). Уменьшение издержек при сборах требует подробнаго разсуждения о мелочах, и о выключении из числа оных всего того, что иногда причиняет издержки ненужныя.

592. На 4). Чем народ будет достаточнее, тем будет в состоянии платить вернее.

593. Можно здесь упомянуть, что во обще есть подати, кои по естеству своему подвержены многим трудностям и некоторым неудобствам, для отвращения коих способы найти должно; другия, кои за исключением издержек при оных употребляемых суть весьма маловажны.

594. Также подлежит и то испытанию, от чего в иных местах бывают недоимки?

595. От того ли, что там меньше обращается денег, нежели в других местах?

596. Или от того, что тягостен делается отвоз избытков?

597. Что искуств и рукоделий там еще довольно не находится?

598. Или что народу там мало средств к обогащению себя?

599. Или то от лени, либо от излишняго противу других удручения происходит?

600. Следует на 5) говорить о государственном сборов управлении или економии, что инако камерным называется правлением. Но МЫ все сие разумеем под именем государственнаго строительства.

601. Показано выше, что считают пять предлогов доходам. На налоги в государстве суть как парусы на корабле, для безопаснаго оному надежным путем течения и приведения к намереваемому пристанищу, а не для обременения, безпрестаннаго по морю плавания, и на конец для гибельнаго в пучине погружения.

602. Кто о строительстве по деньгам разсуждает, тот видит только окончательный онаго исход, а начальных оснований не понимает. Но разсматривающий прилежно все дела сего околичности, и вникающий в самый нутр онаго, сыщет и начальное основание и предмет и средства действий самонужнейших для государства.

603. Какияж начальныя основания крепостию своею содержащия сие строительство? Не иныя подлинно как люди.

604. Отсюда следует, что настоит нужда 1) ободрить размножение народа, чтоб великое число людей было в государстве;

605. 2) Употребить оных в пользу, сколько к чему довольно по количеству людей и пространству земель; способствовать и вспомоществовать разным искуствам и званиям по мере различных степеней надобности их и пользы.

606. Здесь земледелие само собою занимает первое место; ибо оно одно питая людей, может их привести в такое состояние, чтоб у них и все прочее было. Без земледелия не будет первых веществ на потребу рукоделиям и ремеслам.

607. Должность строительства есть найти средства ободрить владетелей, 1) чтоб они пользовались добротою земель всякаго рода, какое бы их употребление ни было, и какия бы произведения оныя ни приносили; 2) чтоб старались о растении и размножении плодов, лесов, дерев и всех прочих растений поверхность земли покрывающих; 3) чтоб распложали животных всякаго рода и всякаго вида ползущих по земле и парящих по воздуху, которыя служат к удобрению земли, и которым она взаимно дает пищу; 4) чтоб в пользу свою употребляли металлы или крушцы, соли, камни и прочие минералы внутрь земли крыющиеся, и трудами нашими из недр ея извлекаемые; 5) также и рыбы, и во обще все, что ни находится в водах.

608. Вот основание и корень торговли! Чрез торговлю все сии вещи приходят во обращение внутри государства, или отвозятся в чужия страны.

609. Внутренняя торговля собственно не может торговлею назваться; она не что иное есть, как простое круговое обращение.

610. Прямая торговля есть та, посредством которыя государство достает себе из чужих земель нужныя вещи, коих у себя не имеет, а лишния свои вне пределов отсылает.

611. Но вывоз и привоз товаров подлежат различным законам по различию их предлога.

612. Внешняя торговля не всегда бывает одинакая.

613. Торговля хорошо учрежденная, и рачительно отправляемая, все животворит, все поддерживает. Если она внешняя и баланс, то есть перевес оныя для нас выгоден; если же внутренняя, и круговое обращение ни каких препятствий и уз ея утесняющих не находит; то в обоих случаях необходимо должна принести всеобщее и постоянное изобилие народу.

614. От чего родятся богатства: которыя суть 1) естественныя или приобретенныя;

615. 2) Существенныя или мысленныя.

616. В числе естественных богатств можно класть природный ум жителей, который получив просвещение, и будучи ревностию поощрен и возвышен, может простертися далече, и великими своими успехами принесть пользу государству и частным людям не малую.

617. Земли прилежно испытанныя, и рачительно обработанныя, подают богатую жатву и обильный достаток всяких вещей нужных, полезных и приятных.

618. Богатства приобретенныя суть те, которыя происходят от рачения и прилежности господствующей в ремеслах, рукоделиях, художествах и науках.

619. Ободрение много вспомоществует дальнейшему и совершеннейшему знанию и произвождению оных.

620. За приобретенное богатство еще надлежит почитать, внутри удобность водянаго хода по прокопанным нарочно для того рвам, в местах к судовому ходу без того не способных, извне распространение морской торговли; приращение сухопутной, облегчение и безопасность оныя построением, возстановлением, содержанием в хорошем состоянии, и прочностию больших дорог, мостов и плотин.

621. Число вещей сюда принадлежащих толь велико, что здесь главнейшия только из них означаются; да и те еще всегда по нуждам и разным видам подвергаются перемене. Однакож довольно сего, чтоб дать понятие о том, что МЫ под именем государственнаго строительства разумеем. Прочее оставляется разсуждению тех, кои к исполнению сей важной части приступят, чтобы во глубину оныя вникнули.

622. Богатства в государстве суть еще иныя существенныя, иныя мысленныя.

623. Существенныя суть или недвижимыя или движимыя.

624. Оныя принадлежат либо Государю, либо частному человеку.

625. Богатства Государевы суть, или просто владельческия, по елику некоторыя известныя земли, или вещи ему как частному некоему помещику и господину принадлежат; или как богатства Самодержца, владычествующаго по сему Богом данному званию надо всем тем, что общенародную казну составляет.

626. Частных людей богатства суть те, коими они владеют как граждане, которых имения суть основанием существенных государства богатств двумя способами: 1. произведениями всякаго рода, вступающими от них в торговлю и в круговое обращение; 2. налогами, которые частный человек уплатить инако не может; как посредством сих же самих произведений.

627. Богатства существенныя состоящия в доходах суть или непременныя или случайныя; и оныя принадлежать так как и земли либо Государю либо и частному человеку.

628. Доходы принадлежащие Государю суть также двоякаго рода, или как частнаго некоего владельца, или как державы правителя.

629. Государь первыми владеет сам собою.

630. Но по елику Самодержец счисляет он 1. все доходы имений государственных во всецелом их объятии; 2. налоги на то, чем другие владеют.

631. Сего последняго дохода благоразумный Самодержец никогда без крайняго соболезнования не умножает; и делая то, прилежно смотрит, чтоб учреждение налогов чинимо было по мере имущества подданных, чтоб не превосходило меры их возможности в разсуждении их имений, и чтобы не обременяло граждан больше, нежели естественно им поднять, и по справедливости от них требовать можно.

632. Надлежит, чтобы при сборах столько же точность, сколько умеренность и человеколюбие были наблюдаемы.

633. Приметим здесь, что золото и серебро, которыя суть попеременно товары, и знаки представляющие все то, что в мену употребить можно, достаются или из рудокопных ям, или чрез торговлю.

634. Золото и серебро приемлется в разсуждение, либо как первое простое вещество, либо как вещь искуством выработанная.

635. Товары и всякое движимое имение суть часто предлогом внутренняго круговаго обращения, и торговли с иностранными государствами производимой.

636. И в сем случаи, а особливо в последнем, весьма нужно испытать, первое ли простое вещество и совершенная отделка в месте, или одно что ни будь из них производится нашим народом?

637. Мысленными богатствами могут чрезвычайно умножиться богатства существенныя.

638. Оныя основаны на кредите или доверенности, то есть на впечатленном и принятом мнении, что платят верно, и что в состоянии уплатить.

639. Кредит или доверенность может быть или целаго народа, которая видна в банках, и в обращении некоторых вещей, от правительства хорошими распоряжениями силу в доверенности получивших, или доверенность людей частных; и то либо раздельно, либо совокупно.

640. Раздельно могут они добросовестием своим, честным поведением и дальновидными намерениями сделаться банкирами не только одного государства, но и всего света.

641. Совокупно могут они сойтись в большия и малыя собрания, в купеческия общества; и тогда личная доверенность умножает доверенность общенародную.

642. Но выгоды от богатств естественных и приобретенных, существенных и мысленных, не вмещаются в пределах времени настоящаго; они распростираются и на будущее, приуготовляя в нужде надежные способы ко умножению дохода; сии составляют так же отрасль государственнаго строительства.

643. С сими способами то же бывает, что и с доверенностию: разумное употребление размножает оные, а злоупотребление истребляет.

644. Не хорошо ни то, когда их вовсе не ведают, ни другое, когда к ним прибегают безпрестанно. Надобно их искать так, будто бы без них обойтися не льзя было: не должно напротив того ими пользоваться, как только в существенной нужде, и с такою же осторожностию щадить их надлежит, будто бы впредь не возможно было сыскать других новых.

645. И к сей то разумной бережливости ведут нас истинныя начальныя основания государственнаго строительства.

646. Общее государственное строительство разделяется на политическое и хозяйское.

647. Политическое объемлет всецелость народа и вещей, разсуждение о состоянии всех людей, о звании и упражнениях их.

648. Всецелость вещей требует хорошо знать каждую из них в подробности и во обще, чтоб можно было судить о взаимном их между собою отношении, и сделать их всех в месте полезными обществу.

649. Хозяйское строительство имеет следующие предлоги: в разсуждении начальных оснований строительства надлежит хранить безвредными источники онаго, сделать их, если можно, обильнейшими, и почерпать из них, не приводя в скудость и не изсушая их.

650. В разсуждении богатств, надобно в добром состоянии содержать земли и стараться приводить в лучшее;

651. Защищать права, собирать доходы так, чтоб при сборах ни чего не пропадало, что в государственную казну войти должно;

652. А при расходах, чтобы каждая часть сборов употреблялась на определенныя ей издержки;

653. Чтобы все расходы, если можно, не превышали доходов.

654. И чтобы счеты всегда были в порядке и ясными утверждены доказательствами.

655. Изо всего МНОЮ здесь сказаннаго о государственном строительстве видно, что разделение самое простое и самое естественное, что собрание и связь понятий всякому ясных и всем общих ведут ко прямому определению слова, толь для всего общества важнаго, что в сей главе все части входят одна в другую по приличному их между собою отношению, что нет из них ни одной, которая бы от прочих не зависела, и что только одно всех сих частей сопряжение может составить, укрепить и в веки продлить безопасность государства, благосостояние народа и славу Самодержца.

Подлинное подписано собственною
ЕЯ ИМПЕРАТОРСКАГО ВЕЛИЧЕСТВА *рукою тако:*

ЕКАТЕРИНА.

Санктпетербург, 1768 года, Апреля 8 дня.
Печатан при Сенате.

INSTRUCTION
DE
SA MAJESTÉ IMPÉRIALE
CATHERINE II.
POUR
LA COMMISSION CHARGÉE
DE DRESSER LE PROJET
D'UN
NOUVEAU CODE DE LOIX.

SEIGNEUR MON DIEU! SOIS ATTENTIF À MA VOIX, & DONNE MOI DE L'INTELLIGENCE POUR JUGER TON PEUPLE SELON TA SAINTE LOI & SELON LA JUSTICE.

1.

LA Religion Chrétienne nous enseigne de nous faire les uns aux autres tout le bien que nous pouvons.
2. En considérant ce précepte comme une maxime déja gravée, ou du moins qui se gravera dans le coeur de toute la nation, nous ne sçaurions en conclure autre chose, sinon, que les souhaits de tout bon Citoyen sont ou seront de voir sa Patrie, en général, au plus haut dégré possible de prospérité, de gloire, de felicité & de tranquillité.
3. Comme aussi, de voir chacun de ses Concitoyens, en particulier, sous la protection de Loix qui, sans géner son bien-être, le défendent néanmoins contre toute entreprise contraire à cette maxime.
4. Pour parvenir d'autant plus promptement à l'accomplissement de ce souhait, que nous espérons être général, il faut, en partant toujours de la maxime ci-dessus, que nous entrions dans l'éxamen de la situation de cet Empire & de la nature de son gouvernement.
5. Car les Loix les plus conformes à la nature sont celles dont la disposition particuliere se rapporte le mieux à la disposition du peuple pour lequel elles sont faites. Les trois chapitres suivans indiqueront ce que Nous entendons par cette situation naturelle.

CHAPITRE I.

6.

LA Russie est une puissance Européenne.
7. En voici la preuve: les changemens que PIERRE *le Grand* entreprit en Russie lui réussirent d'autant plus aisément, que les mœurs qu'il trouva ne s'accordoient aucunément avec le climat, & y avoient été apportées par le mélange de differentes nations & par les conquêtes de plusieurs Provinces étrangères. PIERRE I,

introduisant des mœurs & des coutumes Européennes chés une nation d'Europe, trouva des facilités qu'il n'attendoit pas lui-même.

CHAPITRE II.

8.

ES possessions de l'Empire de Russie occupent sur le globe une étenduë de 32. dégrés en latitude & de 165. en longitude.

9. Le Monarque de Russie est Souverain. Il n'y a qu'un pouvoir unique, résidant en sa personne, qui puisse agir convenablement à l'étenduë d'un Empire aussi vaste.

10. Un grand Empire suppose une autorité souveraine dans la Personne qui le gouverne. Il faut que la promptitude des résolutions supplée à la distance des lieux où elles sont envoyées.

11. Tout autre gouvernement, non seulement seroit nuisible à la Russie, mais il entraîneroit même, à la fin, sa ruine.

12. Joignez à cela qu'il vaut mieux obéïr aux Loix sous un seul Maître, que de dépendre de plusieurs.

13. Quel est l'objet de la Souveraineté? Ce n'est point d'ôter aux hommes leur liberté naturelle; c'est de diriger leurs actions vers le plus grand de tous les biens.

14. Or le gouvernement qui produit le plus efficacement cet effet, en limitant le moins la liberté naturelle, est celui qui répond le mieux aux vuës qu'on doit supposer dans des êtres raisonnables, & au but que les hommes se proposent constamment dans l'établissement des Sociétés civiles.

15. L'objet & le but d'un Gouvernement Monarchique est la gloire des Citoyens, de l'Etat & du Prince.

16. Et de cette gloire il résulte un esprit de liberté, qui, dans ces Etats, peut produire d'aussi grandes choses, &, peut-être, contribuer autant au bonheur des sujets que la liberté même.

CHAPITRE III.

17. De la sûreté de la Constitution de l'Etat.

18.

LES pouvoirs intermédiaires, subordonnés & dépendans constituent la nature du gouvernement.
19. J'ai dit: les pouvoirs intermédiaires, subordonnés & dépendans: en effet, le Souverain est la source de tout pouvoir politique & civil.
20. Les Loix fondamentales d'un Etat supposent nécessairement des canaux moïens, c'est à dire des Tribunaux, par où se communique la puissance souveraine.
21. Des Loix qui permettent à ces Tribunaux de faire des représentations que tel Edit est contraire au Code des Loix; qu'il est nuisible, obscur, impraticable dans l'éxécution; qui déterminent d'avance à quels ordres on doit obéir, & comment on doit les éxécuter: de telles Loix rendent fixe & inébranlable la constitution d'un Etat.

CHAPITRE IV.

22.

IL faut un Dépôt des Loix.
23. Ce Dépôt ne peut être que dans les corps politiques, qui annoncent les Loix lorsqu'elles sont faites, & les rappellent lorsqu'on les oublie.
24. Ces corps, ayant reçu les Loix du Souverain, les éxaminent, & ont le droit de faire des représentations, s'ils trouvent qu'elles soient contraires au Code &c. &c. comme il vient d'être dit ci-dessus Chap. III. § 21.
25. Mais s'ils n'y trouvent rien de tel, ils les enregistrent & les font publier.
26. En Russie, c'est le Sénat qui est le Dépositaire des Loix.
27. Les autres Tribunaux sont tenus & ont le même droit de faire des représentations, au Sénat & même au Souverain, de la manière ci-dessus expliquée.

28. Si l'on demande maintenant ce que c'est que le Dépôt des Loix? Je réponds: le Dépôt des Loix consiste dans une institution particulière, en conséquence de la quelle les Corps ci-dessus mentionnés, établis pour faire observer la volonté du Souverain conformément aux Loix fondamentales & à la constitution de l'Etat, sont tenus de se conduire dans l'éxercice de leurs fonctions, suivant des formes régulières qui leur sont préscrites.

29. Cette Institution empêchera le peuple de mépriser impunément les ordres du Souverain, & elle le mettra en même temps à l'abri des caprices & des volontés arbitraires.

30. Car, d'un côté, elle justisie les condamnations prononcées contre ceux qui transgressent les Loix reçuës, & de l'autre, elle autorise le refus d'enregistrer celles qui sont contraires à l'ordre établi dans l'Etat, ou celui de s'y conformer dans l'administration de la Justice & des affaires publiques.

CHAPITRE V.

31. *De l'état en général des hommes vivans sous un Gouvernement policé.*

32.

EST un grand bonheur pour l'homme de se trouver dans des circonstances telles que, quand ses passions le porteroient à être méchant, sa raison lui fit néanmoins voir plus d'avantage à ne pas l'être.

33. Il faut que les Loix pourvoyent, autant qu'il est en elles, à la sùreté de chaque citoyen en particulier.

34. L'égalité de tous les citoyens consiste en ce qu'ils soïent tous soumis aux mêmes Loix.

35. Cette égalité éxige de bonnes constitutions, qui empêchent les riches d'opprimer ceux qui le sont moins, & de tourner à leur avantage particulier les charges, qui ne leur sont consiées que comme administrateurs de l'Etat.

36. La liberté politique ne consiste pas à faire tout ce que l'on veut.

37. Dans un Etat, c'est à dire dans une société où il y a des Loix, la liberté ne peut consister qu'à pouvoir faire ce que l'on doit vouloir, & à n'être pas contraint de faire ce que l'on ne doit pas vouloir.

38. Il est nécessaire de se former une idée claire & éxacte de la liberté. La liberté est le droit de faire tout ce que permettent les Loix; & si un citoyen pouvoit faire ce que défendent les Loix, alors il n'y auroit plus de liberté, parce que les autres auroient de même ce pouvoir.

39. La liberté politique, dans un citoyen, est cette tranquillité d'esprit qui provient de l'opinion que chacun a de sa sùreté: &, pour qu'on ait cette liberté, il faut que le Gouvernement foit tel, qu'un citoyen ne puisse pas craindre un autre citoyen, mais que tous ne craignent que les Loix.

CHAPITRE VI.

40. Des Loix en général.

41.

IL ne faut défendre par les Loix, rien que ce qui peut être nuisible à chacun en particulier, ou à la Société en général.

42. Toute action qui ne renserme rien de tel n'est absolument point sujette aux Loix, qui ne sont établies que dans la vuë de procurer la plus grande tranquillité & le plus grand avantage de ceux qui vivent sous leur empire.

43. Pour assurer aux Loix une éxécution inviolable, il faudroit qu'elles fussent si bonnes, & qu'elles continssent des moyens si justes pour conduire les hommes à leur plus grand bien, que chacun fut indubitablement convaincu qu'il est obligé, pour son propre avantage, d'observer inviolablement ces Loix.

44. C'est là le plus haut point de perfection & celui qu'il faut s'efforcer d'atteindre.

45. Plusieurs choses gouvernent les hommes: la Religion; le Climat; les Loix; les maximes du Gouvernement; les éxemples des choses passées; les Mœurs; les Coutumes.

46. D'où se forme un esprit général qui en résulte, par éxemple:

47. La Nature & le Climat dominent presque seuls les Sauvages.

48. Les Coutumes gouvernent les Chinois.

49. Les Loix tirannisent le Japon.

50. Les Mœurs donnoient autrefois le ton dans Lacédémone.

51. Les maximes du Gouvernement & les mœurs anciennes le donnoient dans Rome.

52. Les divers caractères des nations sont mêlés de vertus & de vices, de bonnes & de mauvaises qualités.

53. Les heureux mélanges sont ceux dont il résulte de grands biens, que souvent même on ne soupçonneroit pas devoir en provenir.

54. Je vais prouver ce que j'avance par différens éxemples de ces effets différents: la bonne foi des Espagnols a été fameuse dans tous les tems. L'Histoire nous parle de leur fidélité à garder les dépôts; ils ont souvent souffert la mort pour les tenir secrets. Cette fidélité qu'ils avoient autre fois, ils l'ont encore aujourd'hui. Toutes les Nations qui commercent à Cadix, confient leurs biens aux Espagnols; elles ne s'en sont jamais repenties. Mais cette qualité admirable, jointe à leur paresse, forme un mélange dont il résulte des effets qui leur sont pernicieux: les peuples de l'Europe sont sous leurs yeux tout le commerce de leur Monarchie.

55. Le caractère des Chinois forme un autre mélange qui est en contraste avec le caractère des Espagnols. Leur vie précaire (par la nature du climat & du terrain) fait qu'ils ont une activité prodigieuse, & un désir si excessif du gain, qu'aucune Nation commerçante ne peut se fier à eux. Cette infidélité reconnuë leur a conservé le commerce du Japon. Aucun Négociant d'Europe n'a ose risquer de le faire sous leur nom, quelque facilité qu'il y eut à l'entreprendre par leurs provinces maritimes.

56. Je n'ai point dit ceci pour diminuer rien de la distance infinie qu'il y a entre les vices & les vertus: à Dieu ne plaise! J'ai seulement voulu faire comprendre que tous les vices politiques ne sont pas des vices moraux, & que tous les vices moraux ne sont pas des vices politiques; & c'est ce que ne doivent point ignorer ceux qui font des Loix, afin de n'en point faire qui choquent l'esprit général d'une Nation.

57. C'est à la Législation à suivre l'esprit de la Nation. Nous ne faisons rien mieux que ce que nous faisons librement, sans contrainte, & en suivant notre inclination naturelle.

58. Pour introduire les meilleures Loix, il est nécessaire que les esprits soient prépares; mais que ceci ne serve pas de prétexte pour ne pas établir ce qu'il y auroit de plus utile; car si les esprits ne sont pas

préparés, prenez la peine de les préparer; & vous aurés déja beaucoup fait.

59. Les Loix sont des institutions particulières & précises du Législateur; les mœurs & les coutumes, des institutions de la Nation en général.

60. Ainsi, quand on trouve qu'il est nécessaire de faire de grands changemens dans une Nation, pour son plus grand bien, il faut reformer par des Loix, ce qui est établi par des Loix, & changer par des coutumes, ce qui est établi par des coutumes. C'est une très mauvaise politique de vouloir changer par des Loix ce qui doit être changé par des coutumes.

61. Il y a des moyens pour empêcher les crimes; ce sont les peines: il y en a pour faire changer les coutumes; ce sont les éxemples.

62. Outre cela, plus les peuples communiquent les uns avec les autres, plus ils changent aisement leurs coutumes.

63. En un mot, toute peine qui ne dérive pas de la nécessité est tirannique. La Loi n'est pas un pur acte de puissance; les choses indifferentes par leur nature ne sont pas de son ressort.

CHAPITRE VII.

64. *Des Loix en particulier*.

65.

LES Loix extrêmes dans le bien font maître le mal extrême.

66. Toutes les Loix portées par le Législateur à l'excès, on trouve moyen de les éluder. La modération gouverne les hommes & non pas les excès.

67. C'est le triomphe de la liberté civile, lorsque les Loix criminelles tirent chaque peine de la nature particulière de chaque crime. Alors tout l'arbitraire cesse; la peine ne descend point du caprice du Législateur, mais de la nature de la chose; & ce n'est point l'homme qui fait violence à l'homme, mais la propre action de l'homme.

68. Il y a quatre espèces de crimes.

69. Ceux de la première espèce choquent la Religion.

70. Ceux de la seconde, les Mœurs.

71. Ceux de la troisième, le repos & la tranquillité;

72. Ceux de la quatrième, la sureté des Citoyens.

73. Les peines qu'on inflige doivent dériver de la nature de chacun de ces crimes.

74. (1.) Je ne mets dans la classe des crimes qui intéressent la Religion, que ceux qui l'attaquent directement, comme sont les sacriléges réels & manifestes. Car les crimes qui en troublent l'éxercice, sont de la nature de ceux qui choquent la tranquillité des Citoyens ou leur sùreté; & doivent être renvoïés à ces classes. Pour que la peine des sacriléges, tels que nous les avons definis, soit tirée de la nature de la chose, elle doit consister dans la privation de tous les avantages que donne la Religion: l'expulsion hors des Temples, la privation de la société des fidèles pour un tems ou pour toujours, l'eloignement de leur présence.

75. Il est d'usage aussi d'y employer les peines civiles.

76. (2.) La seconde Classe est des crimes qui sont contre les mœurs.

77. Tels sont la violation de la continence, publique ou particulière, c'est à dire, toute action contraire à ce qui est établi sur la manière dont on doit jouir des avantages donnés à l'homme par la nature, pour ses besoins, son utilité & son contentement. Les peines de ces crimes doivent encore être tirées de la nature des choses. La privation des avantages que la société a attachés à la pureté des mœurs, les amendes, la honte, la nécessité de se cacher, l'infamie publique, l'expulsion hors de la ville & de la Société; enfin, toutes les peines qui sont de la Jurisdiction correctionelle suffisent pour réprimer la témérité des deux sexes. En effet ces choses sont moins fondées sur la méchanecté, que sur l'oubli ou le mépris de soi même. Il n'est ici question que des crimes qui intéressent uniquement les mœurs; non de ceux qui choquent aussi la sùreté publique, tels que l'enlèvement & le viol, qui sont de la quatrième espèce.

78. (3.) Les crimes de la troisième Classe sont ceux qui choquent la tranquilité des Citoyens: & les peines en doivent être tirées de la nature de la chose, & se rapporter à cette tranquilité: comme la privation de cette même tranquilité, l'éxil, les corrections & autres peines qui ramenent les esprits inquiets & les sont rentrer dans l'ordre établi. Je restrains les crimes contre la tranquilité, aux choses qui contiennent une simple lésion de Police.

79. Car ceux qui, troublant la tranquilité, attaquent en même tems la sureté, doivent être mis dans la quatrième Classe.

(4.) Les peines de ces derniers crimes, sont ce qu'on appelle supplices; c'est une espèce de Talion, qui fait que la Société refuse la sûreté à un Citoyen qui en a privé, ou qui en a voulu priver un autre. Cette peine est tirée de la nature de la chose, puissée dans la raison & dans les sources du bien & du mal. Un Citoyen mérite la mort, lorsqu'il a violé la sureté au point qu'il a ôté la vie, ou qu'il a entrepris de l'ôter. La peine de mort est comme le remède de la Société malade. Lorsqu'on viole la sûreté à l'égard des biens, il peut y avoir des raisons pour que la peine ne soit pas capitale: il vaudroit mieux, & il seroit plus dans la nature, que la peine des crimes contre la sûreté des biens fût punie par la perte de biens: & cela devroit être ainsi, si les fortunes étoient communes ou égales. Mais comme ce sont ceux qui n'ont point de biens qui attaquent plus volontiers celui des autres, il a fallu que la peine corporelle suppléât à la pécuniaire. Tout ce que j'ai dit est puisé dans la nature des choses, & est très favorable à la liberté du Citoyen.

CHAPITRE VIII.

80. *Des Peines.*

81.

L'AMOUR de la Patrie, la honte, & la crainte du blâme, sont des motifs réprimans & qui peuvent arrêter bien des crimes.

82. La plus grande peine d'une mauvaise action, dans un gouvernement modéré, sera d'en être convaincu. Les Loix civiles y corrigront donc plus aisément & n'auront pas besoin de tant de rigueur.

83. Dans ces Etats, on s'attachera moins à punir les crimes qu'à les prévenir: on s'appliquera plus à donner des mœurs, qu'à humilier les esprits en infligeant des supplices.

84. En un mot, tout ce que la Loi appelle une peine, est effectivement une peine.

85. L'Expérience a fait remarquer que, dans les Païs où les peines sont douces, l'esprit du Citoyen en est frappé comme il l'est ailleurs par les grandes.

86. Quelqu'inconvénient se fait-il sentir dans un Etat? Un gouvernement violent veut soudain le corriger: au lieu de songer à faire éxécuter les anciennes Loix, on établit une peine cruelle qui arrête

le mal sur le champ. l'imagination se fait à cette grande peine, comme elle s'étoit faite à la moindre; &, comme on diminue la crainte pour celle-ci, l'on est bientôt forcé d'établir l'autre dans tous les cas.

87. Il ne faut point mener les hommes par les voïes extrêmes; on doit être ménager des moïens que la nature nous donne, pour les conduire au but qu'on se propose.

88. Qu'on éxamine la cause de tous les relâchemens; on verra qu'elle vient de l'impunité des crimes, & non de la modération des peines. Suivons la nature, qui a donné aux hommes la honte comme un fléau; & que la plus grande partie de la peine soit l'infamie de la souffrir.

89. Que s'il se trouve des Païs, où la honte ne soit pas une suite du Supplice, cela vient de la tyrannie qui a infligé les mêmes peines aux scélérats et aux gens de bien.

90. Et si vous en voïez d'autres, où les hommes ne sont retenus que par des Supplices cruels, comptés encore que cela vient en grande partie de la violence du gouvernement, qui a emploïe ces supplices pour des fautes légères.

91. Souvent un Législateur, qui veut corriger un mal, ne songe qu'à cette correction; ses yeux ne sont ouverts que sur cet objet, & fermés sur les inconvéniens. Lorsque le mal est une fois corrigé, on ne voit plus que la dureté du Législateur: mais il reste un vice dans l'Etat, que cette dureté a produit; les esprits sont corrompus; ils se sont accoutumés à la violence.

92. Les Relations nous disent, au sujet de l'Education des Japonnois, qu'il faut traiter les Enfans avec douceur, parce qu'ils s'obstinent contre les peines; que les Esclaves ne doivent point être trop rudement traités, parce qu'ils se mettent d'abord en défense. Par l'esprit qui doit regner dans le gouvernement domestique, n'auroit-on pas pu juger de celui qu'on devoit porter dans le gouvernement politique & civil?

93. Il reste encore un moyen de ramener les esprits corrompus, savoir, par des maximes de Religion, de Philosophie & de Morale, choisies & assorties à ces caractères; par un juste tempérament de peines & de récompenses; par la juste application des règles de l'honneur; par les châtimens qui emportent infamie; par la jouissance d'un bonheur constant & d'une douce tranquilité. Et si l'on avoit à craindre que les esprits accoutumés à n'être arrêtés que par une peine cruelle, ne pussent plus l'être par une plus douce, il faudroit agir (*remarquez bien*

ceci, comme une maxime de pratique, dans le cas où les esprits ont été gâté par des peines trop rigoureuses) d'une manière sourde & insensible; il faudroit, dans les cas particuliers les plus graciables, modérer la peine du crime, jusqu'à ce qu'on fut parvenn à la modifier dans tous les cas.

94. C'est un grand mal de faire subir la même peine à celui qui vole sur un grand-chemin, & à celui qui vole & assassine. Il est visible que, pour la sureté publique, il faudroit mettre quelque différence dans la peine.

95. Il y a un Païs où l'on n'assassine point, parce que les voleurs peuvent espèrer d'être transportés dans les Colonies, non pas les assassins.

96. De bonnes Loix prennent un juste milieu: elles n'ordonnent pas toujours des peines pécuniaires, elles n'infligent pas toujours des peines corporelles.

Toutes peines qui mutilent, ou défigurent le corps humain, doivent être abrogées.

CHAPITRE IX.

97. De la manière de juger, en général.

98.

LE pouvoir du Juge doit se borner à la seule éxécution des Loix, afin que la liberté & sùreté du Citoyen ne soyent pas incertaines.

99. C'est pour celà que *Pierre-Le-Grand* a très-sagement établi un Sénat, des Collèges & des Tribunaux inférieurs, qui jugent au nom du Souverain & selon les Loix, & que l'appel au Souverain est rendu si difficile: Loix qui ne doivent jamais être enfreintes.

100. Il faut donc des Tribunaux.

101. Ces Tribunaux donnent des décisions; elles doivent être conservées; elles doivent être apprises, pour que l'on y juge aujourd'hui comme on y juga hier, & que la propriété & la vie des Citoyens y soïent assurées & fixes comme la constitution même de l'Etat.

102. Dans un Etat Monarchique, l'administration de la Justice, qui ne décide pas seulement de la vie & des biens, mais aussi de l'honneur des citoyens exige des recherches scrupuleuses.

103. Le Juge doit entrer dans un détail d'autant plus grand, qu'il a un plus grand dépôt, & qu'il prononce sur de plus grands intérêts. Il ne faut donc pas être étonné de trouver dans les Loix de ces Etats, tant de règles, de restrictions, d'extensions, qui multiplient les cas particuliers, & semblent faire un art de la raison même.

104. La différence de rang, d'origine, de condition, qui est établie dans le gouvernement Monarchique, entraîne souvent des distinctions dans la nature des biens; & des Loix relatives à la constitution de cet Etat peuvent encore augmenter le nombre de ces distinctions.

105. Ainsi les biens sont propres, acquêts, dotaux, paternels & maternels, meubles &.

106. Chaque sorte de bien est soumise à des règles particulières; il faut les suivre pour en disposer: ce qui ôte encore de la simplicité.

107. A mesure que les jugemens des Tribunaux se multiplient dans les états Monarchiques, la Jurisprudence se charge de décisions, qui quelque fois se contredisent; on parce que les Juges, qui se succèdent, pensent differemment; ou parce que les mêmes affaires sont tantôt bien, tantôt mal défendues; ou enfin par une infinité d'abus qui se glissent dans tout ce qui passe par la main des hommes.

108. C'est un mal nécessaire, que le Législateur corrige de tems en tems, comme contraire même à l'esprit d'un gouvernement modéré.

109. Car quand on est obligé de recourir aux Tribunaux, il faut que cela vienne de la nature de la constitution, & non pas des contradictions & de l'incertitude des Loix.

110. Dans les gouvernemens où il y a des distinctions dans les personnes, il y a aussi des privilèges dont ces personnes jouissent en vertu des Loix. Un des privilèges les moins à charge à la société, c'est de plaider devant un Tribunal plutôt que devant un autre. Voilà de nouveaux embarras, c'est à dire, de savoir devant quel Tribunal il faut plaider.

111. On entend dire souvent en Europe qu'il faudroit que la justice fut rendüe comme en Turquie. Il n'y aura donc que les plus ignorans de tous les Peuples qui auront vu clair, dans la chose du monde qu'il importe le plus aux hommes de savoir.

112. Si vous éxaminez les formalités de la justice, par rapport à la peine qu'a un Citoyen à se faire rendre son bien, ou à obtenir satisfaction de quelque outrage, vous en trouverés sans doute trop; si vous les regardez dans le rapport qu'elles ont avec la liberté & la sûreté des Citoyens, vous en trouverez souvent troppeu, & vous verrez que

Charge de dresser le projet d'un nouveau Code de loix

les peines, les dépenses, les longueurs, les dangers même de la Justice sont le prix que chaque Citoyen donne pour sa liberté.

113. En Turquie, où l'on fait très peu d'attention à la fortune, à la vie & à l'honneur des sujets, on termine promptement, d'une façon ou d'une autre, toutes les disputes. La manière de les finir est indifférente pourvù qu'on finisse. Le Pacha, d'abord éclairci, fait distribuer à sa fantaisie des coups de bâtons sur la plante des piés des Plaideurs, & les renvoïe chés eux.

114. Mais dans les Etats modérés, où la tête, les biens & l'honneur du moindre Citoyen est considérable, on ne lui ôte son honneur & ses biens qu'après un long & scrupuleux éxamen; on ne le prive de la vie, que lorsque la Patrie elle même l'attaque; & elle ne l'attaque qu'en lui laissant tous les moyens possibles de la défendre.

115. Les formalités augmentent en raison du cas que l'on fait de l'honneur, de la fortune, de la vie & de la liberté des Citoyens.

116. Un accusé doit être oüi, non seulement pour le fait dont il est accuse, mais encore pour se défendre. Il doit ou se défendre lui-même, ou choisir quelqu'un pour le défendre.

117. Il y a des gens qui pensent que le plus jeune membre d'un Tribunal devroit être chargé de la défense de l'accusé, de même que l'Enseigne par éxemple l'est dans une Compagnie. Il en résulteroit encore un autre avantage, c'est que par là les Juges se formeroient dans leurs fonctions.

118. Défendre, ne signifie ici autre chose qu'alléguer en faveur de l'accuse tout ce qui peut le disculper.

119. Les Loix qui condamnent un homme sur la déposition d'un seul témoin sont fatales à la liberté. Une Loi du tems des successeurs de Constantin I. veut que le témoignage d'un homme d'une certaine distinction suffise sans oüir d'autres témoins. C'étoit prendre un chemin bien court; on jugeoit des affaires par les personnes, & des perionnes par les dignités.

120. La raison en éxige deux; parce qu'un témoin qui affirme & un accuse qui nie, sont un partage; il faut un tiers pour le vuider, à moins qu'il n'y ait d'ailleurs des convictions notoires, ou que tous deux s'en rapportent au témoignage d'un tiers.

121. La déposition de deux témoins suffit dans la punition de tous les crimes. La Loi les croit, comme s'ils parloient par la bouche de la vérité. Le Chapitre suivant rendra ceci plus clair.

122. De même dans la pluspart des puïs, on juge que tout Enfant conçu pendant le mariage est légitime: la Loi a confiance dans la Mère;

on n'en fait mention ici qu'à cause que les Loix ne sont pas claires pour ce qui regarde ce cas.

123. La Question est un usage qui répugne à la raison & que l'humanité éxige qu'on abolisse. Nous voyons aujourd'hui une nation très bien policée la rejetter sans inconvénient. Elle n'est donc pas nécessaire par sa nature. Nous en parlerons ci-après plus amplement.

124. Il y a des Loix qui n'admettent la Question que dans le cas où l'Accusé ne veut s'avouer ni innocent ni coupable.

125. Rendre le Serment trop commun, c'est le détruire; on ne peut fair usage du Serment que dans les occasions où celui qui jure est sans intérêt, comme des Juges ou des Témoins.

126. Il faut que dans les grandes accusations, le Criminel, concurremment avec la Loi, se choisisse des Juges; ou du moins qu'il en puisse récuser un si grand nombre, que ceux qui restent soïent censés être de son choix.

127. Il faudroit même que quelques-uns des Juges fussent de la condition de l'accuse, ou de ses pairs, pour qu'il ne puisse pas se mettre dans l'esprit, qu'il foit tombé entre les mains des gens portés à lui faire violence. Les Loix Militaires en fournissent déja l'éxemple.

128. Quand un accuse est condamné, ce ne sont pas les Juges qui lui infligent la peine; c'est la Loi.

129. Les jugemens doivent être, autant qu'il est possible, clairs & fixes au point qu'ils contiennent le texte précis de la Loix. S'ils étoient une opinion particuliére du Juge, on vivroit dans la Société, sans savoir précisément les engagemens que l'on y contracte.

130. De là suivent differentes manières de former les jugemens. Dans certains Païs, on enferme les Juges, en ne leur donnant ni à boire ni à manger jusqu'à ce qu'ils ayent jugé l'affaire tous d'un même avis.

131. Il y a des Monarchies où les Juges prennent la manière des arbitres; ils délibèrent ensemble, ils se communiquent leurs pensées, ils se concilient; on modifie son avis, pour le rendre conforme à celui d'un autre, & l'on cherche à concilier les voix.

132. Les Romains n'accordoient que la demande précise, sans rien augmenter, ni diminuer, ni modifier.

133. Mais les Préteurs imaginèrent d'autres formules d'actions, qu'on appella de bonne foi, où la manière de prononcer étoit plus à la disposition du Juge, & plus dépendante de sa conscience.

134. Celui qui demande plus qu'on ne lui doit est déboute de sa demande & condamné aux dépens. Il faudroit condamner aux dépens

celui là même à qui on demande plus qu'il ne doit, s'il n'a offert & consigné ce qu'il doit; afin que la bonne foi foit conservée de part & d'autre.

135. Si la puissance Législatrice laisse à l'exécutrice le droit d'emprisonner des Citoyens, qui peuvent donner caution de leur conduite, il n'y a plus de liberé; à moins qu'ils ne soient arrêté pour répondre sans délai, à une accusation que la Loi a rendu capitale; auquel cas, ils sont réellement libres, puis qu'ils ne sont soumis qu'à la puissance de la Loi.

136. Mais si la puissance Législative se croïoit en danger par quelque conjuration secrette contre l'Etat ou le Souverain, ou quelqu' intelligence avec les ennemis du dehors, elle pourroit, pour un tems limité, permettre à la puissance éxécutrice de faire arrêter les Citoyens suspects, qui ne perdroient leur liberté pour un tems, que pour la conserver pour toujours.

137. Mais le plus sûr sera de fixer par les Loix, les cas graves pour lesquels un Citoyen ne peut être admis à donner caution; car pour ceux qui ne trouvent pas de caution, les Loix, dans tout païs, les privent de la liberté, aussi longtems que la sûreté publique ou particulière, l'éxige. Il sera traité plus en détail de ceci au Chapitre X.

138. Quoique tous les crimes soient publics, il faut pourtant distinguer ceux qui intéressent plus les Citoyens entr'eux, de ceux qui intéressent plus l'état, dans le rapport qu'il a avec un Citoyen. Les premiers sont appelés délits privés, les seconds crimes publics.

139. En certains Royaumes, il y a une Loi, qui veut que le Roy, établi pour faire éxécuter les Loix, prépose un officier dans chaque Tribunal, pour poursuivre en son nom tous les crimes: de sorte que la fonction des délateurs est inconnuë dans ces païs; & si ce vengeur public étoit soupçonné d'abuser de son ministère, on l'obligeroit de nommer son dénonciateur. Cette partie publique veille pour le bien-être des Citoyens; elle agit, ils sont tranquiles. Chez nous, *Pierre Le Grand* a prescrit aux Procureurs de rechercher toute affaire sans partie; si l'on y ajoûtoit une Magistrature pareille à celle, que je viens de dire, on entendroit moins parler de délateurs.

140. C'étoit une mauvaise Loi que cette Loi Romaine, qui permettoit aux Magistrats de prendre de petits présens, pourvû qu'ils ne passassent pas cent écus dans toute l'année. Ceux à qui on ne donne rien, ne désirent rien; ceux à qui on donne un peu, désirent bientôt un peu plus, & ensuite beaucoup. D'ailleurs il est plus aise de

convaincre celui qui, ne devant rien prendre, prend quelque chose, que celui qui prend plus, lorsqu'il devroit prendre moins, & qui trouve toujours pour cela des prétextes, des excuses, des causes & des raisons plausibles pour sa défense.

141. Une Loi Romaine veut qu'on ne confisque que dans le cas du crime de Lèze Majesté, & lorsque ce crime seroit, comme on l'appelle, au premier chef. Il seroit souvent très sage de suivre l'esprit de cette Loi, & de borner les confiscations à de certains crimes, & il ne faudroit confisquer que les biens acquis.

CHAPITRE X.

142. *De la forme des Jugemens Criminels.*

143.

NOTRE intention n'est pas ici d'entrer dans un éxamen étendu & dans une division éxacte des délits en differentes espèces, ainsi que des peines qui y sont attachées. *Nous* les avons partagés, ci-dessus, en quatre classes: autrement la multitude & la variété de ces objets, & les diverses circonstances des tems & des lieux *Nous* engageroient dans un détail immense. Il suffira d'indiquer ici 1) les principes les plus généraux, & 2) les erreurs les plus funestes.

144. *Question I.* Quelle est l'origine des peines, & quel est le fondement du droit de punir?

145. On peut appeller les Loix, les moyens qui réunissent & contiennent les hommes en société, & sans lesquels la société se détruiroit.

146. Mais il ne suffisoit pas d'établir ces moïens, qui en devenoient le gage, il falloit aussi les assûrer: Pour cela, l'on établit des peines contre les infracteurs.

147. Toute peine est injuste, aussi tôt qu'elle n'est pas nécessaire à la conservation de ce dépôt.

148. La première conséquence de ces principes est, qu'il n'appartient qu'aux Loix seules de décerner la peine des crimes, & que le droit de faire des Loix pénales ne peut résider que dans le Législateur, comme representant en sa personne toute la Société, & réünissant en ses mains tout son pouvoir. Il suit encore de là que les Juges & les

Tribunaux, n'étant que partie de la Société, ne peuvent avec justice, pas même sous prétexte du bien public, infliger à un autre membre de la Société une peine, qui n'est pas décernée par la Loi.

149. La deuxième conséquence est, que le Souverain qui représente la Société même, & qui tient en ses mains tout le pouvoir nécessaire pour la défendre, peut seul faire des Loix générales sur les peines auxquelles tous les membres sont soumis; mais il doit s'abstenir, comme il est dit ci-dessus § 99. de juger lui même: il est donc nécessaire qu'il ait d'autres personnes qui jugent selon les Loix.

150. Troisième conséquence: Quand l'atrocité des peines ne seroit pas réprouvée par les vertus compatissantes pour l'humanité, c'est assez qu'elle soit inutile, pour pouvoir être regardée comme injuste, & pour qu'on doive la rejetter.

151. Quatrième conséquence: Les Juges criminels, par la raison seule qu'ils ne sont pas Législateurs, ne peuvent avoir le droit d'interpréter les Loix pénales. Quel en sera donc l'interprète légitime? *Je* répons: c'est le Souverain, non le Juge: car le devoir du Juge est seulement d'éxaminer si un tel homme a fait ou non l'action conraire à la Loi?

152. Dans le jugement de toute espèce de délit, le Juge a un syllogisme ou raisonnement à faire, dont la première proposition ou majeure, est la Loi générale, la mineure exprime l'action conforme, ou contraire à la Loi; la conséquence, l'absolution ou la peine de l'accuse. Si le Juge, de son chef, ou forcé par le vice des Loix, fait un syllogisme de plus dans une affaire criminelle, tout devient incertitude & obscurité.

153. Il n'y a rien de plus dangereux, que l'axione commun: *Il faut prendre l'esprit de la Loi, & ne pas s'en tenir à la lettre.* C'est rompre la digue, qui s'oppose au torrent des opinions. Cette vérité est de la dernière évidence, quoiqu'elle semble un paradoxe aux esprits qui sont plus fortement frappés d'un petit désordre actuel, que des conséquences éloignées, mais mille fois plus funestes, qu'entraîne un seul principe faux adopté par une nation. Chaque homme a sa manière particuliere de voir les choses qui se présentent à son imagination. *Nous* verrions le sort d'un Citoyen changer par le transport de sa cause d'un tribunal à l'autre, & sa vie & sa liberté, à la merci d'un faux raisonnement ou de la mauvaise humeur de son Juge. *Nous* verrions les mêmes crimes punis differemment, en differens tems, par le méme Tribunal, pour vouloir consulter, non la voix constante d'une Loi invariable, mais l'instabilité trompeuse des interprétations arbitraires.

154. On ne peut comparer à ces désordres les inconvéniens qui peuvent naître de l'inteprétation rigoureuse & littérale d'une Loi pénale. Ces inconvéniens passagers obligent quelquefois le Législateur de faire au texte équivoque de la Loi des corrections faciles & nécessaires; mais au moins y a t'-il alors un frein a cette licence d'expliquer & de raisonner, qui peut devenir funeste aux Citoyens.

155. S'il n'est pas réglé que ces Lix doivent être suivies dans le sens strict & rigoureux de leurs expressions, & si on ne les entend pas au pied de la lettre; si l'unique devoir du Juge n'est pas de décider que l'action est contraire ou conforme à la Loi écrite; si la règle du juste & de l'injuste, qui doit diriger également les actions de l'ignorant & de l'homme instruit, n'est pas pour le Juge une simple question de fait, l'etat du Citoyen sera étrangement exposé.

156. Avec des Loix pénales entendues toujours à la letre, chacun peut calculer & connoître éxactement les inconvéniens d'une mauvaise action, ce qui est utile pour l'en détourner; & les hommes jouissent de la sûreté de leurs personnes & de leurs biens, ce qui est juste, puisque c'est la fin sans la quelle la Société se détruiroit.

157. Si le droit d'interpréter les Loix est un mal, c'en est un aussi que leur obscurié, qui entraîne la nécessité de l'interprétation. Cet inconvénient est bien plus grand encore, si elles sont écrites dans une langue, ou des expressions ignorées du Peuple.

158. Les Loix doivent être écrites en langue vulgaire, & le Code qui les renferme toutes doit devenir un livre familier, qu'on puisse se procurer à un prix modique, comme un A B C. Autrement le Cioyen ne puvant connoître par lui même les suites de ses propres actions sur sa personne & sur sa liberté, demeurera dans la dépendance d'un certain nombre d'hommes qui se seront rendus dépositaires & interprètes des Loix. Les crimes seront d'autant moins fréquens, que le texte des Loix sera lu & entendu d'un plus grand nombre d'hommes. Il faudra donc prescrire que, dans toutes les Ecoles, on se serve, pour apprendre à lire aux enfans, tantôt des livres d'Eglise, tantôt de ceux qui contiennent les Loix.

159. *Question II.* Quelles, règles doit on suivre, quand il s'agit de s'assurer de la personne d'un Citoyen, & de parvenir à la découverte d'un délit & à la conviction des coupables?

160. C'est une erreur contraire à la sûreté personelle, que de laisser le Magistrat éxécuteur des Loix, maître d'emprisonner un Citoyen, d'ôter la liberté à l'un, sous de frivoles prétextes, en laissant libre un autre, malgré les indices les plus forts.

161. S'assùrer de la personne de quelqu'un est une peine, qui diffère de toute autre en ce qu'elle précède nécessairement la déclaration juridique du délit.

162. Mais elle ne peut-être infligée que dans le cas où la Loi décide que le Citoyen l'a encourue.

163. La Loi doit donc déterminer les indices sur les quels on peut s'assùrer de la personne de l'acculé, qui l'assujettissent à cette peine & aux interrogatoires qui sont eux-mêmes une espèce de peine. Par éxemple.

164. La voix pùblique, qui l'accuse, sa fuite, son aveu extrajudiciaire, la déposition d'un complice du crime, des menaces & une inimité connuë entre l'accuse & l'offensé, le corps du délit, & d'autres indices semblables suffisent pour s'assurer de la personne d'une Citoyen.

165. Mais ces preuves doivent être établies par la Loi, & non par les Juges, dont les décrets sont toujours opposes à la liberté politique, lorsqu'il ne sont pas une application particulière d'une maxime générale du Code public.

166. Amesure que les prisons seront moins horribles, c'est à dire, lors que la compassion & l'humanité descendront dans les cachots, & pénétreront jusqu'au fond du cœur des ministres de la Justice, les Loix pourront se contenter d'indices, pour ordonner qu'on s'assure de la personne d'un Citoyen.

167. Il y a différence entre détenir un homme ou l'emprisonner.

168. S'assùrer de la personne n'est autre chose, sinon retenir sous garde sùre la personne d'un Citoyen accusé, jusqu'à ce qu'il soit connu pour innocent ou pour coupable; la détention doit donc durer le moins, & être aussi douce qu'il est possible; sa durée doit être déterminée par le temps nécessaire à l'instruction du procès. La rigueur de la simple détention ne peut être que celle qui est nécessaire pour empêcher la fuite de l'accusé, ou pour découvrir les preuves du délit. Le Procès doit être fini dans le moins de tems, qu'il est possible.

169. Un homme qui a été détenu, & ensuite absous, ne doit être noté d'aucune infamie. Chez les Romains, combien voïons nous de Citoyens accusés de crimes très graves, reconnus innocents, être respectés ensuite, & élevés aux premières dignités.

170. La prison est une suite de la Sentence difinitive & sert de punition.

171. On ne doit point mettre dans le même endroit, 1. Un accusé qui n'a contre lui que les apparences. 2. Un criminel convaincu, &.

3. Un Coupable que la Sentence a condamné à la prison pour punition. L'accusé n'est que détenu, les deux autres sont en prison: mais cette prison, pour celui là, n'est qu'une partie de la punition; pour celui-ci c'est la punition même.

172. Il ne faut pas considérer la simple détention comme une punition, mais seulement comme un moïen pour garder sùrement la personne de l'accuse; garde qui l'assùre en même tems de sa liberté s'il est innocent.

173. Les Arrêts militaires ne deshonorent point un Militaire. Il en doit être de même de la simple détention pour un bourgeois.

174. La simple détention se change en emprisonnement, lors qu'un accusé est reconnu coupable; il faut donc différens lieux pour chacun des trois.

175. Voici un Théorème général, utile pour calculer la certitude du fait d'un crime, par éxemple: Lorsque les preuves du fait sont dépendantes les unes des autres, c'est-a-dire, lorsque les indices ne se prouvent & ne se soutiennent que les uns par les autres; lorsque la vérité de plusieurs preuves dépend de la vérité d'une seule, le nombre des preuves n'augmente ni ne diminuë la probabilité du fait, parce qu'alors, la force de toutes les preuves n'est que la force même de celle dont elles dépendent, & que si l'on renverse celle-ci, toutes tombent à la fois. Mais quand les preuves sont indépendantes l'une de l'autre & que chaque indice se prouve à part, la probabilité du fait croît en raison du nombre des indices, parceque la fausseté de l'un n'entraîne pas la fausseté de l'autre. On pourra s'étonner de *Me* voir employer le mot de *Probabilité* en parlant des crimes, qui, pour mériter une peine, doivent être certains. Mais il faut remarquer que la certitude morale est une probabilité, qui est appellée certitude, par ce que tout homme en son bon sens est forcé d'en convenir.

176. On peut distinguer deux sortes de preuves d'un crime; les preuves parfaites & les preuves imparfaites. J'appelle parfaites, celles qui excluent la possibilité de l'innoncence de l'accuse; imparfaites, celles qui n'excluent pas cette possibilité. Une seule preuve parfaite suffit pour autoriser la condamnation.

177. Quant aux preuves imparfaites, il en faut un nombre assez grand pour former une preuve parfaite; c'est à dire, qu'il faut que la réunion de toutes ces preuves exclue la possibilité de l'innocence de l'accusé, quoique chacune de ces preuves, par elle même, ne l'exclue pas. Ajoutons encore que les preuves imparfaites aux quelles l'accuse

ne répond rien de satisfaisant, quoique son innocence dût lui fournir des moyens d'y répondre, deviennent, en ce cas là, parfaites.

178. Là où les Loix sont claires & précises, l'office du Juge ne consiste qu'à constater le fait.

179. Dans la recherche des preuves d'un délit, il faut de l'addresse & de l'habileté; l faut de la précision & de la clarté pour exprimer le résultat de cette recherche: mais pour juger d'après ce résultat même, il ne faut que le simple bon sens, qui guidera plus sûrement que tout le savoir d'un Juge accoutumé à vouloir trouver par tout des coupables.

180. C'est donc une Loi très utile, où elle est établie, que celle qui prescrit, que tout homme soit juge par ses pairs; parce que lorsqu'il est question du sort d'un Citoyen, on doit imposer silence à tous les sentimens qu'inspirent la différence des rangs & des fortunes: ils ne doivent point avoir lieu entre les Juges & l'accusé.

181. Mais quand le délit est l'offense d'un tiers, alors la moitié des Juges doit être prise parmi les pairs de l'accusé, & la moitié parmi ceux de l'offensé.

182. Il est encore très juste qu'un accusé puisse récuser un certain nombre de ceux de ses Juges qui lui sont suspects. Dans une Nation où l'accusé jouit constamment de ce droit, le coupable paroîtra se condamner lui-même.

183. Les jugemens doivent être publics, aussi bien que les preuves du crime, afin que chaque Citoyen puisse dire; je suis protégé par les Loix: sentiment qui inspirera le courage, & qui est le plus flatteur & le plus utile pour un Souverain qui entend ses véribables intérêts.

184. C'est un point important dans toutes les Loix, de déterminer éxactement les principes d'où dépendent la crédibilité des témoins & la force des preuves du crime.

185. Tout homme raisonnable, c'est à dire, dont les idées ont une certaine liaison entre elles, & dont les sensations sont conformes à celles de ses semblables, peut rendre témoignage. Mais la croyance qui lui est duë doit se mesurer sur l'intérêt qu'il a de dire ou de ne pas dire la vérité. Dans tous les cas, les témoins doivent être crus, lorsqu'ils n'ont aucun intérêt de mentir.

186. Parmi les abus du langage, qui ont influé si fortement sur les affaires de ce monde, un des plus remarquables est celui qui a conduit les Législateurs à déclarer nulle la déposition d'un coupable déjà condamné. Un tel homme est mort civilement, disent les Jurisconsultes, & un mort est incapable de toute action. Pourvu que les

dépositions d'un coupable condamné ne retardent pas le cours de la Justice, pourquoi ne pas accorder, même après la condamnation, aux intérêts de la vérité & à la situation terrible du malheureux, un peu de tems encore, afin qu'il puisse se justifier lui même ou d'autres accusés, s'il peut apporter des preuver nouvelles, qui changent la nature du fait.

187. Les formes sont nécessaires dans l'administration de la Justice, mais elles ne doivent jamais être fixées par les Loix, de manière qu'elles puissent être funestes à l'innocence; sans quoi, elles entraîneroient les plus grands inconvéniens.

188. On peut dont admettre en témoignage toute personne qui n'a aucun intérêt de mentir. La crédibilité d'un témoin est donc plus ou moins grande à proportion de la haine ou de l'amitié qu'il porte à l'accusé, & des autres relations plus ou moins étroites qu'ils ont ensemble.

189. Un seul témoin ne suffit pas, parceque tant que l'accusé nie ce qu'un seul témoin affirme; il n'y a rien de certain, & le droit que chacun a d'être cru innocent prévaut.

190. La crédibilité d'un témoin est d'autant moindre que le crime est plus atroce & les circonstances moins vraisemblables: Cette maxime trouve aussi son application dans les accusations de magie, ou d'actions gratuitement cruelles.

191. Celui qui s'obstine à ne pas répondre dans l'interrogatoire qu'on lui fait subir, mérite une peine qui doit être fixée par la Loi, & une peine des plus graves parmi celles qu'elle prononce, afin que les coupables n'évitent pas par là de donner au public l'éxemple qu'il lui doivent. Cette peine particulière n'est pas nécessaire, lorsqu'il est hors de doute que l'accusé a commis le crime dont il s'agit; parcequ'alors l'interrogatoire est inutile, comme l'aveu l'est, lorsque d'autres preuves incontestables démontrent qu'il est coupable. Ce dernier cas est plus ordinaire, parce que l'expérience montre que dans la plus grande partie des procès criminels, les coupables nient.

192. *Question III.* La Question ne blesse t'elle pas la Justice, & conduit-elle au but que se proposent ses Loix?

193. Une des cruautés consacrées par l'usage de la plus grande partie des Nations, est la Question donnée à l'accusé pendant le cours de l'instruction de la procedure, ou pour tirer de lui l'aveu du crime, ou pour éclaircir les contradictions dans lesquelles il est tombé, ou pour le forcer à déclarer ses complices, ou pour découvrir d'autres crimes dont il n'est pas accuse & dont il pourroit être coupable.

194. (1) Un homme ne peut-être regardé comme criminel avant la sentence du Juge, & les Loix ne peuvent lui retirer leur protection, qu'après qu'il a été prouvé qu'il les a violées. Quel droit peut donc autoriser à unfliger une peine à un Citoyen, lorsqu'on doute encore s'il est innocent ou coupable? Ce n'est pas un raisonnement bien difficile à saisir que celui-ci: Le délit est certain ou incertain. S'il est certain, il ne doit-être puni que de la peine fixée par la Loi, & la torture est inutile: Si le délit est incertain, on ne doit pas tourmenter l'accuse, par la raison qu'on ne doit pas tourmenter un innocent, & que, selon les Loix, celui-la est innocent, dont le crime n'est pas prouvé. Il est important sans doute qu'aucun crime connu ne demeure impuni: L'Accusé mis à la question n'est pas le maître de dire la vérité. Peut-on en croire un homme quand il rêve dans la fièvre chaude, plutôt qu'un homme qui est dans son bon sens & en santé. L'impression de la douleur peut croître à un tel dégré, qu'en occupant l'ame toute entière, elle ne lui laisse aucune liberté, aucune activité à éxercer, que de prendre, au moment même, la voie la plus courte pour écarter la douleur. Alors l'innocent criera qu'il est coupable, pour faire cesser ses tourmens; & le même moïen emploïé pour distinguer l'innocent & le criminel, sera évanouir toute difference entre-eux; & les Juges seront aussi incertains s'ils ont devant eux un innocent ou un coupable, comme ils l'étoient avant cette opération. La torture est donc un sùr moyen de condamner les innocens foibles & d'absoudre les scélérats robustes.

195. (2) On applique un accusé à la Question pour éclaircir, dit on, les contradictions dans les quelles il tombe dans les interrogatoire qu'on lui fait subir; comme si la crainte du supplice, l'incertitude, l'embarras de sé disculper, l'ignorance même commune aux innocens & aux coupables, ne pourroient pas faire tomber en contradiction & la timide innocence, & le crime qui cherche à se cacher; comme si les contradictions, si ordinaires à l'homme tranquile, ne devroient pas se multiplier dans le trouble de l'ame absorbée toute entiere dans la pensée de se sauver d'un danger si imminent.

196. (3) Donner la torture pour découvrir si un coupable a commis d'autres crimes que celui dont il est convaincu, c'est un moyen sùr pour que tous les crimes restent impunis; car le Juge en voudra toujours découvrir de nouveaux, & c'est d'ailleurs se conduire d'après le raisonnement suivant: Tu es coupable d'un crime; donc il est possible que tu en aïe commis cent autres; les Loix te feront tourmenter

non seulement parceque tu es coupable, mais parceque tu peux être encore plus coupable.

197. (4) On donne la torture à un accusé pour découvrir ses complices. Mais si Nous avons prouvé qu'elle n'est pas un moyen de connoître la vérité, comment servira t'elle à faire connoître les complices? Certainement celui qui s'accuse lui-même, accusera les autres encore plus facilement. D'ailleurs est-il juste de tourmenter un homme pour les crimes d'un autre? Comme si l'on ne pourroit pas découvrir les complices par l'éxamen des témoins qui ont été entendus contre le criminel, des preuves, du corps du délit, & enfin par tous les moyens qui ont servi à constater le crime de l'accusé.

198. *Question IV.* Les peines ne doivent-elles pas être proportionnées aux crimes, & comment établir cette proportion?

199. Il faut que les Loix fixent un terme pour la durée de l'Instruction des grands crimes, afin que les criminels ne puissent pas, par des variations préméditées, éloigner leur punition, ou embrouiller leur cause. Les preuves du délit étant obtenues, & sa certitude déterminée, il est nécessaire d'accorder au coupable du tems & les moyens de se justifier, s'il le peut. Mais ce tems doit être assez court pour ne pas préjudicier à la promptitude de la peine: promptitude qui est un des freins les plus puissans du crime.

200. Pour qu'une peine ne soit pas une violence d'un seul ou de plusieurs contre un Citoyen, elle doit être publique, prompte, nécessaire, la moindre qu'il sera possible dans les circonstances données, proportionnée au délit & fixée par les Loix.

201. Quoique les Loix ne puissent pas punir l'intention, ce n'est pas à dire pour cela qu'une action par la quelle on commence un délit, & qui marque la volonté de l'éxécuter, ne mérite une peine, quoique moindre que celle qui est décernée contre le crime mis en éxécution. Une peine est nécessaire, parce qu'il est important de prévenir même les premieres tentaives des crimes; mais comme entre ces tentatives & l'execution du crime, il peut y avoir un intervale de tems, il est bon de réserver une peine plus grande au crime consommé, pour laisser à celui qui a commencé le crime quelque motif qui le détourne de l'achever.

202. On doit aussi décerner des peines moins grandes pour les complices d'un crime, qui n'en sont point les éxécuteurs immédiats, que pour ceux qui l'éxécutent. Quand plusieurs hommes s'unissent pour courir un risque commun, plus le risque est grand, plus ils s'efforcent de le rendre égal pour tous. Des Loix qui puniront plus

sévèrement les éxécuteurs du crime, que les simples, complices, empêcheront que le risque ne puisse se distribuer également, & feront qu'il sera plus difficile de trouver un homme qui veuille prêter sa main au crime médité; parce que son risque sera plus grand par la différence de la punition. Il n'y a qu'un cas où l'on peut faire une exception à cette règle: c'est lors que l'exécuteur du crime reçoit de ses complices une récompense particulière. Alors la différence du risque étant compensée par la différence des avantages, la peine devroit être égale. Ces réfléxions paroîtront bien subtiles; mais il faut songer, qu'il est très important que les loix laissent aux complices d'un crime le moins de moyens qu'il est possible, de s'accorder entre-eux.

203. Quelques Tribunaux offrent l'impunité au complice d'un grand crime, qui trahit ses compagnons. Un pareil expédient a ses inconvéniens & ses avantages, lorsqu'on l'employe pour des cas particuliers. Une Loy générale qui promettroit l'impunité à tout complice qui découvre un crime, est préférable à une déclaration particulière dans un cas particulier, parce qu'elle prévien-droit l'union des méchans, en inspirant à chacun d'eux la crainte de s'exposer seul au danger. Mais aussi faudroit-il saintement tenir cette promesse & donner, pour ainsi dire, une Sauve-garde à quiconque réclamera cette Loy.

204. *Question V.* Quelle est la mesure de la grandeur des Délits?

205. La fin de l'établissement des peines ne sauroit être de tourmenter un être sensible. L'objet des peines est d'empêcher le coupable de nuire désormais à la Société & de détourner ses concitoyens de commettre des crimes semblables. Parmi les peines, on doit employer celles qui, étant proportionnées aux crimes, feront l'impression la plus efficace & la plus durable sur les esprits des hommes, & en même tems la moins cruelle sur le corps du criminel.

206. Qui ne frissonne d'horreur en voïant dans l'Histoire tant de tourmens barbares & inutiles, inventés & emploïés froidement par des hommes qui se donnoient le nom de sages? Qui ne sent frémir au dedans de lui la partie la plus sensible de lui-même, au spectacle de ces milliers de malheureux qui les ont soufferts & qui les souffrent, accusés de crimes souvent impossibles, souvent fabriqués par l'ignorance & quelque fois par la superstition? Qui peut, dis-je, les voir déchirer avec appareil, par des hommes leurs frères. Les païs & les tems où les supplices les plus cruels ont été mis en usage, sont ceux où l'on a vu les crimes les plus atroces.

207. Pour qu'une peine produise son effet, il suffit que le mal qu'elle cause surpasse le bien qui revient du crime, en faisant même

entrer dans le calcul de l'excès du mal sur le bien, la certitude de la punition & la perte des avantages que le crime produiroit. Toute sévérité qui passe ces limites est inutile, & par conséquent tirannique.

208. Si les Loix sont cruelles, ou elles sont changées, ou l'impunité naît de la sévérité même des Loix. La grandeur des peines doit être relative à l'état actuel & aux circonstances où se trouve une nation. A mesure que les esprits s'éclairent dans l'état de Société, la sensibilité de chaque individu augmente, & son accroissement demande qu'on diminue la rigueur des peines.

209. *Question VI.* La peine de mort est-elle utile & nécessaire pour la sûreté & le bon ordre d'un Etat?

210. L'expérience montre que la profusion des supplices n'a jamais rendu les hommes meilleurs. Si donc je démontre que, *dans l'état ordinaire de la société,* la mort d'un Citoyen n'est ni utile ni nécessaire, j'aurai gagné la cause de l'humanité. Je dis, *dans l'état ordinaire*; car la mort d'un Citoyen peut être nécessaire en un cas; c'est lors que, privé de la liberté, il a encore des relations & une puissance qui peuvent troubler la tranquillité de la nation. Ce cas ne peut avoir lieu, que lors qu'une Nation perd ou recouvre sa liberté, ou dans les tems d'Anarchie, lors que les désordres mêmes tiennent lieu des Loix. Mais pendant le regne tranquile des Loix, & sous une Forme de Gouvernement approuvé par les voeux réunis de la Nation; dans un état défendu contre les ennemis du dehors, & soutenu au dedans par la force & par l'opinion; où l'autorité est entre les mains du Souverain; il ne peut y avoir aucune nécessité d'ôter la vie à un Citoyen. Vingt années de regne de l'Impératrice ELIZABETH donnent aux Pères des Peuples un éxemple plus beau que celui des plus brillantes conquêtes.

211. Ce n'est pas l'extrême sévérité de la peine, ni la destruction de l'être, qui fait le plus grand effet sur l'esprit des Citoyens; mais la durée de la peine.

212. La mort d'un scélérat sera un frein moins puissant du crime, que le long & durable éxemple d'un homme privé de la liberté, pour réparer par les travaux de toute sa vie, le dommage qu'il a fait à la société. La terreur que cause l'idée de la mort a beau être forte, elle ne résiste pas à l'oubli si naturel à l'homme. Règle générale: Les impressions violentes surprennent & frappent, mais leurs effets ne durent pas. Afin qu'une peine soit juste, elle ne doit avoir que le dégré d'intensité qui suffit pour éloigner les hommes du crime. Or je soutiens hardiment qu'il n'y a point d'homme qui, avec un peu de réflexion, puisse

balancer entre le crime, quelqu' avantage qu'il s'en promette, & la perte entière & perpétuelle de sa liberté.

213. *Question VII.* Quelles peines faut-il infliger aux différens crimes?

214. Celui qui trouble la tranquilité publique; qui n'obéït pas aux Loix; qui viole les conditions sous lesquelles les hommes sont réünis & se défendent réciproquement, doit être exclus de la Société, c'est-à-dire, banni.

215. Il faudroit des raisons plus fortes pour bannir un Citoyen qu'un étranger.

216. La peine d'infamie est une marque de la désaprobation publique, qui prive un Citoyen de la considération & de la confiance que la Société avoit pour lui, & qui lui fait perdre cette fraternité qui éxiste entre les membres d'un même Etat. Il faut que l'infamie prononcée par la Loi soit la même que celle qui résulte de la morale universelle; car en déclarant infâmes des actions indifférentes, on fera que les actions qu'il est de l'intérêt de la Société de regarder comme infâmes, cesseront bientôt d'être tenues pour telles.

217. Il faut bien se garder de punir de peines corporelles & douloureuses le fanatisme, espèce de délit qui, fondé sur l'orgueil, tireroit de la douleur même sa gloire & son aliment. On a eu des éxemples, du tems que la Chancellerie secrette éxistoit, que des gens de cette espèce s'y sont présentés à certains jours, uniquement pour souffrir quelque châtiment.

218. L'infamie & le ridicule sont les seules peines qu'il faut emploïer contre les fanatiques, parce qu'elles répriment leur orgueil. En opposant ainsi entre elles des forces de même genre, des Loix sages dissiperont l'admiration que des esprits foibles pourroient conçevoir des fausses doctrines.

219. L'infamie ne doit pas tomber sur un grand nombre de Personnes à la fois.

220. La punition doit-être prompte, analogue au crime & publique.

221. Plus la peine sera prompte & voisine du délit, plus elle sera juste & utile; elle sera plus juste, parce qu'elle épargnera au criminel le tourment cruel & superflu de l'incertitude de son sort. Le procès doit donc être fini dans le moindre tems possible. J'ai dit, que la promptitude de la peine est utile; parceque moins il s'écoulera de tems entre la peine & le délit, plus on considérera le crime comme cause, & la peine comme effet. La punition doit être certaine & inévitable.

222. Le meilleur frein du crime n'est pas la sevérité de la peine, mais la certitude d'être puni, si l'on a transgresse les Loix.

223. La certitude d'un châtiment modéré, mais immanquable, fera toujours une plus forte impression sur les esprits que la crainte d'une peine plus sévère jointe à l'espérance de l'éviter. A mesure que les peines deviendront plus douces, la clémence & le pardon seront moins nécessaires, parceque les Loix respireront elles mêmes la clémence.

224. Dans toute l'étendue d'un Etat, il ne doit y avoir aucun lieu indépendant des Loix.

225. Il faut tâcher en général, non seulement qu'il se commette peu de crimes, mais que chaque espèce de crime soit plus rare, à proportion du mal qu'elle fait à la Société. Les motifs que les Loix établissent pour en détourner les hommes, doivent donc être plus forts pour chaque espèce de délit, à proportion qu'il est plus contraire au bien public, & en raison de la force des motifs, qui peuvent porter les méchans, ou les ames foibles, à le commettre. Il doit donc y avoir une proportion entre le crime & la peine.

226. Si deux crimes, nuisant inégalement à la Société, reçoivent une punition égale, la distribution inégale des peines produira cette étrange contradiction, peu remarquée, quoique très fréquente, que les Loix auront à punir des crimes qu'elles auront fait naître.

227. Si l'on établit la même peine pour celui qui tuë un animal, que pour celui qui tuë un homme, ou qui falsifie un écrit important, on ne fera bientôt plus une différence entre ces délits.

228. En supposant la nécessité & les avantages de la réunion des hommes en Société, on peut poser une progression de crimes, dont le plus grand sera celui qui tend à la dissolution & à la destruction immédiate de la Société, & le plus léger, la plus petite offense que peut reçevoir un particulier. Entre ces deux extrêmes seront comprises toutes les actions opposées au bien public qui sont appellées criminelles, selon une progression insensible du premier terme au dernier. Il suffit, en conservant l'ordre de ces progressions, de marquer dans chacune des quatre classes dont nous avons parlé dans le Chapitre VII. les actions répréhensibles qui y appartiennent.

229. Nous avons fait un Chapitre à part des crimes qui tendent directement & immédiatement à la destruction de la Société & de celui qui en est le chef, & qui sont les plus graves, parce qu'ils sont les plus funestes à la Société. Ils sont appellés crimes de Lèze-Majesté.

230. Après cette premiere espèce de crimes, suivent ceux qui attaquent la sùreté des Particuliers.

231. On ne peut se dispenser de punir celui qui viole ce droit, de quelqu'une des peines les plus graves. Les attentats contre la vie & la liberté des Citoyens, sont un des crimes les plus grands: Et dans cette classe, sont compris, non seulement les assassinats, ou meurtres commis par des hommes de la lie du peuple, mais aussi les violences du même genre éxercéees par d'autres, de quelque extraction & qualité qu'ils puissent être.

232. Les vols accompagnés de violence & sans violence.

233. Les injures personelles contraires à l'honneur, c'est-à-dire, qui tendent à enlever à un Citoyen cette juste portion d'estime qu'il a droit d'éxiger des autres.

234. Sur les Duels, il n'est pas inutile de répéter ici ce que bien des gens soutiennent, & que d'autres ont écrit: Que le meilleur moïen pour prévenir cette espèce de crime, est de punir l'agresseur, c'est-à-dire celui qui a donné occasion au Duel, & de déclarer innocent celui qui, sans y avoir donné lieu, s'est vu forcé de défendre son honneur.

235. La Contrebande est un délit véritable contre le Souverain & l'Etat. Ce délit doit son existence à la Loi même; parce que plus les droits sont considérables, plus l'avantage de faire la contrebande est grand, & plus la tentation est forte; tentation qui est encore augmentée par la facilité de la faire, lorsque la circonférence qu'on garde est d'une grande étenduë, & lorsque la marchandise prohibée, ou sujette à des droits, est de petit volume. La perte des marchandises prohibées & de celles qui l'accompagnent est très juste. Un tel délit mérite une peine considérable; comme la prison & *la saisie du corps,* même la servitude: Mais une prison & une servitude analogues à la nature du délit. La prison d'un Contrebandier ne doit pas être la même que celle d'un assassin ou voleur de grand chemin, & la peine la plus convenable paroit devoir être le travail du coupable évalué à la somme dont il a voulu frauder la Doüane.

236. Il est nécessaire de faire mention aussi des Banqueroutiers, ou de ceux que leurs dettes obligent de quitter le négoce. La nécessité de la bonne foi dans les conventions, & la sùreté du Commerce, obligent le Législateur à fournir aux créanciers les moyens de se faire païer de leurs débiteurs. Mais il est nécessaire de distinguer le Banqueroutier frauduleux, de celui qui l'est de bonne-foi. Le Banqueroutier qui peut prouver avec évidence que l'infidélité de ses

débiteurs, ou ses pertes, ou des malheurs inévitables à la prudence humaine l'ont dépouillé de ses biens, ne doit pas être traité avec la même rigueur. Pour quelle raison le jettera-t'on dans une prison? Pourquoi le privera – t'on de la liberté, seul bien qui lui reste? Pourquoi lui sera-t'on subir les peines des coupables, & le forcera-t'on de se repentir de sa probité? Qu'on regarde, si l'on veut, sa dette comme inextinguible jusqu'au parfait payement; qu'on lui refuse le droit de se soustraire sans le consentement des intéressés; qu'on le contraigne d'employer son travail & ses talens à se remettre en état de satisfaire ceux à qui il doit: Mais on ne pourra jamais justifier, par aucune raison solide, une Loi qui le privera de fa liberté sans utilité pour ses créanciers.

237. On pourroit, ce me semble, dans tous les cas, distinguer le dol avec des circonstances odieuses, d'avec la faute grave; la faute grave de la légère; & celle-ci de l'innocence entière; & régler d'après cela, par la Loi, les peines.

238. Une Législation sage & circonspecte pourroit empêcher la plus grande partie des faillites frauduleuses, & préparer des remèdes aux accidens qui arrivent à l'homme industrieux & de bonne-foi. Un Registre public & éxact de tous les contracts, & la liberté à chaque Citoyen de le consulter. Une Banque formée par une contribution sagement répartie sur les Commerçans, & dont on tireroit des sommes convenables pour secourir l'industrie malheureuse, seroient des établissemens qui auroient beaucoup d'avantages & qui n'entraîneroient aucun inconvénient réel.

239. *Question VIII.* Quels sont les moyens les plus efficaces pour prévenir les crimes?

240. Il vaut mieux prévenir les crimes que de les punir.

241. C'est à prévenir les crimes que doit tendre une bonne Législation, qui n'est que l'art de conduire les hommes au *Maximum* du bonheur, ou au *Minimum* du malheur.

242. Défendre une multitude d'actions moralement indifferentes, ce n'est pas empêcher les crimes qui peuvent en être les suites; c'est en créer de nouveaux.

243. Voulez-vous prévenir les crimes? Faites que les Loix favorisent moins les différens ordres des Citoyens que chaque Citoyen en particulier.

244. Faites que les hommes craignent les Loix, & ne craignent qu'elles.

245. Voulez-vous prévenir les crimes? Faites que les lumières se répandent.

246. Un Code de bonnes Loix n'est autre chose que l'exclusion de la funeste liberté de nuire à ses semblabes.

247. On peut encore prévenir les crimes en récompensant la vertu.

248. Enfin le moyen le plus sùr, mais le plus difficile, de rendre les hommes meilleurs, est de perfectionner l'éducation.

249. On trouvera dans ce Chapitre des répétitions de ce qui a déja été dit: mais pour peu qu'on y fasse attention, on verra que la matière l'exigeoit, & de plus, on ne peut trop répéter ce qui doit être utile au genre humain.

CHAPITRE XI.

250.

LA Société civile, de même que tout autre établissement, éxige un certain ordre. Il faut qu'il y ait des personnes qui gouvernent & qui commandent, & d'autres qui obéissent.

251. Voila l'origine de toutes les espèces de dépendances; elle est plus ou moins dure, suïvant la condition de ceux qui obéissent.

252. Or puisque la Loi naturelle nous commande de contribuer, autant qu'il est en nous, au bien-être de tous les hommes, *Nous sommes obligés de soulager la condition de ceux qui nous sont soumis, autant que la saine raison le permet.*

253. Par conséquent d'éviter de réduire les hommes à l'état d'esclavage, à moins que la nécessité ne le demande absolument, & cela, non pour l'intérêt particulièr, mais pour celui de l'Etat. Encore est-ce une question de savoir s'il arrive souvent que l'Etat en retire de l'avantage?

254. De quelque nature que soit la dépendance, il faut que les Loix civiles cherchent à en ôter, d'un côté, les abus, de l'autre, les dangers.

255. C'est un malheur du gouvernement lorsqu'il se voit contraint de faire des Loix trop sévères.

256. *Pierre I.* ordonna, par une Loi de l'Année 1722. que les insenses & ceux qui tirannisent leurs serfs seroient mis sous tutelle. Le

premier paragraphe de cette Loi est suivi, mais on ignore pourquoi l'autre ne l'est pas?

257. A Lacédémone, les esclaves ne pouvoient avoir aucune justice. L'excès de leur malheur étoit tel, qu'ils n'étoient pas seulement esclaves d'un Citoyen, mais encore du public.

258. A Rome, quand il étoit question de blessures faites à un esclave, on ne considéroit que l'intérêt du maître. On confondoit la blessure faite à une bête & celle faite à un esclave; on n'avoit attention qu'à la diminution du prix; ce qui encore ne tournoit qu'au profit du maître, & non à celui de l'offense.

259. A Athènes, on punissoit sévèrement celui qui éxerçoit des cruautés à l'égard d'un esclave.

260. Il ne faut pas faire tout à coup, & par une Loi générale, un nombre considérable d'affranchissemens.

261. Les Loix peuvent favoriser le pécule des esclaves.

262. Finissons cet article en répétant le principe; que le gouvernement le plus conforme à la nature, est celui dont la disposition particulière se rapporte le mieux à la disposition du Peuple pour lequel il est établi.

263. Il est très nécessaire cependant, en outre, de prévenir les causes qui ont occasionné si souvent les révoltes des serfs contre leurs maîtres; car si l'on ne connôit pas ces causes, il n'est pas possible d'obvier par des Loix à des cas pareils; quoi que la tranquilité des uns & des autres en dépendent.

CHAPITRE XII.

264. *De la Population.*

265.

La Russie, loin d'avoir assez d'habitans, possède une étendue immense de Païs, qui ne sont ni peuplés ni cultivés. On n'y sauroit par conséquent trop favoriser la Population.

266. Nos Païsans, pour la plus part, ont douze, quinze & jusqu'à vingt enfans d'un seul mariage; mais rarement la quatrième partie parvient à l'âge viril. Il faut donc qu'il y ait un vice, ou dans leur nourriture, ou dans leur façon de vivre, ou dans l'Education, qui fasse

périr cette espérance de l'Empire. Quel ne seroit pas l'état florissant de la Russie, si Nous pouvions, par de sages règlemens, empêcher ou prévenir cette perte!

267. Ajoutez à cela qu'il y a deux siècles qu'une maladie inconnue aux anciens, est passée de l'Amérique dans le Nord, & tend à la destruction de la race humaine. Cette maladie fait de tristes ravages dans plusieurs contrées. Or comme il faut avoir soin de la santé des Citoyens, il seroit très sage d'arrêter par des Loix, la communication, de cette maladie.

268. Celles de Moïse pourroient servir d'éxemple.

269. Il semble encore que la nouvelle manière, que les Gentils-hommes de Russie emploïent pour percevoir leurs revenus, diminuë la Population & *l'Agriculture*. Presque toutes les terres païent leur redevance en argent. Les Maîtres qui ne vivent point du tout, ou du moins rarement dans leurs terres, taxent chaque Païsan à un, à deux & jusqu'à cinq Roubles par tête; sans se mettre en peine par quel moyen le Païsan se met en état de païer cet argent.

270. Il seroit très nécessaire d'ordonner, par une Loi, aux Maîtres de règler avec plus de discernement l'imposition des charges de leurs Païsans, & d'une manière qui les éloignat moins de leur maison & de leur famille. L'Agriculture & la Population y gagneroient.

271. Au lieu qu'à présent, nombre de Cultivateurs restent éloignées des quinze années de leur maison, & rodent presque par tout l'Empire; de ville en ville, pour tâcher de gagner par leur travail de quoi païer leurs charges.

272. Avec une grande felicité dans un état, le nombre des Citoyens s'y accroît aisement.

273. Les païs de Pâturage sont peu peuplés, parce que peu de gens y trouvent de l'occupation; les terres à bled occupent un plus grand nombre d'hommes.

274. Partout où il se trouve une place où l'on peut vivre commodément, les hommes se multiplient.

275. Mais un Païs qui est si fort chargé d'impôts, que l'industrie & l'activité n'y trouvent la subsistance que difficilement, doit se dépeupler à la longue.

276. Là où les hommes ne sont pauvres que parce qu'ils vivent sous des Loix dures, & qu'il regardent leur champ moins comme le fondement de leur subsistance, que comme un prétexte à la véxation; dans ces contrées, dis-je, les hommes ne se multiplient pas. Ils n'ont pas

même leur nourriture, comment pourroient-ils songer à en faire part à leur postérité? Ils ne peuvent se soigner dans leurs maladies, comment pourroient-ils élever des créatures qui sont dans une maladie continuelle, savoir dans l'enfance? Ils enfouïssent dans la terre leur argent; ils ont peur de le faire valoir; ils craignent de paroître riches, & que les richesses ne leur attirent de la persecution & des véxations.

277. Beaucoup de gens, se prévalant de la facilité qu'ils ont de parler, quoiqu' incapables d'éxaminer & d'approfondir ce dont ils parlent, disent: *Que plus les Sujets sont pauvres, plus les familles deviennent nombreuses; que plus ils sont chargés d'impôts, plus ils se mettent en état de les païer:* deux sophismes qui ont toujours perdu & qui perdront toujours les Monarchies.

278. Un mal presqu' incurable, c'est lorsque la dépopulation vieut de longue-main, par un vice intérieur & un mauvais gouvernement. Les hommes ont péri par une maladie insensible & habituelle. Nés dans l'abattement & dans la misère, sous la violence, ou le règne de faux principes adoptés par le gouvernement, ils se sont vus détruire, souvent sans sentir les causes de leur destruction.

279. Pour rétablir un Etat ainsi dépeuplé, on attendroit en vain des secours de la part des enfans qui pourroient naître. Il n'est plus tems: les hommes dans leurs déserts sont sans courage & sans industrie. Avec des terres pour nourrir un Peuple, on a à peine dequoi nourrir une famille. Le bas Peuple, dans ces païs, n'a pas même de part à la misère, c'est-à-dire, aux terres en friche dont ils sont remplis. Quelque Citoyens principaux, ou le Prince, sont devenus insensiblement propriétaires de toute l'étendüe de ces terres en friche; les familles détruites les leur ont laisse en pâtures, & l'homme laborieux n'en possède rien.

280. Dans cette situation, il faudroit faire dans toute l'étendue du Païs, ce que les Romains faisoient dans une partie du leur: pratiquer dans la disette des habitans, ce qu'ils observoient dans l'abondance; distribuer des terres à toutes les familles qui n'ont rien, leur procurer les moyens de les défricher & de les cultiver. Cette distribution devoir se faire à mesure qu'il y auroit un homme pour la recevoir, de sorte qu'il n'y eut point de moment perdu pour le travail.

281. Jules Cesar donna des récompenses à ceux qui avoient beaucoup d'enfans. Les Loix d'Auguste furent plus pressantes: il imposa des peines à ceux qui n'étoient point mariés, & augmenta les récompenses de ceux qui l'etoient & de ceux qui avoient des enfans.

Ces Loix ne s'accorderoient pas avec les institutions de notre sainte Religion.

282. Il y a des Païs, où les Loix accordent certains avantages aux gens mariés; où, par éxemple, les anciens & les élus des villages ne sont choisis qu'entre les mariés. Un Célibataire, ou un homme qui n'a point d'enfans, ne peut être emploïé dans aucune affaire, ni être du nombre des Juges du village: celui qui a plus d'enfans précède celui qui en a moins, & le Païsan qui a plus de cinq fils ne païe aueune charge.

283. Ceux qui n'étoient point mariez chez les Romains ne pouvoient rien recevoir par testament des Etrangers, & ceux qui étant mariés, n'avoient point d'enfans, n'en recevoient que la moitié.

284. Les avantages qu'un mari & une Femme pouvoient se faire mutuellement par testament, étoient limités par la Loi. Ils pouvoient se donner le tout, s'ils avoient des enfans l'un de l'autre; s'ils n'en avoient point, ils pouvoient hériter la dixième partie de la succession, à cause du mariage; & s'ils avoient des enfans d'un autre mariage, ils pouvoient se donner autant de dixièmes qu'ils avoient d'enfans.

285. Si un mari s'absentoit d'auprès de sa femme, pour autre cause que pour les affaires publiques, il ne pouvoit en être l'héritier.

286. Il y a des Païs où l'on a ordonné de certaines pensions pour ceux qui auroient dix enfans, & de plus fortes pour ceux qui en auroient douze. Mais il n'est pas question de récompenser des prodiges; il faudroit plutôt rendre la vie aisée, autant qu'il est possible, c'est-à-dire, sournir aux hommes industrieux & laborieux l'occasion de se soutenir eux & leurs familles.

287. La continence publique contribuë à l'augmentation de l'espèce.

288. Dans les institutions ordinaires, c'est aux pères à marier leurs enfans; mais que seroit-ce si la véxation & l'avarice alloient au point d'usurper l'autorité des pères? Il faudroit plutôt encourager les pères à marier leurs enfans, & ne pas les priver de la liberté de le faire à leur gré.

289. Il seroit aussi nécessaire qu'il est important, qu'il fut une fois clair & certain, à quel dégré de parenté les mariages sont permis, & à quel dégré ils sont défendus.

290. Il y a des lieux où, faute d'habitans, la Loi fait Citoyens les étrangers ou les bâtards, ou ceux qui sont seulement nés d'une Mère citoyenne; mais dès qu'il y a assez de Peuple, on ne le fait plus.

291. Les Sauvages du Canada sont bruler leurs Prisonniers, mais lorsqu'ils ont des cabanes vuides à leur donner, ils les reconnoissent de leur nation.

292. Il y a des Peuples qui, quand ils font des conquêtes, s'unissent par des mariages aux peuples conquis: ils remplissent par là deux grands objets; ils affermissent leurs conquêtes & augmentent la Population.

CHAPITRE XIII.

293. *Des Métiers, & du Commerce.*

294.

IL ne peut y avoir d'industrie ni de commerce solide, là où la culture des terres est méprisée ou négligée. 295. Et il ne peut y avoir de terres bien cultivées, là où le cultivateur, ou laboureur n'a rien en propre.

296. Cela est fondé sur une maxime très simple: "Chaque homme a plus de soin de ce qui lui appartient, que de ce qui appartient à un autre; & il n'a pas de soin du tout d'une chose dont il appréhende d'être privé par un autre".

297. La culture des terres est le travail le plus pénible pour les hommes. Plus le climat les porte à fuir ce travail, plus les Loix doivent y exciter.

298. A la Chine, l'Empereur est informé chaque année du laboureur qui s'est le plus distingué dans sa profession; il le fait Mandarin du huitième ordre. Cet Empereur, tous les ans, en grande cérémonie, commence lui-même le travail de la terre, la charruë à la main.

299. Il seroit bon de donner des prix aux laboureurs qui auroient le mieux cultivé leur champ.

300. De même qu'aux Ouvriers qui auroient porté plus loin leur industrie.

301. Cette méthode réüssira par tout païs. Elle a servi de nos jours à l'établissement des plus importantes Manufactures.

302. Il y a des païs où, dans chaque Paroisse, on tient des Livres, publiés par ordre du Gouvernement, qui traitent de l'Agriculture, & que chaque païsan peut consulter selon son besoin.

303. Il y a des nations paresseuses. Pour vaincre la paresse produite par le climat, il faudroit faire des Loix qui ôtassent tous les moyens de subsister sans travailler.

304. Toute Nation paresseuse est fière dans ses manières: car ceux qui ne travaillent pas, se regardent, en quelque sorte, comme les souverains de ceux qui travaillent.

305. Les nations ensevelies dans la paresse, sont ordinairement orgueilleuses. On pourroit tourner l'effet contre la cause, & détruire la paresse par l'orgueil.

306. L'Amour de la gloire est un aussi ferme appui du Gouvernement que l'orgueil lui est dangereux. Il n'y a pour cela qu'à se representer, d'un côté, les biens sans nombre qui résultent de l'amour de la gloire; de là l'industrie, les sciences, les arts, la politesse, le goût: & d'un autre côté, les maux infinis qui naissent de l'orgueil de certaines nations: la paresse, la pauvreté; l'abandon de tout, la destruction des nations, que le hazard fait tomber entre leurs mains, & de la leur même.

307. L'Orgueil porte l'homme à s'éloigner du travail, l'amour de la Gloire le portera à savoir mieux travailler que les autres.

308. Examinez avec attention toutes les nations, & vous verrez que, dans la plûpart, la fierté, l'orgueil & la paresse marchent du même pas.

309. Les peuples d'Achim sont fiers & paresseux: ceux qui n'ont point d'esclaves en louent un, ne fut-ce que pour faire cent pas, & porter deux mesures de Riz; ils se croiroient deshonorés s'ils les portoient eux-mêmes.

310. Les Femmes des Indes croïent qu'il est honteux pour elles d'apprendre à lire; c'est l'affaire, disent-elles, des esclaves qui chantent des Cantiques dans les Pagodes.

311. Un homme n'est pas pauvre parce qu'ill n'a rien, mais parce qu'il ne travaille pas: Celui qui n'a aucun bien, & qui travaille, est aussi à son aise que celui qui a cent Roubles de revenu sans travailler.

312. L'Ouvrier qui a donné à ses enfans son art pour héritage, leur a laisse un bien qui s'est multiplié à proportion de leur nombre.

313. L'Agriculture est le premier & le principal travail auquel il faut encourager les hommes; le second les Manufactures, qui mettent en oeuvre les propres productions du Païs.

314. Les Machines qui servent à abreger la main d'oeuvre, ne sont pas toujours utiles. Si un ouvrage est à un prix médiocre & qui convienne également à celui qui l'achette & à l'ouvrier qui l'a fait, les machines qui en simplisieroient la manufacture, c'est-à-dire qui diminueroient le nombre des ouvriers, seroient pernicieuses dans un Etat fort peuplé.

315. Mais il faut distinguer entre ce qui se fait pour le Païs même, & ce qui se fait pour l'Etranger.

316. On ne peut trop simplifier, par des machines, la main d'oeuvre, lorsqu'il s'agit de choses qu'on doit débiter chez les nations étrangères, qi trouvent, ou qui pourroient trouver les mêmes marchandises chez nos voisins, ou chez d'autres peuples qui sont dans la même situation que nous.

317. Le Commerce fuit d'où il est opprimé, & se fixe où on le laisse respirer.

318. Athènes ne fit point ce grand commerce que lui promettoient le travail de ses esclaves, le nombre de ses gens de Mer, son autorité sur les villes Grecques, & plus que tout cela, les belles institutions de Solon.

319. Dans plusieurs païs où tout est affermé, la maniere d'administrer les finances détruit le commerce par ses injustices, par ses véxations, par l'excès de ce qu'elle impose; mais elle le détruit encore, indépendamment de cela, par les difficultés qu'elle fait naître, & les formalités qu'elle éxige.

320. Dans d'autres endroits où les Doüanes sont en régie, il y a une facilité de négocier sungulière; un mot d'écriture termine les plus grandes affaires. Il ne faut point que le marchand perde un tems infini & qu'il ait des préposes exprès pour faire cesser les difficultés des Fermiers, où pour s'y soumettre.

321. La liberté du Commerce n'est pas une Faculté accordée aux Négocians de faire ce qu'ils veulent; ce seroit bien plutôt sa servitude. Ce qui gêne le commerçant ne gêne pas pour cela le commerce. C'est dans les païs libres que le négociant trouve des contradictions sans nombre; & il n'est jamais moins lié par les Loix, que dans les païs de la servitude. L'Angleterre défend de faire sortir ses laines; elle veut que le charbon soit transporté par Mer dans la Capitale; elle ne permet point la sortie de ses Chevaux de haras; les Vaisseaux de ses colonies Américaines, qui commercent en Europe, doivent moüiller en Angleterre. Elle gêne par là, & par des loix semblables, le Négociant, le tout en faveur du Commerce.

322. Là où il y a du Commerce il y a des Douanes.

323. L'objet du Commerce est l'exportation & l'importation des marchandises en faveur de l'Etat: L'Objet des Douanes est un certain droit sur cette même exportation & importation, aussi en faveur de l'Etat. Il faut donc que l'Etat soit neutre entre ses Douanes & son

commerce, & qu'il fasse en sorte que ces deux choses ne se croisent point; alors on y joüit de la liberté du commerce.

324. L'Angleterre n'a guère de Tarif réglé avec les autres nations; son Tarif change, pour ainsi dire, à chaque Parlement, par les droits particuliers qu'elle ôte où qu'elle impose. Souverainement jalouse du commerce qu'on fait chez elle, elle se lie peu par des traités & ne dépend que de ses Loix.

325. On a fait dans de certaines Monarchies des Loix très propres à abaisser les Etats qui fout le commerce d'économie; on leur a defendu d'apporter d'autres marchandises que celles du crû de leur païs: On ne leur a permis de venir trafiquer qu'avec des Navires de la fabrique du païs d'où ils viennent.

326. Il faut que l'Etat qui impose ces Loix, puisse aisément faire lui même le commerce; sans cela il se fera pour le moins un tort égal. Il vaut mieux avoir affaire à une Nation qui éxige peu, & que les besoins du commerce rendent en quelque façon dépendante de nous; à une Nation qui, par l'étendue de ses vuës où de ses affaires, fait où placer toutes les marchandises superfluës, qui est riche & peut se charger de beaucoup de denrées, qui les païe argent comptant, qui se trouve, pour ainsi dire, dans la nécessité d'être fidèle; qui est pacifique par principe; qui cherche à gagner & non pas à conquérir: Il vaut mieux, dis-je, avoir affaire à une telle nation, qu'à d'autres toujours rivales, & qui ne donneroient pas tous ces avantages.

327. Encore moins un Etat doit-il s'assujettir à ne vendre ses marchandises qu'à une seule nation, sous prétexte qu'elle les prendra toutes à un certain prix.

328. La vraïe maxime est de n'exclure aucune nation de son commerce, sans des raisons très importantes.

329. Dans plusieurs Etats, on a heureusement établi des Banques qui, par leur crédit, ont formé de nouveaux signes de valeur; qui ont augmenté la circulation. Mais pour que dans le gouvernement d'un seul, de pareils établissemens aïent du crédit; il faut attacher ces banques à des Fondations pieuses, indépendantes & privilégiées, auxquelles on ne peut, ni ne doit toucher, comme des Hôpitaux, des Maisons d'Orphelins, etc. afin que le Public puisse être sûr, que le Souverain ne touchera jamais à leurs fonds &, par là, n'affoiblira point leur crédit.

330. Un certain Auteur, qui a écrit le mieux sùr les Loix, dit: "Des gens frappés de ce qui se pratique dans quelques Etats, pensent

qu'il faudroit qu'il y eut des Loix qui engageassent les Nobles à faire commerce. Ce seroit le moyen de détruire la Noblesse, sans aucune utilité pour le commerce. On en agit sagement là où les négocians n'étant pas nobles, peuvent le devenir, où ils ont l'espérance d'obtenir la noblesse sans en avoir l'inconvénient actuel; où ils n'ont pas de moyen plus sûr de sortir de leur profession, que de la bien faire, ou de la faire avec bonheur, chose qui est ordinairement attachée à la suffisance. Il est contre l'esprit du commerce que la Noblesse le fasse dans la Monarchie. Cela seroit pernicieux aux Villes, disent les Empereurs Honorius & Théodose, & ôteroit entre les Marchands & les Plébéïens la facilité d'acheter & de vendre. Il est contre l'esprit de la Monarchie, que la Noblesse y fasse le commerce. L'Usage qui a permis, dans quelques états, le commerce à la Noblesse, est une des choses qui ont le plus contribué à y affoiblir le gouvernement qui y étoit établi".

331. Il y a des gens qui sont d'un avis contraire: ils veulent qu'on permette à la Noblesse qui n'est pas au service, de trafiquer; avec la clause, qu'ils se soumettent aux Loix marchandes.

332. Théophile voyant un vaisseau chargé de Marchandises pour son épouse Théodora, le sit brûler. Je suis Empereur, lui dit-il, & vous me faites Patron de Navire. A quoi les pauvres gens pourront-ils gagner leur vie, si nous faisons encore leur métier? Il auroit pû ajouter: Qui pourra nous réprimer si nous faisons des monopoles? Qui nous obligera de remplir nos engagemens? Ce commerce que nous faisons, les courtisans voudront le faire; ils seront plus avides & plus injustes que nous. Le Peuple a de la confiance en notre justice; il n'en a point en notre opulence; Tant d'impôts, qui sont sa misère, sont des preuves certaines de nos besoins.

333. Lorsque les Portugais & les Castillans commencerent à dominer dans les Indes Orientales, le commerce y avoit des branches si riches que leurs Princes trouverent bon de s'en saisir; cela ruina leurs établissemens dans ces parties-là. Le Vice-Roy de Goa accordoit à des particuliers des Privilèges exclusifs. On n'a point de consiance en de pareils gens; le commerce est détruit par le changement perpétuel de ceux à qui on le confie; personne ne ménage ce commerce & ne se soucie de le laisser perdu à son successeur; le profit reste dans les mains de peu de personnes, & ne s'étend pas assez.

334. Solon ordonna à Athènes qu'on n'obligeroit plus le corps pour dettes civiles. Cette Loi est très bonne pour les affaires civiles

ordinaires, mais Nous avons raison de ne point l'observer dans celles du commerce. Car les négocians étant obligés de confier de grandes sommes, pour des tems souvent fort courts, de les donner & de les reprendre, il faut que le débiteur remplisse toujours, au tems fixé, ses engagemens; ce qui suppose la contrainte par corps. Dans les affaires qui dérivent des contrats civils ordinaires, la Loi ne doit point donner la contrainte par corps; parce qu'elle fait plus de cas dela liberté d'un Citoyen que de l'aisance d'un autre. Mais dans les conventions qui dérivent du commerce, la Loi doit faire plus de cas de l'aisance publique, que de la liberté d'un Citoyen; ce qui n'empêche pas les restriction & les limitations que peuvent demander l'humanité & la bonne Police.

335. La Loi de Genève qui excluë dela Magistrature, & même de l'entrée dans le grand Conseil, les enfans de ceux qui ont vécu ou qui sont morts insolvables, est très bonne. Elle a cet effet, qu'elle donne de la confiance pour les négocians; elle en donne pour les magistrats; elle en donne pour la Cité même. La foi particulière y a encore la force de la fois publique.

336. Les Rhodiens allèrent encore plus loin. Chez eux, un fils ne pouvoit se dispenser de païer les dettes de son père même en, renonçant à sa succession. La Loy de Rhodes étoit donnée à une République fondée sur le commerce. Or il paroît que la nature du commerce même y devroit mettre cette limitation, que les dettes contractées par le Père, depuis que le fils avoit commencé à faire le commerce, n'affecteroient ni n'absorberoient point les biens acquis par celui-ci. Un négociant doit toujours connoître ses obligations, & se conduire à chaque instant suivant l'état de sa fortune.

337. Xénophon établit de donner des récompenses à ceux des Préfets du commerce, qui expédient plus vite les Procès. Il sentoit le besoin de la procédure verbale.

338. Les affaires du commerce sont très peu susceptibles de formalités. Ce sont des actions de chaque jour, que d'autres, de même nature, doivent suivre chaque jour. Il faut donc qu'elles puissent être décidées chaque jour. Il en est autrement des actions de la vie qui influent beaucoup sur l'avenir, mais qui arrivent rarement. On ne se marie guère qu'une fois, on ne fait pas tous les jours des donations ou des testamens, on n'est majeur qu'une fois.

339. Platon dit que, dans une ville où il n'y a point de commerce maritime, il faut la moitié moins de Loix civiles: & cela est très vrai. Le

commerce introduit dans un même païs differentes sortes de peuples, un grand nombre de conventions, d'espèces de biens, & de manières d'acquérir. Ainsi, dans une ville commerçante, il y a moins de Juges & plus de Loix.

340. Le droit qui approprie au Souverain l'héritage d'un Etranger mort dans ses états, tandis que cet étranger a un héritier; ainsi que celui qui attribuë au Souverain ou aux sujets toute la cargaison d'un navire naufragé sur les côtes, sont des droits très insenses & inhumains.

341. La grande Charte d'Angleterre defend de saisir les terres ou les revenus d'un débiteur, lorsque ses biens mobiliers ou personnels suffisent pour le païement, & qu'il offre de les donner: pour lors, tous les biens d'un Anglois représentoient l'argent comptant. Cette Charte n'empêche pas que les terres & les revenus d'un Anglois ne représentent de l'argent comptant, de la même maniere que ses autres biens: elle tend à prévenir les véxations des créanciers durs. L'equité souffre lorsque la saisie passe la sûreté qu'on peut éxiger; & si certains biens suffisent pour l'acquit d'une dette, aucune raison ne peut autoriser à se saisir d'autres. Mais comme les terres & les revenus ne se saisissent pour l'acquit des dettes, que lorsque les autres biens ne suffisent pas, il paroît qu'on ne peut les exclure du nombre des signes qui représentent l'argent comptant.

342. Le titre de l'or, de l'argent & du cuivre dans la Monnoïe, ou la valeur intrinsèque, doivent rester fixes sur le piéd une fois établi, & on ne doit s'en départir pour cause quelconque; par ce que tout changement dans la monnoïe est nuisible au crédit de l'état. Rien ne doit être si éxempt de variation que ce qui est la mesure commune de tout. Le négoce par lui même est très incertain; ce feroit augmenter le mal que d'ajouter une nouvelle incertitude à celle qui est fondée sur la nature de la chose.

343. Dans quelques Païs on a fait des Loix pour empêcher les sujets de vendre les fonds de terre, pour transporter leur argent dans les païs étrangers. Ces Loix pouvoient être bonnes, lorsque les richesses de chaque Etat étoient tellemenr à lui, qu'il y avoit beaucoup de difficulté à les faire passer à un autre. Mais depuis que, par l'usage du Change, les richesses ne sont en quelque façon à aucun Etat en particulier & qu'il y a tant de facilité a les transporter d'un païs à un autre; c'est une mauvaise Loi que celle qui ne permet pas de disposer,

pour ses affaires, de ses fonds de terre, lors qu'on peut disposer de son argent à son gré. Cette Loi est mauvaise encore, par ce qu'elle donne l'avantage aux effets mobiliers sur les fonds de terre; parce qu'elle dégoute les Etrangers de venir s'établir dans le païs; & enfin parce qu'on peut l'éluder.

344. Toutes les fois que l'on défend une chose naturellement permise ou nécessaire, on ne fait que rendre malhonnêtes gens ceux qui la font.

345. Dans les Païs adonnés au commerce, où beaucoup de gens n'ont que leur art, le Gouvernement est souvent obligé de pourvoir aux besoins des Vieillards, des Malades & des Orphelins. Un Etat bien policé tire cette subsistance du fond des arts mêmes; il impose aux uns des travaux proportionnés à leur force; il enseigne aux autres à travailler, ce qui fait déjà un travail.

346. Quelques aumônes que l'on fait à un Pauvre dans les ruës, ne remplissent point les obligations du gouvernement, qui doit à tous les Citoyens un entretien assuré, la nourriture, un vêtement convenable, & un genre de vie qui ne foit point contraire à la santé.

CHAPITRE XIV.

347. *De l'Education.*

348.

LES règles de l'Education font les premiers principes qui nous préparent à être Citoyens.
349. Chaque Famille particulière doit être gouvernée sur le plan de la grande famille, qui les comprend toutes.
350. Il est impossible de donner à une grande Nation une Education publique, & d'élever tous les enfans dans des Maisons établies à cet effet. Mais il est util d'établir quelques Règles Générales, qui puissent servir de Conseil à chaque Père de famille.

1.

351. Chacun est tenu d'enseigner à ses enfans la crainte de Dieu, comme le commencement de la Sagesse, & de leur inculquer tous les

devoirs que Dieu éxige de nous dans ses dix Commandemens, & que nous prescrit notre Foi orthodoxe dans ses institutions & traditions.

352. On doit de même leur inspirer l'amour de la Patrie; les accoutumer à respecter les Loix & à révérer le gouvernement de la Patrie, comme établi par la volonté de Dieu, pour avoir soin de leur bien-être dans ce monde.

2.

353. Tout Père de Famille doit s'abstenir en présence de ses enfans, non seulement de toute action, mais même de toutes paroles, qui marquent de l'injustice & de la violence, telles que sont: les injures, les juremens, les coups, les cruautés & procédés semblables, & empêcher encore que ceux qui approchent de ses enfans, ne leur donnent de pareils mauvais éxemples.

3.

354. Il doit défendre aux enfans, & à ceux qui les entourent, de mentir, ne seroit-ce qu'en badinant; puisque le mensonge est un des vices les plus dangereux.

355. Nous répéterons ici, pour l'instruction de chaque Particulièr, ce qui a déja été imprimé pour servir de règle générale aux Etablissemens, pour l'éducation, que Nous avons faits & que Nous ferons encore.

356. "Il faut inspirer à la Jeunesse la crainte de Dieu, fortifier dans leur coeur des inclinations louables; & leur donner des principes qui conviennent à leur état; on doit exciter en eux l'amour du travail, & l'aversion pour l'oisiveté; comme la source de beaucoup de maux & d'égaremens; leur apprendre à se conduire comme il faut, soit dans leurs actions, soit dans leurs discours; leur inspirer la politesse, la décence, la pitié envers les Pauvres & les malheureux, & les retenir de toute licence; les instruire dans tout les détails de l'oéconomie, & leur en faire voir l'utilité, les détourner de la dissipation, & sur tout leur donner du goût pour l'ordre & la propreté, à l'égard tant d'eux-mêmes que de ceux qui les entourent; en un mot pour toutes les vertus & les qualités que peut donner une bonne Education, & au moyen des quelles ils puissent devenir un jour de bons Citoyens, membres utiles de la Société & lui servir d'ornement".

CHAPITRE XV.

357. De la Noblesse.

358.

ES Laboureurs vivent dans les hameaux & les villages, & cultivent la terre, dont le produit mourrit tous les états; voilà leur lot.

359. Les villes sont habitées par des Bourgois, qui s'occupent des métiers, du commerce, des arts & des Sciences.

360. La Noblesse est un titre d'honneur qui distingue du commun des hommes ceux qui en sont décorés.

361. Comme parmi les hommes il y en a eu de plus vertueux les uns que les autres, & qui se sont fait un Nom par leurs mérites, il a été d'usage de tout tems de distinguer les plus vertueux, ainsi que ceux qui ont rendu le plus de services, en leur donnant ce titre d'honneur, & il a été règlé de les faire joüir de differens privilèges fondés sur les principes ci-dessus mentionnés.

362. On a été encore plus loin: On a établi par la Loi quels seroient les moyens par lesquels ce titre pourroit s'obtenir du Souverain, & qu'elles seroient les actions qui le seroient perdre.

363. La Vertu jointe aux Services, conduit à la Noblesse.

364. Le Vertu & l'honneur la gouvernent, lui préscrivent l'amour de la Patrie, le Zèle pour le Service, l'obéïssance & la fidélité envers le Souverain, & lui dictent sans cesse de ne jamais faire d'action deshonorante.

365. Il n'y a guère de profession qui fournisse plus d'occasion pour acquèrir de l'honneur, que le Service militaire: Défendre sa Patrie, en combattre les ennemis; voilà le premier droit de la Noblesse, & la profession qui lui convient.

366. Mais quoique la profession des armes soit la voïe la plus ancienne par la quelle on soit parvenu à la Noblesse, & que les vertus militaires soïent idispensablement nécessaires pour la défense & la conservation de l'Etat:

367. Cependant celle de rendre la Justice n'est pas moins nécessaire, en tems de paix aussi bien qu'en tems de guerre, & sans elle l'Etat se détruiroit.

368. D'où il suit que la Noblesse peut aussi bien s'acquérir par les vertus civiles que par la Valeur militaire.

369. Il s'en suit encore qu'on ne peut priver personne de la noblesse, à moins qu'il ne s'en soit privé lui même par une conduite contraire aux principes de son état & qu'il ne se soit rendu par là indigne de son titre.

370. Alors l'honneur, & la conservation d'un Etat qui doit-être sans reproche, éxigent que celui qui seroit convaincu d'avoir enfreint les Loix de son ordre, en soit exclus, & privé de la Noblesse.

371. Les actions incompatibles avec le nom de Gentil homme, sont la trahison, le meurtre, le vol de toute espèce, le parjure, le manquement de foi ou de parole donnée, le faux témoignage par soi-même ou par gens gagnés à cet effet, la fabrication de faux actes ou d'écritures semblables.

372. En un mot toute fraude, toute action contraire à l'honneur, & sur tout celles qui emportent le mépris.

373. Le véritable Honneur consiste dans l'amour de la Patrie, l'observation des Loix & du devoir; d'où résultent:

374. Le renom & la gloire propre à la famille qui, parmi ses ancêtres, compte le plus d'hommes qui se sont illustrés par la vertu, l'honneur, le mérite, la fidélité & l'amour pour leur Patrie & par conséquent pour leur Souverain.

375. Toutes les prérogatives de la Noblesse doivent se fonder sur ces principes qui constituent l'essence de cet état.

CHAPITRE XVI.

376. *De l'Etat mitoyen.*

377.

J'AI dit au Chapitre XV: *les villes sont habitées par des Bourgeois qui s'occupent des métiers, du commerce, des arts & des sciences.* Dans un Etat où la condition du Gentil-homme se trouve réglée en conséquence des principes dont il à été fait mention au Chap. XV. il est également utile de faire des règlemens concernant ceux dont il est question ici qui aïent pour base les bonnes mœurs & l'amour du travail, & qui tendent à inspirer ces vertus.

378. Cette classe d'hommes, dont il faut parler, & de la quelle l'Empire se promet beaucoup de bien, lorsqu'elle aura reçu une

constitution ferme & tendante à encourager les bonnes moeurs & l'amour du travail, est l'Etat mitoyen.

379. Cet Etat composé de gens libres, n'appartient ni à celui de la noblesse, ni à celui des Laoureurs.

380. On doit comprendre dans cette classe d'hommes tous ceux qui n'etant ni Gentils-hommes, ni Laboureurs, s'occupent des arts, des sciences, de la navigation, du commerce & des métiers.

381. Outre cela, tous ceux qui n'etant pas nés Gentils-hommes sortiront des differentes Ecoles & Etablissemens pour l'Education de la jeunesse, institués par Nous & nos Prédécesseurs, de quelqu' espèce que soïent les dites Ecoles, ecclésiastiques ou séculiéres.

382. De même les enfans des gens employés dans les Tribunaux. Et quoique dans cet état mitoyen il puisse y avoir pareillement des dégrés differens de distinction, Nous nous abstenons néanmoins d'entrer dans quelque détail la dessus, Nous contentant d'indiquer simplement la route qu'on pourra suivre, lors qu'il sera question de les éxaminer.

383. Comme l'objet de tous les Règlemens qu'on sera pour cet Etat mitoyen, doit se rapporter aux bonnes moeurs & à l'amour du travail; il faudra aussi que l'infraction de ces Règlemens, en produise l'exclusion, comme par éxemple le Parjure, l'inexécution de ses engagemens; sur tout si la paresse & la friponnerie en étoient la cause.

CHAPITRE XVII.

384. *Des Villes.*

385.

IL y a des Villes de differentes espèces, plus considérable les unes que les autres, suivant leur situation.

386. Dans quelques-unes, il y a plus de commerce, soit par terre soit par eau.

387. Dans d'autres, on ne fait que déposer les marchandises pour les envoyer plus loin.

388. Il y en a qui ne servent qu'au débit des Denrées apportées par les cultivateurs de tel ou tel district.

389. L'une fleurit par ses Fabriques.

390. L'autre, située sur la Mer, réunit tous ces avantages & d'autre encore.

391. Une troisième tire son profit des Foires.

392. D'autres sont des Résidences, & c.

393. Mais quelque differente que soit la situation des Villes, elles se ressemblent toutes en ce point, qu'il leur faut à toutes une même Loi, qui détermine: Ce que c'est qu'une Ville? Qui en peut être regardé comme Citoyen? Qui est ce qui constitue la Communauté de cette Ville? Qui doit jouir des avantages que procure la situation naturelle de cet endroit? Et comment peut s'acquerir la qualité de Citoyen?

394. Il fuit de là que c'est à ceux qui sont engagés à prendre part à la prospérité d'une Ville parce qu'ils y ont leur maison & leurs biens, que se donne le nom de Citoyen. Ceux-ci sont obligés pour leur propre intérêt, pour la sûreté de leur vie, de leurs biens & de leur santé, de païer differens impôts afin de joüir paisiblement de ces avantages.

395. Ceux qui ne païent pas ces charges ne jouissent pas non plus du droit d'avoir part aux avantages accordés aux Bourgeois.

396. Aïant déterminé ce que c'est qu'une Ville, il reste à éxaminer de quels avantages pourroit jouir telle ou telle espèce de Ville, sans nuire au bien général, & quels Règlemens il conviendroit faire pour le bien de chacune en particulier.

397. Dans les Villes où le Commerce a beaucoup de branches, il faut avoir grande attention que le crédit se maintienne, dans toutes les parties du commerce, par la bonne foi des Citoyens. Car l'honnêteté & le crédit sont l'ame du commerce; & là où la ruse & la fraude prennent le dessus sur la bonne-foi, il ne sauroit y avoir de crédit.

398. Les petites Villes de Province sont très nécessaires pour que le cultivateur puisse se défaire des produits de la terre, ainsi que de l'ouvrage de ses mains & se pourvoir des differentes choses dont-il peut avoir besoin.

399. Les villes d'Archangel, St. Pétersbour, Aftracan, Riga, Réval & semblables sont des Villes maritimes & des Ports de Mer; Orenbourg, Kiachta & plusieurs autres sont un commerce d'une autre espèce: par où l'on pourra voir, combien grand est le rapport entre la situation des Villes & les règlemens civils, & que n'étant pas au fait des circonstances, il est impossible de faire des Règlemens convenables à chaque villes.

400. Il y a encore de grandes disputes au sujet des corps de métiers & des maîtrises d'artisans dans les villes, savoir, s'il vaut mieux

qu'il y ait des maîtrises dans les Villes ou non? Et lequel des deux contribueroit d'avantage à la perfection de la main-d'œuvre & des métiers.

401. Mais ce qu'il y a de certain, c'est que les Communautés sont très utiles pour le bon ordre dans les métiers, & qu'elles ne deviennent nuisibles que Lorsqu'elles Limitent le nombre des ouvriers; puisque cela même empêche l'augmentation des métiers.

402. Dans plusieurs Villes de l'Europe, les corps de métiers sont libres en ce que le nombre des Ouvriers n'est pas limité. Il est libre à chacun de s'y faire inscrire, & l'on a remarqué que cela avoit beaucoup contribué à enrichir ces Villes.

403. Dans des Villes peu peuplées, les corps de métiers peuvent être utiles pour avoir des gens habiles dans les métiers.

CHAPITRE XVIII.

404. *Des Successions.*

405.

ORDRE des Successions dépend des principes du droit Politique, ou Civil, & non pas des principes du droit Naturel.

406. Le partage des biens, les Loix sur ce partage, les Successions après la mort de celui qui a eu ce partage, tout cela ne peut avoir été réglé que par la société, & par consequent par les Loix politiques ou civiles.

407. La Loi naturelle ordonne aux Pères de nourrir leurs enfans & de les élever, mais elle ne les oblige pas de les faire héritiers.

408. Un Père, par éxemple, qui fait apprendre à son enfant un art ou un métier qui peut le nourrir, le rend par là plus riche que s'il lui donnoit son héritage modique, l'ayant rendu fainéant.

409. Il est vrai que l'ordre Politique & civil demandent souvent que les enfans succèdent aux Pères, mais ils ne l'exigent pas toujours.

410. C'est donc une maxime générale que nourrir ses enfans est une obligation du droit naturel; leur donner sa succession est une institution du droit civil ou politique.

411. Chaque Etat a, sur la possession des biens, des Loix qui répondent à sa constitution particulière: par consequent tous les

Patrimoines doivent être possedés selon la forme préscrite par les Loix.

412. Et il faut établir un ordre fixe pour les Successions, afin que l'on sache sans difficulté, qui est l'héritier, & que sur cela il ne puisse y avoir de plaintes & de disputes.

413. Toute Loi doit obliger tous & chacun des Citoyens à s'y conformer, & l'on ne doit permettre à aucun d'y déroger par des dispositions particulières.

414. L'ordre des Successions chés les Romains, aïant été établi en consequence d'une Loi politique, un citoyen ne devoit pas le troubler par une volonté particulière; c'est-à-dire, que dans les premiers tems de Rome, il ne devoit pas être permis de faire un Testament: cependant il étoit dur d'être privé dans ses derniers nomens du pouvoir de faire du bien.

415. On trouva donc un moyen de concilier à cet égard les Loix avec la volonté des Particuliers. Il fut permis de disposer de ses biens dans une assemblée du peuple; & chaque Testament fut, en quelque façon, un acte de la puissance législative de cette République.

416. Ensuite la permission indéfinie de tester fut accordée aux Romains, ce qui contribua à ruiner peut-à-peu la difpofition politique fur le partage des terres; elle introduisit, plus que toute autre chose, la funeste & trop grande difference entre les riches & les pauvres; plusieurs partages furent assemblés sur une même tête; des citoyens eurent trop, une infinité d'autres n'eurent rien, & par là devinrent à charge à l'Etat.

417. Les anciennes Loix d'Athènes ne permirent point aux Citoyens de faire des Testamens. Solon le permit, excepté à ceux qui avoient des enfans.

418. Les Législateurs de Rome pénétrés de l'idée de la puissance paternelle, permirent de tester, même au préjudice des enfans.

419. Il faut avouer que les anciennes Loix d'Athènes furent plus conséquentes que les Loix de Rome.

420. Il y a des Païs où l'on tient un milieu dans tout ceci; c'est-à-dire, où l'on a permis de disposer par testament des biens acquis, & défendu qu'une terre soit partagée en diverses parties. Et si la succession paternelle, ou pour mieux dire, la terre provenue de la succession paternelle est vendue ou dissipée, la Loi ordonne qu'une portion pareille à cette succession soit prise du bien acquis par achat ou autrement, & donnée à l'héritier naturel; à moins que des raisons,

approuvées par la Loi, n'aïent rendu celui-ci indigne de la succession; Dans ce dernier cas, ceux qui le suivent en dégré prennent sa place.

421. Il peut être permis à un héritier naturel, & à un héritier choisi par testament, des renoncer à l'hérédité

422. Chez les Romains, les filles étoient exclues des Testamens, ce qui fit qu'on leur légua par fraude, en éludant la Loi. Ces Loix obligeoient donc ou à devenir mal-honête-homme, ou à mépriser les Loix de la nature qui nous inspire l'amour pour nos enfans. Voilà des cas qu'on doit tâcher d'éviter quand on fait des Loix.

423. Car les Loix qu'on peut éluder affaiblissent la Législation, de même que les Loix inutiles affoiblissent les loix nécessaires.

424. Chez les Romains, les femmes succédoient, lorsque cela s'accordoit avec la Loi du partage des terres, & elles ne succédoient point lorsque cela pouvoit la choquer.

425. *Je* suis plus portée pour le partage des biens, parce que *Je* crois, qu'il est de *Mon* devoir, de souhaitter que chacun aïe sa portion de biens suffisante pour subsister: Les terres aussi en seront mieux cultivées & l'Etat gagnera plus a avoir des milliers de Sujets à leur aise que quelques fotunes immenses.

426. Mais le partage des biens ne doit point nuire à d'autres principes généraux de la Législation, également ou même encore plus intéressans pour la conservation de l'ensemble de l'Etat, & sur les quels il ne faut pas manquer de porter l'attention.

427. Le partage par Paysans, comme on l'a fait jusqu'ici, nuit à la culture des terres, rend les contributions difficiles, & réduit les derniers possesseurs à la mendicité. Au lieu que le partage des successions, limité à une certaine portion, est plus conforme aux principes allégués, ainsi qu'à l'intérêt général & particulier.

428. Jusqu'à la majorité on est membre de la famille, mais non pas de la société; il est donc indispensable d'établir une Tutelle, comme par éxemple:

429. 1.) Pour les enfans dont les pères meurent avant qu'ils ayent atteint l'âge où l'on peut leur confier leurs biens, sans risque qu'ils se ruinent, faute de raison.

430. 2.) Pour les insensés, ou ceux qui sont privés de la raison.

431. 3.) Et pour tous les autres en cas semblables.

432. Il y a des Païs libres, où il est permis aux plus proches parens d'un homme qui a dissipé la moitié de son bien, ou contracté des dettes égales à la valeur de cette moitié, de l'interdire de la

joüissance de l'autre. Le revenu de cette moitié est partagé en deux parties; l'une lui est donnée pour subsister, l'autre est emploïée à païer ses dettes, & il lui est défendu de vendre & d'engager davantage; les dettes païés, s'il s'est corrigé, on lui rend le bien que ses parens lui ont conservé, si non on ne lui en donne que le revenu annuel.

433. Il faut des règles pour chacun de ces cas, afin que la Loi mette le Citoyen à l'abri des violences & des véxations qui peuvent résulter de ces Etablissemens.

434. Les Loix qui donnent la tutelle à la Mère, ont plus d'attention à la conservation de la personne du pupille; celles qui la donnent au plus proche héritier, ont plus d'égard à la conservation des biens.

435. Chex les Peuples dont les moeurs sont corrompues, les Législateurs ont donné la tutelle à la Mère; chez ceux où les Loix doivent avoir de la confiance dans les moeurs de citoyens, on donne la Tutelle à l'héritier, & quelque fois à tous les deux.

436. Les Femmes chez les Germains étoient dans une Tutelle perpétuelle. Auguste ordonna que les femmes qui auroient eu trois enfans seroient hors de Tutelle.

437. Les loix Romaines donnoient la liberté de se faire des dons avant le mariage; après le mariage, elles ne le permettoient plus.

438. La Loi des Visigots vouloit que l'époux ne pût donner à celle qu'il devoit épouser au de là du dixième de ses biens; & qu'il ne pût lui rien donner la première année de son Mariage.

CHAPITRE XIX.

439. *De la Composition & du Stile des Loix.*

440.

L faut partager le Code des Loix en trois parties.
441. Le Titre de la premiere sera: *Des Loix.*
442. La Seconde s'appellera: *Des Réglemens qui peuvent changer selon les Tems & les Circonstances.*

443. La Troisième portera le nom: *d'Ordonnances.*

444. Sous le nom de *Loix,* on entend les Institutions qui ne peuvent jamais être changées; & le nombre de celles-ci ne sauroit jamais être bien grand.

445. Sous le nom de *Réglemens* qui peuvent changer selon les tems & les circonstances, on entend la forme dont toutes choses doivent se faire, & les differentes Instructions relatives à cette forme.

446. *Les Ordonnances* comprennent tout ce qui se fait pour tel & tel cas, & ce qui n'est qu'accidentel, personnel & peut changer avec le tems.

447. Il faut ranger, dans le Code des loix, chaque matière sous le titre qui lui convient, par éxemple; la Justice, la Guerre, le Commerce, la Police, les Villes, la Campagne &c.

448. Toutes les Loix doivent être conçues dans des termes intelligibles à tout le monde. Il faut en outre qu'elles soyent extrêmement concises, ce qui pourra éxiger des éclaircissemens & des explications pour les Juges, qu'il faudra placer où elles seront nécessaires, afin de les mettre en état de saisir aisément l'esprit de la Loi & les cas où elle s'applique. Le Réglement de la Guerre est rempli de pareils éxemples qu'il est aise de suivre.

449. Maïs aussi faut-il être très circonspect sur ces explications, parce qu'elles peuvent aisément obscurcir plutôt qu'éclaircir les cas; comme l'expérience l'a souvent prouvé.

450. Lorsque dans une Loi, les exceptions, limitations, modifications, ne sont point nécessaires, il vaut beaucoup mieux n'en point mettre: de pareils détails jettent dans de nouveaux détails.

451. Lorsqu'on fait tant que de rendre raïson d'une Loi, il faut que cette raison soit digne d'elle. Une Loi Romaine décide qu'un Aveugle ne peut pas plaider lui-même, parce qu'il ne voit pas les ornemens de la Magistrature. Voilà une bien mauvaise raison, quand il s'en présentoit tant de bonnes.

452. Les Loix ne doivent point être remplies de subtilités qu'enfante l'esprit; elles sont faites pour des gens de médiocre entendement, comme pour ceux qui en ont beaucoup; elles ne sont point des résultats d'une Logique subtile, mais la raison simple d'un Père qui s'intéresse pour le bien de ses enfans & de sa famille.

453. Il faut qu'on ne voye dans les Loix que de la candeur; faites pour punir le vice & la méchanceté, elles doivent parler le langage de la Vertu & de la bonté même.

454. Le stile des Loix doit être councis & simple; l'expression simple s'entend toujours mieux que la figurée.

455. Quand le stile des Loix est enflé, on ne les regarde que comme un ouvrage d'ostentation.

456. Il faut éviter les expressions vagues; par éxemple, la Loi d'un Empereur Grec punissoit de mort celui qui achettoit comme Serf un affranchi, *ou qui auroit voulu l'inquéter*. Il ne falloit point se servir d'une expression si vague: L'inquietude que l'on cause à un homme dépend entiérement du dégré de sa sensibilité.

457. Le stile du Code du Czar *Alexei Michailowitsch,* de glorieuse mémoire, est presque par tout clair, net & concis; on en entend avec plaisir citer des passages; personne ne se trompe au sens de ce qu'il entend; les termes en sont à la portée de l'esprit le plus médiocre.

458. Les Loix sont faites pour tout le monde; tout le monde les doit suivre; tout le monde doit donc les comprendre.

459. Il faut éviter les expressions oratoires, pompeuses ou enflées, & ne pas employer dans la construction d'une Loi, une seule parole de plus qu'il ne faut; afin que l'intelligence de l'objet sur lequel on statue soit plus facile.

460. Il faut éviter encore que parmi les Loix il n'y en ait qui n'atteignent point le but; qui soient pleines de paroles & vuides de sens, frivoles dans le fond & enflées dans le stile.

461. Les loix qui font regarder comme nécessaires des actions qui ne sont relatives ni à la vertu ni au vice, ont cet inconvénient, qu'elles font considérer comme indifférentes celles qui sont indispensablement nécessaires.

462. Les Loix qui fixent des Amendes en argent & déterminent combien doit être païé pour telle faute, doivent être revuës, au moins tous les cinquante ans, parce qu'une amende pécuniaire, regardée dans un dans un tems comme suffisante, est considérée comme rien dans un autre, à cause que la valeur de l'argent change en raison de sa quantité plus ou moins grande. Il y avoit à Rome un impertinent qui donnoit des soufflets à tous ceux qu'il rencontroit, & leur païoit les vingt-cinq sols prescrits par la Loi.

CHAPITRE XX.

463. Différens points, qu'il faut éclaircir.

464. A. Crime de Lèze-Majesté.

SOUS ce titre on entend tous les crimes qui attentent à la sûreté du Souverain & de l'Etat.

466. Toutes les Loix doivent-être conçuës dans des termes clairs & avec brieveté, mais, il n'y en a point dont la composition intéresse plus la sûreté des Citoyens que celles qui regardent le crime de Lèze-Majesté.

467. La liberté d'un Citoyen n'est jamais plus dangereusement attaquée que dans les accusations criminelles publiques ou privées en général: combien seroit-elle plus exposée si ce point si important restoit obscur: Car c'est de l'excellence des Loix criminelles que dépend principalement la liberté du Citoyen.

468. Il ne faut pas confondre les Loix criminelles avec celles qui règlent la forme judiciaire.

469. C'est assez que le crime de Lèze-Majesté soit décrit dans les Loix d'une façon vague, pour qu'il en résulte divers abus.

470. Les Loix de la Chine, par éxemple, décident que quiconque manque de respect à l'Empereur doit être puni de mort. Comme elles ne définissent pas ce que c'est que ce manque de respect, tout peut fournir un prétexte pour ôter la vie à qui l'on veut, & exterminer la famille qu'on veut détruire. Deux personnes chargées de faire la Gazette de la Cour ayant mis, dans le récit de quelque fait indifferent, des circonstances qui ne se trouvoient pas vraies, on dit que mentir dans une Gazette de la Cour, c'étoit manquer de respect à la Cour, & on les fit mourir.

Un Prince aïant mis, par mégarde, sur un Mémorial signé par l'Empereur, quelque note, on décida qu'il avoit manqué de respect à l'Empereur; ce qui causa contre cette famille une des plus terribles persécutions.

471. C'est un violent abus de donner le nom de crime de Lèze-Majesté à une action qui ne l'est pas. Une des Loix des Empereurs Romains poursuivoit comme Sacrilèges ceux qui doutoient du mérite de ceux qu'ils avoient choisi pour quelque emploi, & les condamnoient par conséquent à la mort.

472. Une autre Loi déclaroit les faux Monnoyeurs coupables du crime de Lèze-Majesté, tandis qu'ils ne sont que des Voleurs publics. C'etoit confondre les idées des choses.

473. Qualifier de crime de Lèze-Majesté un crime qui ne l'est pas, c'est diminuer l'horreur du crime de Lèze-Majesté.

474. Un Gouverneur écrivit à un Empereur Romain qu'on se préparoit à poursuivre, comme criminel de Lèze-Majesté, un Juge qui avoit prononcé contre ses ordonnances; l'Empereur répondit que, sous son règne, les crimes de Lèze-Majesté indirects n'avoient point lieu.

475. Il y avoit encore une Loi Romaine qui punissoit comme criminels de Lèze-Majesté ceux qui jettoient, même par mégarde, quelque chose contre les Statuës des Empereurs.

476. Une Loi d'Angleterre déclaroit coupables de haute trahison tous ceux qui prédiroient la mort du Roi: Dans les maladies des Rois, les Médecins n'osoient dire qu'ils fussent en danger, & ils agissoient sans doute en conséquence.

477. Un homme songea qu'il tuoit le Roi; celui-ci le fit mourir, disant qu'il n'y auroit pas songé la nuit, s'il n'y eut pensé le jour. C'étoit une grande tirannie; car même s'il y avoit pensé, il n'avoit pas attenté. Les Loix ne se chargent de punir que les actions extérieures.

478. Quand on eut établi bien des crimes de Lèze-Majesté, il fallut nécessairement distinguer & modifier ces crimes; & l'on parvint à ne regarder comme tels, que ceux qui contiennent un attentat contre la vie & la sûreté du Souverain, & une trahison contre l'état & autres semblables, pour lesquels on réserva les punitions les plus sévères.

479. Les actions ne sont pas de tous les jours; bien des gens peuvent les remarquer: une fausse accusation sur des faits peut être aisement éclaircie.

480. Les paroles qui sont jointes à une action, prennent la nature de cette action. Ainsi un homme qui va, par éxemple, dans une Place publique, exhorter les sujets à la révolte, devient coupable de Lèze-Majesté, parceque les paroles sont jointes à l'action, & y participent. Dans ce cas ci, ce ne sont point les paroles que l'on punit; mais une action commise, dans la quelle on emploïe les paroles. Elles ne deviennent des crimes, que lorsqu'elles préparent, qu'elles accompagnent, ou qu'elles suivent une action criminelle. On renverse

tout, si l'on fait des paroles un crime capital, au lieu de les regarder comme le signe d'un crime capital.

481. Rien ne rend le crime de Lèze-Majesté plus arbitraire, que quand des paroles indiscrettes en deviennent la matière. Les discours sont si sujets à interprétation, il y a tant de différence entre l'indiscrétion & la malice, & il y en a si peu dans les expressions qu'elles employent, que la Loi ne peut guère soumettre les paroles à une peine capitale, à moins qu'elle ne déclare expressément celles qu'elle y soumet.

482. Les paroles ne forment donc point un corps de délit; la plùpart du tems elles ne signifient point par elles mêmes, mais par le ton dont on les dit. Souvent, en redisant les mêmes paroles; on ne rend pas le même sens, ce sens dépend de la liaison qu'elles ont avec d'autres choses. Quelque fois le silence exprime plus que tous les discours. Il n'y a rien de si équivoque que tout cela. Comment donc en faire un crime aussi grand que celui de Lèze-Majesté, & punir les paroles comme l'action même? Je ne prétends point diminuer l'indignation que l'on doit avoir contre ceux qui veulent flêtrir la gloire de leur Prince: mais je dirai bien qu'une simple punition correctionelle conviendroit mieux dans ces occasions, qu'une accusation de Lèze-Majesté, toujours terrible à l'innocence même.

483. Les écrits contiennent quelque chose de plus permanent que les paroles; mais lors qu'ils ne préparent pas au crime de Lèze-Majesté, ils ne sont point une matière du crime de Lèze-Majesté.

484. On défend, dans les Monarchies, les Ecrits trop satiriques: mais on en fait un sujet de Police & non un crime; & on se garde bien de pousser trop loin ces recherches, crainte de donner lieu par là à l'abbattement de l'esprit, ce qui ne pourroit produire que l'ignorance, & détruire le talent & la volonté d'écrire.

485. Il faut punir les Calomniateurs.

486. Dans plusieurs Etats, la Loi ordonne sous peine de la vie de révéler les conspirations dont on auroit seulement entendu parler, quand même on n'auroit point eu d'intelligence avec les Conjurés. Il est très convenable de l'appliquer dans toute sa rigueur au crime de Lèze-Majesté au premier chef.

487. Enfin il est très important de ne point confondre les différens dégrés de ce crime.

488. B. Des Jugemens,
par des Commission.

489. La chose du monde la plus inutile aux Princes, dans les Monarchies, ce sont les Commissaires nommés quelque fois pour juger un Particulier. Il faut bien de la probité & de la justice à ces Commissaires pour qu'ils ne se croïent pas toujours assez justifiés par leurs ordres, par un obscur intérêt de l'Etat, par le choix qu'on fait d'eux, & par leurs craintes mêmes. On tire si peu d'utilité de ces Jugemens par Commissaires, qu'il ne vaut pas la peine qu'on change pour cela l'ordre établi.

490. Cela peut encore donner lieu aux abus les plus contraires à la tranquilité des Citoyens. En voici un exemple: En Angleterre, sous plusieurs Rois, on jugeoit les membres de la Chambre-haute par des Commissaires tirés de cette Chambre; avec cette méthode, on fit mourir tous les Païrs qu'on voulut.

491. Chez nous, on a confondu souvent l'information de tel cas par tels Commissaires, & leurs avis sur cette affaire, avec le jugement de l'affaire.

492. Il y a grande difference cependant entre recueillir toutes les informations & circonstances d'une affaïre, & en dire son avis, ou juger cette affaire.

493. C. Maximes, très Importantes
& très Nécessaires.

494. Dans un aussi grand Empire, & qui étend sa domination sur autant de Peuples divers, la faute la plus nuisible au repos & à la tranquilité de ses Citoyens seroït l'intolérance à l'égard de leurs différentes Religions.

495. Il n'y à même qu'une sage tolérance, avouée de la Religion orthodoxe & de la Politique, qui puisse ramener ces brébis égarées au vrai troupeau des fidèles.

496. La persécution irrite les esprits; la tolérance adoucit les coeurs les plus endurcis & les ramène de l'obstination la plus invétérée, en étouffant leurs disputes, contraires au repos de l'Etat & à l'union des Citoyens.

497. Il faut être très circonspect dans l'éxamen des affaires où il s'agit de Magie & d'Hérésie. L'Accusation de ces deux crimes peut extrêmement roubler le repos, la liberté & le bonheur des Citoyens, &

être la source d'une infinité de tirannies, si la Législation ne fait pas la borner. Car comme elle ne porte pas directement sur les actions du citoyen, mais plutôt sur l'idée que l'on s'est faite de son caractère, elle devient dangereuse à proportion de l'ignorance de la multitude, & pour lors un Citoyen est toujours en danger, parceque la meilleure conduite du monde, les moeurs les plus pures, la pratique de tous les devoirs ne sont pas des garans contre les soupçons de ces crimes.

498. Sous Manuel Comnène, Empereur Grec, le Protostrator fut accusé d'avoir conspiré contre l'Empereur, & de s'être servi pour cela de certains secrets magiques, qui rendent les hommes invisibles.

499. L'Histoire de Constantinople nous apprend, que sur une révélation qu'un miracle avoit cessé, à cause de la Magie d'un Particulier, lui & son fils furent condamnés à la mort. De combien de choses, que le Juge devoit éxaminer, ce crime ne dependoit-il pas? 1.) Que le Miracle eût cessé. 2.) Qu'il y ait eu de la Magie dans cette cessation. 3.) Que la Magie pût renverser un Miracle. 4.) Que ce Particulier fût Magicien. 5.) Enfin qu'il eût fait cet acte de Magie.

500. L'Empereur Théodore Lascaris, attribuoit sa Maladie à la magie. Ceux qui en étoient accuses n'avoient d'autres ressources que de manier un fer chaud sans se bruler. Au crime du monde le plus incertain on joignit les preuves les plus incertaines.

501. D. A quoi reconnoît-on qu'un Etat tend à sa Décadence & à sa Destruction?

502. La corruption de chaque gouvernement commence, presque toujours, par celle de ses principes.

503. Le principe du Gouvernement se corrompt, non seulement lorsqu'on perd l'esprit de l'état que la Loi a prescrit à chacun, & qu'on peut appeler l'Egalité prescrite par les Loix; mais encore quand on prend un esprit d'égalité extrême, & que chacun veut être à celui que la Loi a établi son supérieur.

504. Si l'on n'a pas de respect pour le Prince, pour les Magistrats, pour ceux qui commandent, si l'on n'en a pas pour les Vieillards, on n'en aura pas pour les Pères, pour les Mères, ni pour les Maîtres; & l'Etat se bouleversera insensiblement.

505. Lorsque le principe du Gouvernement se corrompt, ce qui étoit *Maximes*, on l'appelle *rigueur;* ce qui étoit *Règle*, on l'appelle *gêne;* ce qui étoit *Attention*, on l'appelle *crainte*. Le bien des Particuliers faisoit le

trésor public; mais pour lors le trésor public devient le patrimoine des particuliers, & l'amour de la Patrie, se perd.

506. Pour conserver les principes du Gouvernement établi il faut maintenir l'Etat dans la grandeur qu'il a; & cet Etat se détruira si l'on change de Principes.

507. Il y a deux genres de corruption; l'un, lorsque l'on n'observe point les Loix, l'autre, lorsque les Loix sont si mauvaises qu'elles corrompent, & alors c'est un mal incurable, parce qu'il est dans le remède même.

508. Un Etat peut aussi changer de deux manières; ou parce que la constitution se corrige, ou parce qu'elle se corrompt. S'il a conservé ses principes, & que la constitution change, c'est qu'elle se corrige; s'il a perdu ses principes, quand la constitution vient à changer, c'est qu'elle se corrompt.

509. Plus on voit augmenter les supplices & plus on a à craindre pour l'Etat. Car les Supplices augmentent à mesure que les moeurs manquent; ce qui produit encore la destruction des Etats.

510. Ce qui perdit les Dynasties de Tsin & de Soüi, dit un auteur Chinois, c'est qu'au lieu de se borner à une inspection générale, seule digue du Souverain, ces Princes voulurent tout gouverner immédiatement, & s'attirer toutes les affaires qui dévoient être règlées, selon l'institution, par les differens Tribunaux.

511. La Monarchie se perd encore, lorsqu'un Prince croit qu'il montre plus sa puissance en changeant l'ordre des choses qu'en le suivant, & lorsqu'il est plus amoureux de ses fantaisies que de ses volontés, dont émanent & sout émanées les Loix.

512. Il est vrai qu'il y a des cas où la Puissance doit & peut agir sans danger pour l'Etat dans toute son étendue: mais il y en a où elle doit agir dans les limites qu'elle s'est données.

513. Le sublime de l'Administration est de bien connoître, qu'elle est la partie du Pouvoir, grande ou petite, que l'on doit employer dans les diverses circonstances; car, dans les Monarchies, la felicité du Gouvernément consiste, en partie, dans la douceur du Gouvernement.

514. Dans les belles Machines, l'art emploïe aussi peu de mouvemens, de forces & de roües qu'il est possible. Cette règle est aussi bonne dans le Gouvernement: les moyens les plus simples sont souvent les meilleurs, & les plus compliqués les plus mauvais.

515. Il y a une certaine facilité dans le Gouvernement: il vaut mieux que le Prince encourage, & que ce soient les Loix qui menacent.

516. C'est un Ministre mal habile, qui vous dira toujours que le Prince est fâché; qu'il est surpris; qu'il se servira de son pouvoir.

517. Ce seroit encore un grand malheur dans un Etat, si l'on n'osoit représenter ses craintes sur un évenement futur, excuser ses mauvais succès sur le caprice de la fortune, & dire librement son avis.

518. Mais dira t'on: Quand faut il punir? Quand faut-il pardonner? C'est une chose qui se fait mieux sentir, qu'elle ne peut se prescrire. Quand la clémence a des dangers, ces dangers sont très visibles. On distingue aisément la clémence, de cette foiblesse qui mène le Prince au mépris & à l'impuissance même de punir.

519. Il est vrai que la réputation de la gloire & de la puissance du Prince pourroit augmenter les forces de son Etat: mais la réputation de sa justice les augmentera tout de même.

520. Tout ceci ne fauroit plaire aux flatteurs, qui disent tous les jours à tous les Princes de la terre que leurs peuples sont crées pour eux. Quant à Nous, nous croyons & Nous Nous faisons Gloire de le dire, que Nous sommes créée pour notre Peuple, & obligée, par cette raison de dire les choses telles qu'elles doivent être. Car à Dieu ne plaise qu'après que les loix que nous nous proposons de faire établir seront a chevées, il y ait une Nation plus juste & par conséquent plus heureuse sur la terre. Le but de nos Loix auroit été manqué, malheur auquel je ne souhaite pas de survivre!

521. Toutes les citations faites dans cet ouvrage des éxemples & des coutumes de diverses Nations ne doivent servir qu'à faciliter le choix des moyens par lesquels le Peuple Russe puisse devenir, autant qu'il est humainement possible, le plus heureux de la Terre.

522. Il ne reste à présent à la Commission qu'à comparer les parties de chaque Loi avec les Principes établis dans cette Instruction.

CONCLUSION.

523.

Il peut arriver que quelques uns après avoir lu cette Instruction, diront: Chacun ne la comprendra pas! A cela, il n'est pas difficile de répondre. Sans doute! chacun ne la comprendra pas, s'il ne l'a lüe qu'une fois & superficiellement; mais chacun la comprendra, si dans les cas qui se présenteront, il y choisit avec soin ce qui peut lui servir de règle dans ses jugemens. Il faut la lire & la relire, afin de se la rendre plus familière; & c'est alors que chacun pourra compter qu'il l'entendra: puisque.

524. Le travail & l'application surmontent tout obstacle, comme la paresse & la nonchalance detournent de tout bien.

525. Mais pour procurer quelque soulagement dans une Entreprise aussi dificile, il faudra faire la lecture de cette Instruction dans le tems des assemblées de la Commission établie pour dresser le projet du nouveau Code, de même que dans toutes les Commissions particulières qui en dependent, & lire, surtout, les chapitres & paragraphes sur les quelles les dites Commissions doivent travailler, & cela une fois au commencement de chaque mois, tant que durera la Commission.

526. Cependant comme il ne sort rien de parfait de la main des hommes, & qu'il pourroit arriver que lors du travail, on trouvât que sur telle ou telle matière, il n'y eût point encore de règle préscrite dnas cette Instruction, en ce cas, Nous permettons à la Commission de Nous faire des représentations la dessus & de Nous demander d'y suppléer.

L'original est signé de la propre main de
SA MAJESTE' IMPE'RIALE, *ainsi:*

CATHERINE.

A Moskou, le 30. Juillet 1767.
De l'Imprimerie du Sénat.

SUPPLEMENT
A LA GRANDE
INSTRUCTION.

CHAPITRE XXI.

527. *De la Police.*

SOUS le nom de Police, on entend ordinairement l'ordre général qui règne dans un Etat.

529. Nous nous expliquerons, dans ce Chapitre, sur ce que nous entendons ici sous le nom de Police.

530. Tout cequi concourt au maintien du bon ordre dnas la société, est du ressort de la Police.

531. Les Règlemens de cette partie, sont d'une espèce tout-à-fait différente de celle des autres Loix civiles.

532. Il y a des Criminels qu'on punit.

533. Il y en a d'autres qu'on corrige seulement.

534. Les premiers sont soumis à la puissance de la Loi, les autres à son autorité; ceux-là sont retranchés de la Société; on oblige ceux-ci de vivre selon les règles de la Société.

535. Les matières de Police, sont des choses de chaque instant, & où il ne s'agit ordinairement que de peu: il n'y est donc pas question de beaucoup de formalités.

536. La Police s'occupe perpétuellement de détails; c'est pour quoi l'éxamen & la discussion d'affaires dont la poursuite demande beaucoup de tems n'appartient pas à ce Tribunal. Dans beaucoup d'endroits on renvoïe, au bout d'un certain nombre de jours fixe et determiné, les affaires aux Tribunaux aux quels elles appartiennent.

537. Les opérations de la Police, doivent être promptes, elles s'exercent sur des choses qui reviennent chaque jour. Les grandes punitions n'y sont donc pas propres, & les grands éxemples ne sont pas faits pour elle.

538. Elle a plus besoin de réglemens que de Loix.

539. Les gens qui relèvent d'elle sont sans cesse sous les yeux du Magistrat, & des institutions sages concernant le bon ordre les empêchent de tomber dans de grands crimes.

540. On ne doit donc pas confondre les grandes violations des Loix, avec la violation de celles de simple Police: Ces choses ne doivent pas être rangées dans la même classe.

541. De là il suit, par exemple, que l'action d'un certain Sultan qui ordonna d'empaler un Boulanger qui avoit été surpris en fraude, étoit l'action d'un tiran qui ne savoit être juste qu'en outrant la justice même.

542. Il est très nécessaire de distinguer les cas où l'on doit punir, de ceux où il ne s'agit que de corriger.

543. Ce n'est pas assez que d'avoir connu les désordres & d'en avoir imaginé les remèdes; il faut encore veiller à ce que ces remèdes soïent appliqués lorsque le cas se présente.

544. C'est là la partie du Problême dont on propose ici la solution, qu'on néglige tout à fait dans plusieurs Païs; quoique sans elle, si l'on peut parler ainsi, les autres chaînons de la chaîne qui composent le gouvernement de l'Etat se dérangent.

545. Il en a été des règlemens de cette partie, précisément comme de l'amas des maisons qui composent une ville pour laquelle on n'a pas fait de plan avant que de la commencer. Dans une Ville pareille, lorsqu'elle commence à se former, chacun s'établit dans le terrain qui lui convient le mieux, sans avoir égard à la régularité, ni à l'étenduë de la place à occuper; & il se forme de là un assemblage monstrueux d'Edifices, que des siècles entiers de soins & d'attention peuvent à peine débrouiller ou rendre réguliers. Les Loix qui regardent le bon ordre sont sujettes au même inconvénient.

546. Le nombre de ces Loix s'accroît en raison du besoin qu'on en a; mais de les arranger de manière qu'il fût toujours facile de les faire éxécuter dans les occasions qui se présentent, ce seroit un chef-d'oeuvre par rapport à cette branche de Loix.

547. Il faut diviser ces règlemens en deux espèces.

548. La premiere comprend la Police des villes.

549. La seconde celle de la Campagne.

550. La dernière diffère de l'autre par son objet & par son étenduë.

551. Ces parties demandent qu'on observe ce qui fuit.

552. De ne rien souffrir qui puisse troubler l'éxercice du service divin dans les lieux qui y sont destinés, & de faire observer aux

citoyens, dans les processions & autres céremonies publiques, l'ordre & la décence convenable.

553. La pureté des moeurs fait le second objet de la Police, & il embrasse tout ce qui est nécessaire pour reprimer le luxe, empêcher l'ivrognerie, faire cesser les jeux défendus, établir l'ordre convenable pour les bains publics & pour les spectacles, réfréner la licence des gens de mauvaise vie, & bannir de la Sociéte ceux qui abusent le public sous le nom de magiciens, devins, pronostiqueurs & autres imposteurs semblables.

554. 3.) La Santé, troisième objet de la Police, l'oblige d'étendre ses attentions sur la salubrité de l'air, la propreté des ruës, des rivières, des puits, & des autres sources d'eau, sur la bonne qualité des comestibles & des boissons, enfin sur les maladies tant épidèmiques que contagieuses.

555. 4.) Elle veille à la conservation des grains de toute espèce, lors même qu'ils sont encore sur pied; à celle des troupeaux, des prairies pour leur pâturage, de la pêche &c. Il faut prescrire, sur ces objets, des Règles générales convenables aux circonstances, & les précautions particulières qu'il sera nécessaire de prendre pour l'avenir.

556. 3.) La sûreté & la solidité des bâtimens, les règles à observer cet égard par les différens artistes & maîtres, des quels dépend la solidité des bâtimens, l'entretien du pavé, la décoration & l'embellissement des Villes, la liberté du passage à pied & à cheval dans les ruës, les Voitures publiques, les Auberges &c.

557. 6.) La tranquilité publique demande qu'on prévienne les cas fortuits & autres accidens, tels que les incendies, les vols &c. On prescrit donc pour la conservation de cette tranquilité certaines règles, comme, par éxemple; d'eteindre le feu à des heures fixées; de fermer les portes des maisons; on met au travail les vagabonds & gens sans aveu; ou on les bannit de la ville; on défend le port d'armes aux personnes qui sont sans qualité pour en avoir &c; on défend les assemblées illicites, la distribution d'écrits séditieux ou diffamatoires; vers la fin du jour, on a soin de pourvoir à la tranquilité & à la sûreté de la ville; & pendant la nuit on éclaire les ruës &c.

558. 7.) On ordonne la justesse & l'uniformité des poids & mesures, & l'on empêche qu'il ne s'y commette de fraudes.

559. 8.) Les serviteurs de loüage & les manouvriers sont aussi un des objets de ce Département; soit pour les contenir dans leur devoir, soit pour leur assurer le payement de la part de ceux qui les ont engagés.

560. 9.) Enfin les Pauvres & surtout les Pauvres Malades, attirent l'attention de ce Département, tant pour mettre au travail les Mendians valides, que pour procurer à ceux qui sont infirmes la nourriture & la guérison.

561. Comme l'établissement de ce département n'a pour but & pour fin que le bon ordre & les bonnes moeurs dans la société civile en général, il s'ensuit que chaque membre de la Société, de quelque rang on condition qu'il soit, est dépendant de ce Tribunal.

562. Là où finissent les bornes du pouvoir de la Police, là commence le pouvoir de la Juridiction civile.

563. Par éxemple, la Police arrête un Voleur, ou un Criminel; elle l'interroge: mais elle remet l'instruction & le jugement de son procès au département auquel il appartient.

564. Il résulte de tout ce qui vient d'être dit qu'il ne convient pas à ce Tribunal d'infliger de grandes peines: il suffit pour refréner la licence, & tenir en ordre les choses qui lui sont confiées, que ses châtimens consistent dans des corrections, des amendes pécuniaires & d'autres punitions qui couvrent de honte & d'infamie, ceux qui se conduisent mal & qui vivent dans le désordre, & qui conservent à cette partie du gouvernement la considération qui lui est duë, en tenant dans la Soumission tout le reste des Citoyens.

565. C'est une règle dans les Tribunaux de n'y juger que les affaires qui leur sont présentées dans la forme prescrite pour recevoir le jugement.

566. La Police au contraire découvre le délit, & laissant le jugement de l'affaire à un autre Département, elle la lui renvoïe.

L'Original est signé de la propre main de
SA MAJESTE' IMPE'RIALE, ainsi:

CATHERINE.

28. Fevrier 1768.
A St. Pétersbourg.

De l'Imprimerie du Sénat.

SUPPLEMENT
A LA GRANDE
INSTRUCTION.

CHAPITRE XXII.

567. Des Dépenses, des Revenus & de leur Administration; c'est-à-dire, de l'Economie de l'Etat, autrement nommée l'administration des Finances.

568.

ICI, chacun doit se dire à lui-même: Je suis homme; rien de ce qui touche l'humanité ne sauroit m'être étranger. 569. Ainsi, 1.) L'on ne doit & l'on ne peut jamais oublier l'homme.

570. 2.) Presque tout ce qui se fait dans le monde par l'homme, se fait pour l'homme, & c'est l'homme qui fait presque tout.

571. La première des deux propositions du Paragraphe précédent, mérite, par son importance, toute l'attention possible.

572. La seconde beaucoup de reconnoissance & une affection sincère pour ceux qui se donnent des peines.

573. L'Homme, quel qu'il soit, possesseur ou cultivateur, ouvrier ou marchand, consommateur oisif ou contribuant par son industrie & son travail à la production des objets de consommation, maître ou sujet, c'est un homme: ce mot seul donne déja une idée parfaite de tous les besoins & de tous les moyens d'y satisfaire.

574. Combien plus de besoin n'a pas encore une multitude d'hommes réunis en Société dans un Etat.

575. Voici ce qu'on appelle les besoins de l'Etat, qui consistent dans ce qui suit.

576. La conservation de l'Etat dans sa vigueur éxige. 1.) L'entretien de la défense, c'est-à-dire, des troupes de terre & de mer, des forteresses, de l'artillerie, & de tout ce qui y appartient.

577. 2.) Le maintien du bon ordre dans l'intérieur, de la tranquilité & de la sûreté de chacun en particulier & de tous en général; l'entretien des personnes chargées de l'administration de la justice, du bon ordre, & de l'inspection sur differens établissemens servant à l'utilité publique.

578. 3.) Des Entreprises tendantes au même objet; comme la construction des Villes, des chemins & des Canaux, le curement des Rivières, la fondation d'Ecoles, d'hôpitaux, & une infinité d'autres objets, que la briéveté que l'on se propose dans cet ouvrage, ne permet pas de détailler ici.

579. 4.) La décence exige que l'abondance & la magnificence environnent le Trône, source de la félicité commune & d'où découlent les récompenses, les encouragemens & les graces. Tous ces objets entraînent nécessairement des dépenses.

580. Après avoir donné une courte description des Dépenses de l'Etat, il faut parler aussi de ses revenus, & des moïens par les quels les impôts peuvent être rendus supportables.

581. Les impôts sont, comme il a été indiqué ci-dessus, un tribut que chaque citoyen païe pour la conservation de son bien-être, de sa tranquilité, de sa vie & de se biens.

582. Mais, 1.) Sur quels objets faut-il établir les impôts?

583. 2.) Comment les rendre moins onéreux pour le Peuple?

584. 3.) Comment diminuer les frais de la Perception?

585. 4.) Comment assurer les Revenus?

586. 5.) Comment les administrer?

587. Ce sont des questions, dont la solution est très nécessaire, quoique très difficile.

588. Quant à la Question 1.) On compte cinq objets sur lesquels on établit communément des Impôts, (*a*) les Personnes; (*b*) les Biens; (*c*) les productions du Païs qui s'y consomment par les habitans; (*d*) les marchandises d'Exportation & d'Importation; (*e*) les Actions.

589. Quant à la 2.) On regarde, comme moins onéreuses les impositions qui se payent volontairement et qui sont éxemptes de contrainte, qui portent davantage sur le général des habitans de l'Etat, et qui augmentent en raison de l'accroissement du luxe.

590. Mais pour rendre, autant qu'il est possible, le poids des impôts moins sensible aux sujets, il faut observer constamment la règle d'éviter en toute occasion les monopoles, c'est-à-dire, de ne point donner à un seul, à l'exclusion de tous les autres, le droit de trafiquer de telle ou telle chose.

591. Quant à la 3.) La diminution des frais de Perception demande une discussion de détail, & des moyens pour en exclure tout ce qui occasionne quelquefois des frais inutiles.

592. Quant à la 4.) Plus le Peuple sera à son aise, plus il sera en état de païer éxactement.

593. On peut observer ici, qu'en général il y a des impôts qui, par leur nature, sont sujets à beaucoup de difficultés et à certains inconvéniens, aux quels il faudroit remédier par quelque moïen, et qu'il y en a d'autres qui, si l'on décompte les frais que cause leur perception, sont extrêmement modiques.

594. Il faut éxaminer aussi d'où vient qu'en certains endroits il y a des nonvaleurs.

595. Seroit-ce par ce qu'il circule moins d'argent dans ces endroits là que dans d'autres?

596. Ou parce que l'exportation du superflu y est difficile?

597. Ou parce qu'il ne s'y trouve pas encore assez d'arts et de métiers?

598. Ou parce que le Peuple y trouve peu de moyens de s'enrihir?

599. Ou bien cela provient-il de la paresse, ou d'une oppression plus forte qu'ailleurs?

600. Il faut, quant à la 5 Question, parler de la régie publique des revenus, ou de l'Economie, autrement dite l'administration des finances. Mais nous comprenons tout cela sous le nom d'Economie de l'Etat.

601. Il a été indiqué plus haut qu'on compte cinq objets de revenu. Mais les Impôts sont dans un Etat ce que sont les voiles dans un Vaisseau, pour le conduire, l'assùrer, l'amener au Port désiré; non pas pour le charger, le tenir toujours en mer & finalement le submerger.

602. Qui ne juge des finances que par l'argent, n'en voit que le résultat, & n'en comprend pas les Principes. Mais qui les éxaminera avec plus d'attention & les approfondira mieux en trouvera & le principe & l'objet, ainsi que le moyen des opérations les plus intéressantes pour le Gouvernement.

603. Quelle est la base, quel est le fondement principal qui forme la solidité de cet Edifice? Ce sont, sans contredit, les hommes.

604. D'où il suit qu'il est de necessité, 1.) d'encourager la Population, pour avoir un grand nombre d'hommes dans l'Etat.

605. 2.) De les employer utilement, & en nombre suffisant proportionnement à leur quantité & à l'étendue du terrain; de favoriser & de secourir les differentes professions, suivant leur differens dégrés de nécessité & d'utilité.

606. Ici l'Agriculture vient se placer elle même au premier rang; car comme c'est elle seule qui nourrit les hommes, elle seule aussi peut les mettre en état de se procurer tout le reste. Sans l'agriculture, point de matières premières pour être employées par les manufactures & les métiers.

607. Il est du devoir de l'Economie de trouver les moyens d'encourager les Possesseurs. 1.) A mettre en valeur les terres de toute espèce, quels qu'en soïent l'usage & les productions. 2.) A tâcher d'augmenter & de multiplier les fruits, les bois, les arbres & toutes les productions qui couvrent la surface de la terre. 3.) A multiplier la race des animaux de tout genre & de toute espèce, qui marchent sur la terre & qui volent dans les airs, qui servent à fertiliser la terre, & qu'elle nourrit à son tour. 4.) A tourner à leur prosit, les métaux, les sels, les pierres & les autres minéraux cachés dans l'intérieur de la terre, & que par nos travaux nous arrachons de son sein. 5.) De même les Poissons & généralement out ce que renferment les eaux.

608. Voilà la base & le fond du commerce: Par le Commerce toutes ces choses entrent dans la circulation intérieure de l'Etat, ou bien se portent à l'Etranger.

609. Le Commerce intérieur n'en est point un, proprement dit; ce n'est autre chose qu'une simple circulation.

610. Le véritable commerce est celui au moïen du quel l'Etat se procure des païs étrangers les choses nécessaires qui lui manquent, & envoye hors de ses limites ce qu'il a de superflu.

611. Mais l'Exportation & l'Importation des Marchandises sont assujetties à des Loix différentes, suivant leurs differens objets.

612. Le Commerce qui se fait au dehors n'est pas toujours le même.

613. Un commerce bien règlé & soigneusement administré vivifie tout, soutient tout. S'il est extérieur, & que la balance nous soit favorable, s'il est intérieur & que la circulation ne rencontre point d'obstacle & n'ait point d'entraves, il doit, dans l'un & l'autre cas, nécessairement procurer l'abondance universelle & permanente de la nation.

614. De là naissent les Richesses; qui sont 1.) Richesses naturelles, ou acquises.

615. 2.) Réelles, ou d'opinion.

616. Parmi les richesses naturelles, on peut compter le génie des habitans, qui étant éclairé, encouragé & etendu par l'émulation, peut être porté bien loin, & par ses progrès procurer à l'Etat & aux Particuliers des avantages considérables.

617. Un Sol bien connu et soigneusement cultivé donne une riche récolte & une abondance de toutes sortes de choses nécessaires, utiles & agréables.

618. Les Richesses acquises sont celles qui proviennent de l'industrie, & de l'application qui règnent dans les métiers, les manufactures, les arts & les sciences.

619. L'encouragement contribue beaucoup à leurs progrès & à les porter à leur dernière perfection.

620. On doit encore envisager comme Richesses acquises, la Navigation intérieure facilitée par des canaux creuses exprès dans les endroits qui faute de cette commodité ne pourroient donner passage aux bateaux; l'extérieure, etendue par le commerce maritime, augmentée par celui de terre qui lui même est facilité & rendu plus sùr, par la construction, le rétablissement, l'entretien & la solidité des grands chemins, ponts & chaussées.

621. Le nombre de choses qui se rapportent à ces objets est si grand, qu'on ne sauroit désigner ici que les principales; & celles-ci mêmes se trouvent continuellement sujettes à changer, suivant les divers besoins & les differentes vües. Il suffira d'avoir donné une idée de ce que nous entendons sous le nom d'Economie de l'Etat. On laisse le soin d'approfondir le reste à ceux qui procéderont à la confection des réglemens cette partie intéressante.

622. Les richesses de l'Etat peuvent encore être regardées, les unes, comme richesses réelles, les autres, comme richesses d'opinion.

623. Les réelles, sont ou biens immeubles, ou effets mobiliers.

624. Elles appartiennent ou au Souverain ou aux Particuliers.

625. Les richesses du Souverain sont, ou simplement seigneuriales, en tant que certaines terres ou effets lui appartiennent à titre de Seigneur particulier; ou richesses de Souverain, qui possède à ce titre, qu'il tient de Dieu, tout ce qui forme le trésor public.

626. Les richesses des particuliers sont celles qu'ils possèdent comme citoyens dont les biens sont la base des richesses réelles de l'Etat, de deux manières: 1.) Par les productions de toute espèce qu'ils

sont entrer dans le commerce & dans la circulation. 2.) Par les impositions qu'un Particulier ne sauroit païer qu'au moyen de ces mêmes productions.

627. Les richesses réelles, qui consistent dans les revenus, sont ou fixes ou casuelles; & elles appartiennent, ainsi que les fonds, ou au Souverain, ou au Particulier.

628. Les revenus qui appartiennent au Souverain sont pareillement de deux espèces. Ils sont à lui, ou à titre de Seigneur particulier, ou bien à cause de la Couronne.

629. Le Souverain possède les premiers par lui-même.

630. Mais à titre de Souverain, il compte au nombre de ses revenus, 1.) Tout le produit du Domaine dans toute son étendue. 2.) Les impositions sur ce que les autres possèdent.

631. A l'égard de ce dernier revenu, un sage Monarque ne l'augmente jamais qu'à regret, & toujours en observant soigneusement que la répartition des impôts se fasse proportionellement aux facultés des Sujets; qu'elle n'excède pas leurs forces, par rapport à leurs biens; qu'elle ne charge les citoyens, que de ce qu'ils peuvent naturellement supporter, & qu'on peut équitablemen leur demander.

632. Il faut qu'en faisant les recouvremens, on observe autant d'exactitude que de modération & d'humanité.

633. Remarquons ici que l'Or & l'Argent, qui sont tour à tour marchandises & signes représentatifs de tout ce qui peut être échangé, se tirent ou des mines ou du commerce.

634. L'Or & l'Argent peuvent être considérés, ou comme matières premières, ou comme ouvrages fabriqués.

635. Les marchandises & les biens meubles sont tantôt l'objet d'une circulation intérieure, tantôt celui du commerce qui se fait avec les Païs étrangers.

636. Et dans ce cas, & surtout dans le dernier, il est important d'examiner si la matière première & la main d'oeuvre à la fois, ou l'un des deux seulement, proviennent de notre nation.

637. Les richesses réelles peuvent être prodigieusement multipliées par celles d'opinion.

638. Ces dernières sont fondées sur le crédit, c'est-à-dire, sur l'idée que l'on s'est formée & que l'on a adoptée de l'éxactitude & de la solvabilité.

639. Le crédit peut-être celui de la nation, qui se manifeste dans les Banques & dans la circulation de certains effets publics accrédités

par une bonne administration; ou celui des Particuliers considérés séparément ou comme reünis.

640. Séparément, ils peuvent devenir, par leur bonne conduite & leurs grandes vuës, les Banquiers non seulement de l'Etat, mais du monde entier.

641. Ensemble, ils peuvent être réunis en corps grands & petits, en compagnie de commerce; & alors le crédit personnel augmente le crédit de la nation.

642. Mais les avantages des richesses, naturelles ou acquises, réelles ou d'opinion, ne se bornent pas au moment présent: ils s'étendent jusques dans lavenir, en préparant les ressources pour l'augmentation des revenus qui forment pareillement une branche de l'économie de l'Etat.

643. Il en est de ces ressources comme du crédit; un usage raisonnable les multiplie; l'abus que l'on en fait les détruit.

644. Il ne convient ni de les ignorer, ni d'y avoir continuellement recours. Il faut se les procurer, comme si l'on ne pouvoir s'en passer: & d'un autre côté ne s'en servir que dans une nécessité réelle; & enfin les économiser avec le même soin que s'il étoit désormais impossible de s'en procurer de nouvelles.

645. Et c'est à cette sage économie que Nous conduisent les vrais principes de l'administration.

646. L'Administration générale se subdivise en Politique & en Economique.

647. L'Adminisration politique embrasse l'universalité de la Nation & des choses. Elle éxamine l'état, la profession & les occupations de tous les hommes.

648. L'Universalité des choses demande qu'on les connoisse bien, chacune en particulier, & toutes ensemble, pour juger des rapports qui se trouvent entre elles, & les rendre utiles à la société.

649. Les objets de l'Adminisration économique sont les suivans: par rapport aux principes des *Finances,* d'en conserver les sources, de les rendre, s'il se pent, plus abondantes & d'y puiser sans les tarir ni les dessécher.

650. Par rapport aux Richesses, d'entretenir en bon état les terres, & de tâcher de les améliorer.

651. De maintenir les Droits, & de faire en sorte que dans la Recette rien ne se perde de ce qui doit entrer dans le trésor du Souverain.

652. Que dans la Dépense chaque partie du Revenu suive la destination qui lui est affectée.

653. Que le Total de la dépense, s'il est possible, n'excède pas le revenu.

654. Et que les Comptes soient toujours en règle & bien constatés.

655. On voit, par tout ce que Nous venons de dire sur les finances, que la distinction la plus simple & la plus naturelle, que l'assemblage & la liaison des idées les plus communes & les plus générales conduisent à la véritable définition d'un mot si intéressant pour la Société; que dans ce Chapitre toutes les parties rentrent respectivement les unes dans les autres; qu'il n'y en a pas une seule, qui ne soit dépendante des autres & que la réunion seule de ces parties peut opérer, affermir & perpétuer la sûreté de l'Etat, le bonheur des Peuples & la Gloire du Souverain.

L'Original est signé de la propre main de
SA MAJESTE' IMPE'RIALE, *ainsi:*

CATHERINE.

St. Pétersbourg. l'An. 1768. le 8. Avril.
De l'Impprimerie du Sénat.

INSTRUCTIO

COETUI AD CONDENDAM IDEAM
NOUI LEGUM CODICIS CONUOCATO,
PLENAQUE AD ID DONATO
POTESTATE.

DOMINE DEUS MI! EXAUDI ME, ET DA MIHI INTELLIGENTIAM, UT CONSTITUAM IUDICIUM GENTI TUAE, QUO SECUNDUM LEGEM TUAM SANTAM DICATUR EI IUS.

1.

ELIGIO Christiana docet nos, ut alter alteri mutuo tantum boni faciamus, quantum quidem in cuiusque nostrum viribus situm est.

2. Putemus iam hanc lege religionis praescriptam regulam egisse, aut acturam esse radices in animis universi alicuius populi, non alia inde quam haec elicietur thesis: Unumquemque probum et honestum virum viuentem in ciuitate vel teneri, vel certe incensum iri desiderio, conspiciendi totam, quanta quanta est, patriam suam in summo fastigio felicitatis, gloriae, beatitudinis et tranquillitatis;

3. Videndique unumquemque ciuem singillatim tutum degentem sub custodia legum, quae prosperitatem illius nullatenus imminuant, sed tueantur illum ab omnibus regulae huic contrariis aliorum moliminibus.

4. Verum ut aggredmur nunc ocius explere tale, quemadmodum speramus, commune omnium desiderium; iacta pro fundamento superius commemorata principe propositione, oportet, ut penitius dispiciamus internum a natura quasi insitum huius imperii statum.

5. Enim vero leges naturae apprime congruae sunt eae, quarum priuus tenor perquam optime respondet tenori populi, cuius caussa illae sunt institutae. Status hic naturalis expositus est in tribus primis capitubus sequentibus.

CAPUT I.

6.

OSSIA est ciuitas Europaea.

7. Sequente id probatur argumento. Quae suscepit immutare in Rossia PETRUS *Magnus,* illa prospero eo facilius successu coronata sunt, quad mores tum obtinentes nequaquam

conueniebant coelo huic, sub quo spiritum ducimus, et allati erant ad nos a diuersis permistis post nobiscum gentibus, atque ex partis bello alienigenarum ditionibus. PETRUS I. cum introduceret mores et consuetudines Europaeas in Europaeo populo, tantam tunc hac in re perficienda facilitatem expertus est, quantam ne quidem ipse animo praesumserat.

CAPUT II.

8.

MPERII Rossici regiones in terrarum orbe patent in latitudinem duo et triginta gradus, in longitudinem vero sexaginta quinque supra centum.

9. Qui imperat est Monarcha; nam nulla alia, quam tantummodo omnium in eo solo unita potestas valet agere conuenienter amplitudini tam vasti imperii.

10. Expansae late ditiones ante omnia primum exigunt, ut potestate Monarchica gaudeat is, qui eas regit imperio. In decidendis negotiis, quae ex dissitis longe provinciis afferuntur, necesse est ut celeritas compenset moram e longinquitate locorum oriundam.

11. Quodius aliud regimen esset Rossiae non tantum noxium, verum etiam plane perniciosum.

12. Altera haec est ratio. Melius obedire legibus sub uno domino, quam obsequi pluribus.

13. Quae finis rectionis Monarchicae? Non ea ut adimat hominibus naturalem eorum libertatem, sed ut actiones illorum dirigat in viam planam certo perducturam eos ad supremum bonum.

14. Id circo rectura melius aliis hanc ad finem pertingens, ad haec et naturalem libertatem minus arctis, quam id fit in reliquis, circumscribens limitibus est ea, quae cum primis conuenit scopo, quem animus hominum rationis compos intendere censetur, et quae respondet ex amussi utilitati, quam in institutione ciuitatum homines sedulo spectare solent.

15. Monarchici regiminis scopus et finis est gloria ciuium, imperii et imperantis.

16. Sed ab hac gloria nascitur in populo Monarchae parente ingenium libertatis, quod in eiusmodi ciuitate tantumdem praeclarorum

facinorum progenerare, et felicitatem subditorum tantum promouere potest, quantum ipsa quoque libertas.

CAPUT III.

17. *De tuitione constitutionum imperii.*

18.

OTESTATES inter ciues et supremam potestatem mediae, subinuctae et dependentes ab ea, constituunt substantiam regiminis.

19. Dixi: potestates mediae, subiunctae et dependentes a suprema potestate. Re enim vera Imperans est fons et origo omnis potestatis tam publicae totius imperii, quam ciuilis.

20. Leges pro fundamento imperio positae in antecessum exigunt paruos riuos et quasi incilia, scilicet magistratus seu tribunalia, per quae deriuatur potestas summi Imperantis.

21. Leges, quae concedunt his tribunalibus referre ad principem, illud istud ve edictum esse contrarium codici legum sancitarum, esse nociuum, obscurum, nec posse dari effectui; item quae praesiniunt, quibus edictis parendum, et quo ea sint exsequenda modo: hae inquam leges sine ullo dubio sunt eae, quae constitutionem cuiuslibet ciuitatis praestant fartam tectamque.

CAPUT IV.

22.

IT fixa sedes ac rata custodia legum necesium est. 23. Sedes haec et custodia nusquam alibi potest esse, quam in tribunalibus imperii, quae promulgant recens scitas, et restaurant antiquas obliuioni traditas leges.

24. Haec tribunalia sumtis in manus legibus, quae proficiscuntur ab Imperante, dispiciunt eas diligenter, simul que gaudent iure referendi ad principem, si quid in iis inuenerint contrarium codici legum sancitarum, vel si quae alia, de quibus supra Capite III. Sectione 21. dictum est.

25. Quod si nihil eiusmodi in illis repererint, in numerum aliarum iam publice sanctarum illas quoque adsciscunt, et totius populi in notitiam eae ut perueniant sedulo curant.

26. In Rossia Senatus est fixa sedes ac rata legum custodia.

27. Cetera tribunalia possunt ac debent reterre pari cum auctoritate ad Senatum et ad ipsum quoque Principem; quem ad modum superius hac de re mentio iam iniecta est.

28. Verum si quis quaerat, quid sit id, quod firmam sedem ac ratam legum custodiam efficiat? Respondeo: firmam sedem et custodiam legum ratam efficiet instructio, cuius vi memorata supra tribunalia idcirco instituta, ut cura eorum praestetur placitis principis obedientia, quae legibus in fundamentum positis et imperii constitutioni non repugnet, obligantur in obeundis suis muniis gerere se ad eum modum et ordinem, qui illic est praescriptus.

29. Instructiones hae arcebunt, ne populus edicta Principis spernere impune audeat, sed fimul etiam erunt munimento, ne salus populi arbitriis temere subortis atque effrenis cupiditatibus sit praedae.

30. Enim vero ope illarum instructionum patebit, partim iustas esse poenas, quibus praeuaricatores legum affliguntur; partim legitimam esse insitationem eorum, qui leges contrarias bono imperii publico in numerum iam sancitarum adoptare, vel secundum eas in administrando iure et communibus populi rebus quidquam gerere recusant.

CAPUT V.

31. *De statu omnium regni incolarum.*

32.

VEHEMENTER felicem eum hominem dicendum est, qui eiusmodi rerum nexu undique sit cinctus, ut, si commotiones animi eius insinuent ei mentem, ut sit improbus, tamen ille magis e re sua esse putet, ne sit improbus.

33. Leges, quantum fieri potest, praemuniant securitatem unius cuiusque singillatim ciuis necesse est.

34. Aequalitas omnium civium in eo consistit, ut sint cuncti iisdem subiecti legibus.

35. Haec aequalitas indiget apprime bona constitutione, quae sit impedimento diuitibus, ne opprimant eos, qui minore iis fortuna gaudent,

neque conuertant ad proprium suum emolumentum dignitates et officia illis idcirco tantum concredita, ut administrent bene res totius imperii publicas.

36. Libertas in societate seu in imperio non in eo est posita, ut unicuique liceat facere id, quod lubet.

37. In ciuitate, id est coetu hominum societatis vinculis iunctorum, ubi quidem leges adsunt, id demum libertatis nomine venit, si liceat unicuique facere id, quod velle eum oportet, si que nemo possit cogi ad faciendum id, quod nolle necesse est.

38. Clara et distincta notio in animo efformanda est nobis: quid sit libertas? Libertas est ius agendi ea omnia, quae legibus concessa sunt. Et sicubi umquam ciuis posset patrare vetitum legibus; illic iam nulla foret libertas. Enim vero ceteri quoque pari passu eamdem adhierrent potestatem.

39. Libertas politica in ciuibus est tranquillitas animi, quae oritur ex opinione: unum quemque corum priua frui securitate. Ut autem possideant homines eiusmodi libertatem, leges ita oportet esse comparatas, ne ciuem ciuis timeat, timeant autem omnes solam vim legum.

CAPUT VI.

40. *De legibus in universum.*

41.

NIHIL vetent leges, nisi quod nociuum esse potest singulis ve cunctis ve in ciuitate.

42. Actiones, quae nihil tale in se continent nequeunt plane subiectae esse legibus, quae non alia fini feruntur, nisi ut afferant secum hominibus leges illas amplexis tranquillitatem et commoda quanta maxima esse possunt.

43. Ut immotae semper serventur leges, necesse est eas tam bonas esse, tam que omnibus refertas modis ad attingendum summum, quod mortalibus habere licet, bonum; ut quisque parens illis in ea versetur persuasione, contendendum sibi esse pro viribus suae ipsius utilitatis ergo, ne quis leges has loco suo moueat subruat ve.

44. Hic est supremus perfectionis gradus, ad quem ut perveniatur, impendenda est opera.

45. Multa sunt, quae dominium exercent in homines: religio, coelum, sub quo viuunt, leges, regulae a rectoribus ciuitatum pro

fundamento imperandi positae, exempla factorum ante, mores, consuetudines.

46. Hae res indunt toti populo commune quoddam ingenium, quod illis sese aptat et accommodat. Exempli caussa:

47. Natura et coelum regnant fere sola per omnes feras seu agrestes gentes.

48. Consuedudines gubernant Sinas.

49. Leges tyrannice dominantur in Iaponia.

50. Mores quondam moderabantur vitam Lacedaemoniorum.

51. Regulae a rectoribus rei publicae pro fundamento potestatis ac ditionis suae positae et antiqui mores tenebant imperium in Romanos.

52. Varii populorum viuendi characteres conflati sunt ex virtutibus et vitiis, ex bonis malis que animi qualitatibus.

53. Felici sidere factam eam commixtionem dicendum est, ex qua profluunt multa ac magna bona, quae hac ab origine emanasse saepius ne quidem cuiquam in mentem venire potest.

54. Ad demonstrandum id, quod dixi, adducam hic diuersa exempla effectus diuersi. Ab omni tempore celebrata est laudibus Hispanorum probitas. Historici describunt nobis fidem eorum in servandis rebus iis concreditis. Saepe illi mortem perpessi sunt, nec prodidere arcana. Fidem hanc antiquam videre etiam nunc apud eos licet. Omnium gentium mercatores, qui Gadibus negotiantur, bona sua committunt fidei Hispanorum, nec umquam adhuc illos eius rei poenituit. Verum haec admiratione digna indoles annexa eorum pigritiae efficit eiusmodi mixturam seu massam, ex qua proficiscuntur effectus illis noxii. Europaeae nationes in conspectu eorum omnem faciunt mercaturam, quae ad solam Hispanicam attinent Monarchiam.

55. Character Sinensium longe aliam prodit massam, et est plane e regione oppositus characteri Hispanorum. Vita illorum precaria, ex natura coeli, sub quo viuunt, et soli, quod tractant, caussa est incredibilis fere eorum agilitatis et cupidinis ad lucrum tam immensae, ut ne unus quidem ex iis, qui illic mercaturam faciunt, populus se fidei eorum concredere queat. Haec explorata eorum perfidia efficit, ut penes eos solos remaneret negotiatio in Iaponiam. Nemo Europaeorum mercatorum ausus est negotiari illuc sub eorum nomine, quamquam admodum id facile esset effectu per regiones eorum maritimas.

56. Id, quod hic a **Me** proponitur, non eam ob caussam dictum est, ut immensa illa distantia virtutes a vitiis dirimens, minor vel minima redderetur lineola. Deus auertat! Animus Mihi erat tantum modo

commonstrare, non omnia politica vitia esse etiam vitia moralia, neque omnia vitia moralia esse item politica vitia. Probe haec notanda sunt, ne dentur populo leges eiusmodi, quae cum ingenio eorum communi pugnant.

57. Leges, quae feruntur, aptandae sunt communi populi ingenio. Nos nihil melius facimus, quam quae facimus liberi, non coacti, et quuum innatae nostrae propensionis vestigiis insistimus.

58. Ad introducendas leges meliores omnino necesse est animos hominum praeparare. Sed ne quaeratur sub hoc effugium, nil scilicet posse, quamuis id sit euidentissimae utilitatis, institui. Enim vero si animi hominum ad id nondum praeparati sunt, accingite vos ad hanc nauandam operam, reddite que eos aptos ad accipiendum; hoc ipso iam multorum bonorum auctores eritis.

59. Leges sunt priua vaius et solius legislatoris instituta; mores autem et consuetudines sunt instituta totius atquo universi populi.

60. Ideoque si sit necesse, ut fiat magna institutorum alicuius populi immutatio magno illius bono; oportet corrigere id legibus quod legibus institutum est, id autem, quod a consuetudine invaluit, immutare item per consuetudinem. Indigna nomine scientiae politicae ars illa, quae invertit id legibus, quod conuellendum erat consuetudine.

61. Necubi crimina nidos sibi ponant, obex ei rei est firmus, sancitae in legibus poenae: ut autem immutatio consuetudinum consequatur, nil aliud ad id tam accommodum est, quam exempla.

62. Super his quo maius intercedit vitae inter populos plures commercium, eo facilius immutantur apud eos consuetudines.

63. Verbo: omnis poena, quae imponitur non urgente necessitate, est tyrannica. Lex non a sola debet prouenire potestate. Res Ethicis mediae bonas inter ac malas natura sua legibus non subiiciuntur.

CAPUT VII.

64. *De legibus particulatim.*

65.

LEGES, quae intra mensuram boni non consistunt, in caussa sunt, ut nascatur inde malum immensum. 66. Omnes eas leges, in quibus legislatio porrigitur usque ad extrema, seu ad incitas, eludere ars et modus non deerit umquam. Moderatio regit homines, non egressio e finibus mensurae.

67. Libertas ciuilis tum demum triumphat, cum leges deducunt omnes poenas in reos ex singulari cuiusque criminis natura. Omnis tum motus animi voluntarius in imponenda poena cessat. Poena non ex arbitrio legislatoris, sed ex ipsa re profluat necesse est: nec homo vim inferat homini oportet, sed suae cuiusque actiones.

68. Crimina dispertiuntur per quatuor classes.

69. Primae classis crimina tendunt contra religionem;

70. Secundae impetunt mores;

71. Tertiae turbant tranquillitatem et quietem;

72. Quartae in securitatem irruunt ciuium.

73. Poenae, quae illis infligantur, deducendae sunt ex priua cuiusque criminum generis natura.

74. 1). Inter crimina specantia ad religionem nulla alia collocare Mihi certum est, praeter quam quae recto tramite adoriuntur religionem; talia sunt pura puta ac manifesta sacrilegia. Nam crimina, quae turbant cultum religionis, induunt naturam criminum impetu suo incurrentium in tranquillitatem seu securitatem ciuium, quorum numero illa inferenda quoque sunt. Ut igitur poena supra scriptis sacrilegiis infligenda deriuetur ex natura ipsius rei, oportet eam ita esse comparatam, ut afferat secum priuationem omnium commodorum, quae nobis largitur religio: quem ad modum expulsio ex templis, eiectio ex ecclesia fidelium ad tempus definitum, infinitum ve, consortii ciuilis priuatio.

75. Consuetudo vero introduxit usum quoque in his poenarum ciuilium.

76. 2). Alterum genus criminum continet in se ea, quae corrumpunt mores.

77. Talia sunt violatio integritatis morum vel communis omnibus vel suae cuique: scilicet omnes actiones contrariae institutis docentibus nos, quo modo oporteat unum quemque frui externis bonis homini a natura concessis ad necessitatem, utilitatem et commoditatem eius. Poenae in haec crimina pari modo eliciendae sunt ex natura rei. Privatio commodorum, quae tota societas puris adiudicauit moribus, multa pecuniaria, pudoris incussio seu mala fama, necessitas flagitioso homini imposita quaerendi latebras, nota infamiae publica, expulsio ex urbe et ex societate: verbo, omnes poenae quae dependent a iurisdictione

disciplinam ciuium administrante, sufficiunt ad reprimendam impudentiam et temeritatem utriusque sexus. Et re vera delicta haec non tam a mala mente seu animo originem suam trahunt, quam ab obliuione et contemtu sui ipsius. Huc itaque spectant crimina solos corruptos mores arguentia, non item et ea, quae simul securitatem laedunt publicam; quem ad modum raptus, et illata vis pudicitiae; haec enim numero criminum quartum ordinem constituentium inserenda sunt.

78. 3). Crimina tertiae classis sunt, quae turbant quietem et tranquillitatem ciuium. Poenae in ea derinandae sunt ex rerum natura, referendae que ad hanc tranquillitatem. Exempli gratia: privatio istius quietis, exsilium, castigationes, alliae que poenae, quae inquietos homines in viam rectam reducunt, et institutum ordinem sequi iubent. Crimina contra tranquillitatem eas tantum res in se continere puto, quae simplicem ciuicorum institutorum violationem spectant.

79. Enim vero, quae tranquillitatem adoriuntur, simul que securitari ciuium insidias struunt perniciosas ad quartum genus criminum referantur oportet.

4). Poenae horum postremorum criminum insigniuntur singulari vocabulo capitalium suppliciorum. Supplicium nihil aliud est, quam quaedam species talionis, cuius ope ciuitas priuat securitate eum ciuem, qui ademit, vult ve adimere illam alteri. Poena haec deducta est ex natura rei, innititur fundamento rationis, manatque ex ipsis fontibus boni ac mali. Ille ciuis mereur plecti morte, qui securitatem eo usque infregit, ut vel priuare vel certe privandi quemquam vita consilium agitare ausus fuerit. Poena capitis est quasi medicina quaedam aegrotae societatis. Si violatur securitas in possidendis bonis, possunt reperiri argumenta, quae probabunt, non necesse esse, ut poenam capitis subeant, qui infirmant eam et conuellunt. Rectius et cum ipsa natura magis congruum esse videtur, ut crimina in tutam possessionem bonorum vim suam exserentia afficiantur poena priuationem bonorum secum trahente solam: id que ita fieri omnino foret necessum, si bona omnium essent communia, vel aequalia. Verum cum nullas habentibus facultates mos est auidius inuolare in alienas, id circo omnino oportebat loco multae pecuniariae constitui in eos poenam corpore Iuendam in supplementum. Omnia, quae hic a Me dicta sunt, nituntur in fundamentis naturae rerum superstructis, et libertatem ciuilem tutam praestare valide satagunt.

CAPUT VIII.

80. De poenis.

81.

MOR patriae, pudor et motus ignominiae sunt efficacissima remedia comprimendis et coërcendis quam plurimis criminibus.

82. Granissima poena praui facinoris sub imperio moderato erit, si quis conuincatur illius perpetrati. Leges ciuiles illic facilius corrigent vitia, nec ulla prementur necessitate, uti ad id praestandum multa vi.

83. In tali ciuitate non tam id curae erit, ut puniantur crimina, quam ut praeuertatur illis. Maior certe opera in eo est insumenda, ut leges instillent ciuibus bonos mores, quam ut animos eorum percellant suppliciis.

84. Uno verbo, quid quid in lege dicitur poena, re vera nil id aliud est, quam aerumna et aegritudo.

85. Experientia nos docet in illis regionibus, ubi mites sunt poenae, animos ciuium istis tantumdem percelli, quantum aliis in locis percelluntur atrocibus.

86. Si quod damnum non leue ciuitas accepit a perturbato in ea rerum ordine: imperium violentum cupit extemplo illus turbis occurrere, et neglecta cura et cogitatione, qui satisfiat antiquis legibus, mox constituit atrocem poenam, qua malo affertur repente medicina. Contemplatio tam magnae plagae in animis hominum eumdem producit effectum, quem etiam leuis poena produceret. Sed post quam istius vehementis supplicii metus minutus est, oportebit iam constitui ad quosuis casus nouam aliam poenam magis crudelem.

87. Non expedit ducere homines per extrema: parce utendum est modis a natura nobis datis ad perducendum eos ad finem optatum.

88. Disquirite diligenter, quae sit caussa neglectae omnis disciplinae, inuenietis oriri eam inde, quod delicta non puniantur, non qud puniantur cum moderatione. Sequamur naturam, quae hominibus pudorem dedit loco flagelli; sit que pars maxima poenae dedecus illius subeundae.

89. Et si quae esset ciuitas, in qua pudor non subsequeretur poenam; manifestam ei rei scitote caussam tyrannicam esse dominationem, quae iisdem poenis affligit probos et improbos.

90. At si quae esset alia, ubi scelera nequirent aliter contineri, quam saeuis tantum suppliciis; denuo mementote promanare id ex violentia imperii, quod poenas has sanciuit in leues errores.

91. Saepe lator legis, qui vult mederi malo, nil aliud habet tum in mente, quam ut afferat malo medelam: intendit ille mentis aciem in id solum, quod oculis eius obiicitur; nec dispicit, quid mali inde consequi possit. Post quam vero malo medicina semel allata est, tum vero homines solam iam intuentur latoris legis saeuitiam. Sed vitium in populo ab saeuitia hac ortum permanet; animi scilicet populi deprauati et assuefacti sunt ad violentiam.

92. Scribunt historici de educatione puerorum apud Iaponenses, oportere pueros tractari leniter et mansuete, quoniam poenae imbuunt pectora eorum duritie. Itemque: ne in seruos quidem saeuitiam esse exercendam propterea, quod facile ad resistendum sese comparent. Cum tam probe perspectum habeant, quinam spiritus regat et foueat disciplinam domesticam, an non potuerunt quoque argumentando ad id peruenire, quonam spiritu administrari debeat imperium et civitas?

93. Possunt hic quoque reperiri adminicula, quibus palantes per deuia animos in viam rectam reducere non erit difficile. Haec sunt: canones legis diuinae; praescripta philosophiae praesertim moralis, quae seligi et adaptari hisce hominum ingeniis oportet; aequa mensura poenarum ac praemiorum per vices adhibita; usus errorum expers idonearum honestatis regularum; poenae dedecus inurentes; postremo haud interrupta prolatatio prosperitatis dulcis que tranquillitatis. Quod si foret periculum ne animi, assueti domari sola poenarum seueritate, non possint coerceri lenibus poenis; tum necesse esset (*attendite diligenter hanc regulam experientia comprobatam, sicubi animi ciuium usu atrocium poenarum induruerant*:) tum, inquam, necesse esset aggredi rem ratione occulta ac recondita; scilicet in quibusdam delictis, clementiam non penitus respuentibus, infligere poenam moderatam eo usque, donec ad id perueniatur, ut in omnia quoque crimina ea statuatur moderatior.

94. Iniquum est punire latrones in viis rapinas exercentes eodem modo, quo puniuntur non solum rapto viuentes sed simul etiam adimentes spoliatis vitam. Cuiuis est perspicuum, propter publicam securitatem necesse esse, discrimen poenarum statui in haec diuersa crimina.

95. Sunt regna, ubi latrones a caede abstinent propterea, quod fures rapinas tantum exercentes aluntur spe, amandatum se iri in longe a patria dissitas colonias; sicarii vero id exspectare neutiquam possunt.

96. Bonae leges medio tutissimae eunt; illae non semper multam imponunt pecuniariam, nec semper etiam ad supplicia rapiunt facinorosos.

Omnes poenae, quibus corpus humanum mutilatur, penitus sunt abolendae.

CAPUT IX.

97. *De Iurisdictione universim.*

98.

POTESTAS iudicum in sola legum tuitione, earum que impletione consistit, idque propterea, ne ullum supersit dubium de libertate et securitate ciuium.

99. Haec caussa est, cur **Petrus Magnus** sapienter instituerit Senatum, collegia & minora reliqua tribunalia, quae ius dicerent nomine regnantis Domini & quidem secundum leges. Eadem quoque ratio est, cur prouocatio ad Imperantem tam sit difficilis reddita. Et haec est ea lex, quae numquam rata firma que non tenenda est.

100. Oportet igitur ut sint tribunalia.

101. Tribunalia haec pronuntiant sententias seu constituunt decreta, quae seruari et sciri necessum est ideo, ut in tribunalibus eodem modo fiant iudicia hodie, quemadmodum heri facta sunt, et ut cuiusque ciuis bona et salus iisdem firmiter innitatur non minus, ut et ipsa constitutio imperii.

102. In Monarchia administratio iuris dicendi, cuius a decretis seu sententiis non solum bona et salus, sed etiam honos ciuium pendet, valde scrupulosa eget disquisitione.

103. Iudicis est eo subtilius, eo accuratius rem indagare, quo maius concreditum est illi pignus, et quo grauioris est res ponderis, qua de fert ille sententiam. Quo minus etiam mirandum est in Monarchiis inueniri tantum numerum regularum, limitationum, ampliationum, unde nascuntur tam diuersimodi casus singulares, et videtur id omne efficere quasi artem quamdam humani intellectus.

104. Ex varietate ordinum, familiarum, conditionis hominum, quae in Monarchia introducta est, oriuntur saepe multifariae diuisiones ad naturam possessionum spectantes; leges autem, quae ad constitutionem

eius modi regiminis referuntur, possunt numerum harum diuisionum in plures etiam secare partes.

105. Hinc bona sunt: propria, acquisita, dotalia, paterna, materna, supellex domestica etc. etc.

106. Unumquodque genus bonorum subiectum est suis regulis: has oportet sequi, ut de singulis eorum dentur instituta; inde in minores etiam particulas conciditur unitas rei.

107. Quo plura in tribunalibus regiminis Monarchici iudicia cumulantur, eo maiore onere ab eorum sententiis iuris scientia premitur, quae non numquam sibi ipsae contradicunt, vel propterea, quod iudices, qui alii alios lapsu temporum excipiunt, diuersimode censeant; vel quod eaedem caussae aliquando bene, aliquando male defendantur, vel tandem quod tanta sit copia abusuum, qui pedetentim subrepunt in omnia, quae per manus eunt hominum.

108. Hoc malum nullo pacto declinari potest, quod tamen legum lator sensim corrigit, quum id et cum moderatissimi regiminis natura pugnet.

109. Nam si quis cogatur confugere ad tribunalia, oportet, ut id proueniat ex natura constitutionis imperii, non ex contradictione et incertitudine legum.

110. In ciuitatibus, ubi discrimen inter personas inductum est, sunt etiam praerogatiuae personarum legibus confirmatae. Praerogatiua singularis legibus confirmata, quae minus reliquis omnibus aggrauat societatem, est haec: in ius ire ad hoc potius tribunal, quam ad alterum. En nouam difficultatem! scilicet nosse clare et perspicue, ad quodnam tribunal in ius eundum fit.

111. Audimus saepe in Europa sermones seri eius modi: oporteret ius dici ubique ita, ut dicitur in terris Turcarum. Inde colligitur, nullum esse in toto terrarum orbe populum, praeter hunc densissimis inscitiae tenebris circumfusum, qui tam claram notionem habeat eius rei, quam sciri ab hominibus perquam fit necessarium.

112. Perscrutando gnauiter formulas agendi in iudiciis, sine dubio inuenietis multis eas obseptas difficultatibus, si tantum solas illas ponderabitis, quas subit ciuis, quum caussam suam agit in foro, ut reddantur sibi bona sua, vel ut satisfiat sibi de illata iniuria: verum si simul libertatem et securitatem ciuium ad eamdem trutinam expendetis, saepe obseruabitis pauculas admodum istas esse formulas; et perspicietis labores, impensas et comperendinationes, immo ipsa quoque in iudiciis pericula nil esse aliud, quam tributum, quod unusquisque ciuium pendit pro sua libertate.

113. In terris Turcarum, ubi parui aestimantur bona, vita et honos subditorum, ocissime ad finem perducunt omnes lites hoc vel illo modo. Qui eae finiantur, nihil illorum interest, sufficit, dummodo transegerint. Satrapa eorum repente luce nescio qua collustratus pro eo, ac ipsi tunc in mentem et in buccam incidit, iubet illidi verbera plantis pedum utriusque litigantium, et dimittit eos in domus suas.

114. In regnis vero moderatum exercentibus imperium, ubi infimi quoque ciuis vita, bona et honor pro nihilo non penduntur, nemini adimunt honorem, neminem priuant bonis ante, quam longa et seuera disquisitio veri tuerit instituta, nemini auferunt vitam, nisi ipsa patria in eam insurrexerit; sed nec patria in ullius vitam insurgit aliter, quam concessis ipsi antea omnibus, qui excogitari possunt, modis, quibus eam defendat.

115. Quanti quibusuis in terris aestimatur vita, bona et libertas ciuium, tantum crescunt agendi quoque formulae in iudiciis.

116. Reus non idcirco tantum audiendus est, ut caussam litis ex eo cognoscamus, sed etiam propterea, ut ille se defendat. Reus autem vel ipse se defendit, vel patronum sibi eligit, qui defendat eum.

117. Sunt, qui putent, novissimum in consessu iudicum quolibet in tribunali pro munere suo posse rei defensionem in se suscipere, quem ad modum exempli gratia in legionibus est signifer cuiusque manipuli. Hinc aliud quoque prodiret emolumentum; iudices scilicet loge peritiores euaderent ad munia sua obeunda.

118. Defendere hic non aliam habet significationem, quam coram iudicio proferre ea omnia, quae profutura sunt reo ad illius absolutionem.

119. Leges, quae condemnant reum audito unius testimonio, sunt perniciosae libertati. Est lex tempore successorum Constantini I. lata, qua testimonium viri aliquo dignationis gradu constituti censebatur esse firmissimum argumentum ad probandum crimen, nec iam ulii alii testes ea in re imperioso illius legis iussu audiebantur. Placuit scilicet legis huius latori, ut ius diceretur perquam celeriter, at perquam insolenter; caussas nimirum iudicari ex statu personarum, personas autem ex dignitate.

120. Recta ratio postulat, ut duo sint testes; namque unus testis affirmans aliquid ita esse, et reus negans idem, efficiunt duas partes aequales: qua re fit oportet tertia pars, qua praeponderetur reus; nifi praeterea adfint alia firma et grauia argumenta, aut nisi utraque pars prouocet ad tertium.

121. Testimonium duorum testium censetur sufficere, ut possit infligi poena reo cuiuscumque tandem criminis. Lex adhibet illis fidem

perinde, ac si ore ipsius loquerentur veritatis. Capite sequenti clarius haec patebunt.

122. Eodem modo iudicant fere in omnibus ditionibus, infantem, qui conceptus sit tempore matrimonii, esse legitime natum. Lex hac in re fidem habet matri. Mentio his istius rei iniicitur id circo, quod leges casum hunc non satis clare explicant.

123. Quaestio per tormenta est contraria sanae rationi. Humanitas ipsa clamat contra eam, et flagitat, ut ea tollatur penitus. Videmus nunc populum ciuilibus suis institutis summopere inclitum, qui quaestionem per tormenta reiicit, nec quidquam noxae, quae inde possit consequi, percipit: qua re quaestio haec natura sua non est necessaria. Infra haec prolixius explanabimus.

124. Sunt leges, quae non admittunt quaestionem, nisi cum reus nec fatetur crimen neque abnuit.

125. Ius iurandum frequenti usu reddere vulgare nil est aliud, quam vim illius infringere. Iuramentum nusquam adhibere oportet, quam tantum modo, ubi se religione eius obstringens nulla sua utilitate commoueri potest, ut index et testes.

126. Qui grauium criminum arcessuntur, ex consensu legum legant sibi indices, vel saltem tot e numero eorum improbent, liceat, ut reliqui videantur esse iudices electi ab ipsis in iudicium adductis criminum auctoribus.

127. Oporteret etiam, ut aliquot iudicum essent eiusdem in ciuitate status vel ordinis, cuius et reus est, scilicet illi pares; ne in mentem reo veniat, se in manus hominum incidisse talium, qui in caussa illius vim adhibere possint ei nocituram. Exempla instius rei habemus iam in legibus militaribus.

128. Cum reus condemnatur, non iudices poenam in eum constituunt, sed lex.

129. Sententiae seu decreta iudicum sint, necessum est, quoad fieri potest, clara et fixa adeo, ut pura puta verba legum in se contineant. Quodsi illa admittent ingestam sibi priuam iudicis opinionem, ciues tum in societate vitam agent pleni incertitudinis et inscii, quae nam sint in illis ditionibus mutua inter eos rata officia.

130. Diuersi nunc sequuntur modi, quibus decreta seu sententiae feruntur. Quibusdam in terris occluduntur iudices in dicasterio, et nec cibus nec potus illis porrigitur, donec unanimo consensu dixerint de re iudiciata sententiam.

131. Sunt regna uni parentia, ubi iudices se hac in re ita gerunt, ut arbitri. Disceptant illi inter se una, communicat alter cum altero, quid

sentiat, assentiuntur hi illis, alii moderantur seu immutant sententiam suam ita, ut illa cum alterius sententia concordet, et dant operam, ut omnes eamdem induant mentem.

132. Apud Romanos litis acio non dabatur, nisi lis ad amussim aestimata fuerit, cui nihil adiici, nihil detrahi, nec ulla alia moderatio adhiberi poterat.

133. Verum praetores excogitarunt actori alias formulas iuris, quod quidem ius bonae fidei appellabatur. Hoc iure sententiam ferebant seu decernebant indices pro arbitrio suo ad regulam aequitatis et humanitatis applicito.

134. Aestimatio litis falsa censetur sufficere, ut actor lite cadat: sed et reum oportet multari, si non fateatur, quantum reapse debeat, ut sic bona fides utrimque illaesa seruetur.

135. Sicubi potestatibus leges exsequentibus concedatur ius ciuem, qui vades dare potest, in custodiam includere, ibi iam libertatem nullam esse certum est: nisi quis detur in custodiam, ut sine ulla mora respondeat ad quaesita accusatus criminis, quod morte multari leges iubent. Tum ille re vera liber est; nam nullam aliam praeter solam legum vim patitur.

136. Sed si potestas legifera putet se minus tutam esse ob arcanam aliquam conspirationem contra rempublicam seu eius rectorem, vel ob collusionem quamdam subditorum cum hostibus externis; ad definitum tempus potestati leges exsequenti licet concedat, ut ea in custodiam trahat ciues suspectos, qui non aliam ob caussam priuantur ad aliquod tempus libertate sua, quam ut post hac eam illaesam in perpetuum seruare queant.

137. Perquam optimum factum esset, si designarentur in legibus omnes casus graues, in quibus vades pro ciue accipere nefas esset. Namque eos, qui vades dare non possunt, leges omnibus in ditionibus priuant libertate eo usque, donec communi societatis vel priuatae alicuius securitati satis fuerit prouisum. Capite X. enucleatius hac de re agetur.

138. Quamquam omnia crimina sunt publica, tamen quae magis attinent ad ciuium inter se mutuam conuersationem discernenda sunt ab iis, quae rem ciuitatis publicam magis tangunt; atque hoc propter vinculum illud, qud totam ciuitatem et singulos cum ea ciues tenet conglutinatos. Priora vocantur prinata seu singularia; altera sunt crimina publica seu communitatem laedentia.

139. Quibusdam in locis rex, cum, sit idcirco in solium euectus; ut leges in omnibus suae ditionis terris sancte obseruentur, ex consitutione legum regni collocat unoquoque in tribunali ornatum dignitate virum, qui persequatur crimina nomine ipsius regis. Hinc et nomen indicum

seu delatorum illic ignotum est. Quodsi in hunc publicum vindicem, cadat suspicio, abuti eum munere sibi concredito, tum cogitur ille declarare nomen ipsius delatoris. Hoc officio fungens in societate inuigilat prosperitati ciuium; ille res, hi quietem agunt. Apud nos *Petrus Magnus* praescripsit procuratoribus sic dictis indagare et iudicio subiicere omnes caussas, quibus actor deest. Si ad haec adiungeretur officium seu magistratus supra scripto munere fungens, apud nos quoque delatorum nomen non tam esset celebre.

140. Digna vituperio lex illa Romanorum, quae permittebat iudicibus parua munuscula accipere, modo ne per totum annum excederent illa summam centum Ioachimicorum. Quibus nihil offertur, nihil concupiscunt; quibus vero offertur parum, illi mox aliquanto plus, et postea multum quoque accipere concupiscunt. Praeterea facilius conuincitur ille repetundarum, qui, cum nihil deberet accipere, aliquid accipit, quam, qui accipit plus, cum deberet accipere minus; et qui semper praetextus, excusationes, caussas, obtentiones ad se defendendum facile potest reperire.

141. Est inter Romanas leges una, quae bona nisi in crimine maiestatis, id que in supremo illius gradu, vetat fisco Principis adiicere. Haud raro cum recta ratione esset congruum, sequi vim istius legis, et definire, ut in quibusdam tantum criminibus bona redigerentur in Principis fiscum; praeter haec aequum foret nulla addici fisco Principis bona praeter acquisita.

CAPUT X.

142. *De forma iudicii capitalis.*

143.

NON est **Nobis** animus copiose hic pertractare crimina, et particulatim quodque genus eorum in varias dissecare species, & quae cum singulis poena sit coniuncta expromere. Alioquin copia & diversitas materiarum, item temporum locorumque varietas obruerent **Nos** infinita rerum minimarum farragine. Satis erit hic monstrasse, 1) Primordiales regulas generales. 2) Errores foedos ac perniciosissimos.

144. *Quaestio I.* Unde ducunt originem suam poenae, & quo nititur fundamento ius puniendi homines?

145. Leges possunt appellari modi, quibus homines in societatem coeunt, in ea que perseverant, et sine quibus pessum iret societas.

146. Verum non sufficiebat instituere hos modos, qui iam pignoris naturam induere; oportebat etiam praemunire illos: hinc poenae statutae sunt in legirupas.

147. Omnis poena iniusta est, simul atque illa non est necessaria ad conseruandum sartum tectum hoc pignus.

148. Primum, quod ex his principalibus regulis consequitur, est: in neminem nisi in solas leges cadere potestatem, quae constituat poenas criminibus; et solum tantum legislatorem gaudere iure, figendi leges poenales, quippe qui personam totius copula unionis iunctae sustentet ciuitatis, et omnem potestatem in suis manibus retineat. Hinc etiam illud elicitur, iudices et tribunalia, cum et haec et illi partem tantum civitatis efficiant, non posse iure, ne quidem obtentu boni publici, in quemquam ex coetu ciuium constituere poenam, quae non sit nominatim praescripta legibus.

149. Alterum, quod indidem cogitur, est: Monarcham, qui repraesentat et habet in manibus suis omnem potestatem defendendae totius ciuitatis, solum et unum posse edere generalem de incutienda poena legem, cui sint omnes illius ciuitatis socii subiecti. Sed tamen opus esse, ut ille se abstineat, quem ad modum supra sectione 99. dictum est, a iure dicundo; quare habeat oportet selectos viros seu magistratus, qui ius dicant secundum leges.

150. Tertia conclusio: nisi atrocitas poenarum damnata iam esset ope virtutum humanitatis amorem inculcantium, ad abolendam illam vel id solum sufficeret, nulli eam esse usui, quod iam argumento est, eam etiam iniustam esse.

151. Quarta sequela: Iudices de criminibus cognoscentes, quod legum non sunt latores, non habere ius explicandi leges poenales. Quis igitur erit legitimus illarum explicator? Respondeo: Monocrator, non iudex. Munus enim iadicis est investigare tantum: is vel ille fecerit ne quid legibus contrarium, nec ne?

152. Iudex cognoscens de quo tandemcumque facinore una tantum contentus esto conclusione rationis, in qua propositio fiue expositio sit lex publica; assumtio contineat factum, de quo agitur, congruat ne id legibus, an discrepet ab iis? complexio comprehendat absolutionem vel poenam rei. Quodsi iudex per se ipse, vel obscuritate legum coactus syllogismos plures uno nectit in caussa capitali, tum iam omnia obscura euadent atque incerta.

153. Nil est tam plenum periculis, quam vulgare hoc effatum: *non verba sed mens vel sententia legis est spectanda*. Quid hoc sibi vult aliud, quam perfringere aggerem correnti et rapido humanarum opinionum cursui oppositum? Id que tam certum est atque exploratum, ut nihil contra dici queat, quamquam a veritate abhorrere videatur iis, quorum animi parua aliqua, sed praesenti rerum confusione grauius percelluntur, quam sequelis longe quidem remotis, sed multo immo, in immensum, periculosioribus, quas trahit post se unum aliquod falsum a populo adscitum theorema. Unusquisque hominum considerat res, quae se animo eius sistunt, modo sibi soli proprio nec cum quoquam alio communi. Videremus sortem ciuis immutari per prouocationem illius ab uno ad aliud tribunal; et vitam, ac libertatem eius precario quasi pendere aut ex fallaci aliqua persuasione, aut ex animi aegritudine et molestia iudicis, qui fert de eo sententiam: videremus iisdem criminibus varias diuersis temporibus infligi poenas pronunciatas in eodem tribunali, si inoleuerit mos attentas aures praebere non voci legum stabili, sed doloso et semper vacillanti interpretationum arbitrariarum clangori.

154. Vitia haec nullo pacto comparari possunt cum illis aberrationibus, quae accidere possunt, si persistatur in seuera et accurata a verbo ad verbum explicatione legum poenas sancientium. Hi cito praetereuntes errores imponunt legislatori necessitatem adhibendi non numquam in verbis legis duplicem sensum admittentibus faciles, sed necessarias emendationes: verum tamen tum non dum ruptum est fraenum, quod constringit indomitam libidinem interpretandi argutandi que, unde damnum cuiuis ciui irreparabile nasci posse omnes facile perspiciunt.

155. Nisi leges sint firmae fixae que, et a verbo ad verbum intelligantur; nisi officium iudicis id sit unicum, ut cognoscat et decernat, quod factum pugnet cum praescriptis legibus, sit ve iis consonum; nisi regula aequi et iniqui, quae dirigere debet pari modo actiones imperiti et doctrinis exculti hominis, sit apud iudicem simplex illa quaestio: quale sit, quod proponitur, factum? prosecto status ciuis mira et insolita experietur fata.

156. Sicubi leges poenales numquam non a verbo ad verbum intelliguntur, unusquisque recte poterit computare, et ad amussim scire incommoda prauae actionis; id quod maximopere est utile ad auertendos homines a perpetratione illius; et ciues omnes fruuntur tunc securitate tam ad personas, quam ad bona eorum attinente. Id que ita reapse esse necessum est; nam que haec finis, hic scopus est societatis, sine quo illa labesacta rueret.

157. Si ius interpretandi leges in malis est, in numerum malorum intrat obscuritas quoque illarum, quae necessitatem interpretationis iniungit. Hoc incommodum eo maius est, si leges perscriptae sunt lingua phrasibus ve vulgo ignotis.

158. Leges oportet conscribi sermone vulgari, et codex legum, omnes eas in se complectens, sit necesse est liber diuulgatus, qui in plurimorum versetur manibus, qui que exiguo pretio possit comparari ad instar libellorum elementariorum: alioquin si ciuis ipse per se dignoscere non poterit actionum suarum, quae et personam, et libertatem eius respiciunt, euenta, pendeat necesse est ab ore quorumdam hominum, qui leges in suam tutelam custodiam ve sumserunt, eas que soli interpretantur. Scelera eo minus erunt frequentia, quo maior hominum numerus codicem legum legere et intelligere occipiet. Qua re praescribi oportet, ut pueri in scholis imbuantur elementis litterarum per vices ex libris ecclesiasticis et ex iis, qui legislationem in se continent.

159. *Quaestio II.* Qui sint usui modi optimi in prehendendo in custodiam ciue, in detegendo crimine et in conuincendo reo?

160. Peccabit is erga personalem securitatem cuiusque ciuis, qui tribunali, quod normam legis sequi debet, et quod praeditum est potestate compingendi ciuem in carcerem, permittet ut alterum priuet libertate sub inani aliquo obtentu, alterum vero ut liberum esse sinat, nulla habita ratione indiciorum criminis vel manifestissimorum.

161. Tradere aliquem custodiae est poena, quae ab omnibus aliis poenis eo differt, quod illa necessario praecedit iudicialem declarationem criminis.

162. Verum tamen poenam hanc nemo ciuium potest subire, nisi sit vero simile, eum commisisse flagitium.

163. Quaproprter lex exacte definiat necesse est indicia, ob quae reus custodiae subiici potest, et quae ei hanc attrahunt poenam, itemque et quaestionem per verba, quae etiam est quaedam species poenae. Exempli gratia:

164. Rumor populi reum arguentis, fuga illius, confessio a reo extra iudicium facta, testimonium socii, qui in eodem cum illo scelere erat, minae et aperta inimicitia rei cum eo, qui passus est iniuriam, ipsum factum flagitii, et alia his similia indicia iustae possunt esse caussae dandi ciuem in custodiam.

165. Sed haec argumenta a lege praescribantur necesse est non ab indicibus, quorum sententiae seu decreta semper pugnant cum libertate ciuili, si illa non sunt deducta, quacumque demum in caussa, ex communi regula in codice legum scripta.

166. Si carcer non tam erit formidolosus, id est, si commiseratio et amor humanitatis penetrabunt in loca vinculis horrida tenebris que obsita, et patefacient sibi aditum in pectora eorum, qui indiciis praesunt; tum legibus sufficiet generale nomen indiciorum, ut quis iubeatur duci in custodiam.

167. Differunt haec, detineri in custodia, et inclusum esse carceri.

168. Tradere aliquem in custodiam nil aliud significat, quam caute seruare personam ciuis rei, donec fiat certum vel fontem eum esse vel insontem. Idcirco retentio in custodia duret per paruum, quoad fieri potest, tempus, sit que praeterea moderata, quoad eius fieri potest. Tempus retentionis accommodari debet ad id temporis spatium, quod opus est ad caussam sic instruendam, ut iudices de ea possint cognoscere. Seueritas in retinendo ciue sub custodia nulla potest adhiberi alia praeter eam, qua opus est, ut praecidatur reo occasio se coniiciendi in fugam, vet ut momenta scelus patefacientia sine obstaculo in lucem protrahantur. Sententiam iudices ferre oportet, quantum fieri potest, celerius.

169. Qui erat sub custodia, et post ea absolutus est, is nullam inde ignominiam patiatur, necessum est. Apud Romanos quot se nobis offerunt ciues, qui coram iudicibus fuerant accusati criminum maxime grauium, sed qui post probatam innocentiam suam aucti sunt honoribus, et munera in re publica gesserunt satis magna atque ampla?

170. Inclusio carceri sequitur latam de reo ab iudicibus sententiam, et in poenae locum subsituitur.

171. Non sunt in unum eumdemque locum intrudendi 1. qui accusantur criminum cum veri similitudine, 2. qui conuicti sunt in illis, et 3. qui iam sunt condemnati. Is, quem arguunt, retinetur tantum in custodia, duo vero alii in carcere; sed carcer uni eorum erit pars solum poenae, alteri ipsa poena.

172. Fuisse in custodia retentum pro poena non debet reputari, sed pro adminiculo caute seruandi personam accusati rei, quae asseruatio simul quoque libertatem ei spondet, ni sit nocens.

173. Fuisse sub custodia militari neminem militantium notat ignominia, similiter inter ciues quoque mos hic obtineat necesse est, ne sit ignominiosum, esse sub custodia togata.

174. Detentio in custodia mutatur in conclusionem in carcerem, cum reus reperitur esse nocens. Ideoque oportet his omnibus tribus personis diuersa loca assignari.

175. En generale theorema ad rationes subducendas, quibus de veritate commissi facinoris prope modum certi esse possumus. Si

argumenta affirmantia, aliquid factum esse, alia ab aliis mutuo pendent, hoc est, si indicia flagitii nec probari, nec veritas eorum aliter confirmari poterit, quam unius indicii per alterum; item si veritas multorum argumentorum nititur veritate unius tantum argumenti; tum numerus argumentorum nec auget nec minuit probabilitatem facti propterea, quod robur omnium argumentorum sustentatur robore illius tantum argumenti, a quo cetera omnia pendent: atque si hoc unum argumentum conuellitur, reliqua quoque omnia simul cum eo corruunt. Quodsi argumentorum alia ab aliis non pendent, et veritas uniuscuiusque singillatim confirmatur, tum probabilitas facti crescit ratione numeri indiciorum propterea, quod falsitas unius argumenti falsitatem alterius una secum non trahat. Fortassis non nullis, qui haed audient, videbitur esse mirum. **Me** hic uti vocabulo *probabilitatis,* cum loquor de maleficiis, quae necesse est sine ullo dubio certa esse, si quis poenam eorum subire debeat. Attamen hic notandum est omnem moralem certitudinem esse meram probabilitatem, quae propterea vocatur certitudo, quod unusquisque recta ratione praeditus necessario illam pro tali agnoscere cogitur.

176. Argumenta crimen probantia diuidi possunt bifariam, in omnibus numeris absoluta et minus absoluta. Absoluta seu undique perfecta appello ea, quae excludunt omnem possibilitatem demonstrandae innocentiae accusati; minus absoluta vero seu imperfecta dico ea, quae hanc possibilitatem non excludunt. Argumentum probans absolutum vel unum sufficit ad confirmandum, condemnationem malefici esse iustam ac legitimam.

177. Quod vero attinet ad argumenta probantia minus absoluta, oportet numerum eorum esse satis magnum, ut vice argumenti omnibus numeris absoluti fungantur: nimirum requiritur, ut complexio omnium eius modi argumentorum excludat possibilitatem demonstrandae innocentiae rei, quamuis unumquodque eorum singillatim eam virtutem non habeat. Addamus ad haec id quoque: argumenta probantia minus absoluta, ad quae reus nil respondet, quod depulsioni ab eo criminis sufficiat, tametsi innocentia eius deberet ipsi suggerere, quod respondeat, fieri tandem hoc in casu omnibus iam numeris absoluta.

178. Ubi leges sunt clare et determinate scriptae, ibi officium iudicis circa nihil aliud versatur, quam ut factum sub umbra proferat in apricum.

179. In peruestigandis argumentis maleficia probantibus oportet habere pernicitatem et dexteritatem ingenii; ad deducendam ex his

scrutiniis finalem conclusionem opus est exactitudine et perspicuitate cogitationum; ast vero ad iudicandum secundum hanc finalem conclusionem nil amplius necesse est, quam pura puta sana ratio, quae magis fida erit dux, quam omnis scientia iudicis, qui assueuit nusquam fontes non invenire.

180. Ideoque haec lex ciuitati admodum est utilis, ubi illa sancita est, quae iubet, ut quemuis ciuem iudicent ei pares; nam si de salute ciuis res agitur, sileant tum oportet omnes argutationes subnascentes in animis nostris ex diuersitate honorum, diuitiarum et fortunae, quae iudicem inter et reum nullius debent esse census.

181. Sed quum crimen spectat ad laesionem tertii, tum dimidiam partem iudicum e numero parium reo, alteram partem dimidiam e numero parium affecto iniuria esse necesse est.

182. Item id quoque non minus aequum est, ut reus possit reiicere aliquot e numero suorum iudicum, quos ille suspectos habet. Ubi reus gaudet hoc iure, ibi condemnatus videbitur se ipse condemnasse.

183. Sententiae iudicum notae sint populo necesse est, ut et argumenta crimen probantia, ut quisque ciuium dicere possit, se viuere tutum sub praesidio legum. Haec persuasio alacres ac laetos reddit ciues, eadem que prae cunctis et grata et utilis est summam potestatem habenti rectori, qui vera commoda sua oculis rectis perspicit.

184. Magni ponderis est res in omnibus legibus, exacte definire principes illas regulas, a quibus pendet fides testium et vis argumentorum quoduis crimen probantium.

185. Unusquisque sana ratione praeditus homo, id est, cuius cogitata habent quemdam nexum inter se mutuum, et cuius sensa congruunt cum sensis ei similium, potest dicere testimonium. Sed fidei, quae illi adhibenda est, mensura erit caussa, ob quam ille volet, nolet ve proloqui veritatem. Quauis occasione testibus habenda est fides, quum illi nullis permouentur rationibus ad dicendum falsum testimonium.

186. Sunt, qui inter abusus verborum, quos irrepsisse et altas iam in communi vita egisse radices constat, numerant eam quoque dignam obseruatione opinionem, qua inducti sunt legislatores, irritum pronunciare testimonium rei nocentis sententia iudicum iam condemnati. Eiusmodi reus existimatur ciuiliter esse homo mortuus, aiunt iuris doctores; mortuus autem nulli actioni persiciendae est idoneus. Verum si testimonium rei condemnati non officit iudiciali caussae actioni, nulla subest ratio, cur non concedatur etiam post condemnationem, ad eruendam veritatem auertendam que horrendam fortem capiti infelicis

illius impendentem, adhuc parum temporis, ut vel a se ipso, vel etiam ab aliis condemnatis culpam remoueat, si modo valet proferre noua argumenta, quae constitutionem caussae plane immutare possunt.

187. Ritus forenses in exercenda iurisdictione sunt necessarii, verum illos numquam legibus ita praefiniri necesse est, ut possint esse quandocumque damno innocentiae; alioquin afferent secum multa et magna incommoda.

188. Quare ad dandum testimonium admitti potest quiuis, cui nulla est caussa, ut falsus sit testis. Hinc fides testi adhibenda maior vel minor erit pro ratione odii vel amicitiae testis erga reum, item pro ratione etiam aliorum generum concordiae vel discidii coniungentis eos vel discludentis.

189. Unus testis non sufficit ideo, quoniam cum reus negat id, quod affirmat ille testis unicus, nihil certi inde potest colligi, et ius, quod cuique competit, ut fides ei habeatur dicenti, se innocentem esse, hoc in casu in lance rei praeponderat.

190. Fides testis eo minoris est ponderis, quo grauius est maleficium, et res id circumstantes minorem prae se ferunt verisimilitudinem. Haec regula usui magno potest esse in accusationibus magiae seu factorum atrocium, quibus nulla subest ratio.

191. Qui obstinato animo non vult respondere ad interrogationes ipsi in iudicio propositas, meretur poenam, quam lege praefiniri necesse est, et quam oportet esse grauem inter eas, quae constituuntur, ne fontes queant effugere, ut non possit publice statui exemplum, quod in illis edi oportet. Haec singularis poena non est necessaria tum, cum nullum superest dubium, reum commisisse re ipsa id nefarium facinus, cuius incusatur: enim vero confessione tum nil opus est, quum aliis firmissimis probatur argumentis, eum esse maleficum. Et id quidem saepius usu venit, quod postremo loco dictum est, nam experientia docet in caussis capitalibus reos ut plurimum nolle scelera sua fateri.

192. *Quaestio III.* Tormentorum applicatio non ne vim infert aequitati; et perducit ne illa ad finem, qui legibus est propositus?

193. Crudelitas confirmata usu quam plurium populorum est quaestio per tormenta, quae exercetur in reum tunc temporis, cum caussa illius ad formam indicialem adaptatur, vel ad extorquendam ab ipso sceleris confessionem; vel ad enodanda contradicta, quibus ille in quaestione verbali implicitus est; vel ad cogendum eum, ut culpae socios detegat: vel denique ad aperienda alia facinora, quorum ille quidem non accusatur, sed quae tamen poterat perpetrasse.

194. 1). Nemo potest poni inter reos ante latam de eo iudicum sententiam, et leges non possunt ei denegare patrocinium suum, ante quam fuerit comprobatum, eas ab illo violatas esse. Quodnam igitur ius poterit alicui dare potestatem infligendi poenam ciui tum, quum adhuc superest dubium, fons ne ille sit an insons? Non erit admodum difficile ratiocinando peruenire tandem ad hanc conclusionem. Scelus est certum vel incertum: si certum, transgressor non aliam poenam subire debet, quam quae legibus definita est; itaque quaestio per tormenta non est necessaria. Sin scelus est incertum, non opus est eum, qui accusatur, torqueri indcirco, quod infontem torquere nefas est, et quod ille secundum leges insons est, cuius scelus non est probatum. Sine dubio summopere necessarium est, nullum crimen, quod sit certum, relinqui impunitum. Reus, qui patitur tormenta, non est sui potens in eo, ut verum fateatur. Potest ne fieri, ut quis magis credat homini, cum in febri acuta insanit, quam cum sana mente et bona valetudine gaudet? Sensus doloris tantis auctibus potest accrescere, ut hominem reddere possit animi impotem, nec ullam iam amplius relinquat illi libertatem ad exercenda quaeuis accommoda ipsi munia, nisi ut eodem ipso puncto temporis breuissimam eligat viam, qua possit dolore illo liberari. Tum et insons clamabit, se esse fontem id circo tantum modo, ut desinant eum torquere. Et idem modus, quo utuntur ad discernendum fontes ab infontibus, tollet omne inter eos discrimen; et iudices tantumdem erunt incerti, sons ne sit reus an insons, quantum erant ante coeptam per tormenta quaestionem. Ideoque quaestio per tormenta est certa methodus ad condemnandum insontem, cui debiles sunt corporis vires, et ad absoluendum sontem, qui fidit robori et firmitati suae.

195. 2). Quaestione per tormenta in reum utuntur adhuc ad enucleanda, ut ipsi loquuntur, contradicta, quibus ille in quaestione per verba illi facta implicitus est. Quasi vero timor supplicii incertitudo et confusio intellectus humani, item ipsa quoque ignorantia insontibus aeque ac sontibus communis non possent implicare contradictis timidum insontem et scelestum celantem facinus suum: quasi vero contradicta, quae saepe solent obuenire homini, qui perfruitur queta mente, non debeant augescere tum, cum animus maximas turbas patitur, nec quidquam cogitat aliud, quam quo modo instans euitet periculum.

196. 3). Tormenta adhibere ad extorquendam confessionem, an non perpetrauerit reus alia quoque facinora praeter id, cuius iam conuictus est, pro certo reputandum est, adminiculo esse ad relinquenda omnia crimina impunita; iudex enim semper noua detegere volet.

Ceterum haec actio nititur sequenti argumento: tu reus es unius sceleris, itaque credibile est, te centum alia quoque facinora commisisse; secundum leges subiicieris quaestioni et tormentis non modo propterea, quod te esse videmus sontem, sed etiam idcirco, quod tu fortasse longe maiore reatu teneris.

197. 4). Praeter haec applicant reo quaestionem per tormenta, ut noxae socios detegat. Verum cum **Nos** iam demonstrauimus, quaestionem per tormenta non posse esse adminiculo ad eruendam veritatem, qui fieri potest, ut illa sit apta ad cognoscendum criminis affines? Nullum superest dubium, posse eum admodum facile alios arguere, qui arguit se ipsum. Placet igitur torqueri hominem ob scelera ab aliis commissa? Quasi non possint detegi consortes in criminibus, interrogandis testibus in reum productis, peruestigandis argumentis in eum prolatis, dignoscendo ipso facto criminis perpetrati, postremo ponderandis omnibus rationibus, quae conuictionem scelesti rei secum attulerunt.

198. *Quaestio IV.* Sunt ne aequiparandae poenae criminibus, et quaenam norma non fallax adhibenda est ad hanc aequiparationem?

199. Oportet, ut lege definiatur tempus ad colligenda argumenta probantia, conquirenda que ea omnia, quae sunt necessaria ad cognitionem caussae in magnis criminibus, ne sontes commentitiis in caussa sua inuersionibus proferre possint ulterius debitam sibi poenam, ne ve misceant et conturbent caussam suam. Collectis in unum omnibus argumentis probantibus, patefacto que demum crimine, concedatur reo tempus non minus, ac ratio et via ad defendendum se, si qua potest. Sed tempus hoc sit breue oportet admodum, ne damnum inde aliquod resultet in necessariam poenae promtitudinem, quam putant animis hominum firmissima vincula iniicere, ne in crimina prolabantur.

200. Ne videatur esse poena alicui illata vi unius plurium ve, qui in ciuem conspirarunt, oportet eam esse publicam, promtam, ciuitati necessariam, moderatam, quantum quidem res in iudicio agitata feret, aequiparatam crimini et in lege claris verbis designatam.

201. Quamquam leges non possunt punire consilium seu propositum, dici tamen nequit, actionem, per quam crimen incipit exsistere, quae que reuelat voluntatem criminis patrandi, non mereri poenam, quamuis minorem constituta ad puniendum crimen iam re ipsa perpetratum. Poena est idcirco necessaria, quoniam oportet praeuertere primis quoque tentamentis criminis. Verum tamen quum inter haec tentamenta ac perpetrationem iceleris potest esse interuallum

temporis, non male cadet, si crimini iam perpetrato maior constituetur poena; ut ei, qui incepit flagitium, sit admonitio quaedam, quae possit eum auertere ab exsequendo incepto scelere.

202. Oportet item constitui poenas minus graues in socios criminis, qui non ipsi per se id exsequuntur, quam in eos, qui ipsi illud obeunt. Quum inter multos conuenit obiicere se periculo; quo maius est id discrimen, eo magis annituntur hi omnes in aequas partiri illud inter se portiones. Leges punientes maiore cum seueritate eos, qui crimen perpetrant, quam qui tantum puri puti sunt noxae socii, obstabunt, ne periculum possit in aequas diuidi partes, efficient que id, ut longe difficilius inueniri queat homo eius modi, qui velit in se sulcipere perficiendum cogitatum a multis crimen; quoniam periculum, quod ille subibit, maius erit, habita ratione poenae multo quam sociorum grauioris. Uno tantum in casu potest ex hac regula communi fieri exceptio, scilicet, quum exsecutor sceleris a consortibus criminis singulare accipit pretium: tum oportet poenam omnibus esse aequalem propterea, quoniam diuersitas periculi compensatur differentia commodorum. Haec disquisitio videbitur non nullis esse summae subtilitatis, sed tamen attendendum est, magnam impendere necessitatem in efficiendo, ut leges quantum possunt, omnes praecidant occasiones globo hominum perditorum, ne coëant omnes in unam sententiam.

203. In quibusdam regnis poena liberant socium criminis, qui indicat id secum simul molientes. Haec ratio commodis suis non destituitur, sed et incommoda sua habet, cum ea utuntur in casibus singularibus. Communis perpetuo que durans lex, quae promittit veniam unicuique socio, qui detegit crimen, longe melior est, quam singularis temporaria proclamatio facta certa quadam occasione; enim vero lex eius modi praeuenire potest unionem scelestorum incutiendo singulis eorum metum, ne qui se solum subiiciat periculo. Verum postea promissa haec sunt sancte seruanda, dandum que, ut sic dicam, praesidium firmum unicuique, qui ad hanc legem prouocabit.

204. *Quaestio V.* Qua mensura magnitudo criminum metienda est?

205. Finis poenarum constitutarum non is, ut torqueatur a deo conditum animal particeps sensuum; illae ea sini praescriptae sunt; ut obicem ponant reo, ne possit ciuitati in posterum ullum inferre detrimentum, praeterea que, ut ciues a perpetrandis similibus sceleribus arceantur. Ideoque e numero poenarum tales eligendae sunt, quae coaequatae criminibus imprimant in animis hominum ideam viuam ac durabilem, eodem que ipso tempore minus, quantum fieri potest, saeuiant in corpus facinorosi.

206. Quis est, qui non cohoreat, videns in historiis tot barbaros et inutiles cruciatus repertos et re ipsa adhibitos sine ullo conscientiae ictu a viris, qui nomen sibi sapientum indiderunt? Quis est, cui cor intus non palpitet ad spectaculum tot millium hominum infortunatorum, qui cruciatus illos perpessi sunt, hodie que patiuntur saepe rei facti criminum, quae vix ac ne vix quidem fieri possunt, et quae multoties intentantur ab inscitia, non numquam a superstitione? Quis, inquam, est, qui queat oculis irretortis intueri, cum discerpuntur magno et numeroso cum apparatu homines ab hominibus, fratribus suis? Imperia et tempora, in quibus supplicia obtinebant atrocissima, sunt eadem ipsa, quae protulere in lucem facinora omnem sensum humanitatis exsuentia.

207. Ut poena optatum effectum producat, sufficiet, si malum, quod per eam infertur, antecellat bono illi, quod sperabatur a crimine, addita, in computanda ratione superpondii huius, quo malum praeponderare debet bono, etiam ineuitabili poenae certitudine, et iactura commodorum, quae crimen attulisset. Omnis seueritas fines hos excedens est inutilis, et consequenter tyrannica.

208. Sicubi leges erant seuerae, eae vel mutatae sunt, vel impunitas scelerum nata est ex ipsa legum seueritate. Magnitudo poenarum referri debet ad praesentem cuiuscumque populi statum, res que eum tempore illo circumstantes. Quantum ingenia hominum in aliqua ciuitate viuentium perpoliuntur, tantum crescit sensibilitas cuiusque singillatim ciuis; cum vero sensibilitas crescit, rigor poenarum minuatur necesse est.

209. *Quaestio VI.* An poena capitalis utilis est ac necessaria in ciuitate ad conseruandum bonum in ea ordinem et securitatem?

210. Experientia docet, supplicia capitalia saepius repetita numquam homines reduxisse ad meliorem frugem. Quare si demonstravero, in ordinario statu cinitatis poenam capitis ciui infligi nec utile nec necessarium esse, vincam hostes in humanam irruentes naturam. Dixi hic: *in ordinario statu ciuitatis*; enim vero supplicium ciuis necessarium videri potest uno tantum in casu, scilicet cum ille, quamuis priuatus libertate, non dum tamen destituitur viribus neque facultate turbandi tranquillitatem publicam. Et hoc numquam poterit accidere, nisi cum populus perdit, recuperat ve suam libertatem, aut tempore anarchiae, cum ipsae turbae locum legum occupant. Cum vero leges regnant tranquille et placide, et ratio administrandi rempublicam consociatis in unum totius populi desideriis comprobata est, in regno ab exteris hostibus nullam vim metuente, et intus firmissimis fulcris stabilito, id est robore

suo et opinione, quae in animis ciuium altas egit radices, ubi omnis potestas in manibus collocata est Monarchae; in tali, inquam, regno nulla potest exsistere necessitas, priuandi ciuem vita. Viginti anni regni Imperatricis ELISABETAE PETRI Filiae praebent patribus populorum exemplum ad imitandum praestantius, quam omnia oculorum aciem fulgore suo praestinguentia bella, expugnationes, victoriae.

211. Non immensa seueritas, nec naturae hominis euersio ac destructio, imprimunt animis ciuium ideam a sceleribus eos deterrentem, sed haud interrupta poenae in malefico continuatio.

212. Mors inflicta facinoroso non tam efficaciter potest reprimere scelera, quam diuturnum et indefinenter durans exemplum hominis, cui ademta est libertas id circo, ut labore eius, dum viuit, continuo compensetur detrimentum illatum ab eo ciuitati. Horror, qui ferit animos contemplantes effigiem mortis, potest esse admodum validus, sed tamen contra obliuionem hominibus innatam consistere nequit. Effatum generale: Impressiones vehementes et violentae, factae in animis hominum, turbant eos et percellunt atrociter, sed efficacitas illarum diu in memoria non remanet. Poena ut sit iustitiae congrua, non habeat maiorem gradum intensitatis necesse est, quam eum tantummodo, ut sit sufficiens ad abducendos homines a flagitiis. Ideoque fidenter affirmo, neminem mortalium esse, qui, vel parum re perpensa, paribus ponderibus esse iudiearet, hinc lancem unam flagitio onustam cum omnibus, quaecumque inde sperari possint, commodis, illinc alteram, quae premitur irreparabili et nisi simul cum vita desinente iactura libertatis.

213. *Quaestio VII.* Quaenam poenarum diuersitas diuersitati criminum opponenda est?

214. Qui turbat publicam tranquillitatem, qui legibus non obtemperat, qui rumpit ea vincula, quibus homines in societates coiere, quibus que se mutuo tuentur; is ex societate excludatur necesse est, scilicet sit veluti propudium ciuitatis.

215. Grauiores sint oportet caussae ad eiiciendum ciuem ex ciuitate, quam extrancum.

216. Poena, quae hominem declarat esse infamem, est indicium publicae de eo malae opinionis, quae priuat ciuem honore et fide, quibus ille antea in ciuitate fruebatur, et quae illum eiicit ex societate, ut sic dicam, fraterna, quae inter ciues eiusdem regni, tamquam inter membra corporis eiusdem, arcte servatur. Infamia, quae legibus inuritur, sit oportet eadem, quae ex doctrina morum generali deducitur: enimuero si actiones dictae ab Ethicis mediae in legibus declarabuntur esse infames,

sequetur inde hoc magnum incommodum, scilicet actiones, quas oportet haberi in societate ad commune illius bonum pro infamibus, mox desinent pro talibus reputari.

217. Maxime cauendum, ne afficiantur poenis corporis, sensum que doloris commouentibus ii, qui infecti sunt vitio simulatae cuiusdam diuinae agitationis, falsae que sanctimoniae. Crimen hoc, quod enascitur ex superbia et arrogantia, alimenta sibi sumet et gloriam nanciscetur ab ipsis doloribus. Exempla sunt obseruata quondam in quaesitorum de rebus secretis, quod ante hac viguerat, tabulario; veniebant nimirum eiusmodi homines certis quibusdam diebus idcirco tantummodo, ut sufferrent poenas.

218. Infamia et risus cum contemtu sunt solae poenae, quibus utendum est in simulantes diuina se agitari inspiratione et falsam prae se ferentes sanctimoniam; namque hae superbiam illorum possunt obtundere. Atque sic opponendo vires viribus eiusdem generis, leges luce rationis collustratae dissipabunt ad instar pulveris admirationem, quae posset animos non sat firmos occupare, fulgore falsae doctrinae oculos perstringente.

219. Infamia multi simul numquam sunt notandi.

220. Necessum est, ut poena sit promta, coaequata crimini nec populo ignota.

221. Quo propior erit poena crimini, debita que fiet cum celeritate, eo utilior illa iustior que erit. Iustior propterea, quod eum qui crimen perpetrauit, liberabit duro et superfluo cruciatu ex ignoratione sortis suae oriundo. Actio caussae in iudicio finiatur necesse est, quantum fieri potest, minimo tempore. Dixi, poenam debita cum celeritate factam, esse utilem; atque hoc ideo, quod quo minus temporis effluet inter poenam et crimen, eo magis homines crimen dicent esse caussam poenae, poenam autem effectum criminis. Poena sit certa et indubia, et quae nulla ratione euitari possit.

222. Fraenum scelerum certissimum est non seueritas poenae, sed si homines pro certo sciant eum, qui transgreditur leges, sine dubio poena affectum iri.

223. Certitudo mitioris sed ineuitabilis poenae altius imprimetur in animis hominum, quam timor saeuae poenae, cui adiuncta est spes eam effugiendi. Quo mitiores ac moderatiores erunt poenae, eo minus indigebunt misericordia et venia; nam tum leges ipsae sensum misericordiae prae se ferent.

224. In omnibus, quam longe patent, regni regionibus nullus sit oportet locus, qui non pendeat a legibus.

225. Omnis cura adhibenda est funditus tollendorum criminum, praesertim illorum, quae maiora hominibus damna inserunt. Ideoque methodi, quibus leges utuntur ad amouendos a sceleribus animos hominum, sint necesse est efficacissimae in omni genere facinorum exstirpando, habita nempe ratione, quantum sint ea contraria bono publico, nec minus etiam, quanta vi polleant ad pertrahendos in retia sua prauos vel imbecilles animos. Haec ratio est, cur poena crimini aequiparari debeat.

226. Si duo crimina inaequaliter ciuitatem lacdentia afficiuntur aequali poena, iniqua distributio poenarum pariet miram hanc contradictionem, quam nemo fere annotauit, quamquam illa saepe obueniat, scilicet leges rapere ad poenas crimina, quae ab iisdem ipsis legibus propullulauere.

227. Si eadem poena constituetur in eum, qui animal occidit, et in eum, qui interfecit hominem, vel qui scriptum aliquod magni momenti adulterauit, confinxit ve, non longa intercedet mora, cum homines nullum iam discrimen inter haec crimina ponent.

228. Agnita necessitudine et commodis, propter quae homines in societates coierunt, possumus crimina, initio sumto a maximis et procedendo ad minima, in seriem collocare; in qua grauissimum crimen erit id, quod tendit ad omnimodam disturbationem, et certo inde secuturam totius ciuitatis ruinam; leuissimum autem, minima offensio, quae uni alicui ciui fieri potest. Inter hos duos terminos continebuntur omnes actiones communi bono contrariae, quae criminum nomine veniunt, progrediendo paullatim a summo in hac serie gradu ad imum. Sufficiet si in classibus criminum, quas Nos capite septimo constituimus quatuor, designabuntur, seruatis gradibus et ordine, reprehensione dignae actiones secundum magnitudinem singularum ad unamquamque classem pertinentes.

229. Nos separata sectione capitis XX. diximus de criminibus, quae recta via sine ullis ambagibus tendunt ad ruinam ciuitatis, et quae spectant ad inferendum damnum capiti seu principi ciuitatis: haec sunt omnium grauissima; ratio est, quod illa magis reliquis omnibus sunt perniciosa societati. Nomen iis est inditum criminum perduellionis et maiestatis.

230. Hoc primum criminum genus sequuntur ea, quae in securitatem ciuium singulorum effreni seruntur impetu.

231. Nullo modo fieri potest, ut violans hoc ius non afficiatur aliqua graui poena. Scelestae machinationes in vitam et libertatem ciuium

pertinent ad numerum criminum maximorum; atque hoc sub vocabulo continentur non modo caedes a vulgo commissae, sed etiam eiusdem generis vis et violentia alicui illata a viris, cuiuscumque status et dignitatis illi fuerint.

232. Furta comitata vi et sine vi.

233. Iniuriae personales honorem ciuium laedentes, quae scilicet auferunt ciui iustam illam honoris et obseruantiae portionem, quam ille ab aliis flagitandi ius habet.

234. De duellis seu certaminibus singularibus haud inutile erit hic ea repetere, quae a plerisque affirmantur, et quae iam ab aliis scripto prodita sunt: scilicet optimum esse remedium ad praeuertenda haec crimina, punire irruentem in alterum, hoc est illum, qui ansam dat agendo duello, innocentem vero dicere eum, qui coactus est defendere honorem suum nulla data ad ineundum certamen singulare occasione.

235. Clanculum cum mercibus telonia praeteruehi cit alligare se aduersus ciuitatem furti. Crimen hoc originem suam traxit ex ipsa lege: nam quo maius vectigal seu portorium, et quo maiorem quaestum ex clam praetervectis mercibus capiendi spes est, eo violentius est irritamentum, quod maiora adhuc assumit augmenta, si facile perfici potest; quod fiet, si regio, in qua sunt stationes exigendis vectigalibus comparatae, ambitum habeat magnum, et si merces prohibitae aut vectigali subiectae sint quantitate paruae. Confiscatio prohibitarum mercium earum que, quae simul cum illis vectae sunt, iustissima est. Crimen hoc meretur graues poenas, quales sunt carcer et comprehensio personae naturae criminis conueniens. Non in eumdem carcerem includendus est ille, qui telonia fraudat, et qui hominem occidit, aut qui in regiis viis praedatur: aptissima poena fraudatori isti videtur esse labor in opere publico, computatus et adaequatus illi summae pecuniarum, qua telonium fraudare voluit.

236. De euersoribus mensae, siue de iis, qui cedunt foro cum non sint soluendo, mentio hic iniicienda est. Necessitas bonae fidei in contractibus et securitas mercantium flagitant a legislatore, ut constituat, quibus modis creditores debita sua consectari possint. Sed vafre cedens foro debitor distinguendus est ab homine probo, qui sine ulla fraude dissoluit argentariam. Dissolutor negotiorum suorum non fraudulentus, qui clara argumenta proferre potest, euersum se esse bonis et fortunis suis culpa debitorum promissis suis non stantium, iacturam ve rei familiaris perpessorum, vel ineuitabili quodam, nec praeuiso ab ingenio humano infortunio; eiusmodi inquam dissolutor non est tractandus

eadem cum reliquis, seueritate. Quas ob caussas includetis eum carceri? quare priuabitis eum libertate, uno tantum residuo ipsi bono? quam ob rem afficietis eum poenis soli sceleri debitis, et cogetis eum, ut poeniteat illum suae probitatis? Esto, si iis ita placet, putent aes alienum, quo ille obrutus ac oppressus est, tamquam indissolubile, donec creditoribus satis fiat; non permittant illi abire, quocumque velit, absque consensu eorum, quorum interest; adigant illum ut laborem, et industriam suam adhibeat, qua possit tandem aliquando nomina sua expungere: sed numquam ullum firmum argumentum reperiri potest, quod demonstraret iustam fore eam legem, quae priuaret illum libertate sine ulla inde proueniente utilitate creditoribus eius.

237. Possunt, opinor, numquam non discerni fraus scelerata et nesaria ab errore graui; grauis porro error a leui, et hic tandem a pura puta innocentia. Habita istarum rerum ratione poena quoque aequa singulis lege constituenda est.

238. Cautus et intelligens legislator potest obicem ponere plerisque vafris cessionibus e foro, et inuenire modos, quibus in usum inductis homo bonae fidei et exquisitae industriae pericula nec opinata poterit effugere vel auertere. Publicae tabulae, quibus ordine suo inscribuntur omnes mercatorum contractus, et data unicuique ciui sine ullo impedimento concessio inspiciendi et consulendi illas tabulas; mensa foenerationis publica per contributionem pecuniae sapienter in singulos negotiatores distributam instituta, ex qua possent sumere consentaneam aeris summam ad subleuandas rationes suas infortunati tametsi industrii negotiatores; haec inquam essent eiusmodi instituta, quae multa secum afferrent emolumenta et nullis incommodis negotiantes onerarent.

239. *Quaestio VIII*. Quae sunt efficacissima adminicula ad praevertenda crimina?

240. Longe melius est praeripere occasiones perficiendis criminibus, quam punire ea.

241. Praeuenire crimina est consilium et finis bonae legislationis, quae nihil aliud est, quam ars perducendi homines ad summum bonum, vel relinquendi in societate illorum, siquidem totum radicitus exterminari nequit, malum minimum.

242. Si prohibebimus multas actiones, quas Ethici medias solent vocare, non continebimus in arcto ope illius prohibitionis crimina, quae inde nasci possunt, sed fenestram aperiemus ad alia noua facinora.

243. Vultis ne anteuenire crimina? Facitote, ut leges non tam variis inter ciues ordinibus faueant, quam cuique ciui singillatim.

244. Facitote, ut homines vereantur leges, et praeter illas neminem metuant.

245. Vultis ne praenerti criminibus? Agite, ut lux scientiae collustrans animos hominum expandat radios suos longe late que.

246. Codex legum bonarum nil aliud est, quam coercitio damnosae licentiae, ne homo inferat malum sui similibus.

247. Super haec crimini occurretis, si virtus a vobis praemium referet.

248. Postremo fidissima sed et omnium difficillima via ad reddendos homines meliores est educatio liberaliter et quam potest diligentissime instituta.

249. Hoc capite inuenientur quaedam axiomata ex superius iam dictis repetita. Verum si quis animum attenderit, adhibita vel mediocri diligentia, facile perspiciet naturam rerum id efflagitasse a Nobis; ad hoc, multoties id repeti potest, quod debet esse utile generi humano.

CAPUT XI.

250.

OCIETAS ciuilis haud aliter, quam quaeuis alia institutio, eget certi ordinis. Necesse est, ut sint in ea alii, qui regant et imperent, alii, qui obediant.

251. Et haec est origo subiectionis seu seruitutis omnium generum. Seruitus haec minus magis ve grauis esse folet pro eo, ac est status seruientium.

252. Ideoque cum lex naturae iubeat nos pro viribus nostris curam suscipere prosperitatis omnium mortalium, Nostrum erit conditionem horum quoque hominum nobis parentium reddere leuiorem, quantum quidem id sana permittit ratio.

253. Sequitur hinc necesse esse, ut fugiamus occasiones abstrahendi homines in seruitutem, nisi extrema necessitas, id ut agamus, nos cogat, id que non propriae utilitatis, sed communis boni caussa; verum tamen haec quoque ratio vix ac ne vix quidem locum isthic obtinere potest.

254. Subiectio hominum sub alterius potestatem qualis qualis tandem illa sit, oportet, ut leges ciuiles ex parte una abusum servitutis arceant, ex altera vero praemuniant pericula, quae inde enasci possunt.

255. Infelix id regnum dici debet, sub quo necessitas impendet ferendi saeuas leges.

256. PETRUS I. anno 1722. sanciuit lege, ut dementes et saevi in subditos suos tradantur curae tutorum. Prima pars legis huius adhuc firma ac rata permanet, ab altera vero cur discessum sit, incertum est.

257. Lacedaemone serui ius suum in iudicio persequi non poterant; et sors illorum eo crudelior erat, quod illi non unius tantummodo ciuis, sed super his etiam totius rei publicae fuere serui.

258. Apud Romanos, cum vulnus illatum erat seruo, nil aliud curae erat, quam detrimentum factum domino. Tantidem aestimabatur vulnus illatum pecudi et seruo, nec de quaquam alia re deliberabatur, quam de imminutione pretii, atque id cedebat in utilitatem domini; nam de illo, qui damno affectus erat, susque deque.

259. Athenienses seuere puniebant eum, qui acerbe crudeliter que cum seruo agebat.

260. Libertas non est danda simul et pariter magno numero servorum.

261. Leges possunt aliquid statuere in sauorem peculii servorum.

262. Sed manum de tabula. Addimus hic tantum id: rei publicae administrationem naturae apprime congruam esse eam, cuius priuus tenor perquam optime respondet tenori populi, cuius caussa administratio illa instituitur.

263. Ad haec id quoque maximopere curandum est, ut obviam eatur caussis illis, quae servos saepe ab obedientia dominis suis praestanda transuersos egerunt; sed si caussae hae fuerint ignotae, similes tumultus legibus coërceri nequeunt; quamquam tranquillitas horum non minus quam illorum in hoc cardine versetur.

CAPUT XII.

264. *De auctu populi in imperio.*

265.

ROSSIA non solum numerum sufficientem incolarum non habet, verum etiam possidet immensas vastas que regiones, nec habitatas nec cultas. Ideo que non satis possumus reperire incitamentorum, quibus auctus populi in imperio promoueatur.

266. Rustici ex inito cum una matrimonio plerumque habent duodecim, quindecim immo non numquam viginti infantes; raro tamen et quartam eorum partem videmus adolescere, virilem que attingere aetatem. Necesse est omnino hic vitium quoddam latere vel in alimentis, vel in ratione vitae eorum, vel denique in educatione paruulorum, quod spem frustratur ciuitatis. Quam floridus vigor esset Nostrarum ditionum, si duce prudentia indagari possent remedia ad auertendam seu anticipandam hanc perniciem!

267. Huc accedit id quoque, ducentos scilicet iam annos esse praeterlapsos, ex quo morbus maioribus nostris ignotus ex America transmigrauit ad septemtriones, qui ruinam naturae humanae machinatur. Morbus hic spargit late per multas regiones tristia spectacula et perniciosa relinquit vestigia. Gerenda est cura sanitatis ciuium; quare prudentia suadet praecidere morbo huic ope legum viam, ne porro quaquauersum serpat.

268. Exemplum ei rei petere possumus ex legibus Mosis.

269. Ad haec videre mihi videor nouam illam rationem, qua nobiles seu patricii exigunt a rusticis tributa, esse obstaculo tam auctui populi in Rossia, quam etiam *agriculturae*. Domini praediorum, numquam visis, vel perfunctorie conspectis agris suis, imponunt rusticis tributi loco quotannis pendendos singulos, binos, immo etiam quinos nummos rubellos, nulla habita ratione, quibusnam modis isti acquirant has sibi pecunias.

270. Omnino necesse esset praescribi dominis praediorum legem, quae iuberet eos imponere tributa rusticis maiore cum circumspectione, atque eiusmodi ab illis tributa exigere, quae eos a domo et familia sua abesse non cogerent; id quod et agriculturam latius proferret, et numerum incolarum regni augeret.

271. Nunc autem non nulli rusticorum colonorum quindecim annis domo absunt, quotannis autem soluunt domino tributum suum, comparando ad id pecunias in urbibus longe a domo sua dissitis, et peruagando omnes fere regni huius ditiones.

272. Imperii prosperitas facile numerum ciuium auget.

273. Regiones pratis abundantes et rei pecuariae aptae, ut plurimum exiguo numero gaudent incolarum; nam pauci hominum studium illic et operam, cui vacent, reperire possunt: idoneae vero ad agriculturam terrae magno hominum numero praebent materiam laborum sat magnam.

274. Ubicumque est locus vitae hominibus commode agendae aptus, semper ibi numerus populi crescit.

275. Sed regio sub pondere tributorum gemens adeo, ut incolae eius industria et laboribus suis difficiliter victum sibi parare possint, per decursum annorum absque ullo dubio destituta erit ab incolis.

276. Sicubi homines id circo tantum sunt pauperes, quod degunt pressi grauitate legum, fundos que suos putant non tam esse accommodatos ad sustentationem illis praebendam, quam ad afferendam oppressionem, illic populus nulla potest augmenta capere. Illi ipsi sibi victum parare nequeunt; qui igitur fieri potest, ut animum applicent ad relinquendam partem alimentorum posteris suis? Illi morbis correpti, ipsi cura necessaria destituuntur; qui igitur fieri potest, ut sint solliciti in educandis paruulis suis aegris continuo morbo, scilicet infantia? Illi defodiunt in terram pecunias suas, pauent que eas in usum suum convertere; verentur ne videantur esse diuites; horrent ne diuitiae suae praebeant ansam ad vexandum eos et insectandum.

277. Multi occasionem captantes verba faciendi, sed destituti viribus diligenter penitus que perscrutandi id, quo de loquuntur, aiunt: *Quo maiore subditi viuunt in paupertate, eo numerosiores esse illorum familias.* Item que: *Quo maiora illis tributa imperantur, eo citius peruenire eos ad id, ut possint ea pendere.* Haec sunt duo sophismata, quae numquam non perniciem afferebant, et in posterum semper damna dabunt regnis Monarchicis.

278. Malum fere immedicabile est, si inopia in regno incolarum originem suam ducit per longam iam seriem annorum ab interno quodam mali regiminis vitio. Numerus hominum illic decreuit vi morbi clandestini nec obseruati, qui iam fere in naturam conuersus est. Nati in moerore, angoribus et miseriis, sub iugo violentiae, aut falsarum opinionum regimen illud agitantium, viderunt equidem decrementa et ruinam suam, caussam autem desectionis et occasus sui videre illus saepe numero non licuit.

279. Ut consulatur rationibus regni ad hunc modum incolis denudati, frustra exspectabimus auxilium, quod ferre potest huic hominum inopiae proles in posterum oritura. Spes haec plane hic locum habere nequit. Homines in desertis campis viuentes carent industria et stimulis eam excitantibus. Campi illi, qui populo toti dare possent sufficientem victum, vix uni familiae eum suppeditant. Plebs proletaria in his regionibus non habent partem sibi ullam istius etiam paupertatis, id est terrarum numquam aratro subactarum, quarum ibi permagnus est numerus. Quidam primores populi, vel rex ipse pedetentim acceperunt in possessionem omnes has vastas regiones cultoribus destitutas; familiae colonorum fortunis suis prouolutae

reliquerunt illis eas terras ad pascua, industrii vero et laboriosi viri nil habent.

280. Rebus ita se habentibus oporteret in omni ea terrarum vastitate id agere, quod Romani in una ditionum suarum parte agebant; in colonorum inopia convertere animum ad id, quod illi in copia eorum suscipiebant: dividere agros omnibus familiis, quae nullos habent, subministrare illis adminicula ad proscindendos et excolendos eos. Partitio haec instituenda est, quam primum reperiri possunt homines id operis in se suscepturi ita, ut nullum praetermittatur tempus ad incipiendam culturam agrorum.

281. Iulius Caesar praemiis afficiebat eos, quibus multi erant nati unfantes. Leges Augusti longe maiorem vim hac in re adhibebant. Poenam ille statuit in viventes in caelibatu, et auxit praemia ducentibus uxores et habentibus prolem. Verum leges hae erant contrariae regulis, quas orthodoxa nobis praescripsit religio.

282. Sunt quaedam regiones, ubi matrimonio iunctis leges concesserunt nonnulla commoda. Exempli gratia, praefectos vicis, et qui illis in rebus gerendis adsunt, legi ex sociatis connubio oportet. Caelebs et prole carens nequit esse patronus caussarum, et in numerum iudicum paganorum adscisci nequit. Qui prole gaudet numerosiore, is inter illos iudices priorem occupat locum. Rusticorum ille, cui plures sunt, quam quinque, filii, nulla iam tributa pendit.

283. Caelibes apud Romanos, si quid ipsis ab alienis legatum fuerat, hereditatem illam cernere non poterant: iuncti vero matrimonio, sed prole orbi, plus dimidia parte non accipiebant.

284. Commoda, quae vir et uxor vicissim ex mutuis testamentis capere poterant, praefinita erant lege. Poterant illi alter alteri relinquere testamento omnia bona sua, si illis communes erant liberi: quodsi liberis carebant, ex hereditate defuncti decimam tantum partem accipere poterat alter propter matrimonium, quo illi erant iuncti. Quodsi liberi alicui eorum supererant ex connubio priore, alter alteri pro numero liberorum decimam quamque hereditatis partem testamento legare poterant.

285. Viro, qui aberat ab uxore non rei publicae caussa, sed alias quascumque ob rationes, hereditatem uxoris suae adipisci, non licebat.

286. Quibusdam in ditionibus constitutum est certum quoddam stipendium habentibus decem liberos, maius autem illis, qui habent duodecim. Verum tamen non id agitur, ut praemiis afficiatur secunditas insolita: oportebat vitae eorum dari plura, quantum quidem id fieri

potest, commoda; scilicet danda erant industriis et laboriosis hominibus subsidia, quibus possent sibi et familiae suae facilius victum parare.

287. Temperantia seu castitas populi uniuersi mirum quantum promouet augmenta populi.

288. Cunctarum fere legum peruulgatus mos est iubere, ut parentes matrimonio iungant liberos suos. Sed quid inde orietur, si vis et auaritia ad id usque pervenient, ut per iniuriam arrogent sibi hoc ius parentum? Oportet dari parentibus incitamenta ad iungendum liberos suos matrimonio; neque adimi ipsis libertatem iungendi matrimonio liberos pro eo, ac ipsis visum fuerit.

289. Maxime necessaria et magni ponderis res est, semel certissimam clarissimam que praescribere regulam, quae doceret, quo in gradu consanguinitatis matrimonium inire concessum est, et in quo consanguinitatis gradu contrahere matrimonium est vetitum.

290. Sunt regna, in quibus lex, deficientibus incolis, donat ciuitatem etiam alienigenis vel spuriis, vel qui nati sunt matre tantum ciue. Verum cum numerus ciuium regni illius hoc vel illo modo satis auctus fuerit, postea morem hunc amplius non servant.

291. Fera et agrestis gens in Canada captiuos igne comburunt. Sed si quae sunt inhabitata apud eos mapalia, quae illi captiuis tradere possunt, tradunt ea, et captiuos in gentem suam adsciscunt.

292. Sunt populi, qui, subiectis sibi bello aliis ditionibus, contrahunt matrimonia cum deuictis, eo que binas maximi ponderis res conficiunt, id est populum deuictum secum firmissimo nodo vinciunt, sui vero populi incrementa augent.

CAPUT XIII.

293. *De Opificiis et mercatura.*

294.

BI numquam scitum et venustum opificium vigere, nec mercatura firmo pede stare potest, ubi cultura agrorum contemta iacet, aut non ea, qua decet, industria exercetur.

295. Agricultura illic florere nequit, ubi nemo quidquam peculii habet.

296. Id, quod dictum est, nititur argumento nullam in se perplexitatem continente: «Quisque mortalium maiore cum diligentia curat ea, quae sua sunt, quam quae aliena; nec ulla tangitur sollicitudine rerum, quas sibi ablatum iri arbitratur».

297. Maximus homini labor est agros colere: quo magis clima caeli deterret homines sub eo uiuentes ab isto labore, eo magis leges debent eos excitare ad illum subeundum.

298. Apud Sinas Imperator quotannis certior fit de illo agricola, qui in regno eius omnes reliquos in arte sua longe post se reliquit, ornat que eum dignitate, quae octauae classi honorum apud illos usitatorum respondet. Princeps iste Sinicus quotannis cum magnifico apparatu orditur proscindere aratro terram ipse suis manibus.

299. Non perperam res esset constituta, si darentur praemia colonis, qui agros suos prae ceteris ad meliorem frugem ferendam reddidere aptos;

300. Item que opificibus, qui in arte sua ostenderunt operam et industriam longe aliis excellentiorem.

301. Institutum hoc ubique terrarum et gentium pariet ingentes profectus. Nostro quoque aeuo exploratum est utile id fuisse ad condendas magni momenti officinas.

302. Quibusdam in regionibus in unaquaque rurali paroecia sunt libri, iussu magistratuum excusi typis, materiem colendorum agrorum in se continentes, quos consulere cuique rusticorum in obortis dubiis permissum est.

303. Sunt gentes desides et inertes. Ad pellendam ex incolis desidiam, quae originem suam trahit a caelo, sub quo uiuunt, eius modi leges illic condi oportet, quae defugientibus labores adimant omnia parandorum sibi alimentorum adminicula.

304. Quaeuis gens pigra in communi vita inflatos superbia gerere consueuit spiritus; quoniam qui ab opere et labore sunt vacui, autumant se quodam modo esse dominos eorum, qui funguntur laboribus.

305. Gentes in otio ac socordia submersae, ut plurimum solent esse superbae. Quid si effectus insurgat aduersus caussam, quae illum producit, et ignauiam profliget, penitus que conficiat superbia?

306. Sed aemulatio laudis et capido gloriae tam firmum est fulcrum regendis ciuitatibus, quam plena periculi est superbia. Ad eliciendam hac in re persuasionem oportet ex altera parte ponere ob oculos infinitum numerum bonorum, ex studio gloriae oriundorum: hinc nascitur industria, scientia rerum et artes, ciuilitas morum et elegantia, vel ille,

qui dicitur nunc gustus seu sapor pulcri; ex altera vero innumeram multitudinem malorum, quae gignit superbia quorumdam populorum: isthinc exsistunt pigrities, paupertas, contemtus et odium rerum omnium, deletio gentium, forte fortuna in potestatem illorum redactarum, ac tandem eorum quoque ipsorum interitus.

307. Superbia abducit homines a suscipiendis laboribus, cupiditas vero gloriae calcar addit ad discendum, qui possit labor et opera unius palmam aliis praeripere.

308. Inspicite diligenter vitam omnium populorum, videbitis plerumque arrogantiam, superbiam que in iis pari passu cum desidia ambulare.

309. Achimenses Sumatrae insulac et superbi sunt et desidiosi. Cui seruus illic deest, is conducit argento baiulum, qui sacculum oryza plenum vel duo tantum sextarios in se habentem ferat, etiam si non plus quam centum passus essent faciendi. Probrum scilicet is sibi inustum iri opinaretur, qui id ipse manibus suis ferret.

310. In India feminae pudori sibi ducunt litteris quoque elementaris imbui. Labor hic, inquiunt illae, sernos decet; qui hymnos apud eos in templis canunt.

311. Homo non idcirco est pauper, quod nihil habet, sed propterea quod labores fugit. Qui nullius quidem fundi est dominus, sed vacat operi, is iisdem vitae commodis fruitur, quibus ille, qui reditu centum numorum rubellorum gaudet, sed nulti operi admouet manum.

312. Opifex, qui in arte sua erudiuit filios suos, eam que solam illis reliquit hereditatem, dedit iis fundum eismodi, qui crescit et augetur pro numero filiorum.

313. Agrorum cultura est primus labor et opus praecipuum, ad quod agendum homines excitandi sunt. Secundum locum tenet opificium, cuius materies sunt res in patria natae.

314. Machinae, opificum laborem decurtantes, non semper sunt utiles: si quid opera manuaria factum tanto venit pretio, quantum emtori simul et opifici sufficit, tum machinae seu instrumenta decurtantia labores, id est minuentia numerum operariorum in ciuitate populosa noxam dabunt.

315. Verum tamen distinguenda sunt ea, quae consiciuntur in usum cuitatis, ab iis quae ad exportandum in exteras regiones fabricantur.

316. Machinae opificiis numquam satis magna praebere possunt auxilia in elaborandis rebus, quae ad exteras exportantur nationcs, quas illae accipiunt vel accipere possunt eiusdem notae etiam a vicinis, immo et aliis populis, praesertim in situ imperii nostri.

317. Mercatura illinc fugit, ubi premitur; et sedem figit ibi, ubi quietem eius non est, qui turbet.

318. Athenae tantam mercaturam non faciebant, quantam promittebant illis labores seruorum, magnus numerus nauigantium, imperium, quod in Graecas urbes obtinebant, et quod maximum est, pulcherrima instituta Solonis.

319. Multis in ciuitatibus, ubi omnia sunt publicanis elocata, administratio redituum reipublicae pessumdat penitus mercaturam iniustitia, vexationibus et exactionibus inusitatis. Verum administratio ista euertit mercaturam ante, quam ad haec mala peruentum sit, difficultatibus, quae in ea adinueniuntur, et forma rerum gerendarum, quae ab ea praescribitur.

320. Aliis in locis, ubi vectigalia administrantur a praefectis fidem publicam nactis, mercatura sentit innumera commoda. Scriptura unius verbi magna negotia ad finem perducit. Non est necesse, ut mercator incassum terat tempus, habeat que certos curatores, qui negotia facessita a publicanis diluat, vel morem iis gerat.

321. Libertas mercaturae non ea est, quae negotiatoribus permittit omnia agere, quaecumque iis in mentem venerint; haec esset illius seruitus. Id quod adstringit mercatorem, non adstringit mercaturam. In ciuitatibus liberis negotiator inuenit innumeros obices; ubi vero seruitus introducta est, ibi ille numquam tot vinculis legum nexus est. Anglia vetat euehere extra limites lanam; alia lege iubet aduehi carbones in urbem, reginam apud eos ceterarum, mari; neque concedit, ut equi idonei equitio inde in exteras educantur regiones; naues, quae ex coloniis illorum in America sitis veniunt cum mercibus in Europam, stent oportet in ancoris prius in Anglia. His et his similibus coercet illa mercatorem, verum bono et commodo mercaturae.

322. Ubi mercatura exercetur, ibi vectigalia seu telonia quoque instituta sunt.

323. Mercatura habet ante oculos euectionem et inductionem mercium ad utilitatem imperii; teloniorum scopus est certum aliquod tributum ex hac euectione et inductione mercium item ad utilitatem imperii. Idcirco oportet ut respublica inter telonia et mercaturam semper medium teneat locum, talia que det instituta, ne hae binae res altera alteram impediat implicet que. Enim vero tunc illic homines fruuntur libertate mercaturae.

324. Anglia nullum habet indicem portorii, quod pro singulis mercimoniis soluitur, firmatum pacto cum aliis nationibus. Solutio pro

mercibus portorii apud eos mutatur omni tempore, quo sessiones supremi illorum senatus habentur; dum in eo noua vectigalia imponuntur, alia vetera demuntur. Cum infinitam illa semper suspicionem habeat, caueat que, ne mercatura ab alienigenis in ditionibus eius exerceatur, raro idcirco cum aliis populis foedera iungit, nec ab ullis aliis, quam suis dependet legibus.

325. In quibusdam ciuitatibus leges sancitae sunt apprime idoneae ad debilitandas illas respublicas, quae oeconomicam exercent mercaturam. Vetitum est iis scilicet alias aportare illuc merces praeter crudas, eas que oportet esse natiuas illarum regionum, neque permissum est illis venire eo cum mercibus in aliis nauibus, nisi quae constructae sunt in iis terris, unde merces apportantur.

326. Respublica, quae has imponit leges, sit oportet tali in statu, ut facile possit ipsa sine aliorum ope mercaturam exercere; alioquin illa sibi par damnum inferet. Melius est rem habere tali cum populo, qui haud multum exigit, et qui necessitate mercaturae faciendae quodam modo ipse nobiscum iunctus est; tali inquam cum populo, qui pro amplitudine consiliorum et actionum suarum scit, quo superfluae merces mittendae sunt; qui diues est, et multa in usum suum sumere potest; qui praesentibus numis merces emit; qui coactus est, ut ita dicam, fidem seruare; qui amans est pacis, sensu que eius penitus imbutus est; qui vult quaestu, non victoriis seu bello viuere; melius, iterum dico, tali cum populo rem habere, quam cum aliis perpetuis aemulis, qui haec commoda numquam dabunt.

327. Eo minus ciuitati, quaecumque ea sit, id agendum est, ut omnes suas merces vendat uni alicui populo sub eo praetextu, quod ille emet omnes merces certo pretio.

328. Verissima regula est, nullum populum excludi oportere ab libera commercandi facultate sine grauibus caussis.

329. Multis in regnis instituta est optimo cum successu foeneratio publica, quae sine detrimento existimationis suae adinvenit noua pretiorum signa, ea que sparsit per manus hominum nullum inde periculum iam timentium. Sed in Monarchia, ut eo maior fides eiusmodi institutis adhibeatur, oportet foenerationes has publicas adiungi ad fundationes sanctitate conspicuas, quae a tribunalibus iudicum non pendent, et priuilegiis munitae sunt, quas nemo potest, nec debet violare, quales sunt: nosocomia, orphanotrophia et reliqua; ut scilicet omnium animos firma teneat persuasio, Principem in pecunias has manum suam non esse illaturum umquam, nec commissurum, ut fides harum fundationum cadat.

330. Quidam insignis de legibus scriptor tradit sequentia. «Homines permoti more in quibusdam imperiis obtinente putant necesse esse dari leges, quae excitent nobiles seu patricios ad exercendam mercaturam. Hic esset modus aptissimus ad euertendum radicitus patriciatum sine ulla utilitate mercaturae inde euentura. Rationi consentaneus est illorum regnorum mos, qui mercatores in ordine nobilium non numerat, sed permittit illis, ut possint intrare in eum ordinem: habent illi spem, futuros se esse patricios, cum nulla obuiam sint ipsis hac in re obstacula; nulla illis alia tutior patet via ad transeundum ex statu plebeiorum in ordinem patriciorum, quam urbana munera obire summopere diligenter, vel felices in iis habere successus; quibus cum rebus diuitiae et a abundantia semper coniunctae sunt. Natura mercaturae non patitur, ut nobiles eam in Monarchia exerceant. Pernicies inde certa urbium consequetur, ut censent Honorius et Theodosius imperatores, et facilitas illa emendi, vendendi que merces, mercatores inter et infimam plebem periret. Natura quoque Monarchiae non patitur, ut in ea negotia mercatorum gerant patricii. Usus quadam in ciuitate, qui permisit, ut nobiles negotiarentur, ad eas res spectat, quae magna praebuerunt adminicula ad infirmandum id regimen, quod prius illic obtinebat».

331. Sunt, qui contrariam huic fouent opinionem, autumant que patriciis a muneribus reipublicae vacuis posse concedi, ut mercaturam faciant, ea tamen lege, ut subiiciant se legibus mercaturam spectantibus omnibus in rebus.

332. Theophilus visa naui plena mercium, quae erant coniugis ipsius Theodorae, iussit nauim comburi. Ego sum, inquit, Imperator; tu autem me facis nauclerum. Qui igitur homines miseri vitam, suam sustentabunt, si nos munera eorum geremus, alimentaque ipsis praeripiemus? Poterat ille his adiungere: Quis nos continebit, si nos rerum mancipes esse velimus? Ecquis nos cogere potest pactis conuentis stare? Negotia, quae nos habebimus, videntes aulici et proceres, concupiscent ipsi quoque gerere; auidiores illi ad res suas et commoda, iniustiores que erunt. Populus confidit iustitiae nostrae non nostris diuitiis. Tot tributa, quae pendentibus grauia sunt, manifesto testantur nos premi necessitatibus.

333. Initio, quuum Lusitani et Castilienses imperio suo adiecerunt Orientales Indias, mercatura illic tam dites habebat ramos, ut apprehendere illos, ipsi quoque Reges victores in animum inducerent. Quo facto coloniae, in illum terrarum orbem deductae, magno multatae sunt damno. Praefectus Regius Goae variis hominibus dedit priuilegia

exclusiua. Nemo eiusmodi Satrapis fidit: mercatura ob frequentem permutationem hominum, quibus illa committebatur, corruit: nemo curam huius mercaturae gerit, parui que vel nihili pendit, tradere eam successori suo radicitus euersam: quaestus ex ea ad paucorum hominum peruenit manus, nec late spargitur.

334. Solon legem tulit Athenis, ne arriperentur in custodiam ciues ob debita ciuilia. Lex ista satis bona est in caussis ciuilibus ordinariis; verum tamen est ratio, quae adigit nos, ne locum lex ista habeat in rebus ad mercaturam spectantibus. Mercatores enim saepe necessitate coguntur magnam pecuniam alicui concredere ad tempus perexiguum, dare illam & rursus accipere; ideo debitor exsequatur pacta sua semper constituto tempore necesse est, id ipsum iam ius apprehensionis praesumit. In caussis, quae ex contractibus ciuilibus ordinariis scripto consignatis nascuntur, non oportet, ut lex statuat apprehensionem illam; atque hoc ideo, quod illa magis nocet libertati ciuium, quam promouet commoda illorum; sed in pactis, ad mercatorum negotia spectantibus, lex habeat necesse est ob oculos magis commoda totius civitatis, quam libertatem unius civis. Sed haec tamen non excludunt usum circumscriptionum et limitationum, quas iure suo exigere potest humanitas et bona constitutio ciuilis.

335. Geneuensis lex laudem meretur non exiguam, quae a magistratu gerendo et a dignitate senatoria arcet liberos eorum, qui vixerunt, vel mortui sunt, non dissoluto aere alieno, nisi illi satisfecerint creditoribus, nomina que patrum suorum de tabula expunxerint. Vis legis huius tuetur fidem mercatorum, magistratuum, ipsius que urbis: priua cuiusque in illa urbe fides obtinet vim communis totius populi fidei.

336. Rhodii plus etiam faciebant. Filius apud eos coactus erat aes alienum a patre contractum dissoluere, etiamsi hereditatem patris adire noluerit. Lex Rhodia lata est in ciuitate, euius salus incolumitate commerciorum innitebatur; quare ipsa natura mercaturae flagitabat, ut adderetur legi huic sequens limitatio: ne scilicet aes alienum a patre contractum postea, quam iam filius coepit ipse exercere mercaturam, bonis a filio partis fraudi esset, ne ve deuoraret ea. Mercator norit sem per pacta sua, et pro portione bonorum suorum gerat se omni tempore necessum est.

337. Xenophon iubet praemio affici praefectos mercaturae, qui lites in ea obuenientes citius dirimunt. Scilicet vidit diiudicationem litis verbis factam summopere esse necessariam.

338. Lites in mercatura obviae parum rituum et formularum iudicialium possunt sustinere. Illae sunt quotidianae rerum constituentium mercaturam agitationes, quibus aliae eiusdem generis indesinenter unoquoque die succedunt; qua re etiam sedendae sunt hae controuersiae quotidie. Longe alia ratio est rerum in vita communi obuenientium, quae cum futuro hominum statu arcto sunt iunctae vinculo, sed tamen admodum raro accidunt. Exempli gratia ducunt uxores, et nubunt viris plus una vice raro; non omnibus diebus faciunt testamenta vel donationes; maiorennem fieri plus quam semel nemini licet.

339. Plato ait, in urbe, ubi nulla maritima mercatura exercetur, numerum ciuilium legum oportere esse dimidia parte minorem: id que iure merito. Mercatura cogit in unum locum variarum gentium populos, magnum numerum contractuum seu pactorum, diuersa genera bonorum, modos que acquirendi ea. Hinc sequitur in emporio esse pauciores iudices et plures leges.

340. Ius Principi adiudicans hereditatem bonorum peregrini in ditionibus illius demortui, etiamsi heres huic sit superstes; item ius atribuens Principi vel subditis totum onus nauis in litoribus fractae, non solum pugnant cum sana ratione, sed et humanitati sunt contraria.

341. Magna charta in Anglia vetat occupari fundos et reditus debitoris, si bona illius mobilia vel personalia sufficiunt aeri alieno foluendo, atque fi ille ipfe non it infitias reddere ea creditoribus: Omnis generis bona tunc apud Anglos praesentium numorum vim habere putabantur. Charta haec non obstat, quin fundi et reditus Anglorum sint itidem instar praesentis pecuniae, quem ad modum alia quoque bona; sententia illius tendit ad propulsandas iniurias, quas saeuitia creditorum inferre potest. Aequitas vim patitur, cum occupatio bonorum propter debita laedit exsuperantia sua securitatem, quam unusquisque iusto titulo postulare potest; praeterea que si bona unius generis sufficiunt soluendo aeri alieno, nulla subest ratio, quae moueat ad occupanda alterius generis bona. Quando vero fundi et reditus tum occupantur, quum desunt alia bona, quae creditoribus satisfacere possint, ne illi quidem excludi debere videntur e numero signorum praesentes numos denotantium.

342. Experimentum auri, argenti, aeris in moneta, item flatio seu cusio, et internum pretium monetae, ut semel instituta sunt, maneant sine ulla mutatione, nec ab iis discedere ulla nos moveat ratio; nam

que omnis mutatio monetae fidem totius ciuitatis eleuat. Nihil tam sit ab immutatione alienum, quam ea res, quae est communis mensura omnium rerum. Ipsa natura mercaturae est admodum anceps et incerta; quapropter malum maiora caperet augmenta, si ad ea, quae ipsa per se in ambiguo posita sunt, accederent etiam ancipites varii que casus alii.

343. In quibusdam ditionibus latae sunt leges vetantes ciues suos, vendere fundos suos, ne scilicet illi hac ratione transferre possint pecunias suas in terras exteras. Leges hae possunt esse efficaces tum, cum diuitiae cuiusque regni propriae illi sunt adeo, ut magna intercedat difficultas, si quis eas aliorsum transferre velit. Sed post quam propter litteras cambiales passim institutas diuitiae iam nulli ciuitati priuae et propriae esse possunt, cum que eas transferre ex una ditione in aliam, admodum sit facile; praua lex ista dicenda est, quae non permittit statuere de fundis suis, ut cuique lubet, in agenda ratione rerum suarum, quum dispositio pecuniarum fieri possit pro lubitu cuiusque. Vitium legis huius hinc quoque manifestum est, quod primas partes tribuit illa bonis mobilibus, immobilibus autem postremas; quod exteros deterret a proposito figendi sedes suas in istius modi regionibus; et tandem quod vim eius eludere praeuaricatores facile possunt.

344. Si quis vetat agere id, quod a natura permissum est, vel quod ineuitabilis rerum series postulat, is nil efficiet aliud, quam notabit infamia eos, qui talia faciunt.

345. In regionibus mercaturae deditis, ubi multi nullum praeter artem suam habent peculium, magistratibus saepe incumbit cura praebendorum auxiliorum, decrepitis, aegris et orphanis proprter indigentiam eorum. Politia seu disciplina regni bene constituti victum iis suppeditat ex ipsis his artibus: cogunt quippe alios operam nauare, vires eorum non exsuperantem, alios docent operum atque artificiorum initia, quod iam ipsum opus esse censendum est.

346. Dare stipem pauperi per vicos urbis mendicanti, nequit haberi pro defunctione muneris, quod summo rei publicae magistratui incumbit; hoc enim in eo consistit, ut omnibus ciuibus suppeditetur sustentatio certa, alimenta, decens habitus, et genus vitae sanitati hominum non noxium.

CAPUT XIV.

347. *De Educatione.*

348.

PRAECEPTA educationis sunt prima fundamenta, quae in animis futurorum ciuium ponuntur, quibus que omnis reliqua eorum superstruitur vita.

349. Unamquamque singillatim familiam regi oportet ad exemplar familiae magnae, continentis in se omnes priuas familias.

350. Fieri nequit, ut numeroso populo communis detur educatio, et iuuentus omnis in seminariis doctrinarum de industria ad id institutis enutriatur: quare operae pretium erit ponere hic quaedam effata generalia, quae pro consilio inseruire possunt omnibus simul parentibus.

1.

351. Cuiusque parentis officium est, ut doceat liberos suos timorem Dei, qui principium est omnis sapientiae, et ut plantet in animis eorum omnia officia, quae Deus a nobis exigit in decalogo, atque orthodoxa orientalis Graeca religio nostra in canonibus, ceteris que suis traditionibus.

352. Item ut instillet iis amorem patriae, et assuefaciat eos ad praestandam obedientiam sancitis legibus ciuilibus, magistratibus autem patriae suae reuerentiam; quippe qui secundum voluntatem supremi Numinis curam gerunt, ut sit iis bene hac in terra.

2.

353. Parentes oportet in praesentia liberorum abstinere non modo a factis, sed etiam a dictis iniustitiam et violentiam redolentibus, qualia sunt: verba contumeliosa, deuotio diris, verbera, crudelitas omnis et his similia. Nec permittant iis quoque, qui comites et custodes sunt liberorum, ut eius modi praua dent exempla iuuentuti.

3.

354. Interdicant seuere liberis, et qui circa eos versantur, ne mentiantur vel ioco; nam mendacium vitiorum omnium est pestilentissimum.

355. Addimus hic monitum unicuique singillatim, quod iam typis excusum, quod que communis instar est regulae, quam damus institutis

iam, et in posterum instituendis auspicio Nostro educationis liberorum gratia, doctrinarum seminariis, immo toti ciuium societati.

356. «Animis iuuentutis instillanda sunt praecepta pietatis seu timoris Dei; pectora eorum imbuenda sunt propensione ad omnia praeclara; danda iis praecepta solida et conditioni eorum accommoda; impellendi sunt in cupiditatem subeundorum laborum; deterrendi ab otio et inertia, qui fons est omnis mali et omnium errorum; erudiendi, ut actiones et colloquia habeant, quae eos deceant; instituendi in ciuilitate morum, decoro obseruando; commouendi, ut doleant vices miserorum, infortunatorum; a proteruitate et ferocia auertendi; docendi, ut curent rem familiarem, omnes que illius partes iis comonstrandae, et quae inde, quantaque commoda nascantur; abducendi a prodigalitate et dilapidatione bonorum; praesertim ad munditiem et elegantiam non solum sui sed et eorum, qui eos cognatione aliqua aut fami liaritate contingunt, omnibus modis sunt excitandi: Verbo, instruendi sunt in omnibus virtutibus, omnibus que iis rebus, quae propriae sunt bonae educationi, quae in posterum eis nomen verorum patriae ciuium comparare possunt, quae reddent eos utiles societati, et quae decus atque ornamentum patriae per eos conciliabunt».

CAPUT XV.

357. *De Patriciatu.*

358.

GRICOLAE rura et villas incolunt, colunt que terram, quae fert fruges et dat alimenta hominibus cuiusque status et conditionis: et haec est sors eorum.

359. In urbibus habitant oppidani seu ciues urbici, qui exercent operas manuarias, faciunt mercaturam, artes et doctrinae studia excolunt.

360. Patriciatus seu nobilitas est titulus honoris, quo distinguuntur a ceteris illi, qui eo sunt condecorati.

361. Hominum alii aliis virtute excellebant, ad haec et merita quorumdam inter eos eminebant. Hinc antiquitus consuetudo inualuit, claros virtutibus, et meritis conspicuos, ab reliquis secernere, dato iis hoc honoris titulo: atque institutum cst, ut fruerentur illi variis praerogatiuis, quarum fundamentum sunt istae superius commemoratae principes propositiones.

362. Ulterius etiam hac in re processere. Lex posuit modos, quibus haec dignitas ab Imperante comparari possit; designauit etiam actiones, quibus eadem amittitur.

363. Virtus et merita educunt homines ad gradum patriciatus.

364. Virtus et honos sint oportet norma patriciorum, quae dirigat eos ad amorem patriae, ad feruens desiderium nauandi operam fortem et strenuam reipublicae, ad obedientiam et fidem praestandam Principi; et quae cogitationes illorum numquam non conuertat ad id, ne quid improbum, ne quid probrosum agant, machinentur ve.

365. Pauca sunt, quae magis ad honores consequendos ducunt, quam militia. Tutari rem publicam, prosternere inimicos illius, est praecipuum ius et munus decens patricios.

366. Quamquam vero ars militaris est primus antiquissimus que aditus ad dignitatem patricii adipiscendam; quamquam bellicae virtutes summopere necessariae sunt ad sartum tectum ab omni periculo conseruandum statum imperii;

367. Verum tamen iuris quoque dictio et disciplina legum non minus necessaria est tam pacis, quam belli tempore, qua sublata imperium quoque praeceps rueret.

368. Hinc sequitur, hanc quoque artem non solum decere patricios, sed et dignitatem istam comparari posse virtutibus ciuilibus ad eumdem plane modum, quo comparatur virtute bellica.

369. Inde rursus consequetur, nemini posse adimi patriciatum, nisi qui ipse sibi illum ademit factis suis huic diguitati contrariis, atque sic effecit, ut indignus fieret, qui hunc titulum gestaret.

370. Iam que honor et conseruatio purae ab omni labe patriciorum dignitatis flagitant, ut eiusmodi homo, actionibus suis fundamentum ordinis sui subruens, post conuictionem e numero patriciorum eiiciatur, et patriciatu priuetur.

371. Actiones vero contrariae patriciorum ordini sunt: perduellio, latrocinium, furtum omnis generis, periurium, non praestatio promissorum, falsum testimonium, quod quis ipse dat, alios ve dare persuadet, adulteratio vel confictio scripti publici, alius ve huic similis:

372. Verbo omnis fraus cum honestate pugnans, praesertim vero eae actiones, quas contemtio et despectus sequitur.

373. Conseruatio vero ad amussim honoris consistit in amore patriae, in obseruandis omnibus legibus et officiis. Unde consequetur

374. Laus et gloria, redundabit que praecipue in eam stirpem, quae inter maiores suos numerare potest plures eius modi viros, qui

erant condecorati virtutibus, honore, meritis, fide atque amore erga patriam suam, consequenter et erga Principem.

375. Praerogatiuae vero patriciorum nitantur oportet omnes in superius memoratis primis thesibus, quibus natura et substantia dignitatis patriciorum expressa est.

CAPUT XVI.

376. *De medio ordine ciuium.*

377.

DIXI Cap. XV. *In urbibus babitare oppidanos, qui exercent operas manuarias, faciunt mercaturam, artes et doctrinae studia excolunt.* Quo in regno patriciatus institutus est secundum regulas capite XV. praescriptas, illic operae pretium erit formare innitens bonis moribus et laboris studio, ad ea que perducens institutum, quo fruentur ii, de quibus hic sermo est.

378. Hic ordo ciuium, quo de nunc dicendum est, et a quo res imperii huius publica multa bona exspectat, si modo firma, innitens bonis moribus et ad diligentiam excitans, fiat constitutio, est ordo medius.

379. Fruitur ille libertate, sed non annumeratur patriciis, nec item agricolis.

380. Ad hunc ordinem omnes ii referantur necesse est, qui, cum nec sint patricii nec agricolae, excolunt artes, versantur in naturae rerum scientia, dedunt se nauigationi, mercaturae et operis manuariis;

381. Praeterea omnes quoque ii, qui non habentes patriciatum prodibunt ex omnibus, auspicio Nostro et Praedecessorum Nostrorum fundatis, soholis et tecnotrophiis, quacumque demum scholae illae appellatione gaudeant, seu sacra, seu profana;

382. Item que liberi scribarum in tribunalibus et cancellariis. Cum que hic tertiu, inter patricios et agricolas constitutus, ordo habeat diuersos gradus praerogatiuarum, Nos supersedemus enumerationi eorum, et monstramus tantummodo viam ad instituendam hac de re disquisitionem.

383. Cum fundamenta, quibus superstructur hic medius civium ordo, erunt boni mores atque laboris studium; discessio ab his regulis secum sine dubio feret exclusionem ex eo; exempli caussa, persidia,

promissorum suorum non exsolutio, praesertim si per negligentiam vel fraudem committatur.

CAPUT XVII.

384. *De urbibus.*

385.

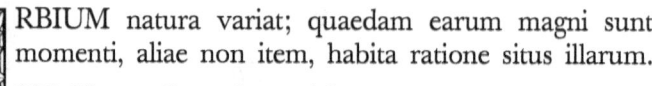RBIUM natura variat; quaedam earum magni sunt momenti, aliae non item, habita ratione situs illarum.

386. Non nullae urbes celebres sunt mercatura, siue in navibus, sine itinere terrestri ea fiat.

387. In aliis merces allatae reponuntur tantum ideo, ut eas inde alio transportari liceat.

388. Sunt alliae, quo venum solummodo apportantur fruges terrae a colonis huius illius ve tractus seu pagi.

389. Haec floret celebritate fabricarum.

390. Illa adiacens mari complectitur omnes istas et alias insuper opportunitates.

391. Aliquae ad nundinarium forum accommodatae sunt.

392. Aliae sunt sedes ac domicilia imperii, et cetera.

393. Quamquam urbes seu oppida inter se, quod ad situm et conditionem eorum attinet, multum diserepent, id tamen omnes commune habent, ut illis una eadem que lex necessario ponatur, quae definiat: quid sit urbs, quis pro incola seu habitatore urbis habeatur, qui sint, qui ciuitatem constituant in ea urbe, qui sint, ad quos commoda ex natura loci illius prouenientia redundare debeant, et quo modo quis in numerum incolarum urbis cooptari possit?

394. Hinc sequetur, eos quorum interest, urbem saluam esse, cum scilicet illi domum et facultates suas in ea habeant, appellari debere ciues urbicos siue oppidanos. Hos oportet suae ipsorum salutis, ciuilis que securitatis ergo ad vitam, opes et sanitatem spectantis, pendere varia tributa, ut possint his commodis frui, opibus que suis sine ullo obstaculo pro re nata uti.

395. Qui hoc commune, ut sic dicam, pignus non dant, illi destituuntur etiam iure fruendi civicis commodis.

396. Sic iactis fundamentis, reliquum est diligenter indagare, quae commoda cuique urbium seu oppidorum classi sine detrimento rei publicae concedi possint, et quae instituta in fauorem singularum fieri oporteat?

397. In urbibus, ubi ingens et ampla agitur mercatura, in primis danda est opera, ut probitate ciuium fides in omnibus negotiationis partibus integra seruetur; nam probitas et fides est anima commercii, quae si superabitur fraude et astutia, tum iam fides uiribus suis destituta concidet.

398. Paruae urbes seu oppidula in tractibus seu pagis admodum sunt necessaria, ut coloni possint fruges terrae, manuum que suarum opera illic vendere, et emere sibi ea, quorum indigent.

399. Urbes, fanum Archangeli, Petropolis, Astrachanum, Riga, Reuelia et his similes sunt emporia maritima. Orenburgum, Kiachta et plures aliae urbes alius generis quaestum habent. Hinc facile patet, quam arctus sit nexus inter situm locorum et inter instituta ciuica: liquet id quoque, ordinationem et constitutionem urbium singularum aptam et accomodam fieri non posse sine accurata notitia omnium eo spectantium rerum.

400. De opificiis per tribus dispertitis, de que institutione harum tribuum magna adhuc lis est: utilius ne sit urbibus habere tribus opificum, nec ne? et utrum horum artibus manuariis sit accommodatius?

401. Id vero extra omnem controuersiam positum est, ad fundanda opificia eius modi tribus utiles esse. Damnum autem tum ab iis oritur, cum certus opificum numerus praesinitur; nam id ipsum obstat augmentis opificiorum.

402. In plerisque urbibus Europaeis tribus hae donatae sunt ea libertate, ut numerus tribulium non sit praefinitus, possint que, quot quot velint, nomina sua in eas dare: atque experimento cognitum est, hinc urbes eas diuitiis abundantiores esse factas.

403. In urbibus, quae paucos habent incolas, tribus eius modi utiles esse possunt idcirco, ut sint illic periti artifices.

CAPUT. XVIII.

404. De Hereditatibus.

405.

NSTITUTIO hereditatum adipiscendarum emanauit ex principiis iuris ciuilis, non vero ex principiis iuris naturalis.

406. Ercti citus seu diuisio bonorum, leges de hac diuisione, successio in bona demorrui, cui antea pars hereditatis obtigerat, haec omnia aliter institui non poterant, nisi consensu ciuitatis; consequenter legibus imperii seu ciuilibus.

407. Ius naturae iniungit parentibus onus alendi et educandi liberos suos, non obligat autem eos ad faciendum liberos suos heredes.

408. Pater exempli gratia, qui edocuit filium suum artem aliquam vel opificium, quod victui illius sufficiat, multo ditiorem eum reddit, quam si relinquat illi, imbuto socordia et languenti in itio, exiguas suas facultates.

409. Ordo quidem rerum in imperio et in ciuitate saepe flagitat, ut liberi sint heredes patrum, sed idem ordo non exigit, ut semper id ita fiat.

410. Generalis regula haec est: educare liberos suos est officium iuris naturalis, instituere autem eos heredes bonorum suorum est scitum iuris ciuilis seu imperii.

411. Quaelibet ciuias habet leges possidendorum bonorum cum constitutione sua interna conuenientes. Quare possidere bona paterna oportet modo legibus praescripto.

412. Et ordinatio hereditatum apiscendarum immota statuenda est, ut facile unusquisque nosse queat, qui sit heres, nec umquam hac de re querelae et lites exoriantur.

413. Cuique legum sanctioni omnes et singulos obtemperare oportet, nec permittendum, ut quis ciuium possit priua dispositione eam inuertere.

414. Ratio adeundae hereditatis apud Romanos pro constitutione rei publicae eorum praescripta suit, quam immutare nemo ciuium sua sponte poterat. Scilicet primis temporibus Romae nulli erat concessum facere testamentum. Verum tamen dura fuit haec lex adimens homini potestatem, supremo vitae suae tempore afficere quemquam beneficio.

415. Ideo que inuenere modum, quo ciuiles leges hac in re cum voluntate ciuium sungulorum concordarent. Concesserunt ciuibus de bonis suis statuere in comitiis, & quoduis testamentum erat quodam modo opus potestatis legiferae in illa republica.

416. Subsequentibus temporibus data est nullis circumscripta finibus potestas Romanis testamenta faciendi, id quod haud parum promouit prolabentem paullatim ac ruentem eorum de diuisione agrorum constitutionem; atque hoc ipsum maxime omnium inuexit nimiam illam atque ipsis perniciosam diuites inter & pauperes ciues differentiam. Multi inter plures dispertiti agri hoc modo peruenere in possessionem unius domini; nonnulli ciues Romani plurimos habebant fundos, infinitus autem numerus hominum aliorum nullos; hinc isti postremi intolerando tandem oneri fuere reipublicae.

417. Veteres Atheniensium leges vetabant ciuem facere testamentum. Solon concessit, exceptis iis, quibus erant liberi.

418. Romani vero legum latores opinione patriae potestatis impulsi permiserunt patribus scribere testamenta ipsis quoque liberis damnosa.

419. Fatendum est veteres Atheniensium leges magis consentaneas fuisse decretis sanae rationis quam leges Romanorum.

420. Sunt ciuitates seu regna, ubi medio inter haec extrema gradiuntur tramite, id est, ubi licet facere testamenta de bonis acquisitis, sed rus unum inter plures partiri non licet. Et si patrimonium, vel a patre acceptum rus, veniit vel dilapidatum est; lege sancitum est, ut aequalis illi hereditati pars ex emtis vel acquisitis bonis redderetur nato heredi; nisi argumenta legibus firmata indignum eum esse hereditate commonstrarint; & hoc quidem casu ceteri consanguinitate proximi succedunt in eius locum.

421. Tam nato heredi, quam etiam lecto per testamentum concedi potest, ut renuncient hereditatem.

422. Filiae apud Romanos excludebantur ex testamentis: ideo que legabant illis per dolum & fraudem. Leges hae cogebant vel infamiam subire, vel aspernari a natura nobis inditam amoris erga liberos legem. Haec sunt, quae in ferendis legibus vitari oportet;

423. Namque nihil tam derogat legibus, quam posse astutia et calliditate vim earum eludere. Item non necessariae leges minuunt reuerentiam debitam necessariis.

424. Apud Romanos, feminae erant heredes, si id non pugnabat cum lege de diuisione agrorum; quodsi id legem illam poterat conuellere, heredes illae esse non poterant.

425. Mea sententia hac in re inclinat potius ad diuisionem bonorum. Enim vero officii Mei esse puto optare, ut quiuis satis habeat, unde vitam sustentare possit. Super his status agriculturae hac ratione melior erit melior que; et res imperii publica maiorem inde capiet utilitatem, si aliquot millia subditorum habebit, qui mediocri fruuntur fortuna, quam si aliquot centurias numerabit praepollentium diuitiis ciuium.

426. Sed tamen diuisio bonorum necesse est nullum inferat damnum aliis generalibus in constitutione legum regulis, quae tantumdem, immo magis necessariae sunt ad praestandam itegritatem et salutem imperii; namque has quoque regulas sicco, ut dicitur, pede transire piaculum esto.

427. Diuisio rusticorum per capita, ut adhuc obtinuit, est noxia agriculturae, coactionem tributorum pendendorum admodum aggrauat, et postremas portiones capientibus egestatem affert: partitio vero hereditatis in portiones certas lege definitas apprime apta est tam obseruandis omnibus his praecipuis regulis, quam etiam utilitati communi omnium et singulorum.

428. Impubes, donec perueniat ad aetatem lege praescriptam, est pars familiae domesticae, non vero pars societatis ciuilis. Id circo necesse est leges poni de tutela, exempli caussa:

429. 1). Propter liberos orbos factos post mortem parentum, qui eos in tenera aetate reliquerunt, cum bona illorum tradi iis in potestatem plenam non dum possunt, ne ob immatura adhuc mentis suae consilia dilapidatis iis in egestatem incidant.

430. Tum et 2). propter amentes et mente captos.

431. Non minus 3). propter eos, qui similes sunt supra dictis.

432. In quibusdam liberis civitatibus permissum est proximis consanguineis illius, qui dilapidavit dimidiam partem facultatum suarum, vel qui aere alieno obrutus est tanto, quanto soluendo, nisi dimidia pars facultatum eius, sufficere nequit, interdicere illi possessione alterius partis facultatum eius. Reditus huius residuae partis dimidiae diuiduntur in aliquot portiones, et una portio datur illi, qui in hanc Scyllam incidit, ad sustentandam vitam, reliquae insumuntur aeri alieno soluendo: et tum iam vetatur ille amplius vendere vel oppignerare bona sua. Dissoluto aere alieno reddunt illi, si ad meliorem frugem rediit, bona eius, sic a consanguineis commodo ipsius seruata; si vero in prodigalitate perseuerat, tum soli reditus annui illi dantur.

433. Regulas conuenientes ad omnes hos casus constitui necesse est, ut lex praemuniat quemque ciuium a violentia et ab oppressione; id quod non numquam hac in re fieri potest ac solet.

434. Leges, quae committunt tutelam matri, eo tendunt, ut conseruent salutem pupilli; quae autem concredunt eam proximo heredi, magis conseruationem bonorum spectant.

435. Apud populos, quorum corrupti sunt mores, legislatores tutelam pupilli tradidere matri; apud eos vero, ubi leges fiduciam habent in moribus ciuium, traditur tutela heredi bonorum; non numquam etiam utrique.

436. Feminae apud Germanos sine tutore seu curatore numquam esse poterant. Augustus lege feminas, iure trium liberorum gaudentes, sine tutoribus esse voluit.

437. Apud Romanos sponsus poterat donum dare sponsae, et vice versa sponsa poterat donum dare sponso, ante diem nuptiarum; post nuptias vero confectas vetitum erat id facere.

438. Lege occidentalium Gothorum sancitum erat, ne sponsus futurae suae uxori plus decima parte facultatum suarum donaret, et primo anno post initum matrimonium ne quidquam ipsi donaret.

CAPUT XIX.

439. *De scriptura et stilo Legum.*

440.

MNE ius in tres partes dividatur necesse est.
441. Prima pars nomen accipiet: *Leges.*
442. Secunda appellabitur: *constitutiones temporariae.*
443. Tertia nuncupabitur: *Edicta.*

444. Vocabulo *legum* designantur omnia illa scita, quae nullo tempore immutari possunt: et harum numerus magnus esse nequit.

445. Denominatione *constitutionum temporariarum* intelligitur ordo ille, quo omnes caussae et res aguntur, variae que hac de re instructiones et statuta.

446. Sub nomine *edictorum* comprehenditur id omne, quod in variis casibus instituitur, quod que est solummodo accidens, aut ad aliquam tantum personam attinens, et labente tempore mutari potest.

447. In codice legum omnes materiae singillatim ponendae sunt eo loco, qui illis competit, ut sunt forenses, militares, mercatiles, ciuitatis disciplinam continentes, urbicae, rusticae et reliquae.

448. Legem quamque conscribi oportet verbis intellectu omnium facilibus et quam potest breuissimis. Quare sine dubio, sicubi necessitas erit, addendae sunt explicationes seu interpretationes in usum indicum, ut hi nullo negotio vim et applicationem legis clarius perspicere et recte anomo concipere possint. Militaria statuta plena sunt exemplorum, quae imitationem praestabunt non arduam.

449. Verum tamen in his explicationibus seu interpretationibus cauto admodum pede gradiendum est. Namque illae nonnumquam maiorem caliginem offundent, quam luce collustrabunt rem ad iudicandum propositam; id quod multa exempla nos docent.

450. Si qua lex exceptionibus, limitationibus et temperamentis non eget, longe melius erit supersedere iis. Enimuero tales minutiae ad plures alias deducunt minutias.

451. Si quis scribens leges velit in iis exprimere rationem, quae eum permouit ad edendas quadam ex iis; ratio haec sit tauti oportet, ut expromatur. Inter leges Romanorum est, quae caecum vetat agere caussam in iudicio propterea, quod insignia magisratuum oculis usurpare non possit. Ratio haec est admodum levis, cum aliae multo grauiores adduci possent.

452. Leges subtilitatibus ab acumine mentis ortis refertas esse non decet. Illae dantur hominibus mediocri ingenio praeditis pariter ac viris acris ingenii. In iis concluditur non scientia seu ars praescribens praecepta humanae menti, sed simplex et recta ratio patris curam liberorum & familiae suae gerentis.

453. In legibus oportet ubique luceat ingenuitas et integritas. Illae dantur ad punienda scelera, et mali vafri que animi artes; quare contineant in se magnam virtutem et innocentiam necesse est.

454. Stilus legum sit breuis et simplex: enunciatio directa semper melius intelligi potest, quam per multas ambages contorta.

455. Si stilus legum fuerit tumidus et supra modum elatus, legum illarum auctorem homines putabunt fastui et arrogantiae deditum fuisse.

456. Indefinitis verbis in legibus uti nefas esto. Exemplum huius rei sequens esto. Lex cuiusdam Graecorum Imperatoris iubet morte plecti eum, qui emit libertum tamquam seruum, vel qui eiusmodi homini negotium facessit, et turbat quetem eius. Non oportebat hic poni verba tam incerta et indefinita. Turbare alicuius quetem et facessere alicui negotium, quid sibi velint, id aliter intelligi nequit, nisi prius gradus sensibilitatis in eo, quem turbant et sollicitant, innotescat.

457. Stilus in codice legum beatae memoriae Βασιλέος **Alexii Michaelidae** ut plurimum est clarus, simplex et breuis. Volupe est

audire, sicubi verba legum ex eo citantur. Nemo ea, quae audit, capit aliter, ac res est. Verba eius intellectu facilia sunt etiam iis, quibus satis mediocre ingenium natura dedit.

458. Leges scribuntur omnium caussa, qui sunt in ciuitate; illis obtemperare debent omnes. Quapropter oportet, ut omnes etiam intelligere eas possint.

459. Fugiendae sunt phrases oratoriae, superbae vel magnificae, nec ullum vocabulum addendum in contextu legis superfluum, ut facile quisque animo assequatur, quid lex iubeat, vetet ve.

460. Cauendum etiam est, ne sint in numero legum tales, quae ad metam animo constitutam non pertingunt: quae verbis abundant, sensu carent; quae leuidense argumentum complectuntur, phrasin vero inflatam ostentant.

461. Leges, quae actiones medias, nec virtutis nec criminis participes, tractant tamquam necessarias, hoc habent vitii, ut e contrario actiones necessarias sistant oculis ciuium tamquam non necessarias.

462. Leges in multa pecuniaria summam argenti, pro quacumque culpa dandi, praescribentes quinquagesimo quoque anno retractandae ideo videntur, quod summa pecuniae, quae certo tempore putatur esse sufficiens, alia tempestate actimatur nihili; nam pretium argenti variat pro modo facultatum. Erat Romae quondam homo insulsus, qui obuiam sibi venientibus alapas incutiebat passim, soluebat que unicuique eorum viginti quinque Copeicas, tantum scilicet soluere lex iubebat.

CAPUT XX.

463. *Varia commata egentia explicationis.*

464. A. Crimen Maiestatis seu perduellionis.

465.

SUB hac appellatione intelliguntur omnia crimina contra securitatem Principis et imperii tendentia.

466. Omnis quidem lex perscribi debet verbis claris et brevibus, verum nulla inter eas est, cuius perscriptio magis ad securitatem ciuium pertineat, quam eae leges, quae in crimen maiestatis feruntur.

467. Libertati ciuis nihil magis infestum est, quam accusationes iudiciales, vel priuatae in genere. Quanta igitur instarent illi pericula, si

haec particula legum obscuris esset concepta verbis. Libertas enim ciuis in primis pendet a praestantia legum criminalium.

468. Leges criminales caute distinguendae sunt a legibus ad ordinem et formam iudiciorum spectantibus.

469. Si crimen maiestatis in legibus descriptum est verbis in legibus descriptum est verbis indefinitis, multi iam inde, varii que oriri possunt abusus.

470. Legibus Sinensium exempli gratia sancitum est: si quis ruerentiam Imperanti non praestiterit, plectatur morte. Verum cum in his legibus non est definitum, quid sit non praestatio reverentiae; omnia possunt ibi praebere ansam ad vitam cuicumque pro lubitu eripiendam, et ad exstirpandam familiam, quam delere auent maleuoli. Duo homines, quibus iniunctum erat scribere, et in lucem edere noua apud eos aulica, descripserunt quoddam exilis momenti factum; in enarratione vero non nullarum rerum, quae id factum comitabantur, a vero aberrarunt. Accusati sunt hunc in modum: mentiri in nouis aulicis nihil est aliud, quam reuerentiam aulae imperantis debitam non praestare: et culpam hanc ambo luerunt morte.

Quidam ducum in litteris chirographo Principis munitis imprudens alleuit quoddam signum: inde reuerentiam debitam Imperatori Sinensium non praestitam ab eo duce fuisse collegerunt. Et persecutio horrenda in totam gentem ducis illius exarsit.

471. Crimen laesae maiestatis appellare talem actionem, quae reapse nihil eius modi in se continet, est vehementissimae violentiae abusus. Lex Caesarum Romanorum ut sacrilegos tractabat dubitantes de dignitate et meritis eorum, qui vocati fuerant ab iis ad quodcumque munus gerendum, consequenter mortis poenam illis infligebat.

472. Altera lex adulteratores monetae arguebat esse reos criminis Maiestatis. Sed hi fures tantum sunt aerarii publici. Sic confunduntur in unum notiones rerum diuersarum.

473. Vocare crimen laesae Maiestatis id, quod alio quodam nomine appellandum esset, nihil aliud est, quam horrorem cum crimine laesae Maiestatis coniunctum minuere.

474. Praefectus quidam in litteris ad Romanorum Imperatorem datis scripsit id agi, ut fiat iudicium, tamquam de reo criminis leasae Maiestatis, de iudice, qui sententiam dixit contrariam legibus ab hoc Imperatore latis. Caesar respondit, imperante se crimina laesae Maiestatis, non directa sed obliqua, non debere subiici iudicio.

475. Inter Romanas leges erat, quae iubebat puniri quasi reos criminis Maiestatis illos, qui vel imprudentes proiiciebant aliquid coram imaginibus Imperatorum.

476. Lex quaedam in Anglia perduellionis et quidem in supremo gradu reos esse declarabat omnes illos, qui mortem regis praedicebant. In morbis regum medici non audebant dicere, instare periculum: possit aliquis suspicari etiam in medendo illos gessisse se ad hunc modum.

477. Somniauit quispiam se mortem intulisse regi. Rex iussit plecti eum morte, non futurum fuisset, inquit, ut illi somnianti tale visum se offeret, si perdiu vigil animo id non agitasset. Factum hoc prodit maguam tyrannidem; nam si vel maxime id facinus in mente habuisset; tamen ad exsequendum id, quod cogitabat, non dum accessit. Legibus nullas alias actiones praeter externas puniri fas est.

478. Postquam iste mos inualuit, ut multa crimina Maiestatis arcesserentur, maximopere necesse erat distingui & definiri haec crimina. Itaque postremo ad id perventum est, ut nulla alia crimina laesae Maiestatis esse putarentur praeterquam ea sola, quae comprehendunt in se consilium captum in vitam et securitatem Principis, item que proditionem patriae seu imperii et his similia. Istis criminibus atrocissimae etiam poenae praescriptae sunt.

479. Actiones istae non sunt obuiae quotidie; multis eae in oculos incurrere possunt. Falsa insimulatio actorum facile in lucem proferri potest.

480. Verba iuncta actioni naturam actionis illius induunt. Sic exempli gratia homo, qui intrat in concionem populi, concitat que eos ad seditionem, reus erit Maiestatis ideo, quod verba eius iuncta sunt actioni, et participant quiddam ab ea. Hoc in casu non pro verbis ille punitur, sed pro perpetrata actione, quam verba comitabantur. Verba numquam pro crimine reputantur, nisi vel suadent actionem facinorosam, vel simul cum ea iuncta sunt, vel tandem subsequuntur eam. Supera miscet imis ille, qui ex verbis crimen exsculpit, quod morte puniri debeat: verba debent reputari pro fignis criminis, quod meretur mortem.

481. Crimen laesae Maiestatis numquam magis dependet ab interpretatione et voluntate alterius, quam cum inconsiderata verba sunt materies illius. Sermones hominum innumeris subiacent interprctationibus: plurimum discrepant inter se inconsiderantia et malitia, et tamen tam parum discriminis est inter enuntiationes ex malitia et ex inconsiderantia ortas, ut lex nequaquam possit verba

subiicere poenae capitali, saltem non enumeratis ad unguem verbis, quae poenae huic subiiciuntur.

482. Itaque verba non constituunt id, quod corpus delicti dicitur. Saepe nil illa significant per se ipsa sed ex tono, quo pronunciantur: saepe narrantes eadem verba non eumdem sensum iis dant; sensus hic eruitur ex nexu aliarum rerum cum iis iunctarum. Non numquam silentium plus dicit, quam omnes sermones. Nihil tantam perplexitatem in se continet quam haec omnia. Qui igitur fieri potest, ut id conuertatur in crimen, et quidem tale, quale est perduellionis seu Maiestatis, et subiiciantur poenae verba tamquam ipsa actio? Nolo hac ratione minuere indignationem, in quam incurrere debent ii, qui existimationem et gloriam Principis sui violare nituntur, sed tamen aio solam emendatricem poenam magis in tali casu conuenire, quam accusationem criminis Maiestatis, quae semper vel ipsi terribilis est innocentiae.

483. Scipta sunt res eius modi, quae non tam cito transuolant quam verba; sed si illa scripta viam non muniunt ad crimen laesae Maiestatis, ne materiam quidem illius criminis continere censenda sunt.

484. Scripta cauillis et scommate plena in monarchiis edere prohibitum est, sed tamen illa subiiciuntur potius ciuili boni ordinis tuitioni, seu, ut vocant, politiae, quam inter crimina numerantur; et summopere cauendum est, ne in perquisitione harum rerum longius, quam par est, progrediamur; nam periculum est, ne ingenia hominum vim et oppressionem patiantur, id quod recta tendit iam ad inscitiam et barbariem, dotes que illas ingenii humani deiicit, et alacritatem scribendi penitus tollit.

485. Calumniatores puniri oportet.

486. Multa sunt regna, in quibus incolae lege iubentur sub poena capitis detegere illas quoque conspirationes, quas quis auditione accepit, quamuis ipse non coniurauerit. In supremo criminis laesae Maiestatis gradu hanc legem quam acerrime obseruari perquam est utile.

487. Postremo maximi momenti est accurata distinctio diversorum huius criminis graduum.

488. B. De indiciis extra ordinem institutis.

489. Nihil tam inutile est in monarchico regimine, quam singulares non numquam iudices constituere ad iudicium in aliquem subditorum suorum exercendum. Eius modi iudices oportet esse magna virtute praeditos iustissimos que, ne in mentem illis veniat, posse ab se culpam

dimoveri vel mandatis sibi datis, vel recondita quadam imperii utilitate, vel electione, quae in eos cecidit, vel timore suo. Tam exigua ab eius modi iudiciis profluit utilitas, ut non sit operae pretium idcirco ordinem iudiciorum rite institutum peruertere.

490. Ad haec abusus maxime nociui tranquillitati ciuium hinc possunt exsistere. Exemplum en hoc habetote! In Anglia multis sub regibus mos ille viguit, ut delecti ex superiore regni curia iudices iudicium capitale ferrent de aliis eiusdem ordinis item Senatoribus. Hoc modo adiudicabant morti, quemcumque volebant, ex illo Magnatum ordine.

491. Apud nos saepe confundebant disquisitionem huius vel illius caussae per hos vel illos separatim constitutos iudices, eorum que de ea re opinionem, cum legali eadem de caussa iudicum sententia seu decreto.

492. Verum tamen magnum discrimen est inter haec duo: colligere omnia, quae ad elucidandam aliquam rem pertinent, suam que de ea dicere opinionem, et iudicare caussam illam.

493. C. Regulae ponderis magni et necessitatis non cuis.

494. In tam vastae amplitudinis ciuitate, quae imperium suum extendit in tot varias multas que nationes, maxime noxium quieti et securitati ciuium esset vitium, prohibitio seu non concessio variarum, quibus illae deditae sunt, religionum.

495. Nec ulla profecto alia inueniri potest ratio praeter prudentem aliarum religionum tolerantiam, quam nec orthodoxa fides nostra, neque politices canones reiiciunt, ut omnes hae errantes oues rursus ad verum fidelium gregem reducantur.

496. Persecutio animos hominum irritat, concessio vero, ut quisque credat secundum praecepta religionis suae, emollit etiam durissima corda, et exstinguit in iis cum lacte matris, ut aiunt, instillatam pertinaciam, comprimenmendo interea lites eorum aduersas quieti imperii et ciuium concordiae.

497. Cautos esse admodum oportet in disquisitione criminum magiae et haereseos. Accusatio horum duorum criminum incredibile, quantas turbas ciere, et quantum libertati et prosperitati ciuium nocere potest! praeterea innumerae tyrannicae vexationes hinc oriri possunt, nisi leges certis eam circumscribant terminis. Nam quum accusatio haec non ducat recta via ad inspiciendas actiones ciuis, sed potius ad excitandam ideam conceptam ab hominibus de eius animi habitu, admodum magna poterit creare ista accusatio pericula, quanto scilicet

maior est plebis ignorantia. Et tum iam ciuis numquam tutus ac securus erit; nam nec vita castissima, nec mores integerrimi, nec omnium officiorum strictissima obseruatio poterunt ipsi dare praesidium contra suspiciones horum criminum.

498. Regnante apud Graecos Imperatore Manuele Comneno, accusabatur quidam protostrator, conspirasse in regem, adhibuisse que ad id arcanas quasdam praestigias, quae homines a conspectu omnium subducunt.

499. In Byzantina historia legimus, cum per ruelationem innotuit, miraculum cessasse vi magiae cuiusdam hominis, tum & ille et filius eius morte plexi sunt. Quot et quam variae hic occurrunt res, quibus crimen hoc nitebatur, et quae iudici probe trutinandae erant! 1.) Miraculum cessasse. 2.) Huic intermissioni miraculi intercessisse magiam. 3.) Magiam posse irritum reddere miraculum. 4.) Hominem illum fuisse magum. 5.) Postremo praestigias has magicas ab illo esse adhibitas.

500. Imperator Theodorus Lascaris morbum suum incantamentis attribuebat. Incusati huius sceleris nulla alia, ratione salutem sibi inuenire poterant, quam contrectatione candentis ferri ita, ut eo ne adurerentur. Crimen plane incertum experimentis detegere volebant itidem admodum incertis.

> 501. D. Quae sint signa, quae imperio casum ominantur, et ruinam ipsi certam praenunciant?

502. Labes cuiuscumque regiminis plerumque initium capit a labefactatione primorum illius fundamentorum.

503. Primum fundamentum regiminis labefactatur non tantum tunc, cum exstinguitur character incolarum imperii, lege in animo uniuscuiusque illorum impressus, qui merito appellari potest aequalitas legibus praescripta; sed etiam tunc, cum opinio aequalitatis, ad extremos terminos promotae, in animis hominum radices agit, et unusquisque vult aequalis seu par esse ei, qui legis iussu praefectus illi constitutus est.

504. Si non exhibent reuerentiam Principi, magistratibus, superioribus; si non colunt, nec obseruant senes; non venerabuntur etiam parentes et dominos: et sic imperium collapsum in praeceps ruet.

505. Cum prima fundamenta regiminis labefactantur, tunc adscitis in eo *axiomatibus* datur nomen *rigoris* seu *feueritatis,* sancitae *regulae* dicuntur

vis, adactio ac compulsio; attentio animi, quae obtinebat, *et diligentia,* vocatur *metus.* Facultates priuatorum olim aerarium publicum constituebant; at tunc aerarium publicum in hereditatem venit quibusdam priuatis, et amor patriae euanescit.

506. Ut seruentur prima fundamenta instituti regiminis salua et incolumia, oportet veram magnitudinem imperii illibatam praestari. Et hoc imperium concidet, si prima illius fundamenta immutabuntur.

507. Duo sunt genera corruptionis seu labefactationis. Unum cum leges non obseruantur; alterum cum leges sunt prauae adeo, ut ipsae corruptelam adaugeant. Atque tum malum est immedicabile id circo, quod in ipsa medicina malum residet.

508. Imperium potest item immutari duobus modis: vel cum constitutio illius corrigitur, vel cum eadem constitutio corrumpitur. Si in imperio conseruata sunt primaria fundamenta, et immutatur solummodo constitutio illius, tum imperium corrigitur; sin fundamenta primaria susque deque habita sunt, tum, cum constitutio immutatur, imperium corrumpitur.

509. Quo frequentiora fiunt supplicia, eo maius periculum instat imperio seu ciuitati; nam supplicia frequentantur pro ratione corruptorum morum, qui euertendis regnis apprime idonei sunt.

510. Quid est, quod perdidit funditus dynastias gentis Tsin et Suy? scriptor quidam Sinensis quaerit, et responder: id quod hi dynastae non contenti suprema seu generali inspectione, quae sola decet Imperatorem, susceperunt in se curam omnia et singula suo nutu gubernandi, traxerunt que ad se omnes res, quibus administrandis varia instituuntur tribunalia.

511. Imperium tum quoque concidit, cum Imperator putat, magis potentiam suam se ostensurum esse, si ordinem rerum immutauerit, non vero illum fuerit secutus; et si ille attentum animum praebuerit opinationibus, non vero beneplacitis suis, ex quorum fonte fluxerunt semper et in posterum fluent leges.

512. Fatendum est incidere tempora, quibus potestas debet et potest ire pleno et concitato gressu sine ullo inde imminente ciuitati periculo. Verum tamen sunt etiam tempora, quibus oportet eam exercere ita, ut contineat sese in terminis, quos illa ipsa sibi posuit.

513. Ars summa imperandi est haec, ut pro certo scias, quamnam partem potestatis, parvam ne an magnam adhibere oporteat in diuerso rerum statu: nam in imperio monarchico prosperitas regiminis consistit ex parte in miti et clementi rectione.

514. In machinis eximiis ac praestantibus ars virium motricium et rotarum adhibet, quam potest, minimum. Regula haec in regimine quoque perquam pulcra est. Modi simplices sunt saepe optimi, complicati vero pessimi.

515. Est quaedam facilitas expedita in regendo. Praestat Principem excitare studia, leges vero inactare minas.

516. Ille adeo Principis administer imperitus in officio suo censeri debet, qui tibi semper iterabit haec verba: Principem aegritudinis quidquam in animo habere; animum illius improuisum occupatum esse; hac in re acturum Principem pro potestate sua.

517. Magnum infortunium regnabit in imperio, si nemo audeat expromere curas suas de futuro aliquo euentu; nec excusare malos suos successus, ortos a peruicacia fortunae; nec libere sententiam suam dicere.

518. Dicet aliquis: quando igitur poena infligenda, et quando venia danda est? Haec res est eius modi, ut eam sentire melius, quam regulis circumscribere possimus. Si clementia videtur periculosa, periculum illud satis est manifestum. Facile discerni potest clementia ab illa imbecillitate, quae Principi insinuat contemtum punitionis, et in talem statum eum perducit, ut ipse haereat dubius incertus que, quem puniri oporteat.

519. Bona quidem opinio de gloria et potentia Regis potest vires imperii illius augere, sed bona opinio de iustitia eius easdem pariter augebit.

520. Haec omnia non possunt placere adulatoribus, qui quotidie cunctis terrarum dominis insusurrant, populos eorum creatos esse propter illos. Attamen Ego credo, et gloriae Mihi duco eloqui: Me esse creatam propter populum Meum; et hanc ob rationem censeo, oportere Me de rebus loqui ita, ut quidem eae a natura comparatae sunt. Enim vero, Deus auertat, ut finita hac legislatione sit aliquis populus iustior, atque adeo florentior in terris; alioquin leges Nostrae scopum sibi propositum non attingerent. Quae quidem esset calamïtas, cui superstitem me esse haud quaquam cupio.

521. Omnia, quae in libello hoc citata sunt, exempla, et variarum gentium consuetudines, nullum alium producere debent effectum, quam ut adiuuent electionem modorum, quibus populus Rossicus supremam, quantum quidem id humana natura ferre potest, felicitatem in hoc terrarum orbe possit adipisci.

522. Reliquum est, ut coetus delegatorum ob hanc rem convocatus singulas legum partes et subdiuisiones illarum comparet, et contendat cum regulis in hac instructione propositis.

CONCLUSIO.

523.

Forsitan quidam perlecta hac instructione dicent, non omnium captui eam esse accommodam. Facilis est ad haec responsio. Re vera non omnes intellecturos esse, quae in ea continentur, si semel perlegerint, id que perfunctorie: verum omnes comprehendent eam, si diligenter et intente peruolutaverint, et sicubi obuia dabitur occasio, elegerint sibi ex ea id, quod in disquisitionibus eorum facem iis praeferat, et in rectam ducat viam. Saepius legenda est haec instructio, ut fiat notior. Tum certo speramus futurum, eam captum illorum non esse superaturam. Enim vero.

524. Attentio animi et diligentia omnia vincit; quem ad modum pigrities et socordia abducunt ab omni bono.

525. Sed ut detur leuamen in hoc tam difficili opere; oportet hanc instructionem legi in coetu conficiendae ideae noui legum codicis, et in omnibus minoribus ad eumdem pertinentibus consessibus, praesertim vero ea capita et sectiones, quae ad res ab iis pertractandas spectant, semel initio cuiusque mensis ad finem usque conuentuum coetus huius.

526. Verum cum nihil sit omnibus numeris absolutum, quod sit ab homine, idcirco si procedente opere apparuerit, non inveniri in hac instructione certam quarumdam constitutionum normam, permittimus coetui huic rem referre ad Nos, et petere a Nobis supplementum.

Autographum subscriptum est
SACRAE IMPERATORIAE MAIESTATIS *manu propria sic:*

AECATERINA.

Mosquae anno Christi 1767. Iulii die 30.
Excusum formulis litterarum in typographia Senatus.

SUPPLEMENTUM
ad
INSTRUCTIONEM
MAGNAM.

CAPUT XXI.

527. *De Eutaxia, seu civili disciplina, quam vulgo politiam vocant.*

528.

SAEPE sub nomine politias intelligitur ordo in genere totius regni.

529. Nos explicabimus capite hoc clarius, quidnam comprehendamus sub nomine politiae,

530. Cuius curae concreditur omne id, quod ad conseruandum in ciuitate bonum ordinem, utile est.

531. Statuta huius partis legum alius plane generis sunt a ceteris legibus ciuilibus.

532. Sunt sontes, qui puniuntur;

533. Sunt alii, qui tantum castigantur.

534. Priores subiiciuntur potestati legum, posteriores earumdem auctoriati: illi eiiciuntur ex societate; hi contra adiguntur, ut viuant secundum regulas in societate institutas.

535. Negotia ad hanc disciplinam spectantia ita sunt comparata, ut quauis hora contingere queant, et quae maximam partem non adeo magni sint momenti. Indcirco legis formulis et amplo iudiciali apparatu in disquirendis iis non est opus.

536. Politia continua serie minutarum rerum distenta est. Quam ob rem forum istud in diiudicandis eius modi caussis, quarum disquisitio longo eget temporis interuallo, occupari non debet. Multae sunt ciuitates, ubi controuersiae elapsis aliquot praefinitis diebus, ex hoc foro amandantur ad ea tribunalia, quibus dirimere cas ius est.

537. Actiones politiae nullam pati debent moram, eae que exercentur super rebus quotidie rursus obuenientibus. Ideo que magnis poenis hic locus non est: et magna exempla statuere non est huius tribunalis opus.

535. Ordinationes seu statuta illi magis necessaria sunt quam leges.

539. Homines ei subiecti semper sunt in oculis ciuici magistratus; et prudentes constitutiones de seruanda bona disciplina obstant iis, ne in magna procidant scelera.

540. Atque ideo non sunt confundenda, violatio legum cum simplici violatione constitutionum disciplinae ciuilis. Hae res numquam in una eadem que serie ponendae sunt.

541. Hinc sequitur regem quemdam Turcarum, qui per medium pistorem in manifesta fraude deprehensum iussit adigi stipitem, fecisse id more modo que tyranni, nescientis aliter sibi iusti nomen comparare, quam transgrediendo limites ipsius iustitiae.

542. Maxima impendet necessitas distinguendi actiones, quae poenas et supplicia promerentur ab iis, quae solis castigationibus corrigi debent.

543. Nec sufficit nosse ea, quae turbant bonum ordinem in ciuitate, atque excogitare adminicula et modos, qui turbis his obicem ponant; opus est super haec irretortis, ut dicitur, oculis diu noctuque inuigilare, ut adminicula haec, si quid eius modi obuenerit, reapse adhibeantur.

544. Et haec quidem pars probiematis, quod soluendum hic proponitur, multis in ditionibus plane neglecta iacet. At sine ea aliae quoque partes et annuli catenae, si quidem ita loqui fas est, nexu suo continentis regimen totius imperii, ordine suo moueantur necesse est.

545. Quae statuta sunt in hac legum parte, idem profecto incommodum habuerunt cum eo, quo laborarunt urbes magna copia domorum abundantes, quibus ante quam condi coeperunt, nulla ichnographia certa ducta est. In eius modi urbe, cum incipit exstrui, unus quisque occupat locum, qui magis ipsi placuit nulla penitus habita ratione conformationis, amplitudinis que occupandae. Hinc exsistit chaos aedium, quod vix tota saecula magna adhibita cura et sedula opera in ordinem aptum redigere possunt. Similem indigestam molem obseruamus in legibus quoque politian spectantibus.

546. Statuta haec pro modo necessitudinis aucta sunt, quae in ordinem redigere, et quidem ita, ut quam facillimc omni tempore ea exsequi possimus, id vero erit in hac parte legum artis et summae prudentiae opus.

547. Has constitutiones diuidi oportet in duas partes.

548. Prima continet in se politian, proprie nunc sic dictam, seu eutaxian ciuitatis,

549. Altera eutaxian seu disciplinam paganorum.

550. Huius postremae nec obiectum nec amplitudo par est priori.

551. In utraque vero illarum adhibenda est cura rerum sequentium.

552. 1.) Ne quid concedatur, quod possit turbare cultum diuinum, qui in destinatis huic rei locis fieri consueuit; et ut ordo ac conueniens decentia a ciuibus obseruetur eo tempore, quo supplicantium agmen cum sacris tropaeis per vicos urbis procedit, et si quae alliae similes his sunt cerimoniae publicae.

553. 2.) Alterum, quo bona custoditur disciplina, obiectum est integritas morum. Ea continet in se omne id, quod aptum est luxui reprimendo, ebrietati inhibendae, aleae seu lusibus vetitis e medio tollendis. Huc spectat decorus ordo in publicis balneis et theatris. Refraenanda quoque est licentia discinctam, ut aiunt, agentium vitam, et expellendi ex civitate decipientes per varias fraudes populum, quales sunt magi, diuinatores, coniectores futurorum et alii similes his impostores.

554. 3.) Sanitas est tertium obiectum politiae. Illius munus est curam adhibere, ut sit in urbe saluber aër, ut vici ac plateae sint mundae, item amnes, putei, aliaeque aquarum scaturigines serventur purae. Illa examinat qualitatem ciborum et potuum, morborum quoque tam epidemicorum, quam contagiosorum custodia ei creditur.

555. 4.) Eiusdem est conservare illaesas omnis generis fruges tum quoque, cum nondum demessae sunt; prospicere pecori et pratis ob pastum illorum, piscatui, atque his similia. Regulae ad haec omnia dandae sunt generales, pensitatis probe iis, quae accommodata sunt temporibus: nec obliuiscendum, qua in reliquum tempus ad singula haec cautione opus sit.

556. 5.) Securitas et firmitas aedisiciorum, regulae a variis artificibus ac opificibus hac in re obsernuandae, quae aedificia firma praestant, pauimentum platearum seu vicorum, condecoratio et ornamenta urbium, transitus pede, curru que liber per plateas, vectura publica, diuersoria, et cetera concredita sunt eidem.

557. 6.) Tranquillitas populi flagitat, ut anteuertatur fortuitis atque inopinatis casibus, quales sunt incendia, furta et cet. Ad conseruandam hanc tranquilitatem praescribuntur regulae certae, exempli gratia, ut

exstinguatur in domibus iguis praefinita hora, ut portae domuum claudantur. Vagabundi, errones, et qui nullas litteras commeatus, seu nullius auctoritatem litteris consignatam habent, ad operas subeundas adiguntur, vel ex urbe expellunur. Qui privati sunt iure arma portandi, vetantur sedulo id facere et cet. Illicita conuenticula seu conciliabula habere, disribuere et circumferre scripta seditiosa et famosa nulli permittitur. Transacto die consulitur quoque noctu quieti et securitati ciuium in urbe, lampades per vicos dispositae accenduntur et cet.

558. 7.) Ab eadem instituuntur pondera et mensurae ubique eaedem, certae ac fideles, ponitur que obex, ne qua fraus in his subrepat.

559. 8.) Serui meritorii, ancillae que, et mercenariae operae huic quoque magistratui obnoxii sunt, nimirum ut obeant illi munia sua fideliter ac diligenter, simul que ut praestent illis mercedem debitam, qui eorum operas locant.

560. 9.) Postremo pauperes et mendici, praesertim vero cum morbis conflictantes, curae illius egent inprimis in eo, ut mendicantes, manuum pedum que officio pollentes, ad opera iis apta adhibeantur; tum et in eo, ut pauperibus infirmis et aegris alimenta et curatio morborum detur facilis.

561. Quandoquidem institutio huius magistratus eo fine facta est, ut bonus ordo et disciplina in genere regnet inter ciues; inde patet unumquemque ciuium, cuiuscumque status et conditionis fuerit, subiectum esse huic tribunali.

562. Ubi ad limites potestatis a politia adhibendae ventum est, ibi iam initium capit potestas iuris ciuilis seu legum ciuilium.

563. Exempli gratia, politia furem, seu criminis alicuius reum, comprehendit, quaestionem que de eo habet; attamen quaesiti criminis diiudicationem remittit ad tribunal, ad quod id pertinet.

564. Ex supra dictis liquet non esse opus, ut tribunal hoc infligat reis suis graues poenas; sufficiet ad cohibendos fraeno dissolutos homines, & ad conseruandum bonum ordinem in caussis, quae illi concreditae sunt, ut poenae ab eo infligendae tentummodo sint correctiones, multae pecuniariae, aliae que, quae ignominiam et dedecus inurunt peruersos mores habentibus et vitam agentibus male; quae uniuersos iubeant aestimare magni hoc tribunal, et ad obedientiam ei praestandam omnes reliquos ciues compellant.

565. In tribunalibus iuris dictioni vacantibus regula haec stat firmo pede, ne ulla alia res in iudicium eorum admittatur praeter quam illa, quae more modo que praescripto ad id allata et exhibita est.

566. E contrario politia detegit crimina; ceterum de re illa iudicare alia tribunalia sinit, caussam que ad illa remittit.

Autographum subscriptum est SACRAE IMPERATORIAE MAIESTATIS *manu* propria sic:

AECATERINA.

28. die Februarii
Anno Christi 1768. Petropoli.
Excusum formulis litterarum in officina Senatus.

SUPPLEMENTUM
ad
INSTRUCTIONEM
MAGNAM

CAPUT XXII.

567. *De expensis et reditibus et de publica corum administratione, hoc est de imperii Oeconomia, seu camerae vel aerarii dispensatione.*

568.

NUMQUEMQUE oportet hic secum ita loqui: Homo sum, humani nihil a me alienum esse puto.
569. Qua re 1.) hominis nec debemus nec possumus umquam obliuisci.
570. 2.) Pauca agit in hoc mundo homo, quae non propter hominem agantur; et plerumque omnes res per eumdem aguntur.

571. Primum ex his postremo dictis effatum merito eget tantae attentionis et meditationis, quanta maxima esse potest.

572. Alterum magnam grati animi testificationem et sinceram erga eos, qui subeunt labores, beneuolentiam postulat.

573. Homo, quis quis is fuerit, possessor vel cultor agri, opifex vel negotiator, otiosus frugum consumtor, vel diligentia et industria sua consumtioni earum ansam praebens, regimini praepositus, vel eidem parens, in omnibus homo. Unum hoc vocabulum exprimit iam perfectam ideam omnium necessitatum, omnium que; quibus his necessitatibus satisfiat, facultatum.

574. Quanto maiore numero necessitatum premitur magna hominum multitudo, quae in societatem coiit, et communi paret imperio!

575. En notionem rei, quae necessitatum imperii nomine venit, unde proueniunt expensae publicae, quae consistunt in sequentibus.

576. Tuitio rerum regni, ut sint saluae et integrae, exigit semper promtam defensionem, scilicet 1.) copias terrestres ac maritimas, arces et propugnacula, machinas seu tormenta bellica, et omnia, quae cum his necessario coniuncta sunt.

577. 2.) Conseruationem boni ordinis interni, tranquillitatis et securitatis uniuscuiusque singillatim et conctorum in genere; institutionem officiorum seu munerum administrando iuri, politiae, dirigendis variis institutis utilitatem publicam promouentibus.

578. 3.) Susceptiones ad commodum reipublicae tendentes. Huc refertur aedificatio urbium, stratura et resectio viarum, depressio fossarum, purgatio fluuiorum, fundatio scholarum, nosocomiorum, aliae que res innumerae, quas singillatim persequi breuitas huius opusculi haud permittit.

579. 4.) Decorum exigit ut abundantia et magnisicentia circumdent imperantis solium, tamquam fontem publicae prosperitatis, unde proffuunt praemia, admouentur incitamenta, effunditur clementia. Ad haec omnia perficienda expensae sunt tam necessariae, quam utiles.

580. Perscriptis breuiter expensis publicis, opus est addere quaedam de publicis reditibus, de que modis, quibus reditus hi reddi possint ciuibus faciles sustentatu.

581. Exactiones, ut iam supra dictum est, sunt ea tributa, quae dat in commune unusquisque civium ob conseruandam in tuto prosperitatem, tranquillitatem, vitam et bona sua.

582. Sed 1.) Quae res impositioni tributorum subiici debent?

583. 2.) Quo modo fieri possunt tributa populo quam minime onerosa?

584. 3.) Qui possunt diminui impensae in colligendis tributis?

585. 4.) Qui reditus fixi stati que effici possunt?

586. 5.) Quae debet esse eorum administratio?

587. Quaestiones hae sunt eae, quarum solutio maximopere est necessaria, quamquam magna quoque difficultate prematur.

588. Ad 1.) Quina sunt, in quae tributa imponuntur: (*a*) Personae. (*b*) Bona seu possessiones et facultates, (*c*) Res, quae nascuntur, fiunt ve intra fines imperii, et consumuntur domi. (*d*) Merces, quae euehuntur ad exteros, et ab iis inducuntur. (*e*) Actiones.

589. Ad 2.) Leuiora tributa putantur ea, quae sponte pendunt homines, et quae coactioni non subiacent, quae omnes ciues generatim tangunt, augentur que ea ratione, qua augetur luxus uniuscuiusque.

590. Sed ut, quantum potis est, fiant impositiones in subditos minus minus que graues, oportet haec regula semper ob oculos versetur, ut vitentur omnibus in rebus monopolia, scilicet ne cui uni, exclusis ceteris omnibus, detur potestas, negotia, quaecumque ea sint, habendi.

591. Ad 3.) Diminutio impensarum in colligendis tributis eget exacta discussione rerum minutissimarum, et ut ea omnia, quae non numquam impensas non necessarias secum afferunt, e collectione tributorum penitus exstirpentur.

592. Ad 4.) Quo opulentior erit populus, eo facilius poterit pendere tributa.

593. Potest hic mentio iniici, esse in genere quaedam tributa, quae ex natura sua sunt subiecta multis difficultatibus et nonnullis incommodis: hae difficultates et incommoda egent medicae manus, quam admoueri oportet: alia porro tributa sunt eius modi, quae, demtis in exactione eorum sumtibus, sunt momenti perexigui.

594. Ad haec oportet indagare fontes, unde proficiscuntur quibusdam in locis cassa et inania nomina publica?

595. An quod illic pecunia minus frequenter circumeat, quam id fit alibi?

596. An quod ea, quae superabudant, inde exportari sit difficile?

597. An quod artes et opificia illic non dum radices profunde egerint?

598. An quod populus ibi careat adminiculis ad ditandum sese?

599. An tandem quaerenda origo huius mali in desidia, sue etiam in maiore prae reliquis oppressione?

600. Ad 5.) Verba denique facienda sunt de administratione publicorum redituum, vel de eorum oeconomia, quae a non nullis camerae seu aerarii regii rectio appellatur. Sed Nos haec omnia comprehendimus sub nomine publicae redituum et expensarum administrationis.

601. Supra dictum est, quina esse, quae tributis pendendis subiici possunt. Sed impositiones tributorum in imperio sunt tamquam vela in naui, quae faciendo feliciter itineri, deducendae que in exoptatum portum naui inseruiunt, non ut praegravetur ea, aut continue in alto iactetur, et postremo submergatur.

602. Qui de reditibus iudicat ex accepta pecunia, is videt tantum id, quid inde proueniat, fundamenta vero seu naturam illorum non intelligit. Sed qui diligentius omnia, quae cum reditibus coniuncta sunt, rimatur, et viscera eorum, ut sic dicam, pertentat, is nullo negotio inueniet et originem seu principium et obiectum et adminicula harum imperio maxime necessariarum actionum.

603. Sed quaenam sunt illa principia, quibus firmo pede innititur haec imperii oeconomia? Profecto nulla alia, quam homines.

604. Hinc sequitur omnino oportere, 1.) augmenta populi promouere, ut in imperio numerus hominum sit magnus;

605. 2.) Uti iis ad commoda rei publicae pro multitudine eorum, terrarum que amplitudine; fauere et opem ferre variis artibus et conditionibus ciuium secundum diuersos gradus necessitatis et utilitatis.

606. Hic agricultura ipsa per se primum occupat locum. Nam illa praeter quam quod alimenta dat hominibus, potest etiam ea comparare subsidia, quibus illi reliqua omnia consequi queant. Super his agricultura praebet artibus et opificiis primam ad opera eorum materiem.

607. Oeconomiae imperii est reperire modos, quibus possessores excitentur, 1.) ut sedulam impendant operam cultui terrarum, eas que in usum conuertant, ad quamcumque tandem rem eae adhiberi, et quidquid ex iis percipi possit; 2.) ut animum adiiciant ad culturam et auctum frugum et fructuum, siluarum, arborum et omnium reliquarum plantarum superficiem terrae vestientium; 3.) ad augendam sobolem pecorum et animalium omnis generis et speciei, quae vel in terra repunt, vel aëra peruolitant, quae foecunditati terrarum inseruiunt, et quibus terra rursum dat alimenta; 4.) ad convertendum in usus suos

metalla, varias species salis, lapides et reliqua fossilia, quae in visceribus terrae condita sunt, et opera cuiusque inde effodiuntur; item 5.) et pisces, et quidquid in aquis reperitur.

608. En fundamentum et radix mercaturae. Mercatura omnes has res intra limites cuiusque imperii e manu in manum tradit, aut etiam in exteras terras auehit.

609. Mercatura intra fines imperii proprie nec mercatura dici potest: illa nihil est aliud, quam simplex rerum in orbem per manus ciuium conuersio.

610. Vera mercatura est ea, cuius ope ciuitas res, quibus opus habet, et quibus ipsa caret, accipit e terris exteris, superflua vero, quae habet, extra limites emittit.

611. Sed inuectio et exportatio mercium subiectae sunt variis legibus pro diuerso earum respectu.

612. Externa mercatura non semper est eadem.

613. Mercatura bene instituta, et diligenter exercita, omnia animat, omnia tamquam quaedam basis sustinet. Si ea est externa, et lanx librae eam metientis in nostram partem propendet; siue interna, et orbicularis illius per manus ciuium conuersio nullis sufflaminatur obstaculis, nec ullis constringitur compedibus, in utroque casu necessario eam esse oportet caussam communis et perpetuae abudantiae populi.

614. Hinc exsistunt diuitae, quae sunt 1.) naturales, vel acquisitae;

615. 2.) Re ipsa, vel opinione constantes.

616. Numero naturalium divitiarum accensendum est innatum ciuium ingenium, quod multarum rerum intelligentia collustratum, et aemulatione excitatum, atque in sublime euectum, potest prospicere longius, et magnis successibus suis tam toti ciuitati, quam singulis ciuibus, non exiguam afferre utilitatem.

617. Terrae solum exploratum et cum diligentia excultum dat ditia spolia et opimam copiam rerum necessariarum, utilium et iucundarum.

618. Diuitiae acquisitae sunt, quae proueniunt a diligentia, et attentione animi summa, adhibita in opificiis, artibus manuariis seu humilibus, et artibus liberalibus, nec non scientia rerum methodica.

619. Si addantur animi iis, qui haec tractant, facile videbimus magnos in iis profectus, scientiam haud vulgarem, et opera omnibus numeris absoluta.

620. Acquisitis diuitiis annumerari oportet, intus nauigationem redditam faciliorem, ope fossarum manibus depressarum in locis, qui sine iis viam nauigis non darent; foris amplisicationem mercaturae terra marique, commoditatem et securitatem illi datam exstructione et soliditate viarum, pontium et aggerum.

621. Numerus rerum huc spectantium est tam magnus, ut hic potiores earum tantum designentur; sed et hae pro necessitate et pro varia temporum ratione semper mutationi sunt subiectae. Sufficit vero haec delibasse ad exprimendum id, quod Nos sub nomine oeconomiae imperii seu ciuitatis intelligimus. Cetera relinquuuntur ad indagandum iis, qui accingent se ad perficiendam et in ordinem redigendam hanc partem legum, ut altius isthaec rimentur.

622. Diuitae in ciuitate, ut dictum est, sunt aliae re ipsa, aliae opinione constantes.

623. Re ipsa constantes divitiae sunt vel res non mouentes, vel bona mouentia.

624. Eae sunt vel principis vel priuati alicuius hominis.

625. Diuitiae Principis sunt vel ut simplicis possessoris diuitiae, qua tenus certi quidam fundi, vel res, eius sunt tamquam priuati alicuius fundorum domini: vel ut diuitiae Imperantis, qui pro hoc munere suo, a Deo ipsi concredito, sub sua potestate habet ea omnia, quae publicum totius imperii aerarium constituunt.

626. Diuitiae priuatorum sunt eae, quas illi possident ut ciues, quorum bona sunt fundamentum diuitiarum ciuitatis re ipsa constantium, id que duobus modis. 1.) Ope gignentium terrae, rerum que omnis generis, quae mercatura ab iis accipit, et e manu in manum tradit. 2.) Ope tributorum, quae priuatus ciuis non posset pendere, nisi prouentus illos res ve haberet.

627. Dinitiae re ipsa constantes, id est reditus, sunt vel stati vel fortuiti, et hi quoque, quemadmodum et fundi, sunt vel Principis vel priuati ciuis.

628. Reditus Principis rursus bisariam dispertiuntur: alii sunt tamquam priuati alicuius possessoris, alii tamquam Rectoris totius rei publicae.

629. Alteros ex his Imperator habet in sua potestate ipse per se.

630. Sed ut Rector populi comprehendit 1.) omnes reditus imperii, quam late patent, 2.) vectigalia, quae exiguntur ex iis rebus, quas ciues possident.

631. Quod attinet ad hos posteriores reditus, prouidus Imperator numquam eos auget nisi invitus; et cum eo ventum est, ut augeri eos necesse sit, diligenter obseruat, ut partitio tributorum fiat pro modo facultatum ciuium, ne modum virium in facultatibus eorum excedat, ne ve sit oneri ciuibus maiori, quam quod ferre re vera possint, et quod aequum sit ab iis postulari.

632. Oportet ut in colligendis tributis non minus accurata exactio, quam moderatio et humanitas obseruetur.

633. Annotamus hic aurum et argentum, quae allias merces, allias signa sunt omnium rerum, quae ciues inter se permutant, sumi vel ex metallifodinis vel per mercaturam.

634. Aurum et argentum considerare possumus vel ut materiam rudem, vel ut opus factum.

635. Merces et omnia bona mouentia saepe sunt obiectum circulationis internae et item negotiationis, quae cum exteris regionibus exercetur.

636. Hoc in casu, praesertim in posteriore, maximopere necesse est, ut inuestigemus, utrum materia et extrema manus operi circa eam elaborandam admota coniunctim, an alterutrum eorum proveniat a nostro populo?

637. Diuitiae opinione constantes possunt in immensum augere diuitias re ipsa constantes.

638. Illae nituntur existimatione et fide ciuium, hoc est opinione, quam de iis alii conceperunt et adoptarunt; esse eos tales, qui fidem in soluendo datam numquam fallant, et qui sint solvendo.

639. Fides haec est vel totius populi, quae palam sit in publicis argentariis et in circuitu quarumdam rerum, ope bonorum institutorum auctoritate publica munitarum, vel fides hominum privatorum; id que vel separatim vel coniunctim.

640. Separatim singuli candore, probitate et magnis suis ausis possunt argentariam exercere non solum in uno quodam regno, sed et in toto orbe.

641. Coniunctim possunt illi instituere maiores et minores societates, collegia mercatorum: et tum fides priuatorum auget fidem populi.

642. Iam commoda, ex diuitiis naturalibus et acquisitis, re ipsa et opinione constantibus, profluentia spatio temporis praesentis non includuntur, sed extenduntur ad futura quoque tempora, et praeparant modos, quibus reditus, cum opus sit, sine dubio augeri possunt. Et hi modi itidem partem oeconomiae imperii constituunt.

643. Adiumentis istis idem, fere accidit, quod publicae in commerciis fidei: prudens usus ea auget, abusus vero minuit et destruit.

644. Nescire ea, et semper ad opem eorum accurrere, utrumque noxium est. Quaerenda sunt haec adminicula non aliter, ac si iis carere non possimus; e contrario uti illis, nisi urgente necessitate, non debemus; et magna praeterea cautio adhibenda est in usu eorum, ac si in posterum nulla alia reperire queamus.

645. Ad hanc circumspectam parsimoniam ducunt nos vera principia oeconomiae imperii.

646. Administratio redituum imperii generalis diuiditur in politicam eorum administrationem et oeconomicam.

647. Politica complectitur universitatem populi rerum que, dispicit omnes conditiones hominum, munera, professiones et negotia eorum.

648. Universitas rerum postulat, ut quamque ex iis probe cognoscamus singillatim et in universum id circo, ut de nexu, quem eae inter se habent, iudicare possimus, eo que pacto efficere, ut omnes simul ciuitati afferant utilitatem.

649. Oeconomica administratio versatur circa sequentia: quod attinet ad regulas seu principia redituum, oportet fontes eorum servare incorruptos, copiosiorem scaturiginem eorum, si modo rei ipsius natura permittat, reddere, et haurire ab iis ita, ne extenuentur, ne ve exarescant.

650. Ratione vero diuitiarum, oportet ut terrae contineantur in bono statu, et danda opera, ut ad meliorem frugem perueniant;

651. Ut iura illibata seruentur, ut tributa colligantur sic, ne quid in exactione eorum pereat, quod in aerarium publicum inferri necesse est.

652. In expensis vero videndum, ut quaeque pars redituum impendatur in id, ad quod destinata est.

653. Ut omnes sumtus, si id fieri potest, summam redituum ne excedant.

654. Postremo ut codices expensi et accepti sint ordine digesti, et ut ratio expensorum et redituum claris firmis que argumentis semper nitatur.

655. Patet ex iis, quae dixi de oeconomia rei publicae, diuisionem hic simplicem et naturalem, congeriem et nexum notionum clararum, et unicuique obuiarum, ducere nos ad veram definitionem verbi, cuius significatio toti ciuitati est magni ponderis: liquet id quoque omnes huius capitis partes ita esse inter se mutuo earum respectu nexas, ut nec una illarum sit sola et separata ab aliis, siue quae non dependeat

ab reliquis; postremo est perspicuum solam omnium harum partium in unum fasceiae collectionem posse efficere, firmam reddere, et in perpetuum prorogare securitatem imperii, prosperum statum populi et gloriam Imperatoris.

Autographum sibscriptum est SACRAE IMPERATORIAE MAIESTATIS *manu* propria sic:
         AECATERINA.

Petropoli anno Christi 1768. Aprilis die 8.
Excusum formulis literarum in officina Senatus.

INSTRUCTION
FÜR DIE ZU VERFERTIGUNG DES ENTWURFS ZU DEM NEUEN GESETZBUCHE VERORDNETE COMISSION

HERR MEIN GOTT! VERNIMM MICH, GIB MIR VERSTAND, DEIN VOLK ZU RICHTEN, NACH DEINEM HEILIGEN GESETZE UND NACH DER WAHRHEIT!

1.

DIE Christliche Religion lehret uns, einer dem anderen so viel gutes zu thun, als uns möglich ist.

2. Wenn wir diese Vorschrift unserer Glaubenslehre, als eine in den Herzen eines ganzes Volks eingepflanzte, oder noch einzupflanzende Regel ansehen, so können wir keinen andern als diesen Schluß machen: Es müsse überhaupt eines jeden ehrlichen Menschen Wunsch seyn, oder werden, sein Vaterland auf der allerhöchsten Staffel der Wohlfarth, des Ruhms der Glückseeligkeit und der Ruhe zu sehen.

3. So wie auch; einen jeden seiner Mitbürger, durch Gesetze, die desselben Wohlstand nicht einschränken, sondern ihn vor allen dieser Regel zuwiderlaufenden Unternehmungen decken, bewahret zu wissen.

4. Um aber desto eher zu der Erfüllung eines solchen, wie wir hoffen, allgemeinen Wunsches zu gelangen, so ist nötig, daß wir oberwähnte Regel zum Grunde legen, und uns dieß Reich, nach seiner natürlichen Lage und Beschaffenheit, vorstellen.

5. Denn mit der Natur gänzlich übereinkommende Gesetze sind diejenigen, deren besondere Einrichtung mit der Beschaffenheit des Volks, für welches sie gemacht worden, am besten übereinstimmen. In folgenden ersten Hauptstücken soll diese natürliche Beschaffenheit beschrieben werden.

I. HAUPTSTÜCK

6.

RUßLAND ist eine Europäische Macht.

7. Der Beweis dessen ist dieser: die Veränderungen welche **Peter der Große** in Rußland vorgenommen, haben einen um so glücklicheren Erfolg gehabt, als die Sitten der

damahligen Zeiten gar nicht mit dem Klima übereinkamen; indem sie durch die Vermischung verschiedener Völker, und durch die Eroberung fremder Provinzen, uns zugebracht worden. Da **Peter der Erste** Europäische Sitten und Gebräuche bei einem Europäischen Volke einführte, fand er dasselbe dazu aufgelegter, als er vielleicht selbst nicht vermuhtet hatte.

II. HAUPTSTÜCK

8.

IE Länder des Russischen Reichs erstrecken sich auf der Erdkugel bis 32 Grad in die Breite und 165 Grad in die Länge.

9. Der Regent desselben ist Selbstherrschend; keine andere, als die in seiner Person vereinigte Macht kann, auf eine mit der Weitläuftigkeit eines so grosses Reichs übereinkommende Art, ihre Wirksamkeit ausüben.

10. Ein weitläuftiges Reich setzet eine souveraine Gewalt in derjenigen Person zum voraus, die dasselbe regieret. Die Geschwindigkeit der Entscheidungen, in Ansehung der von weither kommenden Sachen, muß die aus der Entfernung der Oerter entstehende Langwierigkeit ersetzen.

11. Eine andere Regierungsform, es sei welche es wolle, würde für Rußland nicht allein schädlich seyn, sondern auch zuletzt die Ursache seines Umsturzes werden.

12. Noch eine Ursache ist diese: weil es besser ist, unter einem einzigen Herrn, den Gesetzen unterworfen zu seyn, als sich nach dem Willen vieler zu richten.

13. Was ist aber der Endzweck einer souverainen Regierung? Keines weges die Menschen ihrer natürlichen Freyheit zu berauben, sondern die Handlungen derselben zu Erlangung der höchsten Wohlfarth einzuleiten.

14. Folglich ist eine Regierung, die sich vorzüglicher Weise bestrebet, diesen Zweck zu erreichen, und zugleich die natürliche Freiheit weniger als eine andere einschränket, diejenige, welche so wohl mit den Absichten, die man bei vernünftigen Geschöpfen voraussetzet, als auch mit dem Zwecke, auf den man bei Errichtung bürgerlicher Gesellschaften siehet, am besten übereinkommt.

15. Das Augenmerk und der Endzweck souverainer Regierungen ist, der Ruhm der Bürger, des Reichs und des Regenten.

16. Aus diese Ruhme entstehet bei einem unter einer souverainen Regierung lebenden Volke, der Geist der Freiheit, welcher in solchen Reichen, zu eben so grossen Thaten Anlaß geben, und die Wohlfarth der Unterthanen, in eben dem Maaße befördern kann, als die Freiheit selbst.

III. HAUPTSTÜCK

17. *Von der Sicherheit der Reichsverfassung*

18.

IE Macht, deren Ausübung verschiedenen mittleren, niederen und von der höchsten abhängenden Gerichtstühlen anvertrauet ist, machet das Wesen der Regierung aus.

19. **Ich** habe gesagt: mittlere, niedere und von der höchsten Macht abhängige Gerichtstände machen das Wesen der Regierung aus: in der That selbst ist der Regent die Quelle aller Reichs- und bürgerlichen Macht.

20. Gesetze, die der Regierung zum Grunde dienen, setzen zum voraus, das Dasein gewisser Gerichtstühle, durch welche, gleichsam als durch kleine Ströhme, die Macht der Regenten sich ergietzet.

21. Gesetze, die diesen Gerichtstühlen erlauben, Vorstellungen zu thun, daß diese, oder jene Verordnung dem gesetzbuche widerspreche; daß sie schädlich, dunkel und nicht in Erfüllung zu setzen sei; Gesetze, die voraus bestimmen, welchen Verordnungen man gehorchen und auf was Art man sie vollziehen solle: diese Gesetze sind ohne Zweifel diejenigen, welche die Verfassung eines jeden Reichs fest und unbeweglich machen.

IV. HAUPTSTÜCK

22.

S muß ein politischer Cörper sein, dem die Bewahrung und Aufrechthaltung der Gesetze anvertrauet werde.

23. Diese Bewahrung und Aufrechthaltung der Gesetze kann nirgend Statt finden, als in gewissen Gerichtstühlen des Reichs,

welche dem Volke die neuverfaßten Gesetze ankündigen, und demselben das Andenken der in Vergessenheit gerathenen erneuern.

24. Diesen Gerichtstühlen lieget ob, die von dem Souveraine erhaltene Gesetze sorgfältigst zu beprüfen. Sie haben das Recht Vorstellungen zu thun, falls sie in selbigen etwas fänden, das dem Gesetzbuche wiederspräche u. s. w. wie oben im III. Hauptstücke § 21. gesagt worden.

25. Im Falle sie aber nichts des oberwähnten darin bemerkten, so fügen sie selbige zu der Zahl der übrigen bereits bestätigen Gesetze, und machen sie dem Volke bekannt.

26. In Rußland ist der Senat derjenige politische Cörper, dem die Bewahrung und Aufrechthaltung der Gesetze obliegt.

27. Alle übrige Gerichtstühle sind gehalten, und können mit eben der Befugnis dem Senate, und selbst dem Souverain, darüber ihre Vorstellungen thun, wie oben gedacht worden.

28. Sollte aber jemand fragen: Worin bestehet die Bewahrung und Aufrechthaltung der Gesetze? So antworte **Ich**: die Bewahrung und Aufrechthaltung der Gesetze bestehet in einem besondern Unterrichte, zufolge dessen oberwehnte Richtstühle, deren Anordnung keinen andern Endzweck gehabt, als damit, durch ihr Bestreben, der Wille des Regenten, auf eine mit den Grundgesetzen und der Verfassung des reichs übereinstimmende Art, erfüllet werde, verbunden sind, in der Ausübung ihres Amts, nach Maaßgebung der daselbst vorgeschriebenen Weise, zu Werke zu gehen.

29. Dieser Unterricht halt das Volk davon ab, daß es nicht ungestraft die Verordnungen des Souverains verachten kann; zu gleicher Zeit aber, wird selbiges dadurch vor Eigenwillen und umgezäumten Begierden geschützet.

30. Denn einer Seits werden durch vergleichen Unterricht die für die Uebertreter der Gesetze bestimmten Strafen gerechtfertiget; anderer Seits aber wird eben dadurch die Regelmäßigkeit des Verfahrens der Richter bestätiget, wenn selbige sich weigern, Gesetze, die der im Reiche eingeführten Ordnung zuwider laufen, der Zahl der schon angenommenen beyzufügen, oder in der Ausübung der Gerechtigkeit und in den allgemeinen Angelegenheiten des Volks, nach selbigen zu verfahren.

V. HAUPTSTÜCK.

31. *Von dem Zustande der Einwohner des Staates überhaupt.*

32.

ES ist ein groß Glück für den Menschen, sich in solchen Umständen zu befinden, daß, wenn gleich seine Leidenschaften ihn auf die Gedanken brächten, böse zu seyn, er es dennoch für vortheilhafter halte, nicht böse zu seyn.

33. Die Gesetze müssen, so viel als möglich, für die Sicherheit eines jeden Bürgers insbesondere sorgen.

34. Die Gleichheit aller Bürger bestehet darinnen, daß sie sämtlich einerley Gesetzen unterworfen seyen.

35. Diese Gleichheit erfodet gute Einrichtungen, die den Reichen verwähren, diejenigen, so weniger Vermögen als sie besitzen, zu unterdrücken, und die Würden und Aemter, die ihnen nur als Verwaltern des Staates anvertrauet sind, zu ihrem eigenen Vortheile anzuwenden.

36. Die allgemeine, oder politische, Freyheit bestehet nicht darin, daß einer alles thun könne, was ihm gelüstet.

37. In einem Staate, das ist, in einer Versamlung von Menschen, die in Gesellschaft leben, in welcher es Gesetze giebt, kann die Freyheit in nichts anderem bestehen, als in dem Vermögen dasjenige zu thun, was man wollen soll, und nicht gezwungen zu seyn, dasjenige zu thun, was man nicht wollen soll.

38. Man muß sich eine deutliche Vorstellung von der Freyheit machen. Die Freyheit ist das Recht, alles das zu thun, was die Gesetze erlauben: und wenn irgendwo ein Bürger etwas, das die Gesetze verbieten, thun könnte, so würde daselbst keine Freyheit mehr seyn; weil andere, dasselbige zu thun, gleich Macht haben würden.

39. Die politische Freyheit des Bürgers ist die Ruhe des Gemüths, welche aus der Meynung entstehet, daß ein jeder unter ihnen seine eigene Sicherheit genietzet: damit aber die Menschen zu dieser Freyheit gelangen mögen, so müssen die Gesetze so beschaffen seyn, daß kein Bürger Ursache habe, sich für den andern zu fürchten, sondern daß sich alle für den Gesetzen fürchten.

VI. HAUPTSTÜCK.

40. Von den Gesetzen überhaupt.

41.

S muß durch Gesetze nichts verbothen seyn, als dasjenige, was entweder einem jeden insbesondere, oder dem allgemeinen Wesen überhaupt, schädlich seyn kann.

42. Alle Handlungen, die nichts begleichen in sich fassen, sind den Gesetzen auf keinerley Weise unterworfen; indem die Gesetze in keiner andern Absicht gegeben worden, als nur um denen Menschen, die unter ihrem Schutze leben, die vollkommenste Ruhe und die größesten Vortheile zu verschaffen.

43. Damit den Gesetzen unverbrüchlich nachgelebet werde, so müssen sie so gut seyn, und so richtige Mittel, die Menschen zu ihrem größesten Wohl zu führen, in sich faßen, daß ein jeder ungezweifelt überzeuget sey, er müsse, seines eigenen Nutzens wegen, diese Gesetze unverbrüchlich halten.

44. Und dieß ist der höchste Grad Vollkommenheit, welchen zu erreichen man sich bestreben muß.

45. Viele Dinge herrschen über dem Menschen: die religion, das Klima, die Gesetze, gewisse angenommene Staatsregeln, Beyspiele vergangener Begebenheiten, die Sitten, die Gebräuche.

46. Aus diesen Dingen entstehet bey dem Volke eine allgemeine Denkungsart, die mit denselben übereinstimmt, als zum Exempel:

47. Die Natur und das Klima herrschen fast allein über die Wilden.

48. Die Gebräuche regieren die Chineser.

49. Die Gesetze martern die Japoneser.

50. Die Sitten gaben ehemals den Ton zu Lacedämon.

51. Staatsregeln und alte Sitten thaten ein gleiches zu Rom.

52. Verschiedene Caractere der Völker sind aus Tugenden und Lastern, aus guten und schlechten Eigenschaften zusammen gesetzt.

53. Glüklich ist derjenige Zusammenfaß zu nennen, aus welchem viel gutes fließet, und von welchem man öfters nicht glauben sollte, daß solches aus dieser Quelle entspringe.

54. **Ich** will hier, zum Beweise des erwehnten, einige Exempel dieser verschiedenen Wirkung anführen. Die Redlichkeit der Spanier

ist von je her berühmt gewesen: Die Geschichte beschreibet uns ihre Treue in Bewahrung der ihnen anvertraueten Sachen; sie haben öfters den Todt ausgestanden, um ein ihnen anvertrautes Pfand geheim zu halten. Diese Treue, die ihnen ehemals eigen gewesen, findet man noch heutiges Tages unter ihnen. Alle Nationen, die zu Cadix Handlung treiben, vertrauen ihr Vermögen den Spaniern, und haben es noch nie bereuet. Doch diese bewunderungswürdige Eigenschaft, gefügt zu ihrer Trägheit, machet eine Vermischung, aus welcher Folgen entstehen, die ihnen höchstschädlich sind. Die europäische Nationen treiben, vor ihren Augen, den ganzen Handel ihrer Monarchie.

55. Der Caracter der Chineser ergiebet eine andere Vermischung, die das Gegentheil des Caracters der Spanier ist. Die Unsicherheit ihres Lebens, (welche von der Beschaffenheit ihres Clima und Erdreichs herrühret,) ist Ursache, daß sie von einer fast unbegreiflichen Wirksamkeit sind, und eine so umfäßige Begierde zum Gewinnste besitzen, daß keine handelnde Nation ihnen trauen kann. Diese ihre bekannte Falschheit hat ihnen den Handel mit den Japonesern beibehalten. Kein einziger europäischer Kaufmann hat es wagen dürfen, diesen Handel, unter ihrem Nahmen, zu füren, so leicht sich auch dieses aus ihren an der See liegenden Provinzen thun liebe.

56. Oberwehntes habe **Ich** keines weges darum angeführt, um im geringsten den unendlichen Raum, der sich zwischen den Lastern und den Tugenden befindet, zu vermindern. Da sey Gott vor! **Ich** habe nur begreiflich machen wollen, daß nicht alle politische Laster, moralische; und nicht alle moralische, politische Laster sind. Dieses ist unumgänglich zu wissen nötig, damit bey der Gesetzgebung nichts wider die allgemeine Denkungsart einer Nation mit einfließe.

57. Die Gesetzgebung muß sich nach der allgemeinen Denkungsart der Nation richten. Wir machen nichts besser, als das, was wir freywillig, ungezwungen und zufolge unserer Neigung vornehmen.

58. Um bessere Gesetze einzuführen, ist nötig, das die Gemüther der Menschen schon dazu vorbereitet seyn. Damit aber die Ausrede wegfalle: es könne nichts nützliches geschriftet werden, weil die Gemüther noch nicht dazu ausgelegt wären: so nehmet euch die Mühe, sie dazu vorzubereiten: eben dadurch werdet ihr schon ein grosses gethan haben.

59. Die Gesetze sind besondere und genau bestimmte Verordnungen des Gesetzgebers. Die Sitten und Gebräuche aber, sind Satzungen der ganzen Nation.

60. Wenn also zum Besten eines Volks, eine große Veränderung vorzunehmen erfordert wird, so muß dasjenige, was durch Gesetze eingeführet worden, durch Gesetze, und was die Gebräuche in Schwang gebracht, durch Gebräuche verbessert werden. Es ist eine sehr schlechte Politic, welche dasjenige durch Gesetze verändern will, was durch Gebräuche verändert werden muß.

61. Es giebt Mittel dem Einreisen der Laster zu wehren; dieß sind die den Gesetzen nach verhängte Strafen. Eben so giebt es Mittel, die Gebräuche zu verändern; und hiezu dienen die Exempel.

62. Außer dem, je mehr Gemeinschaft ein Volk mit dem andern hat, je leichter verändert es seine Gebräuche.

63. Mit einem Worte: Alle Strafen, die nicht aus Nothwendigkeit auferlegt werden, sind tyrannisch. Das Gesetz hat nicht von der Gewalt allein seinen Ursprung; Handlungen, die zwischen dem Guten und Bösen das Mittel halten, gehören, ihrer Natur nach, nicht unter die Nacht der Gesetze.

VII. HAUPTSTÜCK.

40. *Von den Gesetzen insbesondere.*

65.

GESETZE, die allzuviel Gutes stiften wollen, bringen öfters das größte Unheil zuwege.

66. Allen Gesetzen, in welchen die Gesetzgebung es zu weit treibet, findet man Mittel, zu entgehen. Die Mässigung regieret die Menschen, und nicht die Ueberschreibung des Maaßes.

67. Die bürgerliche Freyheit triumfiret alsdann, wenn die Gesetze wieder die Verbrecher eine jede Strafe aus der besondern Eigenschaft des Verbrechens herleiten. Alles Willkührliche höret auf; die Strafe hänget nicht von dem Eigenwillen des Gesetzgebers ab, sondern von der Natur der Sache selbst, und es ist nicht der Mensch, der dem Menschen Gewalt anthut, sondern seine eigene Thaten.

68. Die Verbrechen werden in vier Gattungen eingetheilet.

69. Von der ersten Gattung sind die Verbrechen wider die Religion.

70. Von der zweyten, die wider die Sitten.

71. Von der dritten, die wider die Ruhe und den Frieden.

72. Von der vierten, die wider die Sicherheit der Mitbürger.

73. Die dafür aufzulegende Strafen müssen aus der Natur einer jeden dieser Gattungen hergeleitet werden.

74. 1) In die Classe der Verbrechen wider die Religion, setze **Ich** nur diejenigen, die selbige gerade angreifen, als da sind alle würkliche und offebare Gotteslästerungen. Denn diejenigen Verbrechen, welche die Ausübung der Religion stören, sind von der Natur derer, welche die Ruhe oder die Sicherheit des Bürgers verletzen, und gehören folglich in diese letztere Classe. Damit aber die Strafe der Entheiligung aus der Natur der Sache selbst hergenommen werde, so muß sie in der Beraubung aller derjenigen Vortheile, welche die Religion schenket, bestehen, das ist, in der Ausstossung aus der Tempeln, in der Ausschliessung aus der Versamlung der Gläubigen, es sey auf eine zeitlang, oder auf allezeit, in der Entfernung aus ihren Gesellschaften.

75. Es werden, der Gewohnheit nach, auch bürgerliche Strafen dawider angewendet.

76. 2) Der zweyte Gattung der Verbrechen enthält diejenigen, welche wider die guten Sitten laufen.

77. Dergleichen ist die Verletzung der Reinigkeit der Sitten, entweder in Ansehung aller Menschen überhaupt, oder eines jeden ins besondere, das ist: eine jede Handlung, die wider diejenige Einrichtungen streitet, welche anzeigen, auf das Art ein jeder die von der Natur ihm geschenkte Vortheile sowohl zu seiner Nothdurft und Nutzen, als zu seinem Vergnügen genießen soll. Die Strafen solcher Verbrechen müssen gleichfalls aus der Natur der Sache hergenommen werden. Die Beraubung derjenigen Vortheile, welche die Gesellschaft mit der Reinigkeit der Sitten verknüpft, Geldbusse, Schande oder Unehre, die Nothwendigkeit sich vor der Menschen zu verbergen, die öffentliche Beschimpfung, die Verbannung aus der Stadt, und aus der Gesellschaft, überhaupt alle Strafen, die von einem, zur Verbesserung der Sitten, verordnetem zuchtrichterlichen Amte auferleget werden können, sind hinreichend, der Frechheit beyder Geschlechter Einhalt zu thun. Denn in der That rühren dergleichen Vergehen nicht so sehr von der Boßheit des Herzens, als von der Vergessenheit oder der Verachtung seiner selbst her. Hier ist nur die Rede von Verbrechen, die die Verderbung der Sitten betreffen, nicht aber von denen, die

zugleich auch die allgemeine Sicherheit stören; als da sind die Entführung und gewaltsame Schändung, die nämlich zur vierten Gattung der Verbrechen gehören.

78. 3) Verbrechen der dritten Gattung sind die, welche die Ruhe der Mitbürger stören. Die Strafen derselben müssen aus der Natur der Sache genommen werden, und sich auf diese Ruhe beziehen. Zum Exempel, die Beraubung derselbigen Ruhe, die Verbannung, Züchtigungen und dergleichen, wodurch unruhige Menschen wieder auf den rechten Weg geführet, und aufs neue in die Schranken der Ordnung gebracht werden. **Ich** verstehe unter Verbrechen wider die öffentliche Ruhe, nur solche Handlungen, die in der blossen Verletzung der guten Ordnung bestehen.

79. Denn diejenigen, welche die Ruhe stören, und zu gleicher Zeit die allgemeine Sicherheit anfechten, werden zu der vierten Gattung der Verbrechen gerechnet.

4) Die Strafen dieser letztern Verbrechen sind die, welche Lebensstrafen genannt werden. Diese sind eine Art der Wiedervergeltung mittelst welcher das gemeine Wesen einem Bürger die Sicherheit, deren er einen andern beraubet, oder berauben wollen, versaget. Diese Strafen sind aus der Natur der Sache gezogen; sie gründen sich auf die Vernunft, und sind aus den Quellen des Guten und Bösen geschöpfet. Ein Bürger verdient den Todt, wenn er bey Verletzung der Sicherheit, so weit gegangen, daß er einem das Leben genommen, oder es ihm zu nehmen sich unterfangen hat. Die Todesstrafe ist gleichsam ein Arzeneymittel der kranken Gesellschaft. Wenn die Sicherheit, in Anseyung des Vermögens, gebrochen worden, so können Beweise gefunden werden, daß in solchem Falle keine Lebensstrafe erfordert werde. Es scheinet besser und mit der Natur übereinstimmender zu seyn, das die Verbrechen wider die Sicherheit der Güter, durch den Verlust der Güter bestrafet werden. Es sollte auch in der That so gehalten werden, wenn das Vermögen gemeinschaftlich, oder bey allen gleich wäre. Weil aber diejenigen, welche am liebsten das Gut anderer angreifen, von solcher Art Menschen sind, die selbst nichts im Vermögen haben, so hat in Ansehung ihrer, die Leibesstrafe die Stelle der Geldbusse vertreten müssen. Alles, was Ich gesagt habe, gründet sich auf das Wesen der Sache und dienet der bürgerlichen Freyheit zum Schutze.

VIII. HAUPTSTÜCK.

80. *Von den Strafen.*

81.

IE Liebe des Vaterlandes, die Schande und die Furcht vor der Beschimpfung, sind Mittel die Menschen zu zähmen, und von viel Verbrechen abzuhalten.

82. Unter einer gemäßigten Regierung, wird dies die allergröste Bestrafung für eine böse That seyn, wenn jemand dieselbe begangen zu haben, überführet wird. Die bürgerlichen Gesetze werden allda die lasterhalten viel leichter auf bessere Wege bringen, und nicht genötiget seyn, viel Gewalt dazu zu gebrauchen.

83. In solchen Staaten wird man sich nicht so sehr angelegen seyn lassen, die Verbrechen zu bestrafen, als denselben vorzukommen; man wird sich mehr bestreben, durch Gesetze, den Bürgern gute Sitten beyzubringen, als ihr Gemüth durch Leib- und Lebensstrafen niederzuschlagen.

84. Mit einem Worte: Alles, was das Gesetz Strafe nennet, ist wirklich eine Strafe.

85. Die Erfahrung lehrt uns, daß es Staaten gebe, in welchen gelinde Strafen, mit eben dem Nachdrucke auf die Gemüter der Menschen wirken, als in andern die harten.

86. Hat sich in einem Staate, von irgend einer Unordnung, ein erheblicher Schade ereignet? so will eine gewaltsame Regierung demselben augenblicklich abhelfen, und an statt darauf bedacht zu seyn, die alten Gesetze in Erfüllung zu setzen, so verordnet sie die grausamste Strafe, wodurch das Uebel plözlich gehemmet wird. Die Einbildungskraft der Menschen gehet, bei Gelegenheit dieser harten Strafe, eben so zu Werk, wie sie es in Ansehung einer gelinden gethan haben würde: die Furcht vor derselben vermindert sich, und man siehet sich bald gezwungen, die Härte bey allen Fällen einzuführen.

87. Man muß mit den Menschen nicht bis zum Aeußersten schreiten, sondern sich der Mittel, welche die Natur uns verleihet; um sie zu dem erwünschten Zwecke zu bringen, mit Sparsamkeit bedienen.

88. Forschet man mit Aufmerksamkeit nach der Ursache der Nachlässigkeit in der Zucht; so wird man finden, daß selbige von der Freyheit ungefragt zu sündigen, nicht aber von der Gelindigkeit der Strafen herrühret. Lasset uns der Natur folgen, welche dem Menschen

die Schande gleichsam zur Geissel gegeben: der härterste Theil der Strafe sey die Schande sie auszustehen.

89. Findet sich ein Staat, in welchem die Schande keine Folge der Strafe ist: so ist solches der tyranischen Regierung, welche ohne Unterscheid, den Bösewicht und den tugendhaften Menschen mit einerley Strafe beleget, beizumeßen.

90. Siehet man, daß in einem andern die Menschen, durch nichts als grausame Strafen zurück zu halten sind: so glaubet sicher, daß solches von der Härte der Regierung, die dergleichen Strafen auf kleine Verbrechen gesetzet, herkomt.

91. Oefters denket ein Gesetzgeber, der sich vorgenommen, ein Uebel zu heilen, an nichts mehr, als an diese Heilung; seine Augen sind nur auf diesen Gegenstand gerichtet, und sehen nicht auf die schlechte Folgen, die daraus entstehen können. Ist das Uebel einmahl geheilet, so siehet man weiter nichts, als die Härte des Gesetzgebers, es bleibt aber dem Volke ein durch diese Strenge entstandener Fehler ankleben: die Gemüther sind verderbet, und haben sich an die Gewaltthätigkeit gewöhnet.

92. In den Geschichten wird von der Kindererziehung der Japoneser gesagt: man müsse die Kinder gelinde behandeln, weil ihre Herzen durch die Strafen verhärtet würden; desgleichen, daß man auch mit den Knechten nicht allzuhart umgehen müsse, weil sie leicht zur Gegenwehr schritten. Da die Japoneser so wohl eingesehen, was für ein Geist in der häuslichen Verwaltung wohnen und herrschen soll: warum haben sie nicht auch denjenigen entdecken können, der die Reichs und bürgerliche Regierung beleben muß.

93. Man kann auch da Mittel finden, die verirreten wieder auf den rechten Weg zu führen. Man versuche es, durch auserlesene und für die Gemüthsart eines solchen Volks sich schickende Grundsätze der Religion, der Philisophie und der Sittenlehre, durch das rechte Maas der Strafen und Belohnungen, durch eine richtige Anwendung der Regeln der Ehre, durch Strafen, die Schande nach sich ziehen, und endlich durch allerhand Vortheile, die den Genuß einer ununterbrochenen Wohlfarth und eines ruhigen Lebens versichern. Wenn aber zu befürchten stünde, daß Menschen, die an die harten Strafen gewöhnet sind, nicht mehr durch gelindere im Zaum zu halten wären, so müste man: *(merket wohl hier auf, als auf eine durch die Erfahrung bestätigte Regel, in dem Falle, da die Gemüther durch allzu harte Strafen verdorben worden,)* so müste man, sage **Ich**, auf eine verdeckte und unvermerckte Art, zu Werke gehen, und wenn es auf gewisse

Verbrechen, die der Vergebung fähig sind, ankäme, die Strafe wenigstens so lange mäßigen, bis das die Umstände verstatteten, dasselbe in allen Fällen zu thun.

94. Es ist höchst unbillig den Strassenräuber, der nur allein die Leute beraubet, auf eben die Art zu bestrafen, als denjenigen, der nicht nur raubt, sondern auch Mordthaten begehet. Ein jeglicher siehet deutlich, daß, der allgemeinen Sicherheit wegen, in der Bestrafung solcher Missethäter ein Unterscheid zu machen ist.

95. Es sind Reiche, wo die Strassenräuber aus der Ursache keine Mordthat begehen, weil Räubern, die nur einen Raub begangen haben, die Hofnung bleibet nach entfernten Colonien versandt zu werden; die Mörder aber sich dieses auf keinerley Weise versprechen können.

96. Gute Gesetze halten die rechte Mittelstraße: sie legen den Verbrechern nicht allezeit eine Geldbüsse auf; sie verurtheilen sie auch nicht allezeit zur Leibesstrafe.

Alle Strafen, die den menschlichen Cörper verstümmeln müßen abgeschaffet werden.

IX. HAUPTSTÜCK.

97. Von der Art zu richten überhaupt.

98.

IE Gewalt des Richters bestehet allein in der Vollziehung der Gesetze, damit die Freyheit und Sicherheit der Bürger nicht zweifelhaft seyen.

99. Zu dem Ende hat **Peter der Große** sehr weislich einen Senat, Collegien und niedere Gerichtsstühle verordnet, die das Recht, im Namen des Souverains, und den Gesetzen zufolge, sprechen sollen: Und dieser Ursache wegen ist auch die Appellation an den Souverain Selbst so schwehr gemacht; ein Gesetz, welches nie übertreten werden muß.

100. Folglich müssen Gerichtsstühle seyn.

101. Diese Gerichtsstühle geben Entscheidungen oder sprechen Urtheile, welche aufbehalten werden, und bekant seyn müssen, damit in den Gerichten heute nicht anders als gestern gerichtet werde, und auf daß, sowohl das Eigenthum, als das Leben, eines jeden Bürgers dadurch eben so gesichert seyn möge, als die Reichsverfassung selbst.

102. In einem souverainen Reiche wird bey Verwaltung der Gerichtigkeit, eine um so genauere Beprüfung erfodet, als von den Aussprüchen dieser Gerichte nicht allein das Leben und Vermögen, sondern auch die Ehre, der Menschen abhänget.

103. Der Richter ist um so mehr gehalten, die genaueste Untersuchung der Sache und der Umstände anzustellen, je grosser das ihm anvertrauete Pfand, und je wichtiger die Sache ist, die er zu entscheiden hat. Folglich hat man sich nicht zu verwundern, wenn man in den Gesetzen souverainer Reiche so viel Regeln, so viel Einschränkungen, so viel Erweiterungen antrifft, welche die besondere Fälle vermehren, und aus der Vernunft eine Wissenschaft zu machen scheinen.

104. Der Unterscheid der Würden, der Abstammung und des Standes der Menschen, welcher in einem souverainen Staate statt findet, veranlasset öfters viel Eintheilungen in Ansehung der Natur des Vermögens; und Gesetze, die sich auf die Verfassung eines solchen Staats beziehen, können die Zahl dieser Eintheilungen noch weiter vermehren.

105. Diesemnach giebt es verschiedene Arten des Vermögens, als, ein eigenes, ein erworbenes, ein eingebrachtes, väterliches, mütterliches, bewegliches, u. s. w.

106. Jede Art des Vermögens ist besondern Regeln unterworfen, nach welchen man sich richten muß, wenn darüber verordnet werden soll, wodurch dann das Ganze in noch mehr Theile getheilet wird.

107. Je mehr die Zahl der richterlichen Ausspruche in einem souverainen Staate anwächset, je mehr wird die Rechtsgelehrsamkeit mit Entscheidungen überhäufet: Entscheidungen, die sich zuweilen widersprechen, entweder, weil verschiedene Richter, die auf einander gefolget, verschiedentlich gedacht haben: oder weil eine und dieselbe Sache, bald gut, bald schlecht, vertheidiget worden ist; oder endlich aus Ursache der unzähligen Mißbräuche, die sich allmählig in alles, was durch der Menschen Hände gehet, einschleichen.

108. Es ist dieses ein unvermeidliches Uebel, welches der Gesetzgeber, als eine, selbst wider die Natur einer gemäßigten Regierung laufende Sache, von Zeit zu Zeit verbessert.

109. Denn ist jemand gezwungen, seine Zuflucht zu den Richtstühlen zu nehmen, so muß die Natur der Staatsverfassung, nicht aber der Widerspruch und die Ungewißheit der Gesetze, dazu Anlaß geben.

110. In den Ländern, wo der Unterscheid der Personen eingeführet ist, da müssen auch persönliche, durch Gesetz bestätigte, Vorzüge stattfinden. Ein persönlicher durch die Gesetze bekräftigter Vorzug, der dem gemeinen Wesen am wenigsten zur Last fällt, ist dieser: Wenn es jemand frey stehet, seine Sache vielmehr vor dieß, als vor ein anderes Gericht zu bringen. Hieraus aber entstehet eine neue Schwierigkeit, nämlich, wie zu erkennen sey, bey welchem Gerichte er seine Klage anhängig machen solle?

111. Man höret öfters in Europa sagen: Es ware nötig, daß die Gerichtigkeit aller Orten so ausgeübet würde, als es in der Türkei geschiehet. Auf diese Weise, ware nur das unwißenste Volk unter der Sonnen dasjenige, welches einen klaren Begriff von einer Sache, die den Menschen am nötigsten zu wissen ist, haben würde.

112. Betrachtet ihr die Gerichtsformalitäten, in Ansehung der Mühe die es dem Kläger kostet, durch Urtheil und Recht wieder zum Besitze des Seinigen, oder zur Genugthuung einer ihm angethanen Beleidigung zu gelangen; so werdet ihr deren gewiß zu viel finden. Vergleichet ihr sie aber mit der Freyheit und Sicherheit der Bürger, so findet ihr derselben öfters zu wenig, und sehet, daß die Mühe, die Kosten, die Verzögerung, ja selbst die Gefahr des Ausschlages der Sache, nichts anders sind, als eine Schatzung, die ein jeder Bürger für seine Freyheit zahlet.

113. In der Türkey, wo das Vermögen, das Leben und die Ehre der Unterthanen wenig in Betrachtung kommen, werden alle Händel und Streitigkeiten, auf eine oder andere Art, auf das geschwindeste geschlichtet. Die Weise, eine Sache zu endigen, ist ihnen gleichgültig: sie sind zufrieden, wenn sie nur dieselbige geendiget haben. Der sogleich erleuchtete Pascha, lässet, so wie es ihm einfällt, Stockschläge auf die Fußsohlen der Parten austheilen, und schicket sie damit nach Hause.

114. Hingegen in Staaten, da eine gemäßigte Regierung eingeführet ist; da das Leben, das Vermögen und die Ehre des geringsten Unterthanen in Erwägung gezogen wird; allda wird keiner der Ehre, noch des Vermögens, eher beraubet, als nach einer langen und genauen Untersuchung der Wahrheit; allda wird keinem das Leben genommen, es sey dann, daß das Vaterland wider ihn auftrete; das Vaterland aber, wird wider niemandes Leben auftreten, dem es nicht vorher alle mögliche Mittel zu seiner Vertheydigung verstattet.

115. Die Gerichtsformalitäten vermehren sich nach dem Maaße der Achtung, in welcher die Ehre, die Güter, das Leben und die Freyheit der Bürger stehen.

116. Man muß den Beklagten hören, nicht nur um den rechten Begriff der Sache, deren er beschuldiget wird, zu erlangen, sondern auch noch deßwegen, damit er sich vertheydigen könne; er muß solches entweder selbst thun, oder jemand zu seiner Vertheydigung wählen.

117. Es gibt Leute, welche dafür halten, daß der jüngste Beysitzer eines jeden Gerichts, seiner Pflicht nach, den Beklagten vertheydigen könne, wie zum Exempel bey uns, der Fähnrich bey der Compagnie. Hieraus würde noch ein anderer Nutzen erwachsen, nämlich, daß die Richter in ihrem Amte viel geschickter werden würden.

118. Vertheydigen, bedeutet hier nichts anders, als, zum Vortheil des Beklagten, dem Gerichte alles das vorzustellen, was zu dessen Rechtvertigung dienen kann.

119. Diejenigen Gesetze, die einen Menschen, nach Verhörung eines einzigen Zeugen, verurtheilen, sind für der Freyheit verderblich. Man hat zu den Zeiten der Nachfolger Constantins des Ersten ein Gesetz gehabt, laut welchem das Zeugniß eines in hoher Würde stehenden Mannes, als ein hinlänglicher Beweis, daß der Beklagte schuldig sey angenommen werden sollte, und, nach eben diesem Gesetze sollten weiter keine Zeugen mehr darüber verhöret werden. Dem Willen dieses Gesetzgebers zufolge, hat man das Recht sehr geschwinde und sehr wunderlich gesprochen: man hat nähmlich, die Sache nach der Person, die Person aber, nach der Würde, geschätzet.

120. Der gesunden Vernunft nach, werden zweene Zeugen erfodert; denn ein Zeuge, der die Sache bekräftiget und der Beklagte, der sie verneynet, machen zwey gleiche Theile aus; und dieser Ursache wegen, muß noch eine dritte Person seyn, den Beklagten zu widerlegen, wenn nicht ausserdem schon unwidersprechliche Beweise vorhanden sind, oder nicht beyde Theile sich auf einen dritten berufen.

121. Die Aussage zweyer Zeugen wird zur Bestrafung aller Verbrechen hinläglich gehalten. Das Gesetz trauet ihnen so zuversichtlich, als wenn sie durch den Mund der Wahrheit selbst gesprochen hätte. Das folgende Capitel wird dieses deutlicher zeigen.

122. Fast in allen Ländern urtheilet man, daß ein jedes, wärend des Ehestandes gezeugte Kind, für rechtmäßig gebohren, zu halten sey: das Gesetz glaubet, was dieß angehet, der Mutter. Wenn dessen allhier erwähnet wird, so geschihet es der Dunkelheit wegen, die sich, diesen Fall betreffend, in den Gesetzen findet.

123. Der Gebrauch der Tortur ist der gesunden Vernunft zuwider; die Menschlichkeit selbst schreyet dawider, und fordert, daß sie gänzlich abgeschaffet werde. Wir sehen gegenwärtig ein durch seine politische

Einrichtungen sehr berühmtes Volk, welches dieselbe, ohne den geringsten Nachtheil davon zu spüren, verwirft: Folglich ist sie, ihrer Natur nach, nicht nöthig. **Wir** werden **Uns** in folgendem weitläuftiger hierüber erklären.

124. Es giebt Gesetze, welche die Tortur nur in dem Falle erlauben, wenn der Beklagte sich weder für schuldig, noch für unschuldig, erkennen will.

125. Den Eid durch öftern Gebrauch allzu gemein machen, ist nichts anders, als die Krafft desselben schwächen. Das Kreuzküssen ist in keinen andern Fällen zu gebrauchen, als nur in denenjenigen, wenn der, welcher schwöret, keinen Vortheil für sich dabei findet, so wie der Richter und die Zeugen.

126. Personen, über die, grosser Verbrechen wegen, Gericht gehalten werden soll, müssen, mit Einstimmung der Gesetze, sich ihre Richter wählen, oder wenigstens, aus der Zahl derselben, ihrer so viel verwerfen können, daß es scheine, die übrigen seyen mit Uebereinstimmung des Verbrechers, im Gerichte geblieben.

127. Desgleichen sollten billig etliche der Richter mit dem Beklagten einerley Standes, das ist, seines Gleichen seyn; damit er nicht denken möge, als wäre er solchen Leuten in die Hände gefallen, die, in seiner Sache, die Gewalt zu seinem Nachtheile anwenden könnten. Man hat schon hievon Beyspiele in den Kriegsgerichten.

128. Wenn der Beklagte verurtheilet wird, so sind es nicht die Richter, die ihm die Strafe auferlegen, sondern das Gesetz.

129. Die Urtheile müssen, so viel als müglich, klar und bestimmt, und dergeschtalt abgefasset seyn, daß sie die ausdrüklichen Worte des Gesetzes in sich halten. Fasseten sie nur die besondere Meinung des Richters in sich, so würden die Menschen in der Gesellschaft leben, ohne zu wissen, worin eigentlich die Gegenpflichten des einen gegen den andern, in diesem Staate bestehen.

130. Hier folgen verschiedene Arten, nach welchen die Urtheile gesprochen werden. In einigen Ländern sperret man die Richter ein, und giebt ihnen weder zu essen noch zu trinken, bis daß sie einhellig das Urtheil gefället haben.

131. Es giebt souveraine Reiche, in welchen die Richter, nach Art der Schiedsmänner zu Werk gehen; sie überlegen die Sache mit einander, theilen einer dem andern ihre Gedanken mit, bereden sich untereinander, mäßigen ihre Meynung, damit sie mit der Meynung des andern übereinkomme, und trachten die Stimmen zu vereinigen.

132. Die Römer bestanden weiter nichts, als die eigentliche Bitte, das ist: nicht mehr, nicht weniger, und ohne Mäßigung.

133. Dennoch ersonnen die Praetores, oder Stadtrichter, gewisse gerichtliche Formuln, die man Formuln des guten Glaubens nannte, nach welchen es, beym Urtheilsprechen hauptsächlich auf die Einsicht und gewißenhafte Untersuchung des Richters ankam.

134. Für eine falsche Anforderung wird der Kläger abgewiesen: man müßte aber auch den Beklagten mit einer Strafe belegen, wenn er dasjenige, was er wirklich schuldig ist, nicht hat eingestehen wollen; damit hiedurch das gute Gewissen, auf beyden Seiten, beybehalten werde.

135. Wenn den Gerichtstühlen, denen es oblieget, die Gesetze in Erfüllung zu setzen, das Recht verliehen wird, einen Menschen, der für sich Bürgschaft stellen kann, in Verhaft zu nehmen, so ist es mit der Freyheit gethan; es wäre dann, daß man ihn deßwegen unter Mache gäbe, damit er unverzüglich auf eine Beschuldigung, die, den Gesetzen nach, den Todt verdienet, antworte. In diesem Falle bleibt er wirklich frey, und unterwirft sich keiner andern Gewalt, als der des Gesetzes.

136. Wenn aber die Gesetzgebende Macht, aus Ursachen einer gewissen heimlichen, wider den Staat oder den Souverain angesponnenen Verschwörung, oder wegen eines mit den Feinden außerhalb Landes obhandenen Verständnisses, in Gefahr zu sein glaubet: so kann sie der Gesetzausführenden Macht, auf eine bestimmte Zeit erlauben, verdächtige Bürger in Verhaft zu nehmen, die ihre Freyheit nur deßwegen auf eine Zeitlang verlieren, damit selbige auf allezeit unverletzt erhalten werde.

137. Am besten aber ist es, in den Gesetzen diejenige wichtigen Fälle auf das deutlichste anzuzeigen, in welchen keine Bürgschaft für den Beklagtenangenommen werden kann. Denn in allen Ländern berauben die Gesetze diejenigen, die keine Bürgschaft für sich stellen können, ihrer Freyheit, und zwar so lange, als die allgemeine, oder besondere Gefahr solches erfordert. Im X. Hauptstücke wird umständlicher hievon gehandelt werden.

138. Obgleich alle Verbrechen, ihrer Natur nach, als Beleidigungen des gemeinen Wesens anzusehen sind; so ist dennoch ein Unterschied zu machen: wenn es auf Verbrechen eines Bürgers gegen einen andern

ankömmt, und wenn das Verbrechen eigentlich wider den Staat, in Ansehung des Bandes, welches den Bürger mit dem Staate verknüpfet, begangen ist. Erstere heißen private oder besondere, leztere sind öffentliche oder allgemeine Verbrechen.

139. In einigen Reichen setzet der König, als welcher deßwegen auf den Thron erhoben worden, damit den Gesetzen in allen seinen Ländern nachgelebet werde, vermöge eines Reichsgesetzes, in einem jeden Gerichte einen Mann, der den Verbrechen im Namen des Königs nachstelle, welches diese Wirkung hat, daß in selbigen Ländern selbst der Name eines Denuncianten unbekannt ist. Wenn man aber auf einen solchen allgemeinen Rächer Verdacht hat, daß er die ihm anvertraute Gewalt nußbrauchet; so zwinget man ihn, diejenige Person, durch welche er ein Verbrechen erfahren, anzuzeigen. Dieses Amt wachet für die Wohlfart der Bürger: die Verbrechen werden untersuchet, und die Bürger bleiben in Ruhe. Bey uns hat **Peter der Große** denen Procuratoren aufgegeben, alle Sachen oder Verbrechen, darüber kein Kläger sich einfindet, vor Gerichte aufzunehmen. Dazu dörfen wir nur noch das obbeschriebene Amt, oder eine Person, die demselben vorstehe, hinzuthun; so werden sich bey uns auch weniger Denuncianten finden.

140. Jenes Römische Gesetz war tadelnswürdig, welches den Richtern erlaubte, kleine Geschenke zu nehmen, wenn sich dieselben in einem Jahre nicht höher, als auf hundert Thaler erstrecken. Denen man nichts giebt, die verlangen nichts; denen man aber wenig giebt, die verlangen mehr, und hernach sind sie kaum zu befriedigen. Ueberdem ist es viel leichter denjenigen zu überführen, der nichts nehmen soll, und doch etwas nimmt, als einen solchen, der mehr nimmt, wenn er weniger hätte nehmen sollen, und der immer dazu Ausreden, Entschuldigungen, Ursachen, und wahrscheinliche Gründe zu seiner Vertheidigung findet.

141. Unter der Römischen Gesetzen, ist eines, welches die Einziehung der Güter nur im Falle des Verbrechens der beleidigten Majestät, und nur allein, wenn dieß Verbrechen im höchsten Grade seyn sollte, zuläzet. Es würde öfters sehr weißlich gehandelt seyn dem Verstande dieses Gesetzes zu folgen, und zu verordnen, daß nur in gewissen Verbrechen das Vermögen confisciret werde: es sollte auch kein anderes, als allein das erworbene, dieser Strafe unterworfen seyn.

X. HAUPTSTÜCK.

142. *Von der Form des Criminal-Gerichts.*

143.

WIR sind hier nicht willens, in eine weitläuftige Untersuchung der Verbrechen, noch in eine genaue Eintheilung derselben in verschiedene Gattungen, und der mit einer jeden verknüpften Strafen, **Uns** eizulaßen. **Wir** haben selbige oben in 4 Classen eingetheilet. Wollten **Wir** anders verfahren so würden **Uns** die Menge und Verschiedenheit der Sachen, wie auch die verschiedenen Umstände der Zeit und des Orts, auf unendliche Kleinigkeiten führen. Genug, wenn **Wir** hier 1) die allgemeinsten Grundregeln, 2) die allerschädlichsten Fehler anzeigen.

144. **Erste Frage:** Woher haben die Strafen ihren Ursprung, und auf was für einem Grunde beruhet das Recht, die Menschen zu strafen?

145. Man kann die Gesetze die Mittel nennen, wodurch die Menschen zu einer Gesellschaft vereiniget und darin erhalten werden, und ohne welche die Gesellschaft zu Grunde gehen würde.

146. Es war aber nicht genug, diese Mittel, die das Unterpfand derselben wurden, fest zu setzen. Man muste sie auch aufrecht erhalten: und daher wurden die Strafen auf die Uebertreter gesetzt.

147. Eine jede Strafe ist ungerecht, so bald sie nicht nothwendig ist, um dieß Unterpfand unverletzt zu erhalten.

148. Aus diesen Grundsätzen folgt zum ersten, daß es nur den Gesetzen zustehet, den Verbrechen eine Strafe zu bestimmen, und das allein der Gesetzgeber, als der das ganze gemeine Wesen in seiner Person vereiniget vorstellet, und alle Gewalt in seinen Händen hat, die Macht besitzet, über die Strafen Gesetze zu geben. Hieraus folgt noch, daß die Richter und Richtstühle, weil sie selbst nur Theile des gemeine Wesens sind, nicht mit Grunde der Billigkeit, auch nicht einst unter dem Scheine des allgemeinen Besten, über ein anderes Glied des gemeinen Wesens, Strafen verhängen können, die das Gesetz nicht eigentlich verordnet hat.

149. Zweitens folgt, daß der Monarch, welcher das gemeine Wesen vorstellet, und die erforderliche Macht dasselbe zu beschützen in Händen hat, allein ein allgemeines Gesetz für die Strafen geben kann, dem alle Glieder des Staats sich zu unterwerfen verbunden sind.

Nur muß er sich enthalten, wie im 99. §. gesagt ist, selbst zu richten. Folglich muß er andere Personen haben, die nach den Gesetzen richten.

150. Drittens folget, daß wenn die Grausamkeit der Strafen nicht schon durch die über die Menschheit sich erbarmende Tugenden verworfen wäre; es genug seyn würde selbige abzuschaffen, weil sie zu nichts nützet, und derowegen unbillig ist.

151. Viertens folget, daß Richter, die ein Verbrechen richten, kein Recht haben, die Gesetze von den Strafen zu erklären, weil sie keine Gesetzgeber sind. Ihr fraget: Wer soll denn die Gesetze erklären? Ich antworte: der Landes-Herr und nicht der Richter. Denn die Pflicht eines Richters bestehet bloß darin, daß er untersuche, ob ein solcher Mensch eine solche That wider die Gesetze begangen habe, oder nicht?

152. Der Richter eines Verbrechens soll nur einen einzigen Vernunftschluß machen, worin der Vordersatz das Gesetz enthalte, der Nachsatz die Anwendung des Gesetzes auf die That mache, ob sie dem Gesetze gemäß oder zuwider sey, und endlich der Beschluß den Beklagten entweder lospreche, oder verurtheile. Wenn der Richter vor sich selbst, oder wegen Dunkelheit der Gesetze in einer Criminalsache mehr als einen Vernunftschluß machet, so wird alles ungewiß und dunkel.

153. Nichts ist gefährlicher, als der gemeine Spruch: **man muß auf den Sinn des Gesetzes sehen, und nicht auf die Worte.** Dieses bedeutet nichts anders, als den Damm durchbrechen, der dem schnellen Laufe der menschlichen Meynungen entgegen stehet. Es ist dies eine ganz unstreitige Wahrheit, sollte sie auch noch einigen Leuten fremd vorkommen, die nämlich durch kleine gegenwärtige Unordnungen viel stärker gerühret werden, als durch ungleich schädlichere Folgen, die noch weit entfernet sind, und die ein einziger falscher Grundsatz, welchen ein Volk angenommen hat, nach sich ziehet. Ein jeder Mensch hat seine eigene und von andern ganz unterschiedene Weise, sich eine Sache in Gedanken vorzustellen. Das Schicksahl eines Bürgers würde von einem Richterstuhle vor den andern gezogen werden; sein Leben und Freyheit würden von dem falschen Urtheile, oder der bösen Gemüthsart seines Richters abhängen. Einerley Verbrechen würden von einerley Richterstühlen zu verschiedenen Zeiten verschiedentlich bestrafet werden, wenn man die betrügerische Unbeständigkeit der willkürlichen Erklärungen zur Regel annehmen, und nicht der unveränderlichen Stimme des Gesetzes folgen wollte.

154. Mit diesen Unordnungen sind die Ungelegenheiten, die aus einer strengen und buchstäblichen Erklärung der Criminal-Gesetze entstehen können, nicht zu vergleichen. Diese überhingehende Ungelegenheiten verbinden den Gesetzgeber, zuweilen an dem zweydeutigen Texte des Gesetzes leichte und nötige Aenderungen zu machen: aber wenigstens wird alsdenn die Frecheit willkührlich zu erklären und zu grübeln, welches für die Bürger von den gefährlichsten Folgen seyn kann, im Zaume gehalten.

155. Wenn die Gesetze nicht genau und fest bestimmet sind; wenn man sie nicht von Wort zu Wort verstehet; wenn die einzige Pflicht des Richters nicht darin bestehet, daß er untersuche und entscheide, ob eine That gewissen Gesetzen zuwider oder denselben gemäß sey; wenn nicht der Grundsatz des Billigen und Unbilligen, nach welchem so wohl der Aufgeklärte, als der Unwissende seine Handlungen einzurichten hat, bey dem Richter lediglich in der Untersuchung, ob etwas geschehen, oder nicht geschehen sey, bestehet: so ist der Zustand eines Bürgers wunderlichen Zufällen ausgesetzt.

156. Sind aber die Gesetze dergestalt abgefasset, daß man sie allezeit dem Buchstaben nach zu verstehen hat: so kann ein jeder die nachtheiligen Folgen einer bösen That genau ausrechnen, und einsehen, welches von grossem Nutzen ist, die Leute davon abzuhalten, und die Menschen genießen dadurch der Sicherheit, so wohl in Ansehung ihrer Person, als ihrer Güter; ein Vortheil, den die gesellschaftliche Vereinigung zur Absicht und zum Gegenstande gehabt, und ohne welchen das Band derselben aufgelöset werden würde.

157. Wenn das Recht die Gesetze zu erklären ein Uebel ist; so ist es nicht minder ein Uebel, wenn die Gesetze so undeutlich sind, daß sie einer Erklärung bedürfen. Noch schlimmer ist es, wenn sie in einer dem Volke unbekannten Sprache geschrieben sind, oder wenn unbekannte Ausdrücke darin angetroffen werden.

158. Die Gesetze müssen in der gemeinen Sprache geschrieben sein, und das Gesetzbuch, das alle Gesetze in sich enthält, muß ein mittelmäßig grosses Buch sein, das ein jeder brauchen und wie einen Catechismus für einen geringen Preiß kaufen könne. Wiedrigenfals wird der Bürger, wenn er die Folgen, welche seine Handlungen, in Betracht seiner Person und seiner Freyheit, nach sich ziehen, selbst einzusehen nicht im Stande ist, als ein Sclav von einer gewissen Anzahl Leute, die, die Gesetze unter ihre Verwahrung genommen, und dieselben nach gefallen auslegen, abhängen. Je mehr Menschen das Gesetzbuch

lessen und verstehen werden, destoweniger werden der Verbrechen seyn. Deßwegen muß befohlen werden, daß in allen Schulen, wo die Kinder lessen lernen, wechselsweise Kirchenbücher und Bucher, die von den Gesetzen handeln, gebrauchet werden.

159. **Zweyte Frage.** Welchen Regeln hat man zu folgen, wenn man einen Bürger in Verhaft ziehen, oder wenn man ein Verbrechen entdecken, und jemanden desselben überführen will?

160. Derjenige sündiget gegen die persönliche Sicherheit eines Bürgers, der einem Richterstuhle, wo man nach den Gesetzen richten soll, und wo man die Gewalt hat, einen Bürger in Verhaft zu ziehen, die Erlaubniß giebt, dem einen unter einem unerheblichen Vorwande die Freiheyt zu nehmen, dem andern aber, unerachtet der deutlichsten Anzeigen eines Verbrechens, die Freyheit zu lassen.

161. Jemand in Verhaft ziehen, ist eine Strafe, die von allen übrigen Strafen darin unterschieden ist, daß sie nothwendiger weise dem Gerichtsurtheile vorher gehet.

162. Es kann aber mit dieser Strafe niemand beleget werden, von dem nicht wahrscheinlich ist, daß er ein Verbrechen begangen habe.

163. Folglich muß das Gesetz die Anzeigen des Verbrechens genau bestimmen, nach welchem ein Beklagter in Verhaft gezogen, ja nach welchem er auch nur befraget werden kann, indem auch dieses eine Art der Strafe ist. Zum Exempel:

164. Die Stimme des Volks, welche ihn anklaget, seine Flucht, sein außerhalb Gerichtes vorhergegangenes Bekänntniß, das Zeugniß eines Mitschuldigen, die Drohungen und öffentliche Feindschaft zwischen dem Kläger und Beklagten, die That selbst, und andere ähnliche Anzeigen, können gnugsame Ursache an die Hand geben, einen Bürger in Verhaft zu ziehen.

165. Diese Beweise aber müssen von dem Gesetze bestimmet seyn, und nicht von den Richtern, als deren Aussprüche allezeit mit der bürgerlichen Freyheit streiten, wenn sie nicht eine besondere Anwendung einer allgemeinen Regel des Gesetz-Buches sind.

166. Wenn das Gefängniß nicht mehr so fürchterlich seyn wird, das ist, wenn Mitleiden und Menschenliebe in die Kerker hinabsteigen und in die Herzen der Gerichtsbedienten dringen wird: alsdann werden die Gesetze sich an den Anzeigen, um jemandes Verhaft zu befehlen, begnügen können.

167. Es ist ein Unterscheid, jemand in Verhaft zu halten, und im Gefängniß einzuschließen.

168. Einen Menschen in Verhaft nehmen, bedeutet nichts anders, als die Person eines angeklagten Bürgers so lange sicher zu bewahren, bis man gewiß wird, ob er an dem Verbrechen schuldig oder unschuldig sey. Deßwegen muß die Verhafthaltung so wenig Zeit dauren, und so glimpflig seyn, als möglich ist. Die Zeit dazu muß nicht länger gesetzt seyn, als erfordert wird, die Sache in den Stand zu bringen, daß sie den Richtern vorgetragen werden könne. Die dabei zu beobachtende Strenge muß bloserdings zum Gegenstande haben, die Flucht des Beklagten zu verhüthen oder die Beweise der begangenen That zu entdecken. Der Prozeß muß so bald als möglich, geendiget werden.

169. Einem Menschen, der in Verhaft gesessen hat, aber unschuldig befunden worden, muß solches zu keiner Beschimpfung gereichen. Sehen wir nicht bey den Römern, daß sehr oft Bürger, die man der schweresten Verbrechen vor Gerichte angeklaget gehabt, nach Erkenntniß ihrer Unschuld, zu den höchsten und wichtigsten Ehrenstellen erhoben worden?

170. Das Gefängniß ist eine Folge des richterlichen Urtheils, und dienet statt der Strafe.

171. Man muß nicht an ebendemselben Orte in Verhaft halten: 1) einen, der mit Wahrscheinlichkeit eines Verbrechens beschuldiget wird, 2) den, der des Verbrechens überführet ist, 3) einen, dem schon sein Urtheil gesprochen ist. Der erste sitzet blos in Verhaft, die andern zwey im Gefängniß. Das Gefängniß aber ist bey dem einen nur ein Theil der Strafe, und bey dem andern die Strafe selbst.

172. In Verhaft sitzen, muß nicht für eine Strafe angesehen werden, sondern nur für ein Mittel, die Person des Beklagten sicher zu bewahren, welche Bewahrung ihn zugleich der Freyheit versichert, im Fall er unschuldig befunden werde.

173. In Kriegsverhaft zu sitzen, gereich niemanden vom Kriegsstande zur Beschimpfung. Eben also muß es auch unter Bürgern gerechnet werden, wenn jemand in bürgerlichem Verhafte sitzen.

174. Der Verhaft wird in ein Gefänngniß verwandelt, wenn der Beklagte schuldig befunden wird.

175. Hier ist ein allgemeiner Lehrsatz um die Gewißheit eines begangenen Verbrechens auszurechnen, zum Exempel: Wenn die Beweise der That, einer von dem andern abhängen, das ist, wenn man die Anzeigen des Verbrechens weder beweisen, noch die Wahrheit derselben anders, als der einen durch die andere, bekräftigen kann; desgleichen, wenn die Wahrheit vieler Beweise von der Wahrheit

eines einzigen Beweises abhänget, so wird die Wahrscheinlichkeit der That durch die Menge der Beweise weder vermehret, noch verrringet. Denn alsdann, beruhet alles auf dem einen Beweise, von welchem die übrigen sämtlich abhängen; und wenn diser einzige Beweis nichts gilt, so verlieren auch alle übrige ihre Kraft. Wenn aber die Beweise nicht einer von dem andern abhängen, sondern die Wahrheit eines jeden auf seinem eigenen Grunde beruhet; so vermehret sich die Wahrscheinlichkeit der That nach der Zahl der Anzeigen, weil, wenn auch eine davon ungültig sein sollte, solches doch die übrigen nicht erkräften würde. Vielleicht möchte jemanden fremd vorkommen, daß **Ich** das Wort **Wahrscheinlichkeit** gebrauche, wenn ich von Verbrechen rede, indem diese ungezweifelt gewiß sein müssen, wenn sie bestrafet werden sollen. Man muß aber hiebey anmerken, daß eine moralische Gewißheit eine Wahrscheinlichkeit ist, die eine Gewißheit genennet wird, weil ein jeder vernünftiger Mensch, solche dafür zu erkennen gezwungen ist.

176. Man kann die Beweise der Verbrechen in zwey Gattungen eintheilen, in vollkommene und unvollkommene. **Ich** nenne vollkommene Beweise diejenigen, welche alle Möglichkeit, die Unschuld des Beklagten zu erweisen, ausschließen; unvollkommene Beweise hingegen sind diejenige, welche solche Möglichkeit nicht ausschließen. Ein vollkommener Beweis ist einig und allein hinlänglich, die Rechtmäßigkeit der Verurtheilung des Verbrechens zu bestätigen.

177. Was aber die unvollkommenen Beweise betrifft, so muß derselben eine große Anzahl seyn, um einen vollkommenen Beweis aus zu machen, das ist, die Vereinigung aller dieser Beweise muß die Möglichkeit, die Unschuld des Beklagten zu erweisen, ausschließen, obgleich ein jeder Beweis, für sich besonders genommen, solche nicht ausschließet. Dazu gehöret noch dieses, daß unvollkommene Beweise, auf die der Beklagte nichts antwortet, was zu seiner Rechtvertigung dienet, obgleich seine Unschuld ihm die Mittel zu seiner Verantwortung an die Hand geben sollte, in solchem Falle vollkommene Beweise werden.

178. Wo die Gesetze deutlich und bestimmt sind, da hat der Richter weiter nichts zu thun, als die That an der Tag zu bringen.

179. Zu Aufsuchung der Beweise eines Verbrechens gehöret Behendigkeit und Fähigkeit, und um den Schluß, der sich aus der Untersuchung ziehen läßt, auszudrücken, dazu wird Richtigkeit und Deutlichkeit der Gedanken erfordert. Wenn es aber darauf ankömmt,

nach diesem Schluße das Urtheil zu sprechen, so ist nichts mehr nötig, als ein natürlicher gesunder Verstand, welcher zu einem weit sicherern Anführer dienet, als die ganze Wissenschaft eines Richters, der überall, Schuldige zu finden, gewohnt ist.

180. Aus eben dieser Ursache ist dasjenige Gesetz für das Land, wo es in Schwange gehet, sehr heilsam, welches verordnet, daß ein jeder Mensch durch seines Gleichen gerichtet werde. Denn, wenn es auf das Schicksal eines Bürgers ankömmt, so müssen alle Betrachtungen zu welchen der Unterscheid des Standes, des Reichthums oder des Glückes Anlaß geben, können, aufhören. Dieselbe, müssen zwischen dem Richter und Beklagten nicht Statt finden.

181. Wenn aber das Verbrechen zum Nachtheile eines dritten gereichet, so muß die Hälfte der Richter von dem Stande des Beklagten, und die andere Hälfte von dem Stande des Beleidigten genommen werden.

182. Auch ist billig, daß der Beklagte einige Richter, auf die er einen Verdacht der Parteylichkeit hat, verwerfen könne. Wo der Beklagte dieses Rechts genießet, da kann der Verurtheilte angesehen werden, als ob er sich selbst das Urtheil gesprochen hätte.

183. Die Rechtssprüche der Richter müssen dem Volke bekannt seyn, so wie auch die Beweise der Verbrechen, damit ein jeder Bürger sagen könne, daß er unter dem Schutze der Gesetze lebe: ein Gedanke, der den Bürger aufmuntert, und der einem souverainen Regenten, der auf seinen eigenen wahren Nutzen siehet, zum grösten Ruhm und Vortheil gereichet.

184. In allen Gesetzen ist es eine höchstwichtige Sache, die Grundregeln, von welchen die Glaubwürdigkeit der Zeugen, und die Kraft der Beweise eines jeden Verbrechens abhängen, genau zu bestimmen.

185. Ein jeder Mensch von gesunder Urtheilungskraft, das ist, dessen Gedanken mit einander in einer gewissen Verbindung stehen, und dessen Empfindungen mit der Empfindungen anderer, die seines gleichen sind, überein stimmen, kann ein Zeuge seyn. Das Maaß aber der Glaubwürdigkeit, die man ihm beyzumessen hat, wird sich aus der Ursache, die ihn beweget die Wahrheit zu sagen, oder nicht zu sagen, ergeben. Man muß denen Zeugen in einem jeden Falle glauben, da sie keine Ursache haben, falsch zu zeugen.

186. Es gibt Leute, die zu dem Mißbrauche der Wörter, die sich in dem gemeinen Umgange allgemählich eingeschlichen hat, und schon

tief eingewurzelt ist, diejenige merkwürdige Meynung rechnen, nach welcher die Gesetzgeber bewogen worden, das Zeugniß eines Menschen, der schon einmal durch richterlichen Spruch verurtheilet ist, zu verwerfen. Ein solcher Mensch, sagen die Rechtsgelehrten, wird für bürgerlich todt gehalten, wer aber todt ist, der ist aller Handlung unfähig. Wenn nur das Zeugniß eines Schuldigen und Verurtheilten dem richterlichen Laufe der Sachen keine Hindernissen in der Weg leget: warum sollte man dann einem Unglücklichen, dem ein fürchterliches Schicksal bevorstehet, auch, nach dem gefällten Urtheil, nicht zum Behuf der Wahrheit noch eine kurze Zeit gönnen, daß er sich und andere Verurtheilte rechtfertigen könne, wenn er nähmlich neue Beweise, die das Wesen der Sache ändern, vorbringen kann.

187. Eine Prozeßform in der Rechtspflegung ist nötig; sie muß aber nie durch die Gesetze dergestalt vorgeschrieben seyn, daß sie der Unschuld zum Verderben gereichen könnte. Widrigenfalls würde sie viel Nachtheils verursachen.

188. Man kann also einen jeden, der keine Ursache hat ein falsch Zeugniß abzulegen, zum Zeugen zu lassen. Das Vertrauen aber, das man in einen zeugen setzt, ist größer oder geringer, je nachdem er des Beschuldigten Freund oder Feind ist, oder sonst zwischen ihnen Verbindungen oder Mißhelligkeiten obwalten.

189. Ein einziger Zeuge ist nicht zulänglich, weil, wenn der Beschuldigte dasjenige leugnet, was ein einziger Zeuge behauptet, keine Gewißheit erhalten werden kann. Und das Recht, welches ein jeder hat, daß man ihm glaube, in solchem Falle den Ausschlag auf die Seite des Beschuldigten giebt.

190. Die Glaubwürdigkeit eines Zeugen ist desto geringer, je schwerer das Verbrechen ist, und je unglaublicher die Umstände sind. Dieser Grundsatz kann unter andern auch dienen, wenn jemand der Zauberey, oder einer ohne Ursache begangenen Grausamkeit, beschuldiget wird.

191. Wer auf die im Gerichte ihm vorgelegte Fragen aus Hartnäcktigkeit, oder Eigensinn, nicht antworten will, der verdienet, bestrafet zu werden, und die Strafe ist im Gesetze zu bestimmen. Sie muß eine der schärfsten seyn, damit die Schuldigen unvermeidlich dem Volke zum Beispiel, so wie sie es verdienet, vorgestellet werden mögen. Diese Bestrafung aber ist unnötig, wenn außer Zweifel ist, daß der Beschuldigte das angeschuldigte Verbrechen würklich begangen hat. Denn, wenn andere unstreitige Beweise ihn überzeugen, so kömmt es

auf sein Geständnis nicht weiter an. Es ist ohne dem bekannt genug, und die Erfahrung lehret es, daß gemeiniglich in Criminal-sachen die Schuldigen ihre Verbrechen nicht gestehen.

192. **Dritte Frage:** Wird durch die Peinigung die Gerechtigkeit nicht beleidiget, und führet sie zu demjenigen Endzwecke, auf den die Gesetze zielen?

193. Eine bey den meisten Völkern, durch langer Gebrauch, üblich gewordene Grausamkeit ist die Tortur, die man einem Beschuldigten zur Zeit seines Prozesses anleget. Man will dadurch sein eigenes Geständniß erzwingen; man will Widersprüche, in die er sich beym Verhör verwickelt hat, erläutern; man will ihn zwingen, seine Mitschuldigen zu entdecken, oder er soll andere Verbrechen bekennen, die er etwan begangen haben könnte und deren er doch nicht beschuldiget wird.

194. I.) Ein Mensch kann vor gefällten Urthele nicht für schuldig angesehen werden, und die Gesetze können ihn ihres Schutzes nicht berauben, bis bewiesen worden, daß er die Gesetze übertreten hat. Was für ein Recht kann also jemanden die Gewalt geben, einen Bürger zu bestrafen, zu der Zeit, da man noch zweifelt, ob er schuldig, oder unschuldig sey? Es kostet nicht viel Mühe durch Folgerungen auf diesen Schluß zu kommen: Das Verbrechen ist entweder gewiß, oder ungewiß. Ist es gewiß, so muß der Verbrecher mit keiner andern Strafe beleget werden, als mit derjenigen, die durch die Gesetze über das Verbrechen verhänget ist. Folglich ist die Peinigung unnötig. Ist aber das Verbrechen ungewiß, so muß der Beklagte um der Ursache willen nicht gepeiniget werden, weil es unbillig ist, einen Unschuldigen zu martern, und weil nach den Gesetzen derjenige nicht schuldig ist, dessen Verbrechen nicht bewiesen worden. Es ist unstreitig höchst nötig, daß kein erwiesenes Verbrechen unbestraft gelassen werde. Ein Beschuldigter ist währender Peinigung nicht über sich Meister, die Wahrheit zu sagen. Wem kann man mehr glauben, einem Menschen, der im hitzigen Fieber raset, oder dem, der sich bey gesundem Verstande und guter Gesundheit befindet? Die Empfindung des Schmerzens kann zu einem so hohen Grade anwachsen, daß sie sich gänzlich der Seele bemeistert, und derselben alle Freyheit benimmt, ihre Fähigkeit auszuüben. Es blebt ihr in dem Augenblicke nichts übrig, als den kürzesten Weg zu wählen, durch welchen sie sich des Schmerzens befreyen möge. Da schreyet auch ein Unschuldiger, daß er schuldig sey, blos damit man ihn zu martern aushöre. Und dasjenige Mittel, welches dienen sollte, den Schuldigen

von dem Unschuldigen zu unterscheiden, hebet zwischen beiden allen Unterscheid auf. Die Richter sind eben so ungewiß, wie vorher, ob sie einen Schuldigen oder Unschuldigen vor sich haben. Es ist also die Peinigung ein sicheres Mittel, einen Unschuldigen von schwacher Liebesbeschffenheit zu verurtheilen, und einen Verbrecher, der sich auf seine Stärke verlässet, frey zu sprechen.

195. 2.) Man gebrauchet ferner die Peinigung, um, wie man sagt, die Widersprüche, worin der Beklagte bey dem Verhör sich verwickelt hat, zu erläutern: als ob die Furcht für der Todesstrafe, die Ungewißheit, die Verwirrung des Verstandes, und selbst die Unwissenheit, nicht eben so wohl bey einem furchtsamen Unschuldigen, als bey einem Verbrecher, der sein Verbrechen zu verhelen suchet, Widersprüche erzeugen könnten. Man sollte in Bertrachtung ziehen, daß Widersprüche, auch bey einem Menschen von ruhigem Gemüthe, nicht ungewönlich sind. Wie viel mehr müssen sie sich da finden, wo die Seele von der größesten Unruhe gequälet wird, und sich gänzlich in den Gedanken, wie sie der Gefahr engehen möge, vertiefet.

196. 3.) Jemand peinigen, damit er bekenne, ob er außer dem schon überwiesenen Verbrechen, nicht noch andere begangen habe, ist der Weg, um alle Verbrechen unbestraft zu lassen, indem der Richter immer neue entdecken will. Uebrigens gründet sich dieses Verfahren auf folgenden Vernunftschluß: du bist eines Verbrechens schuldig, folglich kannst du noch hundert andere begangen haben; man wird dich nach den Gesetzen peinigen, nicht nur weil du schuldig bist, sondern weil du noch viel schuldiger seyn kanst.

197. Ueberdem peiniget man den Beklagten, damit er seine Mitschuldigen entdecke. Wenn **Wir** aber schon bewiesen haben, daß die Peinigung kein Mittel zur Entdeckung der Wahrheit ist; so kann sie auch zur Entdeckung der Mitschuldigen eines Verbrechens nichts beytragen. Einer dem es nicht schwer fällt, sich selbst anzuklagen, wird keinen Anstand nehmen, auch andere zu beschuldigen. Ist es aber wohl billig, einen Menschen, wegen der Verbrechen anderer zu quälen? Kann man denn die Mitschuldigen nicht durch Befragung der Zeugen, die wider den Verbrecher vorhanden sind, entdecken? Kann nicht die Untersuchung der gegen ihn angeführten Beweise, und selbst die Art, mit welcher die That begangen worden, dazu dienen? Und werden endlich diejenigen Mittel, wodurch der Beklagte überwiesen wird, daß er das Verbrechen begangen habe, nicht auch das ihrige dazu beytragen?

198. Vierte Frage: Müssen die Strafen mit den Verbrechen in Verhältniß stehen, und wie kann dieses Verhältniß genau bestimmet werden?

199. Die Gesetze müssen, bey großen Verbrechen, eine gewiße Zeit zu Sammlung der Beweise und was sonst den Prozess zu machen nötig ist, fest setzen. Dadurch verhütet man, daß sie Schuldigen ihre verdiente Strafe, nicht durch erdichtete Veränderungen ins weite spielen, noch den Prozess durch Verwickelungen schwer machen können. Wenn alle Beweise gesammelt sind, und wegen Gewißheit des Verbrechens kein Zweifel mehr übrig ist, so muß man dem Schuldigen Zeit und Mittel geben, sich, wenn er kann, zu verantworten. Nur muß diese Zeit sehr kurz seyn, damit man der Geschwindigkeit der Bestrafung nichts benehme, als welche für das kräftigste Mittel gehalten wird, die Menschen von Verbrechen abzuhalten.

200. Damit die Strafe nicht das Ansehen habe, als wäre sie eine Gewaltthätigkeit einer oder mehrerer Personen, die sich gegen einen Bürger vereinigen, so muß sie öffentlich und zugleich geschwind vollzogen werden, für das gemeine Wesen nötig , und so viel die Umstände erlauben, mit dem Verbrechen in Verhältniß und in den Gesetzen deutlich bestimmt seyn.

201. Obgleich die Gesetze ein bloses Vorhaben nicht bestrafen können; so ist doch gewiß, daß wenn eine That zu dem Verbrechen den Anfang macht, und man daraus den Willen dessen, der das Verbrechen vollbringen wollen, deutlich erkennet, eine Strafe darauf gesetzt zu werden verdienet; obgleich nicht so schwer, als diejenige, welche auf die wircklich vollzogene That gesetzt ist. Die Strafe ist deßwegen nötig, weil man auch den allerersten Versuchen zum Bösen zuvorkommen muß. Weil aber zwischen diesen Versuchen und der Vollbringung der Missethat vielleicht ein Zeitraum seyn kann: so wird man wohl thun, die schwerste Strafe für die Vollziehung des Verbrechens vorzubehalten, damit man denjenigen, welcher die böse That vor hat, dadurch bewege, davon abzustehen.

202. Eben also muß eine leichtere Strafe denen Mitschuldigen, die nicht unmittelbar an der That Theil gehabt, als denen eigentlichen Thätern, bestimmet werden. Wenn viele Menschen übereinstimmen, sich einer gemeinschaftlichen Gefahr zu unterwerfen, so bestreben sie sich um so mehr diese Gefahr in Ansehung aller gleich zu machen, je grösser dieselbe ist; die Gesetze, welche die eigentlichen Thäter mit einer schärferen Strafe, als die übrigen Mitschuldigen, belegen,

verhindern dadurch, daß die Gefahr nicht unter alle, nach gleichem Maaße vertheilet werden kann, und verursachen, daß sich nicht so leicht jemand findet, die beschlossene Uebelthat zu vollbringen; indem die Gefahr, deren ein solcher sich aussetzt, in Ansehung der zu erwartenden Strafe, grösser ist, als diejenige, die seine Mitschuldigen in einem geringen Grade zu erwarten haben. Es ist nur ein Fall, der von dieser allgemeinen Regel eine Ausnahme macht: nämlich, wenn der Vollbringen der Missethat von den übrigen Mitschuldigen eine besondere Belohnung erhält. In diesem Falle, sage **Ich,** verdienen sie alle auf gleiche Weise bestraft zu werden; weil der Unterscheid der Gefahr durch den Unterscheid des Vortheils vergolten wird. Wem diese Betrachtung zu sein scheinet, der bedenke, daß es äußerst nötig ist, den Mitschuldigen, sich untereinander zu bereden, so wenig Mittel, als möglich ist, in den Gesetzen übrig zu lassen.

203. Einige Regirungen befrehen von der Strafe den Mitschuldigen eines grossen Verbrechens, der seine Gefährten entdecket, welches Mittel seinen Nutzen und auch seine Unbequemlichkeiten hat, wenn es in besondern Fällen gebraucht wird. Ein immerwährendes allgemeines Gesetz, das einem jeden Mitschuldigen, der das Verbrechen entdecket, Verzeihung verspricht, ist einzelnen besondern Versprechungen, die nur für gewisse Fälle gelten, vorzuziehen. Denn durch ein solches Gesetz kann man der Uebereinstimmung böser Menschen vorbeugen, indem es einem jeden unter selbigen die Furcht einjaget, sich allein der Gefahr auszusetzen. Man muß aber auch das gethane Versprechen heilig halten, und einem jeden, der sich auf dieses Gesetz beruft, so zu sagen einen Schutzbrief geben.

204. **Fünfte Frage.** Welches ist das Maaß der Grösse der Verbrechen?

205. Die Absicht der bestimmten Strafen ist nicht, ein mit Empfindungen begabtes Geschöpf zu quälen. Sie sollen nur dazu dienen, daß der Uebelthäter, inskünstige dem gemeinen Wesen zu schaden, und andere Mitbürger, ähnliche Verbrechen zu begehen, abgehalten werden mögen. Zu dem Ende sind solche Strafen nötig, die mit den Verbrechen in Verhältnis stehen, die in die Herzen der Menschen einen lebhaften und lange währenden Eindruck machen, und die zu gleicher Zeit die wenigste Grausamkeit an dem Körper des Verbrechers ausüben.

206. Wer erschrickt nicht, wenn er in den Geschichten von so viel barbarischen und vergeblich gebrauchten Martern lieset, die von Leuten,

die sich Weise genannt, ohne den mindesten Vorwurf des Gewissens erfunden, und ausgeübet worden? Welches empfindliche Herz wird nicht von einem innerlichen Schauer gerühret, bey Anschauung so vieler tausend Unglücklichen, die solche Martern erlitten haben, oder noch leiden, die oft solcher Verbrechen wegen, verurtheilet worden, welche schwerlich oder unmöglich begangen werden können, und die öfters von der Unwissenheit, zuweilen aber auch vom Aberglauben erdichtet worden? Wer kann die Zerfleischung dieser Menschen, die mit grossen Zubereitungen, auch von Menschen, und zwar von ihren Mitbrüdern geschiehet, ansehen? Die Länder und Zeiten, worin die grausamsten Strafen gebräuchlich gewesen, sind diejenigen, worin die unmenschlichsten Uebelthaten begangen worden.

207. Damit eine Strafe die verlangte Wirkung hervor bringe, so wird genug seyn, wenn das Uebel, welches sie dem Missethäter anthut, das Gute, oder den Nutzen, den er sich von dem Verbrechen versprochen hatte, übertrifft; und um dieses, nämlich das Uebergewicht des Uebels, in Ansehung des Guten, desto genauer zu bestimmen, muß auch die Gewißheit einer unausbleiblichen Bestrafung, und der Verlust der Vortheile, welche das Verbrechen zuwege gebracht haben würde, mit in Rechnung kommen. Alle Schärfe, die diese Gränzen überschreitet, ist ohne Nutzen, und folglich als tyrannisch anzusehen.

208. Wo die Gesetze allzu scharf gewesen, da sind sie entweder verändert worden, oder es ist daraus erfolgt, daß die Uebelthaten unbestraft geblieben. Die Grösse der Strafe muß sich nach dem gegenwärtigen Zustande, und den Umständen, worin sich ein Volk befindet, richten. Indem Verhältnisse, wie der Verstand der in einer Gesellschaft lebenden Menschen sich aufkläret, vermehret sich auch bey einem jeden Bürger die Empfindlichkeit. Wo aber die Empfindlichkeit zunimmt, da muß die Schärfe der Strafe abnehmen.

209. **Sechste Frage.** Ist die Lebensstrafe nützlich und nötig, um im gemeinen Wesen Sicherheit und gute Ordnung zu erhalten?

210. Die Erfahrung bezeuget, daß durch den öftern Gebrauch der Lebensstrafen ein Volk niemals gebessert worden. Wenn **Ich** also beweise, daß in dem gewöhnlichen Zustande des gemeinen Wesens der Todt eines Bürgers weder nützlich noch nötig ist: so werden alle, die sich gegen die Menschheit auflehnen, widerleget werden. **Ich sage: In dem gewöhnlichen Zustande des gemeinen Wesens**; denn der Todt eines Bürgers kann nur in einem Falle nötig werden: daß ist, in demjenigen, da ein Gefangener noch Mittel und Kräfte findet, durch

Empörung des Volks Unruhe zu stiften. Es kann aber dieser Fall nirgend statt finden, als da, wo das Volk seine Freyheit zu verlieren, oder die verlohrne wieder zu erhalten, im Begriffe stehet, oder etwan zur Zeit einer Anarchie, wenn die Unordnungen selbst die Stelle der Gesetze vertreten. Aber, während der ruhigen Beherrschung der Gesetze, und unter einer Regierungsform, die auf den vereinigten Wünschen des ganzen Volks gegründet ist; in einem Staate, der gegen die Feinde von außen beschützet, und innerlich durch seine Macht und die angenommene Denkungsart des Volkes unterstützet ist; in einem Staate wo die höchste Gewalt in den Händen des Monarchen stehet; da, sage **Ich**, kann die Nothwendigkeit einen Bürger am Leben zu strafen nicht statt finden. Die zwanzigjährige Regierung der Keyserin **Elisabeth Petrowna** giebt den Vätern der Völker ein Beispiel der Nachahmung, das viel herrlicher ist, als die glänzendsten Eroberungen.

211. Es ist nicht die auserordentliche Schärfe, noch die Zerstöhrung des menschlichen Wesens, welche auf die Herzen der Bürger einen großen Eindruck machet; sondern die unaufhörliche Dauer der Strafe.

212. Der Todt eines Uebelthäters kann nicht so kräftig von den Verbrechen zurück halten, als ein sehr langes und unveränderlich fortwährendes Beyspiel eines seiner Freyheit beraubten Menschen der durch seine Arbeit die Zeit seines Lebens hindurch dem gemeinen Wesen den Schaden ersetzt, den er ihm angethan hat. Der aus Vorstellung des Todes entstehende Schrecken kann stark genug seyn: er kann aber der angebohrnen Vergessenheit des Menschen nicht widerstehen. Es ist eine allgemeine Regel: heftige und gewaltsame Eindrücke der Seele können das Herz rühren und beunruhigen; allein ihre Wirkungen auf das Gedächtnis sind nicht von langer Dauer. Die Strafe, damit sie gerecht sey, muß nicht schärfer verhänget werden, als nötig ist, die Menschen von Uebelthaten abzuhalten. Und also behaupte **Ich** dreiste, daß niemand, der die Sache ein wenig überleget, sich wird einfallen lassen, das Verbrechen mit allen Vortheilen, die es etwan versprechen mögte, und dem gänzlichen Verlust der Freyheit, der sich nicht eher, als mit dem Leben endiget, in gleichen Werth zu setzen.

213. **Siebende Frage.** Was für Strafen müssen auf verschiedene Verbrechen gelegt werden?

214. Wer die öffentliche Ruhe störet; wer sich den Gesetzen nicht unterwirft; wer die Bedingungen, unter welchen die Menschen sich zu einer Gesellschaft vereiniget haben und Kraft deren sie sich einer den andern beschützen, verletzet; der muß aus der Gesellschaft ausgeschloßen und verbannet seyn.

215. Man muß wichtigere Gründe haben, einen Bürger, als einen Fremden, zu verbannen.

216. Die Strafe, die einen Menschen für unehrlich erkläret, zeiget an, daß jegermann von demselben eine üble Meynung heget. Ein Bürger verlieret dadurch die Achtung, welche die Gesellschaft ihm vorher bezeiget, und das Vertrauen so sie zu ihm gehabt. Er wird aus der, zwischen den Gliedern desselben Staates bestehenden, Brüderschaft verstossen. Die Gesetze aber müssen keine andere Unehre zur Strafe bestimmen, als die in der Sittenlehre aller Völker dafür erkannt wird. Denn, wenn die Handlungen, welche die Sittenlehrer gleichgültig nennen, in den Gesetzen für unehrlich erkläret werden: so entstehet daraus diese Unordnung, daß Handlungen, die des allgemeinen Nutzens wegen für unehrlich gehalten werden sollten, in kurzem, dafür erkannt zu werden, aufhören.

217. Man muß sich wohl in Acht nehmen, daß man Leute, die von Enthusiasterey eingenommen sind, vorgegebene Inspirirte und falsche Heilige, nicht mit Leibesstrafen belege, die Schmerzen verursachen. Diese auf Stolz und Pralerey sich gründende Thorheit, ziehet aus dem Schmerzen Rhum und Rahrung; wie man denn in der ehemaligen geheimen Kanzelley Beyspiele gehabt, daß vergleichen Leute an gewissen Tagen, blos zu dem Ende, gestrafet zu werden, sich daselbst gemeldet haben.

218. Beschimpfung und Verhöhnung sind die einzigen Strafen, die man gegen verstellte Inspirirte und falsche Heilige gebrauchen muß; denn dadurch allein kann ihr Stolz gedemüthiget werden. Wenn man auf solche Weise Kräfte von einerley Art einander entgegen setzt, so werden vernünftige Gesetze diejenige Bewunderung bald vertreiben, die in schwachen Gemüthern von einer falschen Lehre entstehen kann.

219. Man muß nicht viel Menschen auf einmal mit Beschimpfung bestrafen.

220. Die Strafe muß schleunig vollzogen werden, dem Verbrechen gemäß, und dem Volke bekannt seyn.

221. Je weniger Zeit zwischen dem Verbrechen und der Strafe vergehet, und je mehr die gehörige Schleunigkeit dabey beobachtet wird, je nützlicher und gerechter sie seyn wird. Sie wird gerechter deßwegen, weil sie den Verbrecher einer schweren und unnötigen Duaal, welche ihm die Ungewißheit seines bevorstehenden Schicksals verursachet, überhebet, und deßwegen muß der Criminalprozeß in so kurzer Zeit als möglich geendiget werden; **Ich** habe gesagt: **daß eine**

mit gehöriger Schleunigkeit vollzogene Strafe nützlich sey; weil, je weniger Zeit zwischen dem Verbrechen und der Strafe vorbey gehet, je mehr wird man das Verbrechen als die Ursache der Strafe, und die Strafe als die Wirkung des Verbrechens ansehen. Die Strafe muß gewiß und unvermeidlich seyn.

222. Die sicherste Abhaltung von Uebelthaten geschihet nicht durch die Schärfe der Strafen, sondern, wenn die Leute gewiß versichert sind, daß ein Uebertreter der Gesetze unfehlbar bestrafet werden sind.

223. Die Gewißheit einer gelinden aber unvermeidlichen Strafe, machet in die Herzen der Menschen einen viel stärkern Eindruck, als die Furcht für einer schweren Todesstrafe, deren man zu entgehen Hofnung hat. Je gelinder und mäßiger die Strafen sein werden, je weniger werden Mildigkeit und Vergebung nötig seyn; weil alsdann die Gesetze selbst mit dem Geiste der Mildigkeit angefüllet sind.

224. Ueberhaupt muß in einem Reiche, so groß es auch immer ist, kein Ort seyn, der nicht von den Gesetzen abhienge.

225. Alle Bemühungen müssen dahin gehen, die Verbrechen auszurotten und sonderlich diejenigen, die der menschlichen Gesellschaft am schädlichsten sind. Folglich, müssen die Bewegursachen deren die Gesetze sich bedienen, die Menschen davon abzuhalten, um so kräftiger seyn, je mehr dergleichen Verbrechen wieder das allgemeine Beste laufen und je leichter Menschen von bößartigen Gemüthe, oder schwachem Verstande, solche zu begehen angereitzet, worden können. Derohalben muß zwischen den Strafen und den Verbrechen ein Verhältnis seyn.

226. Wenn zwey Verbrechen, die auf ungleiche Art der menschlichen Gesellschaft schaden, auf gleiche Weise bestrafet werden, so verursacht die, in Ansehung der Verbrechen, ungleiche Strafe den wunderlichen, und noch wenig bemerkten, obgleich öfters vorfallenden, Widerspruch, nämlich, die Gesetze werden Verbrechen bestrafen, daran sie selbst Ursache sind.

227. Wenn eben die Strafe an einem, der ein Thier todtschläget, wie an einem, der einen Menschen tödtet, oder der eine wichtige Schrift nachmachet, vollzogen wird: so werdwn über kurz die Menschen zwischen diesen Verbrechen kelnen Unterschied machen.

228. Wenn man die Bedürfnisse und die Vortheile, die den Menschen zur gesellschaftlichen Vereinigung Anlaß gegebcn haben, voraussetzt, so kann man alle Verbrechen, vom grössesten bis zum kleinesten, dergestalt ordnen, daß der erste Platz demjenigen Verbrechen

bestimmt wird, welches alle Bande der menschlichen Gesellschaft auflöset, und ihr einen gänzlichen Umsturtz drohet; so wie der letzte einer sehr geringen, wider eine Privatperson begangenen Beleidigung, anzuweisen ist. Zwischen diesen zwey äusersten Stuffen werden alle Handlungen die dem gemeinen Besten zuwider sind, und Criminal genannt werden, begriffen seyn; wenn man nämlich unvermerster Weise von der ersten bis zur letzten fortgehet. Es wird genug seyn, wenn man in dieser Ordnung alle 4 Arten der strafbaren Handlungen, die **Wir** im VII. Hauptstück beschrieben haben, betrachtet, und die zu einer jeden Classe gehörige böse Thaten ordentlich und und stuffenweise anzeiget.

229. **Wir** haben eine besondere Abtheilung, für diejenigen Verbrechen gemacht, die eigentlich und unmittelbar den Umsturz des gemeinen Wesens betreffen, und zum Schaden desjenigen, die desselben Haupt ist, abzielen. Diese sind die vornehmsten unter allen, weil sie dem gemeinen Wesen die grösseste Gefahr drohen. Sie sind es, die man Verbrechen der beleidigten Mejestät nennet.

230. Auf diese erste Gattung der Verbrechen folgen diejenigen, welche die Sicherheit der Privatpersonen angreifen.

231. Man kann keinen Umgang nehmen, selbige auf das schärfse zu bestrafen. Denn frevelhafte Unternehmungen wieder das Leben und die Freyheit eines Bürgers, gehören zu der Zahl der schwersten Verbrechen. Und darunter begreift man nicht nur Mordthaten, die von Leuten aus dem Pöbel begangen worden, sondern auch ähnliche Gewaltthätigkeiten deren sich andere, wes Standes oder Würde sie auch seyn mögen, schuldig gemacht haben.

232. Diebstahl, er mag mit oder ohne Gewaltthätigkeit geschehen.

233. Persönliche wider die Ehre laufende Beleidigungen, da einem Bürger der rechtmäßige Theil der Achtung, welche er von andern mit Recht fordern kann, genommen wird.

234. Es wird nicht ohne Nutzen seyn, vom Zweykampfe dasjenige alhier zu wiederholen, was viele behaupten, und andere schon davon geschrieben haben. Nämlich daß das beste Mittel diesem Verbrechen vorzu kommen darin bestehe, daß man den angreifenden Theil, **Ich** will sagen, denjenigen, der zum Zweykampfe Anlaß giebt, bestrafe, hingegen, denjenigen, der zum Streite keine Ursache gegeben, und seine Ehre zu verteidigen sich zu gezwungen gesehen, für unschuldig erkläre.

235. Der Schleihhandel, zum Nachtheile der Zölle, ist ein wirklicher Diebstahl, der gegen den Staat begangen wird. Dieses

Verbrechen hat aus dem Gesetze selbst seinen Ursprung. Denn je höher der Zoll ist, und je grössern Vortheil heimlich eingebrachte Waaren versprechen, desto starker ist die Versuchung. Diese aber wird durch die Bequemlichkeit sie ins Werk zu richten noch mehr vermehret, wenn die Gegend, welche von den Zollpostirungen bewahret werden soll, von grossem Umfange ist, und die verbothenen, oder mit Zoll beschwerten Waaren, wenig Raum einnehmen. Die Confiscirung verbothener und derer mit selbigen zugleich eingeführten Waaren, ist sehr gerecht. Dieses Verbrechen verdienet die schärfsten Strafen, als das Gefängnis oder auch eine Dienstbarkeit, die der Natur des Verbrechens gemäß sey. Das Gefängnis für Heimlich eingeführte Waaren muß aber nicht mit demjenigen einerley seyn, welches ein Mörder und Straßenräuber zu erwarten hat. Die natürlichste Strafe der Schuldigen scheinet eine öffentliche Arbeit zu seyn, die auf den Werth ausgerechnet ist, um welchen er den Zoll betriegen wollen.

236. Es ist nötig, von Banqueroutierern zu reden, oder von solchen, die Schulden halber aus der Handlung scheiden. Die Nothwendigkeit, Treu und Glauben bey Contracten zu halten, und die Sicherheit der Handlung, verbindet einen Gesetzgeber, denen Gläubigern diejenigen Mittel zu verschaffen, wodurch sie zur Bezahlung ihrer Schuldforderungen gelangen können. Man muß aber einen arglistigen Banqueroutierer von einem ehrlichen Manne, der ohne sein Verschulden banquerout wird, unterscheiden. Gegen einen von der letzten Art, der deutlich erweisen kann, daß seine eigene Schuldner ihm nicht Wort gehalten, daß er Verlust erlitten, daß unvermeidliche Unglücksfälle, die kein menschlicher Verstand vorher sehen können, ihn seines Vermögens beraubet haben, muß man nicht mit eben der Schärfe, als mit dem erstern, verfahren. Warum soll man einen solchen ins Gefängnis werfen? Warum soll man ihn seiner Freyheit, als des einzigsten Vermögens, daß ihm noch übrig ist, berauben? Warum soll er eben dieselbe Strafe leiden, die nur einem Verbrecher zukömmt, und gezwungen seyn, seine Ehrlichkeit zu bereuen? Man halte, wenn man will, seine Schuld so lang für unauslöschlich, bis alle seine Gläubiger vollkommen befriediget sind; Man erlaube ihm nicht, sich ohne Vorwissen seiner Gläubiger zu entfernen; Man zwinge ihn, seinen Fleis und natürliche Geschicklichkeit dazu anzuwenden, daß er dermahleins wieder in den Stand komme, seinen Gläubigern gerecht zu werden: Ein Gesetz aber welches demselben die Freyheit abspricht, ohne daß die Gläubiger den geringsten Nutzen davon haben, kann durch keine gründliche Beweise vertheidiget werden.

237. Man könnte, wie **Ich** dafür halte, in allen Fällen, einen Betrug mit verhaßten Umständen, von einem groben Versehen, dieses von einem leichten, und letzteres von der gänzlichen Unschuld unterscheiden und darnach durchs Gesetz die Strafen einrichten.

238. Ein vorsichtiges und vernünftiges Gesetz kann die meisten freventlichen Banqueroute verhindern, und Mittel anweisen, wie ein Handelsmann bey gewissen Vorfällen, die auch dem ehrlichsten und fleißigsten Manne, begegnen können, sich zu verhalten habe, um sein Unglück zu verhüten. Eine öffentliche ordentlich eingerichtete Registratur aller Handlungscontracte, die einem jeden Bürger nachzusehen, und zu Rathe zu ziehen, frey stehet; eine durch Zusammenschuß der Kaufmannschaft wohl eingerichtete Bank, daraus Summen genommen werden können, um unglücklichen, doch fleißigen, Kaufleuten wieder aufzuhelfen: Dergleichen Einrichtungen würden viel Nutzen bringen, ohne bey der Ausführung irgend einigen Unbequemlichkeiten unterworfen zu seyn.

239. **Achte Frage.** Welches sind die wircksamsten Mittel den Verbrechen vorzubeugen?

240. Es ist ungleich besser, den Verbrechen vorzubeugen, als sie zu bestrafen.

241. Den Verbrechen vorzubeugen ist die Absicht und der Endzweck einer guten Gesetzgebung, welche nichts anders ist, als die Kunst, die Menschen zu der vollkommensten Glückseeligkeit zu bringen, oder, wenn alles Böse auszurotten nicht möglich ist, das Geringste übrig zu lassen.

242. Wenn man viele Handlungen verbietet, die von den Sittenlehrern gleichgültig genannt werden, so thut man dadurch den Verbrechen, die daraus erfolgen können, keinen Einhalt, sondern man giebt noch zu neuen Anlaß.

243. Wollet ihr den Verbrechen vorbeugen? machet, daß die Gesetze nicht so sehr gewisse Stände, als vielmehr jeden Bürger insbesondere begünstigen.

244. Machet, daß die Menschen sich für den Gesetzen, und sonst für Niemand fürchten.

245. Wollet ihr den Verbrechen vorbeugen? machet, daß Vernunft und Wissenschaften sich unter den Menschen mehr ausbreiten.

246. Ein gutes Gesetzbuch ist nichts anders, als das Mittel dem schädlichen Muthwillen, andern seines gleichen Uebels zu thun, ein Ziel zu setzen.

247. Man kann auch durch Belohnung der Tugend das Böse verhindern.

248. Endlich das allersicherste, aber auch schwerste Mittel, die Menschen zu bessern, ist die Einführung einer vollkomenen Kindersucht.

249. Man wird in diesem Capitel Wiederhohlungen des schon vorher erwähnten antreffen. Wer aber nur einige Aufmerksamkeit anwenden will, der wird finden, daß die Sache selbst solches erfordert hat. Ueberdem kann man eine Sache nicht zu oft sagen, von welcher die Glückseeligkeit des menschlichen Geschlechts abhängt.

XI. HAUPTSTÜCK.

250.

DIE bürgerliche Gesellschaft, so wie eine jede andere Einrichtung, erfordert eine gewisse Ordnung. Es müssen seyn, die regieren und befehlen, und andere, die gehorchen.

251. Dieses ist der Ursprung aller Arten der Untertähnigkeit, welche grosser oder geringer ist, nach Beschaffenheit derer die gehorchen.

252. Wenn also das natürliche Recht uns befiehlet, für aller Menschen Wohlergehen nach unserm Vermögen Sorge zu trgen: so sind **Wir** auch verbunden, das Schicksal derer, die uns unterthan sind, so viel es die gesunde Vernunft zulässet, zu erleichtern.

253. Folglich müssen **Wir** vermeiden, Leute zu Sklaven zu machen, es sey denn, daß die äußerste Nothwendigkeit dazu zwänge, und auch alsdann nicht um eigenen Nutzens willen, sondern zum Besten des Reichs; doch in Ansehung des Vortheils, den das Reich dadurch erhalten könnte, ist noch die Frage: wie oft derselbe statt gefunden?

254. Die Unterthänigkeit mag beschaffen seyn, wie sie wolle, so müssen die bürgerlichen Gesetze, wie auf der einen Seite den Mißbrauch der Leibeigenschaft, also auf der andern die Gefahr, welche daraus entstehen könnte, zu verhüten suchen.

255. Es ist eine unglückliche Regierung, wo man sich gezwungen siehet, scharfe Gesetze zu geben.

256. **Peter der Erste** gab im Jahre 1722 ein Gesetz, daß man Leuten, die nicht bei vollem Verstande wären, und die ihre Unterthanen

quäleten, Vormünder setzen sollte. Dem ersten Puncte dieses Gesetzes wird nachgelebt; warum aber der zweyte nicht erfüllet wird, ist unbewust.

257. Die Lacedämonischen Sklaven bekamen im Gerichte kein Recht. Ihr Unglück war desto grosser, weil sie nicht nur Sclaven eines einzigen Bürgers, sondern auch des ganzen gemeinen Wesens waren.

258. Wenn bei den Römern ein Sklave durch jemand am Leibe beschädiget worden, so sahe man weiter auf nichts, als auf den Nachtheil der dem Herrn daraus erwuchs. Ob man ein Thier oder einen Sklaven verwundete, das wurde für eins gehalten, und man zog weiter nichts in Betrachtung, als die Verringerung des Werthes. Und dieß kam dem Herrn, nicht aber dem Beschädigten, zu Gute.

259. Zu Athen wurde derjenige scharf bestrafet, der an einem Sklaven Grausamkeit ausübte.

260. Man muß nicht auf einmal, und durch ein allgemeines Gesetz, vielen Leibeigenen die Freyheit schenken.

261. Die Gesetze können dadurch etwas Gutes stiften, wenn sie den Leibeigenen ein Eigenthum bestimmen.

262. Lasset uns alles dieses mit Wiederhohlung des Grundsatzes beschließen, daß diejenige Regierung der Natur am nächsten kommt, deren besondere Einrichtung der Beschaffenheit des Volks, um dessentwillen sie errichtet wird, am gemessesten ist.

263. Dabey aber ist sehr nötig, daß man denjenigen Ursachen zuvorkomme, die so oft zu Empörung der Leibeigenen gegen ihre Herren Anlaß gegeben haben. Ohne Erkänntnis dieser Ursachen, ist es unmöglich, ähnliche Vorfällen durch Gesetze zuvorzukommen, obgleich die Ruhe der einen und der andern davon abhängt.

XII. HAUPTSTÜCK.

264. *Von der Vermehrung des Volks im Reiche.*

265.

RUßLAND, hat nicht nur nicht genug Einwohner, sondern fasset noch überaus grosse Länder in sich, die weder bewohnt, noch bearbeitet sind. Man kann also nicht genug Aufmunterung ersinnen, um die Vermehrung des Volks im Reiche zu befördern.

266. Die Bauren haben grössesten Theils 12, 15 bis 20 Kinder aus einer Ehe; selten aber kömmt der vierte Theil davon zu einem vollkommenen Alter. Es muß also nothwendig an einem Fehler liegen, es sey in Ansehung der Nahrung, der Lebensart, oder der Erziehung, durch welchen diese Hoffnung des Reichs aufgerieben wird. In was für einen blühenden Zustand würde dieses Reich nicht versetzt werden, wenn man durch kluge Einrichtungen ein so verderbliches Uebel abwenden, oder demselben zuvorkommen könnte!

267. Thut diesem noch hinzu, daß seit zweihundert Jahren eine voralters unbekannte Krankheit aus America nach Norden gekommen, die dem menschlichen Geschlechte den Untergang drohet. Diese Krankheit breitet in vielen Provinzen traurige und verderbliche Folgen aus. Die Sorge für die Gesundheit der Bürger ist eine Pflicht, folglich würde es weislich gehandelt seyn, wenn man der Verbreitung dieser Krankheit durch Gesetze zu wehren trachtete.

268. Die Gesetze Mosis können hiebey zum Beispiele dienen.

269. Es scheint auch, daß die neu eingeführte Art, wie der Adel von den Bauren seine Abgaben einnimmt, der Vermehrung des Volks und dem **Ackerbau** hinderlich sey. Fast alle Dörfer bezahlen ihren Herren gewisse Abgaben an Gelde. Diese Herren, welche niemals oder selten in ihren Dörfern sich aufhalten, setzen jede Person auf 1, 2 und bis auf 5 Rubel Abgabe, ohne sich darum zu bekümmern, wie ihre Bauren dieses Geld zusammen bringen.

270. Es ware höchstnötig, dem Adel durch ein Gesetz vorzuschreiben, daß er bey Bestimmung der ihm zu bezahlenden Abgaben mit mehr Ueberlegung zu Werke gienge, und solche Abgaben vom Bauer forderte, die denselben am wenigsten von seinem Haufe und von seiner Familie entferneten. Dadurch würde der Ackerbau in Aufnahme kommen, und das Volk würde sich im Reiche vermehren.

271. Jetzt aber bleibt ein Ackersmann auf 15 Jahr lang von seinem Haufe weg, gehet nach entfernten Städten seiner Nahrung nach, und ziehet fast im ganzen Reiche herum, um dem Herrn seine jährliche Abgaben zu bezahlen.

272. Je glückseeliger die Menschen in einem Reiche leben, je leichter vermehret sich die Zahl der Einwohner.

273. Niedrige und zur Viehzucht bequeme Gegenden haben gemeiniglich wenig Einwohner, weil wenig Leute dort für sich Beschäftigung finden. Ackerländer hingegen erhalten eine weit grössere Menge Menschen in Beschäftigung, und sind auch mehr bevölkert.

274. Allenthalben, wo an einem Orte gut zu leben ist, da vermehren sich die Einwohner.

275. Wenn aber ein Land so sehr mit Auflagen beschweret ist, daß die Leute, aller ihrer Mühe und Arbeit ungeachtet, kaum den nothwendigen Unterhalt finden, so muß dasselbe Land lange Zeit von Einwohnern entblösset seyn.

276. Wo die Menschen nur deßwegen arm sind, weil sie unter harten Gesetzen leben; wo sie ihre Ländereien nicht so sehr für den Grund ihres Unterhalts, als für eine Gelegenheit der Unterdrückung ansehen: da kann sich das Volk nicht vermehren. Es fehlet ihnen selbst an hinlänglichem Unterhalte; wie könnte es ihnen dann in den Sinn kommen davon noch ihren Nachkommen mitzutheilen? Sie haben selbst in ihren Krankheiten keine hinlängliche Pflege; wie können sie Geschöpfe erziehen, die in einer beständigen Krankheit, das ist, in der Kindheit, sich befinden? Sie vergraben ihr Geld in die Erde, weil sie sich scheuen, dasselbe im Handel und Wandel umgehen zu lassen? Sie fürchten sich, für reich gehalten zu werden, weil sie beforgen, der Reichthum möchte ihnen Verfolgung und Unterdrückung zuziehen.

277. Viele, die sich der Gelegenheit, ein Wort anzubringen, zu bedienen wissen, aber nicht im Stande sind, die Sache, wovon die Rede ist, gründlich zu untersuchen, pflegen zu sagen: *Je grosser die Armuth der Unterthanen ist, desto zahlreicher sind ihre Familien.* Und wiederum: *Je mehr man Abgaben von ihnen fordert, desto eher kommen sie in den Stand, solche zu bezahlen.* Dies sind zwei verfängliche Schlüße, die allezeit viel Schaden nach sich gezogen haben, und jederzeit das Verderben souverainer Reiche verursachen werden.

278. Es ist fast ein unheilbares Uebel, wenn die Entblössung eines Landes von Einwohnern, seit lange her von einem innerlichen Fehler und einer schlechten Regierung herrühret. Die Leute nehmen daselbst ab, durch eine unmerkliche und fast schon zur Natur gewordene Krankheit. In Drangsal und Armuth gebohren, leben sie unter dem Zwange, oder so wie es die von der Regierung angenommene falsche Grundsätze verstatten. Sie haben ihre Abnahme gesehen, und oft die Ursache derselben nicht bemerket.

279. Um einem Lande aufzuhelfen, das jetztbeschriebener maassen von Einwohnern entblösset ist, wartet man vergeblich auf Kinder, die noch inskünftige geboren werden können. Dies ist eine ganz ungegründete Hoffnung. Leute, die in ihren Einöden wohnen, werden durch nichts ermuntert, und sind also auch nicht fleißig. Felder, die

einem ganzen Volke Unterhalt geben könnten, ernähren kaum eine einzige Familie. Der gemeine Mann in diesen Gegenden hat auch an dem Elende selbst keinen Theil, das ist, an Ländereyen, die noch nie ein Pflug bearbeitet hat, deren es dort eine grosse Menge giebt. Einige der vornehmsten Einwohner, oder der Landesherr, haben sich unvermerkt die ganze Strecke solcher würstliegenden Felder zugeeignet, die verarmten Familien haben ihnen dieselbe zur Weide überlassen, und der arbeitsame Mensch besitzet nichts davon.

280. Bey solchen Umständen sollte man in dem ganzen Umfange dieser Länder dasjenige thun, was die Römer in einem Theile ihrer Monarchie gethan haben. Was bey diesen der Ueberfluß der Einwohner veranlasset hat, das kann hier by dem Mangel derselben beobachtet werden. Man vertheile die wüsten Länder unter alle diejenigen Familien, die keine Ländereyen haben. Man gebe ihnen Mittel an die Land, sie zu bearbeiten. Allein, man thue solches ohne Zeitverlust, und so bald sich nur ein Mensch findet, der dieselbe dergestalt antrete, daß mit der Arbeit ohne Zeitverlust, der Anfang gemacht werde.

281. Julius Cäsar gab denenjenigen, die viel Kinder hatten, Belohnungen. Die Gesetze des August waren viel anstrengender. Es legte auf diejenigen, die sich nicht verheyratheten, eine Strafe, und vermehrte die Belohnungen der Verheyratheten, wie auch derer, die Kinder hatten. Diese Gesetze aber stimmen mit den Verordnungen unserer rechtgläubigen Religion nicht überein.

282. In einigen Ländern sind den Verheyratheten gewisse Vortheile ausgemacht, zum Exempel, dort müssen in den Dörfern die Schulzen und andere Vorgesetze der Bauern, aus der Zahl der Verheyratheten erwählet werden. Ein Unverheyratheter, und wer keine Kinder hat, kann keine Sache betreiben, auch nicht im Bauergerichte sitzen. Wer die meiste Kinder hat, der sitzet in diesem Gerichte oben an. Ein Bauer, der mehr als fünf Söhne hat, ist frey von allen Abgaben.

283. Bey den Römern konnten Unverheyrathete, wenn ihnen von Fremden durch ein Testament etwas vermacht wurde, nicht erben. Verheyrathete, die keine Kinder hatten, bekamen nur die Hälfte des Vermächtnisses.

284. Die Votheile, die Mann und Frau, einer von dem andern durch Vermächtnisse erhalten konnten, waren durch die Gesetze eingeschränkt. Sie konnten einer den andern durch ein Testament alles vermachen, wenn sie Kinder hatten, die sie mit einander gezeuget. Wenn keine Kinder da waren, so erste der Nachbleibende von dem

Verstorbenen nur den zehenten Theil des Vermögens, in Ansehung ihrer Ehe. Wenn sie aber Kinder erster Ehe hatten, so konnte einer dem andern so viel mal den zehenden Theil des Vermögens vermachen, als Kinder da waren.

285. Wenn der Mann von der Frau, es sey dann in Angelegenheiten des gemeinen Wesens, abwesend war, so konnte er sie nicht erben.

286. In einigen Ländern ist den Vätern von zehen Kinder, eine gewisse Beysteuer bestimmet, und eine noch grössere denen, die mit zwölf Kindern gesegnet sind. Es kömmt aber hier nicht darauf an, eine ungewöhnliche Fruchtbarkeit zu belohnen, sondern, man sollte ihnen vielmehr das Leben, so viel möglich, bequemer machen, das ist, fleisigen und arbeitsamen Hauswirthen die Mittel, sich und die ihrigen zu ernähren, erleichtern.

287. Die Mäßigkeit des Volks trägt mit etwas bey, zu desselben Vermehrung.

288. Dem gewöhnlichen Gebrauche nach, stehet es den Vätern zu, ihre Kinder zu verheyrathen. Was würde aber daraus folgen, wenn Plage und Haabsucht so weit giengen, daß sie sich auch der väterlichen Gewalt anmasseten? Man sollte vielmehr die Väter dazu ermuntern; nicht aber ihnen die Freyheit nehmen, ihre Kinder nach ihrer besten Einsicht zu verheyrathen.

289. In Ansehung der Ehen würde es eine sehr nötige und wichtige Sache seyn, ein für allemal, gewiß und deutlich zu bestimmen, in welchem Grade der Verwandtschaft die Ehen erlaubt, und in welchen sie verbothen sind.

290. Es giebt Länder, wo nach den Gesetzen (wenn an Einwohnern ein Mangel ist) Fremde, oder unehelich gebohrne, oder solche, die nur von einer einheimischen Mutter gebohren sind, zu Bürgern aufgenommen werden. Wenn aber auf diese Weise das Volk zu einer genugsamen Menge anwächset, so geschiehet solches nicht weiter.

291. Die Wilden in Canada verbrennen ihre Gefangenen. Wenn sie aber erledigte Hütten haben, die sie den Gefangenen einräumen können, so nehmen sie dieselbe in ihre Landsmannschaft auf.

292. Es sind Völker, die nach Eroberung fremder Gegenden sich mit den Einwohnern derselben durch Heyrathen verbinden. Sie thun dadurch zwey wichtigen Sachen ein Genüge: denn sie befestigen sich in dem Besitze des eroberten Landes, und vermehren sich selbst.

XIII. HAUPTSTÜCK.

293. Von den Handwerken und der Handlung.

294.

S können weder geschickte Handwerke, noch eine fest gegründete Handlung, da seyn, wo der Ackerbau verabsäumet: oder nicht mit Eifer getrieben wird.

295. Der Ackerbau kann nicht in Aufnahme kommen, wo der Ackersmann kein Eigenthum hat.

296. Dieses gründet sich auf einen sehr einfachen Grundfaß. "Ein jeder Mensch bekümmert sich mehr um dasjenige, was ihm eigen ist, als was einem andern gehöret. Er wendet keinen Fleiß auf eine Sache, von der er zu beforden hat, daß sie ihm von einem andern genommen werde".

297. Der Landbau ist die schwerste Arbeit für den Menschen. Je mehr das Clima ihn beweget diese Arbeit zu suchen, desto mehr müssen ihn die Gesetze dazu anreißen.

298. In China wird dem Bogdochan jährlich berichtet, welcher Ackersmann sich in seiner Handthierung vor allen übrigen hervorgethan hat, und diesen erhebet er zum Mandarin der achten Classe. Dieser Monarch leget alle Jahr selbst die Hand an den Pflug, und machet mit prächtiger Feierlichkeit zum Landbau den Anfang.

299. Es wäre nicht Uebel, den Ackersleuten, die von andern ihr Land merklich verbessert haben, Belohnungen auszutheilen.

300. Desgleichen Handwerkern, die in ihren Arbeiten vorzüglichen Fleiß angewandt haben.

301. Eine solche Verordnung wird in allen Ländern und Gegenden viel Gutes stiften. Sie hat schon zu unsern Zeiten zu Anlegung sehr wichtiger Manufacturen gedient.

302. Es sind Länder, wo in jedem Kirchspiel gewiße auf Obrigkeitlichen Befehl herausgegebene Bücher, die vom Landbau handeln, gehalten werden, aus welchem jeder Bauer, in Dingen, die er nicht verstehet, Unterricht nehmen kann.

303. Einige Völker sind zur Faulheit geneigt. Um diese Faulheit, wenn sie vom Clima entstehet, auszurotten, sind Gesetze nötig, welche denjenigen, die nicht arbeiten wollen, alle Unterhaltungsmittel benehmen.

304. Ein zur Faulheit geneigtes Volk ist hochmütig in seinem Umgange. Denn, wer nicht arbeitet, der hält sich gewissemaassen für einen Herrn derer, die arbeiten.

305. Völker, die der Faulheit gänzlich ergeben sind, sind gemeiniglich stolz. Man könnte die Wirkung gegen die Ursache, die solche hervorbringet, umkehren, und die Faulheit durch den Stolz vertilgen.

306. Allein die Ehrbegierde ist eine so feste Stütze der Regierung, als ihr der Stolz gefährlich ist. Hievon sich zu überzeugen, darf man nur von einer Seite das unzählige Gute, was die Ehrbegierde hervor bringet, und von der andern die unendliche Menge Böses, die der Stolz bey einigen Völkern erzeugt, ansehen. Aus jener Quelle fließen der Fleis, die Wissenschaften und Künste, die Feinheit der Sitten, der gute Geschmack; aus dieser die Faulheit, die Armuth, die Fahrläßigkeit, die Vertilgung der Völker, die ihnen zufälliger Weise unterwürfig geworden, und endlich ihr eigener Untergang.

307. So wie der Stolz den Menschen von der Arbeit abhält, so ermuntert ihn die Erdbegierde, besser als andere zu arbeiten.

308. Schauet mit Aufmehrksamkeit auf alle Fölker. Ihr werdet meistentheils wahrnehmen, daß Hochmuth, Stolz und Faulheit daselbst zusammen gehen.

309. Die Völker von Achim sind stolz und faul. Wer keinen Sklaven hat, der miethet sich einen, sollte es auch nur seyn, um hundert Schritt weit einen Sack mit Reiß zu tragen; er würde sichs zur Schande rechnen, solchen selbst zu tragen.

310. Die Weiber in Indien halten es ihrer Ehre nachtheilig, lesen zu lernen. Dieses, sagen sie, ist der Sklaven Werk, die in den Götzentempeln geistliche Lieder singen.

311. Ein Mensch ist nicht deswegen arm, weil er nichts hat, sondern weil er nicht arbeitet. Wer kein Erbgut hat, aber arbeitet, der lebt eben so bequem als einer, der ohne Arbeit jährlich hundert Rubel einnimmt.

312. Ein Handswerksmann, der keine Kinder, in dem, was er verstehet, unterrichtet, und ihnen dieses zum Erbtheile hinterlässet, der lässet ihnen ein Gut, daß sich nach der Zahl der Kinder vermehret.

313. Der Ackerbau ist die erste und vornehmste Arbeit, wozu die Menschen müssen aufgemuntert werden; die zweyte sind Manufacturen aus eigenen Landesproducten.

314. Werkzeuge und Maschinen, durch welche die Handarbeit verkürzt wird, sind nicht allemal nützlich. Wenn eine Manufacturwaare

in mittelmäßigen Preise ist, mit dem der Käufer so wohl als der Manufacturist zufrieden sind, so werden die Maschinen, indem sie die Arbeit verkürzen, und die Zahl der Arbeit verringern, in einem volkreichen Lande schädlich.

315. Es ist aber dabey zu unterscheiden, was man seines eigenen Landes wegen thut, und was geschiehet, um Waaren nach fremden Ländern auszuführen.

316. Bei Verfertigung der Waaren, die man andern Völkern zuschicket, kann man sich niemals genug der Maschinen bedienen, wenn nämlich diese Völker eben dergleichen Waaren, auch von unsern Nachbarn, oder von andern Völkern, bekommen, oder bekommen können, insonderheit von solchen, die sich mit uns in gleicher Lage befinden.

317. Die Handlung entfernet sich von denenjenigen Orten, wo man sie drucket, und setzet sich da, wo man ihre Ruhe nicht störet.

318. Athen führte keine so grosse Handlung, als man von der Arbeit der dortigen Sklaven, von der grossen Anzahl seiner Seefahrenden, von der Macht, welche es über die Griechischen Städte hatte, und, was das meiste ist, von Solons vortreflichen Gesetzen, hätte vermuthen sollen.

319. In verschiedenen Ländern, wo alles verpachtet ist, zernichtet die Verwaltung der öffentlichen Einkünfte, die Handlung, durch ihre Ungerechtigkeit, Bedrückung und übertriebene Auflagen. Allein sie vernichtet selbige auch schon ohnedem, durch allerley Schwürigkeiten, die man von Kaufleuten machet, und durch Formalitäten, deren Beobachtung man von ihnen fordert.

320. In andern Ländern, wo die Zölle auf Treu und Glauben verwaltet werden, ist die Bequemlichkeit zu handeln, unweit grösser. Ein einziges schriftliches Wort endiget sehr wichtige Sachen. Der Kaufmann muß keine Zeit vergeblich verlieren, noch besondere Leute halten, um alle von den Pächtern erregte Schwierigkeiten entweder zu vermeiden, oder sich selbigen zu unterwerfen.

321. Die Freyheit der Handlung bestehet nicht darinn, daß dem Kaufmanne erlaubt sey, alles zu thun, was ihm beliebet. Denn dieses würde sie vielmehr in eine Dienstbarkeit verwandeln. Was den Kaufmann einschränkt, das schränket darum nicht auch die Handlung ein. In freyen Staaten findet ein Kaufmann Widersprüche ohne Zahl: in einem souverainen Reiche aber ist er bey weitem nicht an so viele Gesetze gebunden. In Engelland ist verbothen die Wolle auszuführen;

es ist nicht erlaubt, die Steinkohlen anders, als über See, nach der Hauptstadt zu bringen; Pferde, die zu Stutereyen tüchtig sind, werden nicht aus dem Lande gelassen: Kauffardeyschiffe aus den Americanischen Colonien dürfen nirgends anders, als in Engelland, landen. Durch diese und vergleichen Verordnungen wird zwar der Kaufmann eingeschränkt, aber zum Vortheile der Handlung.

322. Wo Handlung ist, da sind auch Zollämter.

323. Der Gegenstand der Handlung ist, zum Vortheile des Reichs, Waaren ein- und auszuführen. Der Gegenstand der Zollämter ist gleichfalls zum Vortheile des Reichs, von eben dieser Ein- und Ausfuhr der Waaren gewisse Auflagen zu heben. Es muß derowegen die Regierung zwischen den Zöllen und der Handlung das Mittel halten, und solche Verordnungen machen, daß diese beyden Sachen sich einander nicht hindern; alsdann genießet der Kaufmann der Handlungsfreyheit.

324. Engelland hat mit andern Völkern keinen festgesetzen Tarif, seine Handlungsverordnungen werden, so zu sagen, fast bey jeder Parlamentssitzung verändert, und, bald neue Zölle aufgeleget, bald die vorigen gehoben. Indem Engelland auf die Handlung, welche dort zu Lande getrieben wird, außerordentlich eyfersüchtig ist, so verbindet es sich selten durch Handlungstractaten mit andern Völkern, und hänget von keinen andern, als von seinen eigenen Gesetzen ab.

325. In einigen Ländern sind sehr nützliche Gesetze gegeben worden, um diejenigen Mächte, die eine ökonomische Handlung führen, zu entkräften. Sie verbiethen andere Waaren, als rohe, unverarbeitete und eigene Landesproducte einzubringen, auch sich dazu keiner andern Schiffe zu bedienen, als die in eben dem Lande, von wannen sie kommen, gebauet sind.

326. Eine Macht, die solche Gesetze giebt, muß im Stande seyn, ihren Handel selbst, und ohne Hülfe anderer zu treiben, widrigen Falls würde sie sich wenigstens eben so viel, Schaden zuziehen, als sie andern verursachet. Am besten ist es, mit einem solchen Volke zu thun zu haben, das wenig Ansprüche machet, und nach den Bedürfnissen seiner Handlung einiger maaßen an uns gebunden ist; mit einem Volke, das, nach der Weitläuftigkeit seiner Absichten und Unternehmungen, weiß, wo es seine überflüsige Waaren absetzen kann; das reich und im Stande ist, für sich selbst viel Waaren abzunehmen; das dafür mit baarem Gelde bezahlet; das, so zu sagen, gezwungen ist, getreu zu seyn; das nach keinen Grundsätzen den Frieden liebt; das Gewinn, aber nicht Eroberungen, sucht. Mit einem solchen Volke, sage **Ich**, ist

es weit besser zu thun zu haben, als mit andern, die uns beständig nacheifern, und uns diese Vortheile nicht zustehen würden.

327. Noch weniger muß ein Staat sich bequemen, alle seine Waaren an ein einziges Volk zu verhandeln, unter dem Vorwande, daß dasselbe alle Waaren zu einem gewissen Preise annehmen werde.

328. Der wahre Grundsatz ist dieser: Man muß kein Volk ohne wichtige Ursachen von seiner Handlung ausschließen.

329. In verschiedenen Rechen sind mit getem Fortgange Banken gestiftet worden, durch deren Kredit, neue Zeichen des Werthes entstanden, die den Umlauf vermehret haben. Damit man aber in einem souverainen Reiche solchen Unordnungen sichern Glauben beimesse, müssen diese Banken mit Stiftungen, die als geheiligt angesehen werden, wie, zum Exempel, mit Hospitälern, Weisenhäusern u. d. gl. vereiniget, von den gewöhnlichen Gerichtsstühlen unabhängig erkläret, und mit öffentlichen Freyheitsbriefen verstehen werden, damit niemand sich an solchen Geldern vergreife, und jedermann versichert sey, daß der Landesherr dieselbe nicht anrühren, noch den Credit dieser Banken schwächen werde.

330. Einer der besten Schriftsteller von den Gesetzen schreibt folgendes: "Leute, die von demjenigen, was in andern Ländern gebräuchlich ist, eingenommen sind, halten dafür, daß man Gesätze geben müsse, die dem Adel zur Handlung aufmuntern. Diese würde ein Mittel seyn denselben, ohne den geringsten Vortheil für die Handlung, zu Grunde zu richten. Vernünftig verfähret man in diesem Stücke, an denenjenigen Orten, wo die Kaufleute keine Edelleute sind, wo sie die Hoffnung haben den Adel zu erlangen, ohne daß ihnen würkliche Hindernisse im Wege stünden, wo sie, um aus dem bürgerlichen Stande zu treten, keines sicherern Mittels bedürfen, als ihre Handlung wohl zu treiben, oder derinn von dem Glücke begünstiget zu werden; eine Sache, die gemeiniglich mit der Geschicklichkeit verknüpfet ist. Hingegen ist es dem Wesen der Handlung zuwider, daß der Adel in einem souverainen Reiche Handlung treibe. Die Städte würden darüber zu Grunde gehen, wie die Keiser Honorius und Theodosius bemerken; es würde zwischen dem Kaufmann und dem gemeinen Volke alle Bequemlichkeit ihre Waaren zu kaufen und zu verkaufen aufhören. So ist es auch dem Wesen der Monarchie zuwider, daß er Adel handle. Die Gewohnheit, welche in einem gewissen Reiche dem Adel zu handeln erlaubet, ist eine der Ursachen die am meisten beigetragen haben, desselben vorige Regierungsform zu entkräften".

331. Andere sind der entgegengesetzten Meinung, und behaupten, daß ein Adelicher, wenn er nicht in Diensten stehet, handeln könne, jedoch mit dem Bedinge, daß er sich in allen Stücken den Hanglungsgesetzen unterwerfe.

332. Als der Keyser Theofilus ein mit Waaren beladenes Schiff sahe, das seiner Gemahlin, der Keyserin Theodora, gehörte, ließ er es verbrennen, Ich bin Keiser, sagte er, und du machest mich zu einem Schiffspatron. Womit sollen die armen Leute sich ernähren, wenn wir uns ihrer Nahrungsmittel anmassen? Er hätte noch hinzusetzen können: Wer kann uns Einhalt thun, wenn wir Alleinkauf treiben wollten? Wer wird uns zwingen, unsere Pflichten zu erfüllen? Wenn die Hofbediente und andere Vornehme sehen werden, daß wir Handlung treiben, so werden sie ein gleiches thun wollen. Sie werden noch begieriger und ungerechter werden, als wir. Das Volk hat sein Vertrauen in uns, wegen unserer Gerechtigkeitsliebe, und nicht wegen unsers Reichsthums, gesetzt. Die vielen Auflagen, welche es arm machen, zeugen von unsern Bedürfnissen.

333. Als die Portugiesen und Castilianer über Ostindien zu herrschen anfiengen, hatte die dortige Handlung so reiche Zweige, daß die Könige selbst für gut fanden, daran Theil zu nehmen. Dieses schadete unsäglich denen in jenem Welttheile angelegten Volkpflanzungen. Der Königliche Statthalter zu Goa gab verschiedenen Leuten Freybriefe, mit Ausschließung aller andern, zu handeln. Niemand hatte ein Vertrauen zu dergleichen Leute. Die Handlung nahm ab, wegen öfterer Veränderung dererjenigen, denen sie anvertrauet wurde. Niemand gieng mit einer solchen Handlung häuslich zu Werke, noch bekümmerte sich jemand darum, wenn er dieselbe gänzlich zu Grunde gerichtet seinem Nachfolger überließ; der Gewinn erstreckete sich nicht weit, und blieb in den Händen einiger weniger Menschen.

334. Solon gab zu Athen ein Gesetz, niemand bürgerlicher Schulden wegen in Verhaft zu ziehen. Dieses Gesetz war sehr gut in gewöhnlichen bürgerlichen Vorfällen. Wir haben aber Ursache, solches in Handlungssachen nicht zu beobachten. Denn die Kaufleute sind oft genötiget, einer dem andern große Summen, auf kurze Zeit, anzuvertrauen, selbige abzugeben, und zurück zu nehmen. Der Schuldner muß also um die bestimmte Zeit seine Verbindungen erfüllen, und dieß setzet schon voraus, daß er durch Verhaft dazu könne gezwungen werden. Hingegen in Sachen, wo es auf gewöhnliche

bürgerliche Verschreibungen ankömmt, muß kein Gesetz die Verhaftnehmung erkennen, weil solche dem Bürger, dem sie die Freyheit nimmt, mehr schadet, als sie dem andern nützet. In Handlungsverbindungen aber muß das Gesetz mehr auf den allgemeinen Nutzen, als auf die Freyheit eines Bürgers sehen; doch schliesset dieses gewisse Einschränkungen und Begränzungen nicht aus, die die Menschlichkeit und eine guete bürgerliche Ordnung erfordern können.

335. Zu Genf ist ein löbliches Gesetz, das die Kinder dererjenigen Väter, die in der Unvermögenheit zu zahlen gelebt haben, oder in Schulden gestorben sind, von der Regierung, und von dem Eintritt in den grossen Rath, ausschließet, wenn sie die Schulden ihrer Väter nicht bezahlen. Die Wirkung dieses Gesetzes ist, daß sowohl die Kaufleute, als die Regierung und die Stadt, Credit haben. Eines jeden dortigen Bürgers Credit ist eben so viel, als ob sich die ganze Stadt für ihn verbürgete.

336. Die Einwohner von Rhodus giengen darinn nicht weiter. Kein Sohn konnte daselbst sich entziehen, die Schulden keines Vaters zu bezahlen, wenn er auch gleich der Erbschaft entsagte. Weil dieses Gesetz einem Staate gegeben war, der sich auf die Handlung gründete, so scheinet es, daß die Natur der Handlung selbst hier folgende Einschränkungen verlanget habe; nämlich, daß wenn der Vater Schulden gemacht, nachdem der Sohn schon seinen eigenen Handel zu treiben angefangen, dergleichen Schulden dem erworbenen Vermögen des letzteren nicht zur Last fallen, noch dasselbe verschlingen sollten. Ein Kaufmann muß allezeit seine Verbindung kennen, und sich nach Beschaffenheit keines Vermögens richten.

337. Xenophon bestimmet denen Handlungsrichtern, die eine Streitigkeit schleunig entscheiden, eine Belohnung. Er habe die Notwendigkeit der mündlichen Entscheidungen ein.

338. Handlungsstreitigkeiten können am wenigsten die Proceßform vertragen. Sie fallen täglich in der Handlung vor, und werden alle Tage von andern eben dieser Art gefolget. Sie müssen also täglich geschlichtet werden können. Ganz anders ist es mit menschlichen Handlungen, die auf das Zukünftige einen Einfluß haben, die aber selten vorkommen. Selten heirathet, jemand mehr als einmal. Nicht alle Tage werden Testamente oder Güterschenkungen gemacht. Man wird nur einmal mündig.

339. Plato spricht: daß in einer Stadt, wo kein Seehandel ist, um die Hälfte weniger bürgerlicher Gesetze sein müssen; und darinn hat er Recht. Der Handel bringet Menschen verschiedener Völker an einem Orte zusammen, und veranlasset eine Menge verschiedener Verbindungen, Arten des Vermögens, und Mittel dasselbige zu erwerben. Folglich sind in einer Handelsstadt weniger Richter, und mehr Gesetze.

340. Das Recht, welches einem Fürsten die Nachlassenschaft eines in seinen Ländern verstorbenen Fremden, wenn gleich derselbe Erben hat, zuspricht, wie auch das Recht, nach welchem der Fürst, oder seine Unterthanen, der ganzen Ladung eines an seinen Ufern gestrandeten Schiffes sich anmassen, ist höchst unvernünftig und unmenschlich.

341. Die grosse Charte in Engelland verbietet, eines Schuldners Land oder desselben Einkünfte einzuziehen, wenn dessen bewegliches oder baares Vermögen seine Schulden zu bezahlen zureichet, und er selbst dasselbe dazu anbiethet. Alle Arten des Vermögens eines Engelländers wurden damals als baar Geld angesehen. Diese Charte hindert nicht, daß eines Engelländers Ländereyen und Einkünfte nicht auch, so wie sein übriges Vermögen, baar Geld vorstellen sollten. Ihre Absicht ist blos, die Beleidigungen, die von strengen Gläubigern angethan werden können, abzuwenden. Die Billigkeit wird gekränket, wenn das für Schulden eingezogene Vermögen den Werth des Sicherheitspfandes, das ein jeder fordern kann, übersteiget, denn wenn gewiße Güther zu Bezahlung der Schulden hinreichend sind, so ist keine Ursache vorhanden, die berechtigen könnte, noch andere dafür einzuziehen. Da aber die Ländereyen und derselben Einkünfte erst alsdann zur Bezahlung der Schulden genommen werden, wenn das übrige Vermögen zu Befriedigung der Gläubiger nicht zureichet, so scheinet es, daß man selbige aus der Zahl der Zeichen, die das bare Geld vorstellen, nicht ausschließen könne.

342. Der Gehalt des Goldes, Silbers und Kupfers in der Münze, deßgleichen die Ausmünzung und der innerliche Werth derselben, müssen auf dem einmal festgesetzes Fusse unverändert bleiben, und muß davon, keiner Ursache wegen, abgegangen werden, indem eine jede Veränderung in Ansehung der Münze, den Credit des Staats schwächet. Nichts muß der Veränderung weniger unterworfen seyn, als dasjenige, was das gemeischaftliche Maaß aller Sachen ist. Der Handel ist an sich sehr ungewiß, und dieß Uebel würde um so grösser

werden, wenn noch zu derjenigen Ungewißheit, die sich auf die Natur der Sache gründet, eine neue hinzukäme.

343. In einigen Staaten giebt es Gesetze, die den Unterthanen verbieten, ihre Güter zu verkaufen, damit sie ihr Geld nicht in fremde Länder bringen. Diese Gesetze haben zu den Zeit gut seyn können, da der Reichthum eines jeden Staats demselben so eigen war, daß derselbe nicht anders, als mit viel Schwierigkeit, in ein fremdes Land übergebracht werden konnte. Seitdem aber, durch Mittel der Wechselbriefe, der Reichthum aufgehöret hat, diesem oder jenem Staate eigen zu seyn, und nachdem es so leicht geworden, selbigen aus einem Lande in das andere zu bringen: so ist das ein schlechtes Gesetz zu nennen, welches nicht erlaubt, mit seinen Gütern nach eigenem Gefallen, und so, wie es die Umstände erfordern, zu handeln, da doch indessen einem jeden frey stehet, mit seinem baaren Gelde nach Belieben zu schalten. Es ist dieß Gesetz auch noch deßwegen schlecht, weil es dem beweglichen Vermögen einen Vorzug vor dem unbeweglichen giebt; weil es den Fremden die Lust benimmt, sich in solchen Ländern niederzulassen, und endlich, weil es möglich ist, sich der Erfüllung desselben zu entziehen.

344. So oft man etwas verbietet, das natürlicher Weise erlaubt, oder unumgänglich nötig ist, so richtet man dadurch weiter nichts aus, als diejenigen, die dergleichen thun, zu ehrlosen Menschen zu machen.

345. In Ländern, die der Handlung ergeben sind, und in welchen es viel Menschen giebt, die, außer ihrer Geschicklichkeit, nichts eigentühmliches besitzen, siehet sich die Regierung öfters verbunden, denen Kranken, Bejahrten und Waisen, ihrer Nothdurft wegen, mit Hülfe beyzustehen. Eine wohl eingerichtete Regierung aber, weiß die Versorgung solcher Menschen, selbst auf die Fähigkeit derselben, zu gründen. Einigen leget sie eine Arbeit auf, die mit ihren Kräften übereinstimmt, und andere läßt sie in der Arbeit unterweisen, welches selbst schon für eine Arbeit zu halten ist.

346. Die Austheilung der Allmosen an Dürftige auf den Straffen kann nicht als die Erfüllung der Pflichten einer Regierung angesehen werden, indem es ihre Schuldigkeit erfordert, allen Bürgern überhaupt einen sichern Unterhalt, Essen und Trinken, anständige Kleidung und eine der Gesundheit nicht schädliche Lebensart zu verschaffen.

XIV. HAUPTSTÜCK.

347. *Von der Erziehung.*

348.

DIE Regeln der Erziehung sind die ersten Grundsätze, die uns vorbereiten, gute Bürger zu werden.

349. Jede einzelne Familie muß nach dem Plane der grossen Familie, die alle in sich begreift, regieret werden.

350. Es ist unmöglich, einem zahlreichen Volke eine gemeine Erziehung zu geben, und alle Kinder in eigentlich dazu bestimmten Häusern zu erziehen. Folglich wird es nützlich seyn, einige allgemeine Regeln festzusetzen, die allen Eltern statt eines Rathes dienen können.

1.

351. Ein jeder ist verbunden, seinen Kindern die Furcht Gottes, als den Anfang aller Weißheit, beizubringen, und ihnen alle die Pflichten, welche Gott in seinen zehen Gebothen, und unsere rechtgläubige orientalische Griechische Religion, nach ihren Lehrsätzen und Ueberlieferungen, von uns fordert, einzupflanzen.

352. Gleichfalls ist er verpflichtet, ihnen die Liebe zum Vaterlande einzuflössen, und sie zu gewöhnen, für die eingeführte bürgerliche Gesetze und ihre Landesobrigkeit, als die, nach Gottes Willen, für ihr Wohl auf Erden sorget, die schuldige Ehrfurcht zu hegen.

2.

353. Ein jeder Vater enthalte sich in Gegenwart seiner Kinder nicht allein aller Handlungen, sondern auch aller Reden, die eine Ungerechtigkeit und Gewaltthätigkeit anzeigen, als da sind, Scheltwörter, Flüche, Schläge, Grausamkeiten aller Arten und ähnlichen Vertragens. Er verstatte auch nicht, daß die, welche um seine Kinder sind, denenselben vergleichen böse Exempel geben.

3.

354. Er muß sowohl den Kindern, als denjenigen, die selbige warten, verbieten, daß sie nicht lügen, geschähe es auch nur im Scherze; denn Lügen ist das schädlichste aller Laster.

355. **Wir** fügen allhier zu jedermanns Unterricht dasjenige bey, was schon als eine allgemeine Regel, für die von **Uns** zur Erziehung errichtete und noch anzuordnende Schulen im Drucke erschienen ist.

356. "Man muß der Jugend die Furcht Gottes einflössen, in ihrem Herzen rühmliche Reigungen stärken, und ihnen Grundsätze, die sich für ihren Stand schicken, beybringen. Man muß in ihnen die Lust zur Arbeit, und einen Abscheu von dem Müßiggange, als der Quelle alles Uebels, und aller Ausschweifungen, erwecken, sie zu einem anständigen Betragen, so wohl in Worten als Werken, das ist, zur Höflichkeit, Wohlanständigkeit, zum Mitleiden gegen Dürftige und Unglückliche, gewöhnen, und sie von aller Frechheit abhalten. Man muß sie in allen Theilen der Wirthschaft, und in allem, was in derselben Nutzen schaffen kann, unterrichten, sie von der Verschwendung abhalten, besonders aber ihnen eine Neigung zur Ordnung und Reinigkeit, nicht allein in Ansehung ihrer selbst, sondern auch derjenigen, die um und an ihnen sind, einpflanzen. Mit einem Worte: Sie zu allen Tugenden und Eigenschaften, die eine gute Erziehung geben kann, und durch welche sie mit der Zeit rechtschaffene Bürger, nützliche Glieder des allgemeinen Wesens und eine Zierde desselben werden können, anhalten."

XV. HAUPTSTÜCK.

357. *Von dem Adel.*

358.

DER Landmann wohnt in Flecken und Dörfern, bauet das Erdreich, welches mit seinen Früchten die Menschen aller übrigen Stände ernähret, und dieß ist sein Looß.

359. In den Städten wohnen Bürger, die sich mit Handwerken, dem Handel, den Künsten und Wissenschaften beschäftigen.

360. Der Adel ist ein vorzüglicher Titel, der diejenigen, die mit selbigem gezieret sind, von andern unterscheidet.

361. Da unter den Menschen einige tugendhafter als andere gewesen, und sich dabey durch Verdienste hervor gethan haben, so ist von jeher der Gebrauch gewesen, die tugendhaftesten und die, so die meisten Dienste geleistet, durch Beylegung dieses Ehrennamens zu unterscheiden, und festgesetzet worden, ihnen den Genuß verschiedener

auf oben angeführten Hauptregeln gegründeter Vorzüge, angedeien zu lassen.

362. Man ist noch weiter gegangen: Man hat durch Gesetze die Mittel bestimmet, durch welche diese Würde von dem Landesherrn erhalten werden kann, und diejenige Handlungen angezeiget, durch welche man sich derselben verlustig machet.

363. Tugend und Verdienste führen die Menschen auf die Ehrenstaffel des Adels.

364. Tugend und Ehre müssen die Grundsetze seyn, die ihm die Liebe zum Vaterlande, den Eifer zum Dienste, den Gehorsam und die Treue gegen seinen Landesherrn einflössen, und ihn unablässig erinnern, nie etwas schändliches zu begehen.

365. Es sind wenig Vorställe, da mehr Ehre zu erwerben ware, als in Kriegesdiensten. Sein Vaterland beschützen, die Feinde desselben besiegen, sind Thaten, die dazu das erste Recht geben, und die anständigste Beschäftigung eines Edelmanns ausmachen.

366. Doch obgleich die Kriegskunst, das allerälteste Mittel ist, durch welches die Menschen zur adelichen Würde gelanget sind, und obgleich die kriegerischen Tugenden, zur Erhaltung und Beschützung des Staats unumgänglich nötig sind:

367. So ist dennoch die Rechtsverwaltung es sey in Friedens- oder Kriegszeiten, nicht weniger nötig, und der Staat würde ohne sie in sich selbst verfallen.

368. Woraus denn folget, nicht nur, daß selbige dem Adel anständig sey, sondern auch, daß man den Adelstand durch bürgerliche Tugenden eben so gut, als durch kriegerische, erwerben könne.

369. Es folgt gleichfalls hieraus, daß man niemanden seines Adels berauben könne, als denjenigen, der sich selbst desselben, durch ein den Absichten der Einsetzung, dieser Würde zuwider laufendes Betragen, beraubet, und dadurch seiner Benennung unwürdig gemacht hat.

370. Denn in solchem Falle erfordert die Ehre der unbefleckt zu erhaltenden Würde des Adels, daß ein solcher, der durch sein Betragen, die Gesetze seines Standes verletzet, so bald er dessen überzeugt worden, aus der Zahl der Adelichen ausgeschlossen, und des Adels beraubet werde.

371. Handlungen, die mit dem Namen eines Edelmanns nicht bestehen können, sind, Hochverrath, Strassenraub, Dieberey aller Arten, Meyneyd, nicht Wort halten, falsch Zeugniß, das einer entweder selbst abgeleget, oder durch andere die er dazu gewonnen, ablegen lassen, Verfertigung falscher Arten, oder anderer dergleichen Schriften.

372. Mit einem Worte: Aller Betrug und vornämlich diejenigen Handlungen, welche Verachtung nach sich ziehen.

373. Hingegen bestehet die wahre Ehre in der Liebe zum Vaterlande und in der Beobachtung aller Gesetze und Pflichten. Die Vortheile, so daraus entspriessen, sind:

374. Lob und Ruhm, besonders für dasjenige Geschlecht, welches unter seinen Vorfahren die meisten Männer zählet, die mit Tugenden, Ehre, Verdiensten, Treue und Liebe gegen ihr Vaterland, und folglich auch gegen ihren Souverain, gezieret gewesen.

375. Die adelichen Vorzüge müssen also sämtlich auf oberwähnten Grundsätzen, die das Wesen des adelichen Standes ausmachen, gegründet seyn.

XVI. HAUPTSTÜCK.

376. *Vom Mittleren Stande.*

377.

ICH habe im funfzehnten Hauptstücke gesagt: **In den Städten wohnen Bürger, die sich mit Handwerken, der Handlung, der Künsten und den Wissenschaften beschäftigen.** In einem Staate, wo der Adelstand nach den im 15. Hauptstücke vorgeschriebenen Grundsätzen eingerichtet ist, wird es gleichfalls nützlich seyn, Anordnungen zu verfügen, die der Arbeitsamkeit und den guten Sitten zur Aufmunterung dienen, und sich für diejenige Schicken von welchen allhierdie Rede ist.

378. Diese Art Menschen, deren zu erwähnen nötig ist, und von welchen das Reich sich viel Gutes verspricht, wenn nämlich dieselbe eine Einrichtung, die den guten Sitten und der Arbeitsamkeit zur Aufmunterung dienet, erhalten haben wird, ist der mittlere Stand.

379. Dieser der Freyheit geniessende Stand, gehöret weder zum Adelichen noch zum Bauerstande.

380. Zu dieser Gattung Menschen sind alle diejenigen zu rechnen, die, weder Edelleute noch Bauren seyn, und sich mit den Künsten, Wissenschaften, der Seefarth, der Handlung und den Handwerken beschäftigen.

381. Außerdem gehören hierher alle diejenigen unadelichen Herkommens, welche, in denen von **Uns** und **Unsern** Vorwesern errichteten Schulen und Erziehungshäusern, wes Namens dieselben seyn mögen, geistlichen oder weltlichen, erzogen worden.

382. Ferner, die Kinder der Kanzleybedienten. Da aber auch bey diesem mittleren Stande verschiedene Stuffen der Vorzüge statt finden, so eröfnen **Wir** nur, ohne dieselben Stückweise zu untersuchen, die Bahn, zu ihrer genauern Verprüfung.

383. So wie die ganze Einsetzung dieses mittleren Standes, die guten Sitten und die Arbeitsamkeit zum Augenmerk haben wird, so wird hinwiederum die Hindansetzung der nach diesen Grundregeln vorgeschriebenen Pflichten die Ausschliessung aus demselben nach sich ziehen, als zum Exempel, Treulosigkeit, nicht gehaltenes Versprechen, zumalen, wenn Nachlässigkeit oder Betrug dazu Anlaß gegeben.

XVII. HAUPTSTÜCK.

384. *Vom den Städten.*

385.

ES giebt Städte verschiedenen Art, die ihrer Lage nach, von gröserem oder geringerem Ansehen sind.

386. In einigen Städten ist mehr Handlungs-Verkehr zu Lande, in andern zu Wasser.

387. In einigen werden die Waaren fast nur allein zur weitern Versendung aufgelegt.

388. Andere dienen bloß zum Absatze der von dem Landmanne eines oder andern Kreises zu Markte gebrachten Producten.

389. Die eine blühet durch Fabriken.

390. Eine andere, nahe an der See gelegene, vereiniget alle diese, und noch andere Vortheile.

391. Eine dritte ziehet ihren Nutzen aus Jahrmärkten.

392. Andere sind Hauptstädten u. s. w.

393. Wie verschieden aber auch die Lage der Städte seyn mögen, so kommen sie doch alle überhaupt darin überein, daß ihnen einerley Gesetz nötig ist, welches verordne, was eine Stadt sey; wer als Einwohner derselben anzusehen; welche Leute die Gemeinde dieser Stadt

ausmachen, wer an den Vortheilen, derselben, nach Beschaffenheit der natürlichen Lage des Orts, Antheil haben sole; und auf was Art man ein städtischer Einwohner werden könne?

394. Hieraus folget, daß denenjenigen, die sich veranlasset sehen, an der Wohlfarth der Stadt Theil zu nehmen, weil sie ihr Haus und Vermögen in selbiger haben, der Name eines Bürgers gegeben wird. Diese sind, wegen ihrer eigenen Wohlfarth und Sicherheit, in Ansehung des Lebens, der Güter und der Gesundheit, verbunden, verschiedene Abgaben zu entrichten, damit sie dieser Vortheile und des ruhigen Besitzes ihres übrigen Vermögens ungestört genießen mögen.

395. Diejenigen aber, welche dieß so genannte gemeischaftliche Pfand nicht erlegen, die können auch nicht des Rechts, an den bürgerlichen Vortheilen Theil zu haben, genießen.

396. Nachdem solchergestalt bestimmet worden, was eine Stadt ist, so bleibet zu untersuchen übrig, was für Vortheile dieser oder jener Art Städten, ohne Beeinträchtigung des allgemeiner Bestens, zugestanden werden können, und was für Einrichtungen zum Nutzen derselben zu treffen nötig seyn.

397. In den Städten, wo ein groß Handlungsgewerbe ist, muß wohl darauf gesehen werden, daß der Credit in allen Theilen der Handlung, durch das redliche Verfahren der Bürger, aufrecht erhalten werde. Denn die Redlichkeit und der Credit sind die Seele der Handlung; wo aber Lift und Betrug die Oberhand über die redlichkeit gewinnen, da kann der Credit nicht bestehen.

398. Kleine Landstädte sind sehr nötig, damit der Landmann die Früchte der Felder und seiner Hände Arbeit absetzen, und sich hinwiederum mit demjenigen, was ihm nötig ist, versehen könne.

399. Die Städte Archangel, St.Petersburg, Astrachan, Riga, Reval und andere dieser Art, sind Seestädte und Häven; Orenburg, Kjachta und viele andere haben ein, von jenen verschiedenes, Gewerbe, woraus dann zu ersehen ist, in wie genauem Zusammenhange die Lage der Oerter mit den bürgerlichen Einrichtungen stehe, und daß es, ohne von den Umständen unterrichtet zu seyn, unmöglich falle, Verfügungen, die sich für eine jede Stadt schicken, zu machen.

400. Ueber den zunftmäßigen Handwerken und der Einrichtung der Zünfte in den Städten, ist noch ein grosser Streit. Es wird nämlich gefraget: Ob es besser sey, Zünfte in den Städten zu haben, oder nicht? Und welches von beyden die Aufnahme der Handwerke am meisten befördere?

401. Indessen ist dieß ohnstreitig, daß die Zünfte zu Einführung der Handwerke nützlich sind, und nur dadurch schädlich werden, wenn sie die Zahl der Arbeitenden einschränken; weil eben hiedurch die Vermehrung der Handwerke verhindert wird.

402. In vielen europäischen Städten sind die Zünfte frey, so daß die Zahl uneingeschränkt bleibet, und ein jeder nach Belieben sich in dieselbe einschreiben lassen kann. Man hat auch bemerkt, daß dieses nicht wenig zur Bereicherung solcher Städte geholfen hat.

403. In Städten, die nicht volkreich sind, können die Zünfte nützlich seyn, um geschickte Leute in den Handwerken zu bekommen.

XVIII. HAUPTSTÜCK.

404. *Von den Erbschaften.*

405.

IE Ordnung in der Erbfolge wird aus Grundsätzen des bürgerlichen Rechts hergeleitet; nicht aber aus den Grundsätzen des natürlichen Rechts.

406. Die Theilung des Vermögens, die Gesetze über diese Theilung, die Erbfolge nach dem Tode dessen, der dieses Erbtheil gehabt, alles dieses hat nicht anders bestimmet werden können, als durch das gemeine Wesen, und folglich durch politische oder bürgerliche Gesetze.

407. Das natürliche Recht leget den Vätern auf, ihre Kinder zu ernähren und zu erziehen, verbindet sie aber nicht, dieselben zu ihren Erben zu machen.

408. Ein Vater, zum Exempel, der seinem Sohne eine Kunst, oder Handwerk, welches ihn ernähren kann, lernen lassen, machet denselben dadurch viel reicher als wenn er ihm sein geringes Vermögen hinterlassen, und ihn dagegen zum Faullenzer, oder Müßiggänger, gemacht hätte.

409. Es ist wahr, die Landes- und bürgerliche Ordnung erfordert öfters, daß die Kinder Erben ihrer Väter seyn, sie erfordert es aber nicht allemal.

410. Dieß ist eine allgemeine Regel: Seine Kinder ernähren, ist eine Pflicht des natürlichen Rechts; dieselben zu seinen Erben machen, ist eine Einrichtung des politischen oder bürgerlichen Rechtes.

411. Jeder Staat hat über den Besitz der Güter seine Gesetze, die mit der Verfassung desselben übereinstimmen, folglich muß auch, das väterliche Erbtheil, nach Vortschrift der Gesetze besessen werden.

412. Es ist daher nötig, daß, der Erbfolge wegen, unveränderliche Ordnung festgesetzt werde, damit man zuverläßig wissen könne, wer der Erbe sey, und keine Klagen noch Streitigkeit darüber entstehen mögen.

413. Eine jede gesetzliche Verordnung muß von allen und jeden befolget, und nicht zugelassen werden, daß irgend ein Bürger, durch selbst gemachte Einrichtungen, dawider handele.

414. Weil bey den Römern die Ordnung der Erbfolge, nach Maaßgebung der Reichsgesetze, festgesetzt war, so durfte kein Bürger dieselbe verdrehen. Es war nämlich in den ersten Zeiten Roms niemand erlaubt ein Testament zu machen. Es schien indessen hart, einen Menschen, in den letzten Stunden seines Lebens, der Macht zu berauben, jemanden eine Wohlthat zu erweisen.

415. Man ersann also, in Ansehung dessen, ein Mittel, die Gesetze mit dem Willen der Privatpersonen zu vereinigen. Es ward erlaubt, über sein Vermögen in der Versammlung des Volks zu verfügen; wodurch jedes Testament, gewissermassen, zu einem Werke der Gesetzgebenden Macht dieser Republik wurde.

416. In den folgenden Zeiten gab man den Römern eine unumschränkte Macht, Testamente zu machen, welches nicht wenig zu dem unmerklichen Verfalle, der, wegen Vertheilung der Ländereyen, gemachten Verordnung beytrug, und mehr, als alles übrige, den so grossen und verderblichen Unterschied, zwischen den reichen und armen Bürgern, einführte. Viele vertheilt gewesene Landgüter geriethen auf diese Weise in die Hände eines einzigen Herrn, die Bürger der Stadt Rom besassen sehr viel, eine unzählige Menge anderer aber hatten nichts, und wurden dadurch der Republik zu einer unerträglichen Last.

417. Die alten Gesetze der Atheninser erlauben dem Bürger nicht, ein Testament zu machen. Solon erlaubte es, allein mit Ausschließung derer, welche Kinder hatten.

418. Die Römischen Gesetzgeber aber, indem sie von dem Begriffe den sie sich von der väterlichen Gewalt gemacht hatten, eingenommen waren, verstatteten den Vätern, selbst zum Nachtheil ihrer Kinder, Testamente zu machen.

419. Man muß gestehen, daß die alten Atheniensischen Gesetze weit mehr mit den Schlüssen der gesunden Vernunft übereinstimmeten, als die Römischen.

420. Es giebt Reiche, in welchen man die Mittelstrasse zwischen allen diesen halt, das ist, man erlaubt ein Testament über das erworbene Vermögen zu machen, nicht aber ein Landgut in verschiedene Theile zu theilen. Und ist das väterliche Vermögen, oder besser zu sagen das väterliche Landgut, verkauft, oder durchgebracht, so ist verordnet, daß, ein diesem Erbstücke gleicher Theil, von dem gekauften oder erworbenen Vermögen, dem natürlichen Erbengegeben werde, wenn nur keine gesetzmäßige Ursachen vorhanden sind, die ihn der Erfolge unfähig machen; als in welchem letztern Falle die nach ihm folgenden nächsten Erben in sein Recht treten.

421. Sowohl dem natürlichen, als dem durch ein Testament eingesetzen Erben, kann erlaubt werden der Erbschaft zu entsagen.

422. Die Töchter bey den Römern waren von Testamenten ausgeschlossen, man versorgete sie daher durch Betrug und unter einem falschen Ramen. Diese Gesetze nötigten die Menschen entweder ehrlos zu handeln, oder das natürliche Recht, welches uns die Liebe zu unsern Kindern einflösset, aus den Augen zu setzen. Dergleichen Fälle müssen bey der Gesetzgebung vermieden werden.

423. So wie nichts so sehr zur Schwächung der Gesetze beyträget, als die Möglichkeit sich denenselben durch Arglist zu entziehen: so vermindern gleichfalls unnötige Gesetze, die Achtung für die nothwendigen.

424. Bey den Römern erbten die Frauen, wenn solches mit dem Gesetze, welches die Vertheilung der Ländereyen betraf, übereinstimmete. Wenn aber solches ohne Verletzung dieses Gesetzes ncht geschehen konnte, so waren sie von der Erbschaft ausgeschlossen.

425. **Meine** Meynung in dieser Sache, gehet mehr auf die Vertheilung des Vermögens, weil **Ich** es als **Meine** Pflicht ansehe, zu wünschen, daß ein jeder einen hinlänglichen Theil zu seinem Unterhalte becomme. Ueberdieß kann dadurch der Ackerbau in bessern Zustand gerathen, und das Reich mehr Vortheile erhalten, wenn es einige tausend Unterthanen hat, die sich eines mäßigen Vermögens zu erfreuen haben, als wenn es nur einige hundert Personen, von übermäßigem Rechthum, enthielte.

426. Doch muß die Theilung des Vermögens, andern, bey Stiftung der Gesetze in Erwägung zu ziehenden allgemeinen Grundsätzen, die

nicht weniger, und vielleicht noch mehr zur Erhaltung des Staats nötig, und deßfalls nicht aus der Acht zu lassen sind, nicht entgegen laufen.

427. Die Theilung nach der Zahl der Bauren, wie solches bis hierzu gebräuchlich gewesen, ist dem Ackerbau schädlich, fällt in Ansehung der Abgaben lästig, und bringet die letzteren Theilnehmer in einen armseeligen Zustand. Hingegen ist die auf eine gewisse Portion eingeschränkte Theilung der Erbschaft, für die Aufrechthaltung aller dieser Hauptregeln, und für den Nutzen des allgemeinen Wesens, und eines jeden insbesondere, am zuträglichsten.

428. Unerwachsene sind, bis zu den gesetzmäßigen Jahren der Mündigkeit, Glieder der Familie, nicht aber Glieder des allgemeinen Wesens; folglich ist eine Vormundschaftsordnung nützlich, als zum Exempel:

429. Erstlich, für Kinder, die nach dem Tode ihrer Eltern in so jugendlichen Jahren nachgeblieben sind, daß ihnen die Verwaltung ihres Vermögens noch nicht anvertrauet werden kann, weil zu besorgen ist, daß sie, aus Ermangelung der nötigen Einsichten, sich desselben verlustig machen könnten.

430. Eben so zweytens, für unsinnige und des Verstandes beraubte.

431. Nicht weniger drittens auch für diejenigen, die diesen gleich zu halten sind.

432. In einigen freyen Staaten ist den nächsten Anverwandten eines Menschen, der die Hälfte seines Vermögens durchgebracht, oder so viel Schulden gemacht hat, daß sie der Hälfte seines Vermögens gleich kommen, erlaubt, demselben die Verwaltung der andern Hälfte zu untersagen. Die Einkünfte dieser übrigen Hälfte werden in gewisse Theile getheilet, und einer derselben zum Unterhalte des in solche Umstände verfallenen, die andere aber zu Bezahlung seiner Schulden angewandt, zugleich wird demselben verbothen, davon, weder etwas zu verkaufen, noch zu verpfänden. Nach Tilgung der Schulden, giebt man ihm, wenn er sich gebessert hat, das durch die Anverwandten zu seinem Besten geborgene Vermögen zurück. Im Falle aber, daß er sich nicht gebessert hätte, werden ihm allein die Einkünfte jährlich zugestanden.

433. Es müssen Regeln, die sich auf jeden dieser Fälle schicken, festgesetzet werden, damit das Gesetz einen jeden Bürger vor aller Gewalt und Bedrängniß, die dabey vorfallen können, beschütze.

434. Diejenige Gesetze, die der Mutter die Vormundschaft übertragen, zielen mehr auf die Erhaltung des nachgebliebenen Waisen.

Diejenigen aber, welche solche dem nächsten Erben anvertrauen, erwägen vorzüglicher Weise die Erhaltung des Vermögens.

435. Bei Völkern von verderbten Sitten, haben die Gesetzgeber die Vormundschaft des Waisen der Mutter zugesprochen. Bey denjenigen aber, wo die Gesetze ein besseres Zutrauen zu der gesitteten Gemüthsart ihrer Bürger fassen können, giebt man die Vormundschaft dem nächsten Erben, und zuweilen beyden.

436. Die Frauen bey den Teutschen konnten nie ohne einen Vormund seyn. August verordnete, daß Frauen, welche Mütter von drei Kindern wären, der Vormundschaft entübriget seyn sollten.

437. Bey der Römern erlaubten die Gesetze dem Bräutigam seine Braut, und der Braut ihren Bräutigam, vor der Hochzeit, zu beschenken/ Nach Vollziehung derselben aber, war solches zu thun verbothen.

438. Ein Gesetz der westlichen Gothen befahl, kein Freyer sollte seiner künstigen Ehefrau mehr als den zehenden Theil seines Vermögens schenken. In dem ersten Jahre aber, nach vollzogenen Heyreth, war ihm nicht erlaubt, ihr das geringste zu schenken.

XIX. HAUPTSTÜCK.

439. Von der Abfassung und der Schreibart der Gesetze.

440.

DAS ganze Recht muß in drei Theile getheilet werden.
441. Der erste Theil wird betittelt seyn: **Gesetze.**
442. Der zweyte Theil erhält die Benennung: **Verordnungen, die sich nach den Umständen richten.**
443. Der dritte bekömmt den Namen: **Befehle.**

444. Unter dem Namen: **Gesetze**, werden alle diejenigen Verordnungen verstanden, welche zu keiner Zeit verändert werden können, und die Anzahl derselben kann nicht groß seyn.

445. Unter der Benennung: **Verordnungen, die sich nach den Umständen richten**, verstehet man die Form, nach welcher alle Sachen abgehandelt werden müssen, und die verschiedenen dahin gehörigen Instructionen und Reglemente.

446. Der Name: **Befehle**, schließet alles dasjenige in sich, was, dieser oder jener Vorfälle wegen, verordnet wird, was bloß zufällig ist,

oder auf jemands Person sich beziehet, und was mit der Zeit verändert werden kann.

447. In das Gesetzbuch muß jede Materie besonders, und nach der Ordnung, an den Ort, wohin sie gehöret, eingeführet werden, zum Exempel: Justiz, Kriegs-, Handlungs-, Policei-, Stadt-, Landsachen u. s. w.

448. Ein jedes Gesetz muß mit Worten, die allen und jeden verständlich, und dabey so kurz, als möglich, sind, ausgedrucket werden. Dieß erfordert aber ohne Zweifel, daß man da, wo es nötig ist, einige Erklärungen oder Auslegungen für die Richter beyfüge, damit selbige desto leichter, sowohl den Sinn, als die Amwendung, des Gesetzes einsehen, und begreifen mögen. Das Kriegsreglement ist mit dergleichen Exempeln, denen man füglich folgen kann, angefüllet.

449. Es muß aber bey diesen Erklärungen und Auslegungen sehr vorsichtig verfahren werden, weil sonst die Fälle dadurch eher verdunkelt, als erläutert werden können, wovon nicht wenig Exempel vorhanden.

450. Wenn bei einem Gesetze keine Ausnahmen, Einschränkungen oder Mäßigungen nötig sind, so ist es viel besser, gar keine zu setzen, weil dergleichen umständliche Bestimmungen einzelner Fälle nur noch zu neuen führen werden.

451. Wenn der Verfasser eines Gesetzes die Ursache, welche ihn zur Ausgabe desselben bewogen, anführen will, so ist nötig daß dieser Bewegungsgrund der Sache würdig sey. Unter den Römischen Gesetzen war eines, welches demjenigen, der seines Gesichts beraubt war, eine Sache vor Gerichte zu treiben, um des Willen untersagte, weil er die richterlichen Zeichen und Zierrathen nicht sehen könnte. Diese Ursache war sehr schlecht, in dem nichts leichter gewesen ware als andere gültige anzuführen.

452. Die Gesetze müssen nicht mit Spitzfündigkeiten, die der Witz gebieret, angefüllet seyn. Sie sind sowohl für Leute von mittelmäßigem Verstande, als für scharfsinnige, gemacht. Sie enthalten nicht die Wissenschaft, welche dem menschlichen Verstande Regeln vorschreibt, sondern vielmehr die ungekünstelte und richtige Beurtheilung eines Vaters, der für seine Kinder und Hausgenossen Sorge träget.

453. In den Gesetzen muß überall eine reine Aufrichtigkeit hervorblicken. Sie werden zur Bestrafung der Laster und Bosheiten gegeben, folglich müssen sie die Sprache der Tugend und der Gütigkeit reden.

454. Die Schreibart der Gesetze muß kurz und einfach seyn. Man wird allzeit besser verstanden, wenn man sich gerade zu ausdrücket, als wenn es durch Umschweife geschiehet.

455. Wenn die Schreibart der Gesetze schwülstig und hochtrabend ist, so siehet man sie für nichts anders als für ein Werk der Ruhmredigkeit an.

456. Gesetze, müssen keine unbestimmte Ausdrücke enthalten, wovon hier ein Exempel folget. Das Gesetz eines Griechischen Keysers befahl denjenigen am Leben zu strafen, der einen freygelassenen Menschen, als einer Leibeigenen kaufen, oder *einen solchen beunruhigen* würde. Man hätte sich keines so unbestimmten und undeutlichen Ausdrucks bedienen sollen. *Beunruhigungen,* die einem Menschen verursachet werden, hängen gänzlich von dem Grade der Empfindlichkeit ab, deren derselbe Mensch fähig ist.

457. Die Schreibart des von dem Zaaren **Alexey Michailowitsch**, höchstseeligsten Andenkens, gegebenen Gesetzbuchs, ist grössesten Theils deutlich einfach und kurz. Wenn aus selbigen Stellen angeführet werden, höret man solche mit Vergnügen an. Niemand irret sich in dem Verstande dessen, was er höret. Die Ausdrücke sind selbst dem mittelmässigsten Verstande begreiflich.

458. Gesetze werden überhaupt für alle Menschen gemacht. Alle sind schuldig, denselben nachzuleben. Folglich ist nötig, daß auch alle und jede selbige verstehen.

459. Man muß alle rednerische, hochtrabende, oder schwülstige Ausdrücke vermeiden, und bey Abfassung eines Gesetzes kein einzig überflüssiges Wort hinzusetzen, damit diejenige Sache, welche das Gesetz verfüget, desto leichter begriffen werde.

460. Noch muß man verhüten, daß unter den Gesetzen keine seyn, die des vorgesetzen Ziels verfehlen, die reich an Worten und arm an Gedanken, die den Ausdrücken nach prächtig, in Ansehung des Inhalts aber, von geringer Erheblichkeit sind.

461. Gesetze, welche gewisse Handlungen, die weder mit den Tugenden noch Lastern in Verbindung stehen, für notwendig halten, ziehen die schlimmen Folgen nach sich, daß sie dagegen unumgänglich nötige Handlungen für nicht notwendige ansehen, machen.

462. Gesetze, die, in Ansehung der Geldstrafe, für gewisse verbrechen, eine namentliche Summe bestimmen, müssen wenigstens alle fünfzig Jahre wieder nachgesehen werden, weil eine Geldstrafe, die zu einer gewissen Zeit für hinlänglich gehalten worden, zu einer

andern für nichts geachtet werden kann, indem der Werth des Geldes sich, nach dem Maasse der Vermehrung desselben, vermindert. Zu Rom fand sich ehemals ein unbesonnener Mensch, der allen, die ihm begegneten, Ohrfeigen austheilte, und zugleich einem jeden fünf und zwanzig Copeken, daß ist, die nach dem Gesetze darauf gelegte Strafe, bezahlete.

XX. HAUPTSTÜCK.

463. *Verschiedene Punkte, die eine Erklärung erfordern.*

464. **A.** Das Verbrechen der beleidigten Majestät.

465.

UNTER dieser Benennung werden alle Verbrechen, wider die Sicherheit des Souverains und des Reichs, verstanden.

466. Alle Gesetze müssen in deutlichen und kurzen Worten abgefasset seyn, doch sind keine unter selbigen, von deren Abfassung die Sicherheit der Bürger mehr abhienge, als die Gesetze, welche das Verbrechen der beleidigten Majestät betreffen.

467. Die Freyheit des Bürgers wird durch nichts heftiger angefochten, als durch Anklagen, die wider ihn, es sey von Seiten des Gerichts, oder von Privatpersonen überhaupt, geschehen. Wie grosser Gefahr aber würde sie nicht ausgesetzt seyn, wenn dieser so wichtige Punkt dunkel bliebe; da wie gesaget, die Freyheit des Bürgers hauptsächlich von der Vollkommenheit der Criminalgesetze abhänget.

468. Man muß aber die Criminalgesetze, mit den Gesetzen, welche die Proceßform anordnen, nicht vermischen.

469. Wenn das Verbrechen der beleidigten Majestät in den Gesetzen mit unbestimmten Worten beschrieben ist, so kann solches zu viel Mißbräuchen Anlaß geben.

470. Die Chinesischen Gesetze zum Exempel, verordnen, daß, wenn jemand dem Monarchen die schuldige Ehrerbietung nicht erweiset, derselbe am Leben gestraft werden solle. Da aber diese Gesetze nicht bestimmen, worin das Mangel der schuldigen Ehrerbietung bestehet, so kann dorten alles Anlaß geben, einen jeden, und wen man will, des

Lebens zu berauben, und ein Geschlecht auszurotten, dessen Untergang man verlanget. Zwei Männer, die bestellet waren, die Hofzeitungen zu schreiben, hatten bey Beschreibung eines an sich gar nicht wichtigen Vorfalls, einige mit der Wahrheit nicht übereinstimmende Umstände angeführet. Die Beschuldigung lautete daher also: Lügen in die Hofzeitungen einrücken, ist nichts anders, als dem Hofe die schuldige Ehrerbietung nicht bezeigen, und beyde wurden am Leben gestrafet.

Ein gewisser Fürst hatte aus Unforsichtigkeit auf eine von dem Keiser unterschriebene Vorstellung ein Zeichen gesetzt. Man schloß hieraus, er hätte die dem Bogdochan schuldige Ehrerbietung aus den Augen gesetzt, und dieses zog dem ganzen Geschlechte dieses Fürsten die grausamste Verfolgung zu.

471. Eine That, die, an und für sich selbst, kein Verbrechen der beleidigten Majestät in sich schließet, mit diesen Namen belegen, ist der allergewaltsamste Mißbrauch. Ein Gesetz der Römischen Keyser, verfuhr mit denenjenigen, welche über der Fähigkeit und Verdienste selcher Personen, die durch sie zu irgend einer Würde erhoben worden, einigen Zweifel äusserten, als mit Leuten, die eine Gotteslästerung begangen hätten, und verurtheilte sie folglich zum Tode.

472. Ein anderes Gesetz erklärte die falschen Münzer des Verbrechens der beleidigten Majestät schuldig, da sie doch in der That nur als gemeine Diebe angesehen werden können. Solchergestalt vermischete man die Begriffe der Sachen.

473. Den Namen des Verbrechens der beleidigten Majestät, irgend einem andern Verbrechen beylegen, ist nichts anders, als den Abscheu, vor dem wirklichen Verbrechen der beleidigten Majestät vermindern.

474. Ein Statthalter meldete einem Römischen Keyser, daß man im Begriff stünde, einen Richter, wegen eines von selbigem gesprochenen Urtheils, das den Befehlen des Keysers entgegen liefe, als einen, des Verbrechens der beleidigten Majestät schuldigen, zu richten. Der Keyser antwortete hierauf, daß unter seiner Regierung nur allein wirkliche Verbrechen der beleidigten Majestät, nicht aber solche, die man nur dahin ausdeutete, vor Gerichte angenommen würden.

475. Noch fand sich unter den Römischen Gesetzen eines, welches befahl, auch diejenigen, als Verbrecher der beleidigten Majestät, zu bestrafen, die, obgleich aus blosser Unforsichtigkeit, irgend etwas an die Bildsäulen der Keyser geworfen hatten.

476. In Engelland erklärte ein Gesetz alle diejenigen des Hochverraths im höchsten Grade schuldig, welche des Königs Todt

voraus sagten. Bey Krankheiten der Könige unterstunden sich die Aerzte nicht zu sagen, daß Gefahr vorhanden sey. Man kann denken, daß sie sich diesem gemäß, auch beym curiren, werden verhalten haben.

477. Einem Menschen träumete, daß er den König ungebracht hätte; der König befahl ihn am Leben zu strafen, indem er sagte: es würde ihm solches des Nachts nicht geträumet haben, wenn er nicht des Tages wachend daran gedacht hätte. Dieses Verfahren war eine offenbare Tyranney; denn wenn er solches auch gedacht hätte, so war er dennoch zu der Bewerkstelligung seiner Gedanken nicht geschritten. Die Gesetze sind keine andere, als äußerliche Handlungen, zu bestrafen, verpflichtet.

478. Nachdem es üblich geworden, viele Verbrechen als Beleidigungen der Majestät anzusehen, so war es auch unumgänglich nötig, diese Verbrechen zu unterscheiden und zu bestimmen; dadurch ist man zulezt darauf gekommen, nur diejenigen, als solche anzusehen, die einen Anschlag auf das Leben und die Sicherheit des Regenten, oder einen Verrath gegen den Staat, und dergleichen, in sich fasseten, auf welche Verbrechen denn die allerhärtesten Strafen gesetzt worden sind.

479. Dergleichen Handlungen fallen nicht täglich vor; viele Menschen können solche bemerken, und eine falsche Beschuldigung einer That kann leicht erläutert werden.

480. Worte, die mit einer That verbunden sind, nehmen die Natur dieser That an. Solchergestalt machet sich ein Mensch, der, zum Exempel, an einem öffentlichen Versamlungsorte des Volks sich einfindet, und die Unterthanen zum Aufruhr anreizet des Verbrechens der beleidigten Majestät schuldig, weil seine Worte mit der That selbst verknüpft sind, und an derselben gewissermassen Theil haben. In diesem Falle strafet man ihn, nicht der Worte wegen, sondern für eine begangene That, zu welcher er seine Worte gebrauchet. Blosse Worte werden niemals als Verbrechen angesehen, außer, wenn sie eine böse That, entweder zubereiten, oder mit derselben in Verbindung stehen, oder derselben folgen. Derjenige verkehrt und wirft alles übereinander, der aus Worten ein der Todesstrafe würdiges Verbrechen machet: man muß Worte bloß, als Zeichen eines der Todesstrafe würdigen Verbrechens ansehen.

481. Nichts macht das Verbrechen der beleidigten Majestät von der Ausdeutung und dem Willen eines andern mehr abhängend, als

wenn unbedachtsame Worte dazu den Stoff geben. Gespräche sind so sehr den Auslegungen unterworfen; es ist ein so grosser Unterschied zwischen Unbedachtsamkeit und Bosheit, und ein so geringer zwischen den Ausdrücken, deren so wohl die Unbedachtsamkeit, als die Bosheit, sich bedienen, daß ein Gesetz auf keinerley Weise, blosse Worte der Todesstrafe unterwerfen kann, wenn nicht wenigstens die eigentlichen Worte ausgedrucket sind, welche diese Strafe nach sich ziehen sollen.

482. Folglich bestehen Sachen, die da verdienen, als Verbrechen angesehen zu werden, niemals in blossen Worten. Oefters bedeuten selbige, an und vor sich selbst, nichts, sondern werden bloß nach dem Tone, mit welchem sie ausgesprochen werden, bedeutend. Oefters giebt man denselbigen Worten, indem man sie nachspricht, nicht eben denselben Verstand. Es hängt aber der Sinn der Worte von der Verbindung ab, in welcher sie mit andern Sachen stehen. Das Stillschweigen drückt zuweilen mehr aus, als alle Gespräche. Nichts enthält so viel zweydeutiges in sich, als alles dieses. Wie kann man also hieraus ein so grosses Verbrechen, als die Beleidigung der Majestät ist, machen, und blossen Reden so, als wirkliche Thaten, bestrafen? **Ich** will hierdurch keinesweges den Unwillen, den man gegen diejenigen, die den Ruhm ihres Souverains schmälern wollen, billig fassen muß, vermindern, sondern nur so viel sagen, daß eine blosse Verbesserungsstrafe, in dergleichen Fällen, sich besser schicke, als die Anklage der beleidigten Majestät, welche auch der Unschuld selbst, allemal schrecklich ist.

483. Schriften sind Dinge, die nicht so leicht, als Wörter, verfliegen, indessen, wenn selbige dem Verbrechen der beleidigten Majestät zu keiner Vorbereitung dienen, so können sie auch nicht als eine dieses Verbrechen wirklich in sich enthaltende Sache, angesehen werden.

484. Man verbietet, in souverainen Staaten, Schriften, die allzu anzüglich sind; sie werden aber nur als ein Gegenstand der Policey, und nicht als ein Verbrechen angesehen. Man muß sich wohl in Acht nehmen, daß man diese Untersuchung nicht zu weit treibe, indem zu befürchten ist, daß der Verstand dadurch Zwang und Unterdrückung leide. Es kann daraus nichts anders, als Unwissenheit, entstehen, man vernichtet die gaben des menschlichen Verstandes, und benimmt die Lust zum Schreiben.

485. Man muß die Verläumder strafen.

486. In vielen Staaten befielt das Gesetz bey Lebensstrafe auch diejenigen Verschwörungen anzuzeigen, von welchen jemand, ohne mit den Mitverschwornen in Verständniß zu stehen, durch bloses

Hörensagen, etwas weiß. Es ist sehr billig, dieses Gesetz bey allen Verbrechen des höchsten Grads der beleidigten Majestät, nach der grössesten Strenge, zu beobachten.

487. Endlich ist es von grosser Wichtigkeit, daß man die verschiedenen Grade, dieses Verbrechens nicht mit einander vermische.

488. B. Von Gerichten, die auf besondern Befehl angeordnet werden.

489. Eine ganz unnütze Sache ist es für den Regenten in souverainen Staaten, wenn zuweilen besondere Richter ernannt werden, um jemand der Unterthanen zu richten. Solche außerordentlich bestellte Richter müssen sehr tugendhafte und gerechte Leute seyn, damit sie nicht etwan glauben, daß sie sich allemal mit den ihnen gegebenen Befehlen, mit dem etwa darunter verborgenen Nutzen des Reichs, mit der in Ansehung ihrer Personen geschehenen Wahl, und mit ihrer eigenen Furcht, rechtfertigen können. Man hat von dergleichen Gerichten, so wenig Nutzen zu gewarten, daß es nicht der Mühe werth ist, um deßwillen die gewöhnliche Gerichtsform zu verändern.

490. Es kann solches überdem zu Mißbräuchen, die der bürgerlichen Ruhe höchstnachteilig sind, Anlaß geben. Ein Beyspiel hievon wird aus nachstehendem zu ersehen seyn. In Engelland war es, unter der Regierung verschiedener Könige, gebräuchlich, den Gliedern des Oberhauses, durch eigentlich dazu verordnete Richter, aus eben dieser Kammer, den Proceß machen zu lassen; durch dieses Mittel wurden alle denjenigen, die man aus dem Wege räumen wollte, dem Tode überliefert.

491. Bey uns hat man öfters die Untersuchung gewißer Sachen durch dergleichen Richter, und ihre derüber ertheilte Meynung, mit dem richterlichen Ausspruche in der Sache vermischet.

492. Es ist dennoch sehr verschieden, alle nachrichten und Umstände einer Sache zu sammeln, und darüber seine Meynung zu geben, oder die Sache richterlich abzuurtheilen.

493. C. Sehr wichtige und notwendige Regeln.

494. In einem so grossen Reiche, dessen Herrschaft sich über so viel verschiedene Völker erstrecket, würde es für die Ruhe und Sicherheit der Unterthanen höchstschädlich seyn, wenn man die verschiedenen Religionsübungen derselben verbieten, oder nicht erlauben wollte.

495. Es ist auch wirklich kein anderes Mittel, die verirrten Schafe wieder zu den rechten Heerde der Gläubigen zurück zu bringen, als dergleichen fremde Religionen, auf eine von Unserer rechtgläubigen Kirche und der Politik unverwerfliche Art, zu dulden.

496. Die Verfolgung reizet die Gemüter der Menschen. Die Glaubensfreyheit hingegen erweichet die verhärtetesten Herzen, beuget die Halsstarrigen, und ersticket ihre, der Ruhe des Reichs und der bürgerlichen Eintracht, nachteilige Zänkereyen.

497. Man muß bei Untersuchung derjenigen Sachen, welche die Zauberey und die Ketzerey betreffen, sehr behutsam zu Werke gehen. Die Beschuldigung dieser zwey Verbrechen kann die Ruhe, Freyheit und Wohlfart der Bürger über die maaßen stören, und zu einer Quelle unzähliger Verfolgungen werden, wenn die Gesetze derselben keine Gränzen setzen. Denn, da diese Beschuldigung nicht so viel auf wirklich begangene Thaten des Bürgers, als auf den Begriff, den die Leute sich von seinen Caractere machen, gegründet ist, so wird solche, nach dem Maaße der Unwissenheit des gemeinen Volks, um so gefährlicher; weil alsdann weder der beste Lebenswandel, noch die unsträflichsten Sitten, noch die genaneste Erfüllung seiner Pflichten, demselben, wider den Verdacht dieses Verbrechens, zum Schutze dienen können.

498. Unter der Regierung des Griechischen Keysers, Manuel Comnenus, ward der Pratostrator beschuldiget, daß er ein böses Vorhaben gegen seinen Monarchen im Sinne gehabt, und sich dazu gewisser Zaubereyen, welche die Leute unsichtbar machen, bedienet hätte.

499. In der Geschichte von Constantinopel wird erwähnet, daß, nachdem man entdecket, welchergestalt ein Wunderwerk, durch Wirkung der Zauberey eines gewissen Menschen, aufgehöret, so ware so wohl dieser Mensch, als sein Sohn, zum Tode verurteilt worden. Wie viel verschiedene Sachen sind hier nicht, von welchen dieß Verbrechen abgehangen hat, und die der Richter hätte aus einander setzen sollen? 1.) ob wirklich das Wunderwerk aufgehöret? 2.) ob bey der Aufhörung des Wunderwerks eine Zauberey statt gefunden? 3.) ob die Zauberey ein Wunderwerk vernichten könne? 4.) ob dieser Mensch ein Zauberer gewesen? 5.) und endlich, ob er diese Zauberthat wirklich begangen habe?

500. Der Keyser Theodor Lascaris schrieb seine Krankheit einer Hererey zu. Die deßwegen Beschuldigten hatten kein ander Rettungsmittel, als ein glühendes Eisen mit blossen Händen anzugreifen, ohne sich zu verbrennen. Man gebrauchte also zu einem der

ungewissesten Verbrechen in der Welt, Versuche, die eben so ungewiß waren.

501. D. Wie man wissen könne, ob ein Reich sich seinem Verfall und gänzlichen Untergange nähere?

502. Das Verderben einer jeden Regierung fängt fast allemal mit dem Verderbniß ihrer Grundsätze an.

503. Der Grundsatz einer Regierung wird verderbet, nicht nur, wenn man die Denkungsart des Standes, die das Gesetz einem jeden vorschreibt, und die man die durch die Gesetze vorgeschriebene Gleichheit nennen kann, verlieret, sondern auch alsdann, wenn der aufs äußerste gestiegene Geist der Gleichheit Wurzel fasset, und ein jeder demjenigen gleich seyn will, den das Gesetz zu seinem Obern verordnet hat.

504. Wenn man dem Regenten, den Gerichten und seinen Vorgesetzen, die schuldige Ehrerbietung nicht bezeiget; wenn man weder das Alter, noch Vater, noch Mutter, noch Herren mehr ehret: so muß der Staat unvermerkt zu Grunde gehen.

505. Wenn der Grundsatz der Regierung in Verderbniß geräth, so heißen die daselbst angenommene Staatsregeln, Härte oder Strenge; die Anordnungen, Zwang, und was zuvor Achtung war, wird Furcht genannt. Das Vermögen einzelner Personen machte ehemals den Schatz des Volks aus; nur aber wird der Schatz des Volks ein Erbtheil gewisser Privatpersonen, und die Liebe zum Vaterlande verschwindet.

506. Um die Grundsätze einer Regierung unverletzt zu bewahren, muß man den Staat bey seiner wirklichen Grösse erhalten. Dieser Staat aber verfällt, wenn sich dessen Grundsätze verändern.

507. Es giebt zweyerley Arten des Verderbnisses: die erste, wenn die Beobachtung der Gesetze hintangesetzet wird; die zweyte, wenn die Gesetze so schlecht sind, daß sie selbst das Verderben nach sich ziehen; und alsdann ist das Uebel unheilbar, weil es selbst in dem Arzneymittel des Uebels stecket.

508. Ein Staat kann ebenfalls auf zweynerley Art verändert werden, entweder weil dessen Verfassung sich verbessert, oder weil dieselbe sich verschlimmert. Wenn in einem Reiche die Grundsätze beybehalten werden, und die Verfassung desselben sich verändert, so verbessert es sich; sind aber die Grundsätze verloren, wenn die Verfassung sich verändert, so geräth es ins Verderben.

509. Je mehr die Lebensstrafen sich vermehren, je grössere Gefahr stehet dem Staate bevor; denn die Strafen nehmen zu, nach dem Maaße des Verdebnisses der Sitten, welches gleichfalls den Verfall der Staaten zuwege bringet.

510. Was hat die Regierung der Geschlechter, Tsin und Gui, zu Grunde gerichtet? Sagt ein gewisser Chinesischer Schriftsteller: dieses, daß besagte Fürsten sich nicht mit der obersten Aufsicht, die allein einem Regenten anständig ist, begnügten, sondern alles unmittelbar regieren wollten, und alle Sachen, die durch verschiedene Gerichtshöfe hätten sollen verwaltet werden, an sich gezogen.

511. Die souveraine Gewalt zerfällt auch alsdann, wenn der Souverain in den Gedanken stehet, er werde seine Macht kräftiger zeigen, wenn er derselben folgete, und, wenn er mehr seinen Phantaseyen, als seinem Willen nachgehet, aus welchem letzterem die Gesetze fließen, und geflossen sind.

512. Es ist wahr, daß es Fälle giebt, in welchen die Macht ohne alle Gefahr des Staats, ihren vollen Gang gehen muß und kann. Es giebt aber auch Fälle solcher Art, wo dieselbe innerhalb gewisser Gränzen, die sie sich selbst gesetzt hat, ihre Wirkungen auszuüben, gehalten ist.

513. Die höchste Vollkommenheit der Staatskunst bestehet darin, daß man genau wisse, welchen Theil der Macht, klein oder groß, man, den verschiedenen Umständen nach, anzuwenden habe; denn in einem souverainen Reiche bestehet zum Theil die Glückseeligkeit des Staats in einer gelinden und leutseeligen Regierung.

514. Bey den vortrflichsten Maschinen wendet die Kunst so wenig Bewegung, Kräfte und Räder an, als möglich ist. Diese Regel hat auch bey der Regierung ihren Nutzen. Die allereinfachsten Mittel, sind öfters die allerbesten, und die zu sehr vervielfältigen die allerschlechtesten.

515. Bey der Regierung findet sich ein gewisser Vortheil. Der Souverain muntert auf, und die Gesetze drohen.

516. Derjenige Minister ist in seinem Amte sehr schlecht bewandert, der euch allemal saget: der Fürst sey ungehalten; Er sey hintergangen worden; und Er werde sich seiner Macht bedienen.

517. Noch würde dieß ein groß Unglück in einem Staate seyn, wenn sich niemand unterstehen dürfte, seine Besorgniß, wegen eines bevorstehenden Vorfalls, zu äussern, noch den schlechten Ausschlag seiner Unternehmungen, wenn solcher dem Eigensinne des Glücks beizumessen ist, zu entschuldigen, noch seine Meynung frey heraus zu sagen.

518. Allein, möchte jemand fragen: wann ist es nötig zu strafen, und wann soll man verzeihen? Dieß ist eine Sache, die sich besser empfinden, als vorschreiben läßet. Wenn Gnade zu erweisen einiger Gefahr unterworfen ist, so ist diese Gefahr sehr sichtbar. Es ist leicht die Gelindigkeit von derjenigen Schwäche zu unterscheiden, welche den Souverain dahin bringet, daß er die Bestrafung hindansetzet, und endlich selbst nicht unterscheiden kann, wen er bestrafen soll.

519. Es ist an dem, daß der Ruf des Ruhmes und der Macht eines Souverains die Strärke seines Reichs vermehren kann: allein der Ruf seiner Gerechtigkeitsliebe wird selbige nicht weniger vergrössern.

520. Alles dieses kann unmöglich den Schmeichlern gefallen, die täglich allen irrdischen Regenten vorsagen, daß ihre Völker ihrentwegen erschaffen sind. **Wir** aber halten dafür, und schätzen es **Uns** zum Ruhme, zu sagen, daß **Wir, Unsers** Volks wegen, erschaffen, und dieser Ursache wegen verbunden sind, von den Sachen so zu reden, wie sie seyn sollen. Denn Gott verhüte! Daß, nach Endigung dieser Gesetzgebung, ein Volk auf Erden gerechter, und folglich glücklicher seyn möge, als das **Unsrige**. Der Zweck **Unserer** Gesetze würde alsdann nicht erreichet worden seyn: ein Unglück, welches **Ich** nicht zu erleben wünsche.

521. Alle in dieser Abhandlung angeführte Beyspiele und Gebräuche verschiedener Völker sollen nur allein dienen, die Wahl derjenigen Mittel zu erleichtern, durch welche das Russische Volk, so weit es die Menschheit verstatten, das glückseeligste auf dem Erdboden werden möge.

522. Nun bleibt der Comißion weiter nichts übrig als, die Theile eines jeden Gesetzes mit den Grundsätzen dieser Instruction zu vergleichen.

BESCHLUß

523. Es kann seyn, daß einige, nach Durchlesung dieser Instruction, sagen werden: nicht ein jeder wird selbige verstehen. Hieraus ist nicht schwer zu antworten. Gewiß! wird nicht ein jeder dieselbe verstehen, wenn er sie nur einmal überhin durchlieset. Allein ein jeder wird sie fassen, wenn er, bey sich ereignenden Vorfällen, mit allem Fleiße, dasjenige wählen wird, was ihm zu einer Richtschnur in seinen Beurtheilungen dienen kann. Man muß diese Instruction zum öftern

lessen, damit sie einem desto bekannter werde, und alsdann kann ein jeder sicher hoffen, daß er sie verstehen werde. Denn

524. Fleiß und Achtsamkeit uberwindet alles, so wie Trägheit und Unachtsamkeit von allem Guten abführet.

525. Um aber bey diesem mühsamen Werke eine Erleichterung zu verschaffen: so soll gegenwärtige Instruction in der zur Verfertigung des Entwurfs zu dem neuen Gesetzbuche verordneten Commißion, und in allen unter selbiger stehenden abgetheilten Commißionen, einmal zu Anfange jeden Monats verlesen werden; besonders diejenige Capitel und Artikel, die diesen abgetheilten Commißionen zur Ausarbeitung übertragen worden, so lange, als die Commißion währen wird.

526. Weil aber nichts, was von Menschen gemacht worden, vollkommen ist, so wird, wenn es sich während der Arbeit zeigen sollte, daß über irgend eine Einrichtung, noch keine Regeln in dieser Instruction fest gesetzt wären, der Commißion erlaubt seyn, **Uns**, dies angehend, Vorstellungen zu thun, und um eine Ergänzung zu bitten.

Das Original ist von Ihro Keyserische Majestät eigenhändig unterschrieben, folgender Gestalt:

CATHARINA.

Moscau den 30sten Jul. 1767.
Gedruckt beym Senat.

ANHANG
ZUR GROßEN
INSTRUCTION.

XXI. HAUPTSTÜCK.

527. Von der Policey.

528.

NTER dem Ramen der Policey verstehet man öfters die Ordnung überhaupt in einem Staate.

529. **Wir** werden **Uns** in diesem Capitel erklären, was **Wir** hier unter dem Ramen der Policey verstehen.

530. Alles war zur Erhaltung der guten Ordnung in der Gesellschaft dienet, gehöret für die Gerichtsbarkeit der Policey.

531. Die Reglemente dieses Theiles sind von einer ganz andern und den übrigen bürgerlichen Gesetzen verschiedenen Art.

532. Es giebt Uebertrter die man bestrafet.

533. Es giebt andere, die man lediglich zu bessern trachtet.

534. Die ersten sind der Macht des Gesetzes, die andern dem Ansehen desselben unterworfen; jehe werden aus der Gesellschaft verstossen, diese dahin gebracht, daß sie ihren Wandel nach den in der Gesellschaft festgesezten Regeln einrichten.

535. Die für die Policey gehörige Sachen sind solche, die alle Stunden vorfallen können, und bey welchen es gemeiniglich nur auf etwas geringes ankömmt. Es ist also keener weitläuftigen Förmlichkeiten dabey nötig.

536. Die Policey ist unaufhörlich mit allerhand Kleinigkeiten beschäftiget, derowegen schicken sich Sachen, deren Untersuchung viel Zeit erfordet, nicht für dis Gericht. An vielen Oertern werden die Sachen nach Verlauf einer bewußten und bestimmten Anzahl Tage an diejenigen Gerichtsstühle versendet, wohin sie gehören.

537. Die Gerichtshändel der Policei müssen von kurzer Dauer seyn; sie werden über Sachen angestellet die alle Tage von neuem

vorfallen. Folglich können schwere Strafen daselbst nicht statt finden; und große Exempel sind nicht für das Gericht gemacht.

538. Demselben sind Reglemente mehr, als Gesetze nötig.

539. Die Menschen so von demselben abhängen, sind allezeit unter den Augen der Stadtobrigkeit; und weise Einrichtungen die gute Ordnung betreffend, verhindern sie in schwere Verbrechen zu verfallen.

540. Man muß also ein schwehres Verbrechen, nicht mit einer lediglichen Uebertretung der eingeführten guten Ordnung vermischen: diese Sachen müssen nicht in eine Classe gesetzt werden.

541. Hieraus folget, daß, zum Exempel, das Verfahren eines gewissen Sultans, der da befohlen hatte, einen Becker, den man über Betrug betroffen hatte, spiessen zu lassen, das Verfahren eines Tyrannen gewesen, der auf keine andere Art gerecht zu seyn gewußt, als durch die Ueberschreitung des Maases der Gerechtigkeit selbst.

542. Es ist höchst nötig die Fälle, in welchem man strafen muß, von denjenigen zu unterscheiden, in welchen es nur auf eine Verbesserung ankömmt.

543. Es ist nicht genug die Unordnungen einzusehen, und Mittel, um sie abzuwenden, zu ersinnen; man muß noch ausserdem, mit einem nicht schlummernden Auge, darauf acht haben, daß diese Mittel, bey vorfallenden Gelegenheiten würcklich angebracht werden.

544. Es wird aber dieser Theil der hier zur der hier zur Auflösung vorgelegten Aufgabe in vielen Ländern gänzlich aus der Acht gelassen; obgleich ohne denselben, wenn man so reden kann, die übrigen Glieder der Kette, aus welchen die Regierung das ganzen Staates zusammen gesetzt ist, in Unordnung gerathen.

545. Mit den Reglementen dieses Theiles ist es eben so ergangen, als wie mit einer Menge Häuser, aus denen einer Stadt bestehet, für welche man, ehe sie erlaubet worden, keinen Grundriß gemacht hat. Bey der ersten Anlage einer solchen Stadt nimmt ein jeder den Platz ein, der ihm am besten anstehet, ohne im geringsten auf die Regelmäßigkeit, noch auf den Raum des von ihm eingenommenen Grundes zu sehen; hieraus entstehet ein ungestallter Haufe von Gebäuden, den die Aufmerksamkeit und Sorgfalt ganzer Jahrhunderte kaum vermögend sind, zu rechte zu bringen, oder regelmäßig zu machen. Und eben diesem Fehler sind auch die Gesetze über die Erhaltung der guten Ordnung unterworfen.

546. Nach dem Maaße der Bedürfnisse wächet die Zahl erwähnter Gesetze: aber sie dergestalt zu ordnen, daß sie, ohne alle Hinderniß,

beständig in Erfüllung zu setzen wären, würde ein Meisterstück in Ansehung dieser Art der Gesetze seyn.

547. Erwähnte Reglemente müssen in zwo Gattungen getheilet werden.

548. Die erste begreift die Stadtpolicey.

549. Die andere die Landpolicey.

550. Die letztere ist von der erstern, sowohl in Ansehung ihres Gegenstandes, als ihres Umfanges, verschieden.

551. Beyde erfordern, daß man auf folgendes Acht habe:

552. 1.) Nichts zuzulaßen, was die Ausübung des Gottesdienstes an den dazu bestimmten Oertern stöhren könne, und darauf zu halten, daß Ordnung und gehörige Wohlanständigkeit bey Proceßionen und andern öffentlichen Ceremonien von den Bürgern beobachtet werde.

553. 2.) Die Reinigkeit der Sitten ist der zweite Gegenstand der Erhaltung guter Ordnung und schließet in sich, alles was zu Einschränkung der Ueppigkeit, Abwendung der Völlerey, Abschaffung der verbohtenen Spiele, anständiger Einrichtung der allgemeinen Badstuben und Schauspielen erfordert wird; wie nicht weniger daß dem Muthwillen derer, die ein liederliches Leben führen, Einhalt geschehe, und Leute die das Volk, unter den Ramen von Zauberern, Wahrsagern, Zeichendeutern, hintergehen, und anderer vergleichen Betrüger, aus der Gesellschaft verjaget werden.

554. 3.) Die Gesundheit ist der dritte Gegenstand der Policey, der dieselbe verbindet ihre Sorgfalt auf die Unschädlichkeit der Luft, auf die Reinlichkeit der Straßen, der Ströme, Brunnen und anderer Wasserquellen; auf die Beschaffenheit der Eß- und Trinckwaaren, und endlich sowohl auf die im Schwange gehende Kranckheiten als auch ansteckende Seuchen zu erstrecken.

555. 4.) Ferner die Vorfolge für die Erhaltung aller Arten Getreides, auch schon zu der Zeit, wenn selbige noch nicht vom Felde genommen, für die Erhaltung des Viehes, der Wiesen zu ihrer Weide, der Fischereyen und so weiter. Es müssen dannenher allgemeine Regeln, diese Sachen angehend, nach Maaßgebung der Umstände, auch was für Vorsichtigkeit dabey furs künftige zu beobachten sey, vorgeschrieben werden.

556. 5.) Desgleichen die Sicherheit und Festigkeit der Gebäude, und die in diesem Falle zu beobachtende nötige Regeln für verschiedene Künstler und Meister, von welchen die Festigkeit der Gebäude abhänget; die Unterhaltung des Pflasters, die Auszierung der Städte, der freye

Durchgang zu Fuße und zu Pferde durch die Straßen, das allgemeine Fuhrwerck, die Wirthshäuser und so weiter.

557. 6.) Die allgemeine Ruhe erfordert, daß man gähligen Vorfällen und andern Begebenheiten, als Feuersbrünsten, Diebstahl und so weiter zuvor komme. Es werden also zu Erhaltung dieser Ruhe gewisse Regeln vorgeschrieben, als zum Exempel, das Feuer zu bestimmten Stunden auszulöschen, die Haußthüren zuzuschliesen, Landstreicher und Menschen, von denen man nicht weiß wer sie sind, an die Arbeit zu stellen, oder sie der Stadt zu verweisen; denen so kein Recht haben Gewehr zu tragen, den Gebrauch desselben zu verbieten, und so weiter: unerlaubte Zusammenkünste oder Versammlungen, das Herumtragen aufrührischer oder verleumderischer Schriften zu untersagen; des Abends auf Ruhe und Sicherheit in der Stadt bedacht zu seyn, und bey Nacht die Strassen zu erleuchten und dergleichen.

558. 7.) Einerley und richtiges Maaß und Gewicht festzusetzen und zu verhindern, daß kein Betrug dabey vorgehe.

559. 8.) Gemiethete Dienstboten und Tagelöhner machen gleichfals einen Gegenstand dieses Gernichtes aus, sowohl um dergleichen Leute zu ihrer Pflicht anzuhalten, als auch damit dieselben ihren gebührenden Lohn von denen, welche sie gemiethet haben, richtig erhalten.

560. 9.) Es ziehen endlich auch die Armen und vornehmlich kranke Armen die Aufmerksamkeit dieses Gerichtes auf sich, erstlich damit man diejenigen Bettler, welche den Gebrauch ihrer Hände und Füße haben, an die Arbeit stelle; und dann, damit den Gebrechlichen Armen ein hinlänglicher Unterhalt und die nötige Heilungspflege gereichet werde.

561. Gleichwie nun die Errichtung, das Vorhaben und der Entzweck dieses Gerichtes dahin gehet, gute Ordnung und anständige Sitten überhaupt im bürgerlichen Leben einzuführen: so erhellet daraus daß jedes Glied der gesellschaft, wes Standes und Würden es auch sey, von diesem Gerichte abhänge.

562. Da wo die Schranken der policeylichen Macht aufhören, daselbst nimmt die macht der bürgerlichen Justiz ihren Anfang.

563. Zum Exempel; die Policey nimmt einen Dieb oder Uebertreter in Verhaft, sie verhöret ihn; allein die Rechtsache in Ordnung zu bringen und den Spruch darüber zu thun, überträgt sie demjenigen Gerichte wohin dieselbe gehöret.

564. Aus allem oben angeführten erhellet, daß es diesem Gerichte nicht zu stehet, schwere Strafen aufzulegen, sondern daß es genug ist,

um die menschen im Zaume, und die der Policey anvertraute Sachen in Ordnung zu halten, wenn ihre Bestrafungen in Correctionen, Geldbußen und andern Strafen bestehen, die denjenigen, welche sich übel aufführen, und ein lüderliches Leben führen, Schimpf und Schande anhengen, und diesen Theil der Regierung durch die Unterwürfigkeit aller übrigen Bürger in gehörigen Achtung erhalten.

565. In den Gerichtsstühlen ist es eine regel, keine Sachen zu richten, als diejenigen, die denenselben in der gehörigen Ordnung, um das Urtheil darinn zu sprechen, vorgeleget worden.

566. Die Policey hingegen entdecket allein die Verbrechen; die Aburtheilung der Sache aber, überläßt sie andern Gerichtsstühlen und versendet sie dahin.

Das Original ist mit **Ihrer Keyserische Majestät** eigenen Hand unterschrieben also:

CATHARINA.

Den 28. Febr. 1768.
zu St. Petersburg
Gedruckt beym Senat.

ANHANG
ZUR GROßEN
INSTRUCTION.

XXII. HAUPTSTÜCK.

567. *Von den Ausgaben, Einkünsten und derselben Verwaltung, das ist, von der Oeconomie des Staates, sonst genannt die Financen.*

568.

IER spreche ein jeder zu sich selbst: Ich bin ein Mensch und kann mich dem nicht entziehen, was die Menschlichkeit angehet.

569. Diesemnach 1.) Muß und kann der Mensch nie vergessen werden.

570. 2) Wird wenig in der Welt durch den Menschen gemacht, das nicht für den Menschen seyn sollte, und fast alles wird durch ihn gemacht.

571. Der erste dieser zwey Sätze verdienet alle mögliche Aufmerksamkeit.

572. Der andere viel Erkentlichkeit und eine aufrichtige Liebe für diejenigen, die sich mühe geben.

573. Der Mensch, wer er auch sey, Eigentühmer oder Landbauer, Handwerker oder Kaufmann, müßiger Verzehrer, oder einer, der durch seinen Fleiß und Betriebsamkeit zum Aufwande beyträgt, es sey daß er gebiete oder gehorche, ist allezeit ein Mensch; dieses Wort allein giebet schon einen vollkommenen Begriff von allen Bedürfnißen und den Mitteln dazu Rat zu schaffen.

574. Um wie viel grosser sind nicht noch die Bedürfniße einer Menge Menschen, die die Gesellschaft in einem Staate vereiniget.

575. Gehet hier! was man Bedürfniße des Staates nennet, von welchen die Ausgaben des Staates herrühren und die in folgendem bestehen:

576. Die unversehrte Erhaltung des Staates erfordert: 1.) Die Unterhaltung der Vertheidigung, das ist, der Land- und Seetruppen, der Festungen, des groben Geschützes, nebst allem so dazu gehöret.

577. 2.) Die Hanhabung der innerlichen guten Ordnung, der Ruhe und Sicherheit eines jeden insbesondere und aller überhaupt. Die Unterhaltung der Gerichtspersonen; die Policey und die Aufsicht über verschiedene zum allgemeinen Nutzen dienende Einrichtungen.

578. 3.) Unternehmungen die den allgemeinen Nutzen zum Gegenstande haben, als da sind: der Bau der Städte, der Landstraßen und der Canäle, die Reinigung der Ströme, die Stiftung der Schulen, Hospitäler und unzählige andere Gegenstände, deren allhier stückweise zu erwähnen, die Kürze dieses Werkes nicht verstattet.

579. 4.) Die Wohlanständigkeit erfordert, daß Ueberfluß und Pracht der Thron, als die Quelle der allgemeinen Glückseeligkeit, und aus welcher die Belohnungen, Aufmunterungen, und Gnadenbezeugungen fliessen, umgeben. Zu allem diesen sind Ausgaben nötig und nützlich.

580. Nach dieser kurzen Beschreibung der Ausgaben des Staates ist auch von den Einkünften und den Mitteln, wodurch die Auflagen erträglich gemacht werden können, zu erwähnen.

581. Die Auflagen sind, wie oben angezeigt worden, eine Abgabe, die jeder Bürger für die Erhaltung seines Wohlstandes, seiner Ruhe, seines Lebens und seines Vermögens zahlet.

582. Aber 1.) Auf was für Gegenstände müssen die Abgaben gelegt werden?

583. 2.) Wie können sie die erträglichsten für das Volk werden?

584. 3.) Wie sind die Kosten der Hebung zu vermindern?

585. 4.) Wie können die Einkünftebeständig gemacht werden.

586. 5.) Wie sind sie zu verwalten?

587. Dis sind Fragen, deren Auflösung höchst nötig, obgleich sehr schwer ist.

588. Was die 1.) Frage betrifft, so zählet man fünf Gegenstände auf welche gemeiniglich Auflagen gesetzt werden. (*a*) Die Personen (*b*) das Vermögen, (*c*) die Landsproducten zum Gebrauche der Einwohner, (*d*) die aus- und eingehende Waaren, (*e*) die Handlung.

589. Die 2.) anlangend, so hält man für die allerleichtesten Abgaben diejenigen, die freywillig und von Zwang entfernet sind: Die mehr das Allgemeine der Unterthanen im Staate treffen, und nach dem Maaße des zunehmenden Aufwandes eines jeden sich vermehren.

590. Damit aber, so viel als möglich, die Last der Auflagen den Unterthanen erleichtert werde, so ist nötig, dabei beständig die Regel zu beobachten, daß man in allen Fällen die Monopolien verhüte, das ist, niemanden allein, mit Ausschließung aller andern, das Recht verleyhe mit dieser oder jener Sache zu handeln.

591. Die 3.) Frage betreffend, so erfordert die Verminderung der Hebungskosten eine Untersuchung der kleinesten Umstände, und der Mittel, dasjenige abzuschaffen, was zuweilen unnötige Ausgaben verursachet.

592. Auf die 4.) dienet, daß je wohlhabender das Volk seyn wird, jemehr wird es im Stande seyn richtiger zu bezahlen.

593. Bey dieser Gelegenheit ist zu erwähnen, daß es überhaupt Auflagen gebe, die, ihrer Natur nach, viel Schwierigkeiten und gewissen Unbequemlichkeiten unterworfen sind, zu deren Abwendung Mittel erfunden werden müssen; und noch andere, die, nach Abzug der dabey verwandten Kosten, von sehr geringer Erheblichkeit sind.

594. Es stehet auch dieses zu untersuchen, aus welcher Ursache, an gewissen Oertern die hinterstellige Schulden herrühren?

595. Käme es etwan daher, weil in solchen Gegenden weniger Geld umläuft, als in andern?

596. Oder weil das Verführen des Ueberflüßigen daselbst beschwerlich fället?

597. Oder weil es allda noch nicht genug Künste und Handwerke giebet?

598. Oder weil dem Volke alldorten wenig Mittel sich zu bereichern offen stehen?

599. Oder rühret solches her von der Trägheit, oder einer Unterdrückung, die daselbst in stärkerem Maaße, als anderwärts statt findet?

600. Die 5.) Frage erforderte, von der öffentlichen Verwaltung der Einkünfte, oder der Oekonomie, welche sonst die Verwaltung der Finanzen genennet wird, zu redden: **Wir** verstehen aber alles dieses unter dem Namen der Staatshaußhaltung.

601. Oben ist angezeiget worden, daß es fünf Gegenstände der Einkünfte gebe. Die Auflagen aber sind in einem Staate das, was die Seegel auf einem Schiffe, um nämlich daßelbe zu führen, zu sichern und nach dem erwünschten Hafen zu bringen, nicht aber um es zu beschweren, beständig in See zu halten, und zuletzt in den Abgrund zu versenken.

602. Wer von den Finanzen nur nach dem Gelde urtheilet, der siehet allein den Erfolg derselben und hat keinen Begriff von ihren Grundregeln. Wer sie aber mit mehrerer Aufmerksamkeit beurtheilen und gründlicher beprüfen wird, der wird nicht allein ihre Grundregeln und ihren Gegenstand, sondern auch die für die Regierung vortheilhafteste Mittel dabey zu würken finden.

603. Was träget am meisten zu der Dauerhaftigkeit dieses oeconomischen Gebäudes bey? Dis sind unstreitig die Menschen.

604. Folglich ist nötig 1.) Die Bevölkerung aufzumuntern, um eine große Anzahl Menschen im Staate zu haben.

605. 2.) Sie auf eine nützliche Art, und soviel dazu, nach dem Maaße ihrer Anzahl und der Größe der Ländereyen nötig ist, zu gebrauchen; allerley Künfte und Handthierungen, nach den verschiedenen Graden ihrer Nothwendigkeit und Nützlichkeit zu begünstigen und zu unterstützen.

606. Hier nimmt der Ackerbau von selbst, die erste Stelle ein; denn so wie er allein die Menschen ernähret, so ist er auch vermögend, sie in den Stand zu setzen sich alles übrige zu verschaffen. Ohne Ackerbau müssen die rohen Materien zum Gebrauch der Manufacturen und der Handwerke fehlen.

607. Es gehöret für die Oeconomie, Mittel ausfindig zu machen, die den Eigenthümer anreizen: 1.) das Erdreich aller Gattungen, zu welchem Gebrauch es auch diene, und was es hervorzubringen im Stande sey, urbar zu machen. 2.) Für das Wachsthum und die Vermehrung der Feldfrüchte, Wälder, Bäume und aller übrigen Gewächse, die die Oberfläche der Erde bedecken, Sorge zu tragen. 3.) Die Arten der Thiere, aller Geschlechte und Gattungen die auf der Erde kriechen und in den Lüften fliegen, die das Erdreich fruchtbar machen, und von demselben hinwiederum ernähret werden, zu vermehren. 4.) Die Metalle, Saltze, Steine und andere Mineralen, die in dem Innern der Erde verborgen liegen, und wir, durch unsere Arbeit, dem Schloße derselben entreißen, zu ihren Nutzen anzuwenden. 5.) Desgleichen die Fische und überhaupt alles was die Gewässer in sich enthalten.

608. Dis ist der Grund und die Quelle der Handlung; mittelst der Handlung circuliren alle obbenannte Sachen in dem Innern des Staates, oder werden nach fremden Ländern verführt.

609. Die innländische Handlung ist eigentlich keine Handlung zu nennen; sie ist weiter nichts als ein blosser Umlauf.

610. Eine wahre Handlung ist diejenige, vermöge welcher der Staat, aus fremden Ländern die nötigen Sachen, an denen er einen Mangel leidet, sich verschaffet, und seinen Ueberfluß außerhalb Landes versendet.

611. Die Aus- und Einfuhr der Maasen aber, ist nach der Verschiedenheit ihrer Arten, verschiedenen Gesetzen unterworfen.

612. Die äußerliche Handlung ist nicht allezeit dieselbige.

613. Eine wohleingerichtete und mit Sorgfalt getriebene Handlung belebet alles, unterhält alles: Ist es eine äußerliche und schläget die Balanz zu unserm Vorteil aus, oder ist es eine innerliche, und wird die Circulation durch keine Hinderniß, noch Feßeln, die sie beschweren, gehemmet, so muß sie, nothwendiger Weise, in beiden Fällen, der Nation einen allgemeinen und beständigen Ueberfluß zu wege bringen.

614. Daher entspringet der Reichthum; dieser ist 1.) ein natürlicher oder ein erworbener.

615. 2.) Ein würklicher oder ein eingebildeter.

616. Zu dem natürlichen Reichthum kann gerechnet werden, die angeborne Geschicklichkeit der Einwohner, die, wenn sie erleuchtet, aufgemuntert, und durch Nacheiserung vermehret wird, sehr hoch getrieben werden, und durch ihren Fortgang, dem Staate sowohl, als einzeln Menschen, die ansehnlichsten Vortheile verschaffen kann.

617. Ein wohl untersuchtes und sorgfältig gebauetes Erdreich liefert eine reiche Erndte und einen Ueberfluß an allerhand nötigen, nützlichen und angenehmen Sachen.

618. Ein erworbener Reichthum ist derjenige, welcher von der Geschicklichkeit und dem Fleiße herstammet, die in den Handwerken, Manufacturen, Künsten und Wissenschaften herrschen.

619. Die Aufmunterung träget sehr viel zu dem weiteren Fortgange der letzteren bey, und bringet sie zu ihrer äußersten Vollkommenheit.

620. Noch ist als ein erworbener Reichthum anzusehen, die innere Schiffarth, wenn selbige, durch besonders dazu gegrabene Canäle, in denjenigen Gegenden, die, in Ermangelung dessen, der Schiffen keine Durchfarth verstatten würden, möglich gemacht wird; desgleichen die äusserliche, wenn selbige durch den Seehandel erweitert, durch den Handel zu Lande vermehret, und mittelst des Baues, der Wiederausbesserung, des Unterhaltes, und der dauerhaften Beschaffenheit der Landstrassen, Brücken und Dämme bequemer und sicherer gemacht wird.

621. Die Menge der dahin gehörigen Sachen ist so groß, daß man allhier nur die vornehmsten anzeigen kann, und selbst diese sind der

Veränderung beständig unterworfen, je nachdem er die Nothwendigkeit und die Verschiedenheit der Absichten erheischen. Es wird indessen genug seyn, einen Begriff von demjenigen gegeben zu haben, was **Wir** unter dem Namen der Oeconomie des Staates verstehen. Das übrige wird der Verurtheilung dererjenigen, die zur Bewerkstellung dieses wichtigen Teiles schreiten werden, überlassen.

622. Der Reichthum des Staates kann noch betrachtet werden, als ein würklicher oder als ein eingebildeter.

623. Der würkliche bestehet entweder in unbeweglichen, oder in beweglichen Gütern.

624. Diese gehören entweder dem Landesherrn oder Privatpersonen.

625. Der Reichthum des Landesherrn ist entweder blos herrschaflich, in soweit ihm gewisse Landgüther oder Effecten, als einem privaten Eigenthümer, oder Herrn, zugehören; oder es ist ein Reichthum des Souvereins der, Kraft dieses von Gott ihm verliehenen Titels, alles dasjenige besizet, was den allgemeinen Schatz ausmachet.

626. Der Reichthum der Privatpersonen ist der, den sie als Bürger besitzen, deren Vermögen den Grund des würklichen Reichthums des Staates, auf zweyerley Art ausmachet, nämlich: 1.) durch Mittel der Landesproducten aller Arten, welche sie in den Handel und in Umlauf bringen; 2.) durch die Auflagen zu deren Entrichtung Privatpersonen nicht anders Rath schaffen können, als mittelst dieser nämlichen Producten.

627. Der würkliche Reichthum, welcher in den Einkünsten bestehet, ist entweder gewiß oder zufällig, und gehöret, so wie die Güther, entweder dem Landesherrn, oder den Privatpersonen.

628. Die Einkünste die dem Landesherrn zugehören, sind gleichfals zweyerley Gattungen: Sie gehören ihm, entweder als einem Privatbesitzer, oder als Souverain.

629. Die ersteren besitzet er an und für sich selbst.

630. Als Souverain aber zählet er 1.) alle Einkünste der Kronsgüther, in ihrem ganzen Umfange, 2.) die Auflagen auf alles was andere besitzen.

631. Letztgenannte Einkünste, wird ein weiser Landesherr nie, als sehr ungern vermehren, und im Falle er dazu schreitet, genau acht haben, daß die Vertheilung der Auflage, nach dem Vermögen der Unterthanen, dergestalt eingerichtet werde, daß sie das Maaß ihrer Kräfte, in Ansehung ihres Vermögens, nicht überschreite, und den

Bürgern nicht mehr aufbürde, als was sie natürlicher Weise tragen können, und, nach der Billigkeit, von ihnen gefordert werden kann.

632. Bey der Hebung muß so viel Richtigkeit als Mäßigung und Menschlichkeit beobachtet werden.

633. Man bemerke hier, daß Gold und Silber, die welches weise Waaren und vorstellende Zeichen alles desjenigen was vertauschet werden kann, sind, entweder aus den Bergwerken, oder durch die Handlung, erhalten werden.

634. Gold und Silber sind entweder als rohe Producten, oder als verarbeitete Sachen anzusehen.

635. Waaren und bewegliche Güther sind, bald Gegenstände des innerlichen Umlaufes, bald Gegenstände der Handlung, die mit fremden Ländern getrieben wird.

636. Und in diesem Falle, besonders aber in dem letzteren, ist höchstnötig zu untersuchen, ob, beydes, sowohl der erste Stoff, als die Handarbeit, oder nur eines von beyden, von Unserem Volke herkommen.

637. Der würkliche Reichthum kann durch den eingebildeten über die Maßen vermehret werden.

638. Letzteren gründet sich auf den Credit, das ist, auf den Begriff, den man von der richtigen Bezahlung und der Sicherheit gefaßt, oder angenommen hat.

639. Der Credit kann seyn, der Credit der Nation, der sich in den Banken und in dem Umlaufe gewisser durch gute Verwaltung gültig gewordener öffentlicher Effecten zeiget, oder der Credit der Privatpersonen; es sey daß man selbige einzeln, oder als vereiniget, betrachte.

640. Einzeln, können dieselben durch ein gewissenhaftes ehrliches Verfahren, und, durch die Größe ihrer Absichten, Bankiers, nicht nur des Staates allein, sondern auch der ganzen Welt werden.

641. Vereiniget können sie in große und kleine Gemeinschaften und Handlungsgesellschaften zusammen treten, da alsdann der persönliche Credit den Credit der Nation vermehret.

642. Allein die Vortheile des Reichthums, es sey natürlichen, erworbenen, wesentlichen oder eingebildeten, schränken sich nicht in die gegenwärtige Zeiten ein, sie erstrecken sich dis ins zukünftige und bereiten die Mittel zu Vermehrung der Einkünfte, welche gleichfalls einen Theil der Staatsoeconomie ausmachen.

643. Es verhält sich mit diesen Mitteln, so wie mit dem Credite: ein vernünftiger Gebrauch vermehret dieselben: der Mißbrauch hingegen vernichtet sie.

644. Es ist nicht gut, weder sie gar nicht zu kennen, noch seine Zuflucht beständig zu ihnen zu nehmen. Man muß sie suchen, als könnte man ihrer nicht entbehren: doch sich ihrer nicht bedienen, als nur in der würklichen Noth und sie mit eben der Sparsamkeit schonen, als wäre es fernerhin unmöglich sich andere wiederum zu verschaffen.

645. Zu dieser klugen Sparsamkeit leiten uns die wahren Grundregeln der Verwaltung.

646. Die allgemeine Verwaltung läßet sich eintheilen in eine politische und öconomische.

647. Die politische begreift die Allgemeinheit der Nation und der Sachen. Sie untersuchet den Zustand, die Handthierung und die Beschäftigung aller Menschen.

648. Die Allgemeinheit der Sachen erfordet, daß man eine jede insbesondere und alle zusammen wohl kenne, um von dem Verhältniße, in welchem sie miteinander stehen, zu urtheilen, und sie sämtlich der Gesellschaft nützlich zu machen.

649. Die Gegenstände der öconomischen Verwaltung sind folgende: In Ansehung der Grundregeln der Finanzen ist nötig, daß man die Quellen derselben unbeschädigt erhalte, sie, wo möglich ergiebiger mache, und aus denselben schöpfe, ohne sie auszuleeren, noch auszutrocknen.

650. In Ansehung des Rechsthumes wird erfordert, daß man die Ländereyen in gutem Stande erhalte und zu verbessern trachte.

651. Daß man die Gerechtsame handhabe, und die Einkünfte dergestalt einsammeln, daß bey der Hebung nichts verloren gehe, was in den Schatz des Souverains gehöret.

652. Daß bey der Ausgabe, jeder Theil der Einkünfte, seiner Bestimmung gemäß, angewandt werde.

653. Daß, wo möglich, die Summa der Ausgaben, die Einkünfte nicht übersteige.

654. Und daß die Rechnungen allzeit gehörig eingerichtet und mit klaren Beweisen versehen seyn.

655. Aus allem, was **Wir** von den Finanzen gesagt haben, ist zu ersehen, daß die einfacheste und die natürlichste Eintheilung, die Folge und der Zusammenhang der bekanntesten und allgemeisten Begriffe zu der wahren Erklärung eines für die Gesellschaft so wichtigen Wortes

führen; daß in diesem Capitel alle Theile, nach ihrem Verhaltnisse, wieder in sich selbst kehren; daß kein einziger derselben ist, der nicht von dem andern abhänge, und daß allein die Vereinigung dieser Theile vermögend ist, die Sicherheit des Staates, die Wohlfarth des Volkes und den Ruhm des Souverains zu bewürken, zu befestigen und zu verewigen.

Das Original ist von **Ihro Keyserischen Majestät** eigenhändig unterschrieben, also:

CATHARINA.

St. Peterburg 1768. 8ten April.
Gedruckt beym Senat.

ENGLISH TRANSLATIONS OF CATHERINE'S NAKAZ

W. E. Butler

Two contemporary English translations are known of Catherine II's Nakaz. The first was published at London in 1768 by Mikhail Tatishchev, of whom little is known except that he was attached to the Russian Embassy in London. His version was reprinted by W. F. Reddaway in 1931.[1]

The second was identified by Dr. Robert V. Allen, a senior member of the Library of Congress, and brought to the attention of Professor Paul Dukes at the University of Aberdeen (Scotland), who edited the text and added his own translation of Chapters 21 and 22, missing from the Library of Congress manuscript. The Library of Congress acquired the manuscript translation by purchase from the Phillipps Collection on 16 October 1942. Sir Thomas Phillipps (1792-1872) was one of the foremost bibliophiles of all time. Earl Macartney (Sir George when he served as ambassador in St. Petersburg from 1764 to 1769) returned to England less than two months before the Great Commission convoked by Catherine II to discuss her Nakaz actually opened, but the text was circulating in Europe by early Spring of 1767. It is likely that Macartney was successful in obtaining a Russian version; the manuscript bears

---

1. See W. F. Reddaway (ed.), *Documents of Catherine the Great* (1931; reprinted 1971).

the Macartney bookplate and two classification numbers originating in the Phillipps Collection. The translator is unknown but is unlikely to have been by the ambassador himself. The text, however, is in a "proper eighteenth-century English hand".[2]

The Macartney/Dukes translation is considered to be superior to that of Mikhail Tatishchev.

Both the Tatishchev and the Macartney/Dukes versions were reprinted for the first time in the Russian Federation in V. A. Tomsinov (ed.), Императрица Екатерина Вторая. Наказ, данный Комиссии о сочинении проекта нового Уложения [Empress Catherine II. Instruction Given by the Commission to Draw Up the Draft New Ulozhenie]. Bibliography by W. E. Butler (M., Zertsalo, 2008). We reproduce those versions again here.

---

2. P. Dukes (intro.), *Russia under Catherine the Great. Vol. II: Catherine the Great's Instruction (Nakaz) to the Legislative Commission, 1767* (1977), II, p. 31.

THE GRAND INSTRUCTIONS TO THE COMMISSIONERS APPOINTED TO FRAME A NEW CODE OF LAWS FOR THE RUSSIAN EMPIRE.

COMPOSED BY HER IMPERIAL MAJESTY CATHERINE II, EMPRESS OF ALL THE RUSSIAS
[*The Tatischeff Text*]

1. The Christian Law teaches us to do mutual Good to one another, as much as possibly we can.

2. Laying this down as a fundamental Rule prescribed by that Religion, which has taken, or ought to take Root in the Hearts of the whole People; we cannot but suppose, that every honest Man in the Community is, or will be, desirous of seeing his native Country at the very Summit of Happiness, Glory, Safety, and Tranquillity.

3. And that every Individual Citizen in particular must wish to see himself protected by Laws, which should not distress him in his Circumstances, but, on the Contrary, should defend him from all Attempts of others, that are repugnant to this fundamental Rule.

4. In order therefore to proceed to a speedy Execution of what *We* expect from such a general Wish, *We*, fixing the Foundation upon the above first-mentioned Rule, ought to begin with an Inquiry into the natural Situation of this Empire.

5. For those Laws have the greatest Conformity with Nature, whose particular Regulations are best adapted to the Situation and Circumstances of the People, for whom they are instituted.

This natural Situation is described in the three following Chapters.

Chap. I

6. Russia is an European State.

7. This is clearly demonstrated by the following Observations: The Alterations which *Peter the Great* undertook in Russia succeeded with the greater Ease, because the Manners, which prevailed at that Time, and had been introduced amongst us by a Mixture of different Nations, and the Conquest of foreign Territories, were quite unsuitable to the Climate. *Peter the First*, by introducing the Manners and Customs of Europe among the European People in his Dominions, found at that Time such Means as even he himself was not sanguine enough to expect.

Chap. II

8. The Possessions of the Russian Empire extend upon the terrestrial Globe to 32 Degrees of Latitude, and to 165 of Longitude.

9. The Sovereign is absolute; for there is no other Authority but that which centers in his single Person, that can act with a Vigour proportionate to the Extent of such a vast Dominion.

10. The Extent of the Dominion requires an absolute Power to be vested in that Person who rules over it. It is expedient so to be, that the quick Dispatch of Affairs, sent from distant Parts, might make ample Amends for the Delay occasioned by the great Distance of the Places.

11. Every other Form of Government whatsoever would not only have been prejudicial to Russia, but would even have proved its entire Ruin.

12. Another Reason is; That it is better to be subject to the Laws under one Master, than to be subservient to many.

13. What is the true End of Monarchy? Not to deprive People of their natural Liberty; but to correct their Actions, in order to attain the *supreme Good.*

14. The Form of Government, therefore, which best attains this End, and at the same Time sets less Bounds than others to natural Liberty, is that which coincides with the Views and Purposes of rational Creatures, and answers the End, upon which we ought to fix a stedfast Eye in the Regulations of civil Polity.

15. The Intention and the End of Monarchy, is the Glory of the Citizens, of the State, and of the Sovereign.

16. But, from this Glory, a Sense of Liberty arises in a People governed by a Monarch; which may produce in these States as much Energy in transacting the most important Affairs, and may contribute as much to the Happiness of the Subjects, as even Liberty itself.

Chap. III

17. *Of the Safety of the Institutions of Monarchy*
18. The intermediate Powers, subordinate to, and depending upon the supreme Power, form the essential Part of monarchical Government.

19. *I* have said, that the intermediate Powers, subordinate and depending, proceed from the supreme Power; as in the very Nature of the Thing the Sovereign is the Source of all imperial and civil Power.

20. The Laws, which form the Foundation of the State, send out certain Courts of Judicature, through which, as through smaller Streams, the Power of the Government is poured out, and diffused.

21. The Laws allow these Courts of Judicature to remonstrate, that such or such an Injunction is unconstitutional, and prejudicial, obscure, and impossible to be carried into Execution; and direct, beforehand, to which Injunction one ought to pay Obedience, and in what Manner one ought to conform to it. These Laws undoubtedly constitute the firm and immoveable Basis of every State.

Chap. IV

22. There must be a political Body, to whom the Care and strict Execution of these Laws ought to be confided.

23. This Care, and strict Execution of the Laws, can be nowhere so properly fixed as in certain Courts of Judicature, which announce to the People the newly-made Laws, and revive those, which are forgotten, or obsolete.

24. And it is the Duty of these Courts of Judicature to examine carefully those Laws which they receive from the Sovereign, and to remonstrate, if they find any Thing in them repugnant to the

fundamental Constitution of the State, &c. which has already been remarked above in the third Chapter, and twenty-first Article.

25. But if they find nothing in them of that Nature, they enter them in the Code of Laws already established in the State, and publish them to the whole Body of the People.

26. In Russia the Senate is the political Body, to which the Care and due Execution of the Laws is confided.

27. All other Courts of Judicature may, and ought to remonstrate with the same Propriety, to the Senate, and even to the Sovereign himself, as was already mentioned above.

28. Should any One inquire, wherein the Care and due Execution of the Laws consists? I answer, That the Care, and due Execution of the Laws, produces particular Instructions; in consequence of which, the before-mentioned Courts of Judicature, instituted to that End that, by their Care, the Will of the Sovereign might be obeyed in a Manner conformable to the fundamental Laws and Constitution of the State, are obliged to act, in the Discharge of their Duty, according to the Rules prescribed.

29. These Instructions will prevent the People from transgressing the Injunctions of the Sovereign with impunity; but, at the same Time, will protect them from the Insults, and ungovernable Passions of others.

30. For, on the one Hand, they justify the Penalties prepared for those who transgress the Laws; and, on the other, they confirm the Justice of that Refusal to enter Law repugnant to the good Order of the State, amongst those which are already approved of, or to act by those Laws in the Administration of Justice, and the general Business of the whole Body of the People.

Chap. V

31. *Of the Situation of the People in general.*

32. It is the greatest Happiness for a Man to be so circumstanced, that, if his Passions should prompt him to be mischievous, he should still think it more for his Interest not to give Way to them.

33. The Laws ought to be so framed, as to secure the Safety of every Citizen as much as possible.

34. The Equality of the Citizens consists in this; that they should all be subject to the same Laws.

35. This Equality requires Institutions so well adapted, as to prevent the Rich from oppressing those who are not so wealthy as themselves, and converting all the Charges and Employments intrusted to them as Magistrates only, to their own private Emolument.

36. General or political Liberty does not consist in that licentious Notion, *That a Man may do whatever he pleases.*

37. In a State or Assemblage of People that live together in a Community, where there are Laws, Liberty can only consist *in doing that which every One ought to do,* and *not to be constrained to do that which One ought not to do.*

38. A Man ought to form in his own Mind an exact and clear Idea of what Liberty is. *Liberty is the Right of doing whatsoever the Laws allow:* And if any one Citizen could do what the Laws forbid, there would be no more Liberty; because others would have an equal Power of doing the same.

39. The political Liberty of a Citizen is the Peace of Mind arising from the Consciousness, that every Individual enjoys his peculiar Safety; and in order that the People might attain this Liberty, the Laws ought to be so framed, that no one Citizen should stand in Fear of another; but that all of them should stand in Fear of the same Laws.

Chap. VI

40. *Of Laws in general.*

41. Nothing ought to be forbidden by the Laws, but what may be prejudicial, either to every Individual in particular, or to the whole Community in general.

42. All Actions, which comprehend nothing of this Nature, are in nowise cognizable by the Laws; which are made only with the View of procuring the greatest possible Advantage and Tranquillity to the People, who live under their Protection.

43. To preserve Laws from being violated, they ought to be so good, and so well furnished with all Expedients, tending to procure the greatest possible Good to the People; that every Individual might be fully convinced, that it was his Interest, as well as Duty, to preserve those Laws inviolable.

44. And this is the most exalted Pitch of Perfection which we ought to labour to attain to.

45. Many Things rule over Mankind: Religion, the Climate, Laws, the Maxims received from Government, the Example of past Ages, Manners, and Customs.

46. Hence results a general Sense in the People, similar to these Causes.

47. For Instance, Nature and Climate domineer almost alone over the savage People.

48. Customs govern the Chinese.

49. The Laws tyrannise with savage Ferocity over the Japonese.

50. Manners heretofore took the Lead amongst the Lacedemonians.

51. Maxims of Government, and their ancient Manners bore the Sway at Rome.

52. The different Characters of Nations are blended with Virtues and Vices, and good and bad Qualities.

53. That Composition, or Admixture, might be pronounced happy, from which many and great Blessings spring; though, we frequently cannot even conjecture the Cause, from whence they should issue.

54. To prove this, I here produce in Evidence different Examples of different Facts. The Spaniards were at all Times remarkably eminent for their Good Faith. History furnishes us with remarkable Instances of their Fidelity in keeping a Pledge intrusted to their Care: They frequently submitted to Death, rather than betray their Trust, and they still retain this Fidelity, for which they were formerly so renowned. All Nations, who trade in Cadiz intrust their Fortunes to the Spaniards; and, hitherto, have had no Reason to repent of their Confidence. But this amazing Quality, blended with their Laziness, forms such a strange Medly, as produces Effects prejudicial to themselves. The other European Nations carry on all that Trade, before their very Eyes, which belongs properly to their Monarchy only.

55. The Character of the Chinese is of a different Complexion, and forms a Contrast which is the very Reverse of that of the Spaniards. The Precariousness of their Lives (arising from the very Nature of their Soil and Climate) produces in them an Activity almost inconceivable; and so immoderate a Fondness for Gain, that no trading Nation can trust them. This known Perfidy of theirs, has preserved to them the sole Trade of Japon. Not one of the European Merchants durst ever venture to engage in the Japon Trade under their Names, though they might have done it with great Ease through their maritime Provinces.

56. By what *I* have here advanced, *I* meant not, in the least, to abridge that infinite Distance which must ever subsist between Vices and Virtues. God forbid! *My* Intention was only to shew, that all the *political* Vices are not moral Vices; and that all the *moral* Vices are not *political* Ones. This Distinction ought to be known and carefully attended to, that in making the Laws nothing may be introduced in them which is contrary to the general Sense of a Nation.

57. The Legislation ought to adapt its Laws to the general Sense of a Nation. We do nothing so well as what we do freely and uncontrouled, and following the natural Bent of our own Inclinations.

58. In order to introduce better Laws, it is essentially necessary to prepare the Minds of the People for their Reception. But that it may never be pleaded in Excuse, that it is impossible to carry even the most useful Affairs into Execution, because the Minds of the People are not yet prepared for it; you must, in that Case, take the Trouble upon yourselves to prepare them; and, by these Means, you will already have done a great Part of the Work.

59. Law are the peculiar and distinct Institutions of the Legislator; but Manners and Customs are the Institutions of the whole Body of the People.

60. Consequently, if there should be a Necessity of making great Alterations amongst the People for their greater Benefit, that must be corrected by Laws, which has been instituted by Laws, and that must be amended by Custom, which has teen introduced by Custom; and it is extreme bad Policy to alter that by Law, which ought to be altered by Custom.

61. There are Means of preventing the Growth of Crimes, and these are the Punishments inflicted by the Laws. At the same Time there are Means for introducing an Alteration in Customs, and these are Examples.

62. Besides, the more a People have an Intercourse with one another, the more easy it is for them to introduce a Change in their Customs.

63. In a Word, every Punishment, which is not inflicted through Necessity, is tyrannical. The Law has not its Source merely from Power. Things indifferent in their Nature, do not come under the Cognizance of the Laws.

Chap. VII

64. *Of the Laws in particular.*

65. Laws carried to the Extremity of Right, are productive of the Extremity of Evil.

66. All Laws, where the Legislation aims at the Extremity of Rigour, may be evaded. It is Moderation which rules a People, and not Excess of Severity.

67. Civil Liberty flourishes, when the Laws deduce every Punishment from the peculiar Nature of every Crime. The Application of Punishment ought not to proceed from the arbitrary Will, or mere Caprice of the Legislator, but from the Nature of the Crime; and it is not the Man, who ought to do Violence to a Man, but the proper Action of the Man himself.

68. Crimes are divisible into four Classes.

69. The first Class of Crimes is that against Religion.

70. The second, against Manners.

71. The third, against the Peace.

72. The fourth, against the Security of the Citizens.

73. The Punishments inflicted upon these ought to flow from the specific Nature of the very Crime.

74. (1*st*) *I* include nothing more under the first Class of Crimes, which affect Religion, but what is a direct and immediate Attack upon it; such as Sacrilege, distinctly and clearly defined by Law: For the Crimes of those who disturb People in the Exercise of Religion, are of the same Nature with those which violate the public Peace and Security, and consequently ought to be referred to those Classes. In order that the Punishment for the above-mentioned Crime of Sacrilege might flow from the Nature of the Thing, it ought to consist in depriving the Offender of those Benefits which we are intitled to by Religion; for Instance, by Expulsion from the Churches, Exclusion from the Society of the Faithful for a limited Time, or for ever, by shunning their Company.

75. And, in general, civil Punishments are also made Use of in Offences of this Nature.

76. (2*d*) In the second Class of Crimes are included those, which are contrary to Good Manners.

77. Such as the Corruption of the Purity of Morals in general, either publick or private; that is, every Procedure contrary to the

Regulations; which shew, in what Manner we ought to enjoy the external Conveniences given to Man by Nature, for his Necessities, Interest, and Satisfaction. The Punishments of these Crimes ought to flow also from the Nature of the Thing. A Privation of those Advantages, which the Society has annexed to Purity of Morals; pecuniary Penalties, Shame, or Dishonour; a Necessity of absconding; publick Infamy; Expulsion from the City, and the Community; in a Word, all the Punishments depending upon judicial Correction, are sufficient to repress the Presumption, and disorderly Behaviour of both Sexes. In Fact, these Offences do not spring so much from Badness of Heart, as from a certain Forgetfulness, or mean Opinion of one's Self. To this Class belong the Crimes only which are prejudicial to Manners, and not those which at the same Time violate the publick Security; such as carrying off by Force, and Rapes; for they are already classes amongst the Crimes of the fourth Species.

78. (3*d*) The Crimes of the third Class are those which violate the Peace and Tranquillity of the Citizens. The Punishments of them ought also to flow from the very Nature of the Crime, and to bear Relation to this Tranquillity; as for Instance, Imprisonment, Banishment, Corrections, and other Punishments, which reclaim these turbulent People, and bring them back to the established Order. The Crimes against the Peace, *I* confine to those Things only, which consist in a simple Breach of the civil Polity.

79. For those which violate the Peace, and at the same Time directly attack the publick Security, are referred to the fourth Class of Crimes.

(4*th*) The Penalties due to those last Crimes are peculiarly and emphatically termed Capital Punishments. It is a Kind of Retaliation by which the Society deprives that Citizen of his Security, who has deprived, or would deprive another of it. This Punishment is taken from the Nature of the Thing, deduced from Reason, and the Sources of Good and Evil. A Citizen deserves Death, when he has violated the public Security so far as to have taken away, or attempted to take away, the Life of another. Capital Punishment is the Remedy for a distempered Society. If publick Security is violated with respect to Property, Reasons may be produced to prove, that the Offender ought not, in such a Case, to suffer capital Punishment; but that it seems better, and more conformable to Nature, that the Crimes against the publick Security, with respect to Property, should be punished by Privation of Property;

and this ought inevitably to have been done, if the Wealth of every One had been common, or equal. But as those who have no Property of others, to remedy this Defect, corporal Punishment was obliged to be substituted instead of pecuniary. What *I* have here mentioned is drawn from the Nature of Things, and conduces to the Protection of the Liberty of the Citizens.

Chap. VIII

80. *Of Punishments.*

81. The Love of our Country, Shame, and the Dread of publick Censure, are Motives which restrain, and may deter Mankind from the Commission of a Number of Crimes.

82. The greatest Punishment for a bad Action, under a mild Administration, will be for the Party to be convinced of it. The civil Laws will there correct Vice with the more Ease, and will not be under a Necessity of employing more rigorous Means.

83. In these Governments, the Legislature will apply itself more to prevent Crimes, than to punish them, and should take more Care to instil Good Manners into the Minds of the Citizens, by proper Regulations, than to dispirit them by the Terror of corporal and capital Punishments.

84. In a Word, whatever is termed Punishment in the Law, is, in Fact, nothing but Pain and Suffering.

85. Experience teaches us, that, in those Countries where Punishments are mild, they operate with the same Efficacy upon the Minds of the Citizens, as the most severe in other Places.

86. If a sensible Injury should accrue to a State from some popular Commotion, a violent Administration will be at once for a sudden Remedy, and instead of recurring to the ancient Laws, will inflict some terrible Punishment, in order to crush the growing Evil on the Spot. The Imagination of the People is affected at the Time of this greater Punishment, just as it would have been affected by the least; and when the Dread of this Punishment gradually wears off, it will be compelled to introduce a severer Punishment upon all Occasions.

87. The People ought not to be driven on by violent Methods, but we ought to make Use of the Means which Nature has given us, with the utmost Care and Caution, in order to conduct them to the End we propose.

88. Examine with Attention the Cause of all Licentiousness; and you will find, that it proceeds from the Neglect of punishing Crimes, not from the Mildness of Punishments. Let us follow Nature, which has given Shame to Man, for his Scourge, and let the greatest Part of the Punishment consist in the Infamy which accompanies the Punishment.

89. And if a Country could be found, where Infamy should not be the Consequence of Punishment; the Reason of this is to be imputed to some tyrannical Government, which inflicted the same Punishments upon the Innocent and the Guilty, without Distinction.

90. And if another Country should be known, where the People are restrained by nothing but the severest Punishments; you must again be assured, that this proceeds from the Violence of the Government, which has ordained those Punishments for the slightest Offences.

91. It happens frequently, that a Legislator, who wants to extirpate an Evil, thinks of nothing but this Method of Cure: His Eyes are fixed on this Object only and do not foresee the bad Consequences which attend it. When the Evil is once cured, we remark nothing but the Severity of the Legislator; but it leaves a Distemper in the State, arising from this very Severity. The Minds of the People are corrupted, for they are inured to Despotism.

92. The Japonese Histories inform us, on the Subject of Education, that we ought to treat Children with Indulgence; because Correction hardens, and makes them stubborn; and, at the same Time, that Slaves ought not to be used with too much Severity, because they will immediately rebel in their own Defence. By remarking the Spirit, which ought to animate and govern their *domestick* Polity, could not they from thence have formed their Idea, of what ought to have been infused into the *civil* Polity of their State?

93. One may find, even here, the Means of reclaiming unsettled and rambling Minds back to the right Path, by Maxims of the Law of God, of Philosophy, and of Morality, selected and adapted to their Turn of Mind, and balanced by a due Admixture of Rewards and Punishments; by a just Application of suitable Rules of Honour; by Punishments consisting of Shame, and by perpetuating the Enjoyments of Happiness and sweet Tranquillity. But if there should be any Danger, that Minds, which are so inured to Punishment, as not to be restrained but by the utmost Degree of Severity, and could never be reclaimed by

moderate Punishments; in this Case, we ought to act [*observe this with Attention, as a Rule confirmed by the Experience of Facts, on all Occasions where Minds are hardened by the excessive Severity of Punishment*] in a wise, secret, and imperceptible Manner; and, on particular Occasions, to shew Lenity to some, who deserve it, by inflicting moderate Chastisement for their Crimes; and to persevere in this Method, till we gradually attain this end, of mitigating Punishment on all Occasions.

94. It is unjust to punish a Thief, who robs on the High-way, in the same Manner as another, who not only robs, but commits Murder. Every One sees clearly that some Difference ought to be made in their Punishment, for the Sake of the general Safety.

95. There are Countries, where Thieves are unwilling to commit Murder; because they, who only rob, may hope to be transported to their remote Settlements; but they who commit Murder, can, on no pretence whatever, expect that Favour.

96. Good Laws keep strictly a just Medium: They do not always inflict pecuniary, nor always subject Malefactors to corporal Punishment.

All Punishments, by which the human Body might be maimed, ought to be abolished.

Chap. IX

97. *Of the Administration of Justice in general.*

98. The Power of a Judge consists only in a due Execution of the Laws, to the End that no Doubt might arise with respect to the Liberty and Security of the Citizens.

99. For this Reason *Peter the Great* most wisely established the Senate, the Colleges, and the inferior Courts of Judicature; which are to administer Justice in the Name of their Sovereign, and according to the Laws; for this Reason, the Privilege of carrying Appeals to the Sovereign himself was made so difficult: A Law which ought never to be violated.

100. Consequently, there must be Courts of Judicature.

101. These Courts of Judicature make Decisions, and pass Sentences, which ought to be carefully preserved, and publickly known for this Reason, that, in the Courts of Judicature, Justice should be dispensed in the same Manner *this Day*, as it had been *the Day before*; and that the Property and Life of every Citizen should be as surely

established, and as firmly secured by them, as the Constitution of the State itself.

102. In a sovereign State, very nice and exact Proof are required; because, on the Decision of these Courts, not only the Life and Property, but even the Honour of Mankind depends.

103. The Judge ought to enter into the most subtile and minute Particulars of the Cause; so much the more, as the greatest Trust is reposed in him, and as the Affair upon which he decides is of the greatest Consequence. Consequently, we ought not to be surprized to find, in the Laws of these States, so many Rules, Boundaries, and Extensions; which amplify particular Cases, and seem to compose an Art from Reason itself.

104. The Distinction of Employments, Posterity, the Condition of different Ranks of People, established in sovereign States, frequently introduces with it many Divisions in relation to the Nature of Property. But the Laws which relate to the Regulation of this State may still more inlarge the Number of these Divisions.

105. According to this Principle, Wealth is Property, either acquired, or given in Dowry, or inherited from Parents, or Moveables, &c. &c.

106. Every Species of Property is subject to particular Regulations. These are to be strictly adhered to, in order to make a right Disposition of very particular Article; which, by this Method, is still more minutely divided.

107. The more the Number of Processes increase in Courts of Judicature under a Sovereign State, the more the Jurisdiction is overburthened with Decisions; which are some Times repugnant to each other; either because, in the alternate Succession of Judges, some differ in Opinion from others, or because the same Causes are sometimes well, some-times ill defended; or finally, because of the innumerable Abuses, which insinuate themselves secretly, and by Degrees, into whatever passes through the Hands of Man.

108. This is a necessary Evil, which the Legislator remedies from time to time, as repugnant to the Nature of a moderate Government.

109. For if any one is obliged to apply to the Courts of Judicature, such Application ought to proceed from the Nature of the Constitution of the State, and not from the Contradiction and Ambiguity of the Laws.

110. In Governments where a Distinction of Persons is introduced, there must likewise be a personal Pre-eminence established by the

Laws. The particular Pre-eminence, established by the Laws, which is least burthensome of all to the Community, is this: To be judged before one of the Courts of Judicature, preferably to any other. Hence arise new Difficulties; that is in order to know which Court of Judicature a Man ought to apply to.

111. One frequently hears it said in Europe, that Justice ought to be administered in all Places, in the same Manner as in the Turkish Empire. According to this Sentiment, no Nation under the Sun, but that which is plunged in the grossest Ignorance, could be capable of having a clear Idea of what is essentially necessary to be known by all the Universe.

112. If you examine with Attention all the Formalities of the Law, you will find, without Doubt, many Difficulties present themselves, which a Citizen must go through when he applies to the Law, in order to obtain his Property, or to procure Redress for some Injury he has received. But if you compare these Inconveniencies with the Liberty and Security of the Citizens, you will find them extremely trivial; and you will be convinced, at the same Time, that all the Difficulties, Cavils, and Delays in the Courts of Judicature, are nothing more than the Price, which every Citizen pays for his Liberty.

113. In the Turkish Dominions, where very little Regard is paid to the Property, Life, and Honour of the Subjects, they quickly determine all Disputes in *this*, or *that* Manner. Amongst them the Means of disentangling, and clearing up any knotty Affair, are not in the least attended to, provided the Dispute be but ended. The Basha, enlightened at once, orders the Bastinado on the Soles of the Feet to the Litigants, just as it strikes his Fancy, and then dismisses them.

114. But in States under a moderate Government, where equal Attention is paid to the Life, the Property, and the Honour of the meanest Citizen, no one can lose his Honour or Property, without a long and strict Examination into the Truth. No one can be deprived of Life, unless his Country itself demands it; but even his Country will not take away the Life of any one, without giving him Leave, first, to employ all the Means in his Power to defend it.

115. Where the Honour, Property, Life and Liberty of the Citizens are carefully guarded, these judicial Formalities increase in Proportion.

116. We ought to hear what the Defendant has to say; not only to gain a thorough Information of what he is accused of, but also to enable him to defend himself. He ought therefore either to answer for himself, or chuse any other Person to speak in his Behalf.

117. Some Persons think, that the youngest Counsellor, in every Court of Judicature, according to this Office, might plead for the Defendant; as for Instance, the Ensign in a Company. Another Advantage would arise from hence, which is the greater Stock of Experience, which the Judges would acquire by that Method, in the Discharge of their Duties.

118. Defence here means nothing more, than a full Remonstrance to the Court of Judicature, of whatever can be urged in favour of the Defendant, in order for his Acquittal.

119. The Laws, which condemn a Man upon the Deposition of one Evidence only, are destructive to Liberty. There was a Law made in the Time of the Heirs of Constantine I, by which the single Evidence of one Man in a high Station is taken for sufficient Proof of the Guilt of the Party accused; and, for this Reason, the Evidence of others, in relation to the very same Affair, are not allowed to be heard. By the Will of this Legislator, the Decision was dispatched in a very quick and very strange Manner. They decided the Affair according to the Figure the Evidence made, and they judged of his Figure according to the Dignity of his Rank.

120. Two Witnesses are absolutely necessary, in order to form a right Judgment: For an Accuser, who affirms, and the Party accused, who denies the Fact, make the Evidence on both Sides equal; for that Reason, a Third is required in order to convict the Defendant; unless other clear collateral Proofs should fix the Credibility of the Evidence in favour of one of them.

121. The Evidence of two Witnesses is esteemed sufficient for Conviction, in every criminal Case whatsoever. The Law believes them, as if they spoke from the Mouth of Truth itself. The following Chapter will evince this more clearly.

122. In the same Manner they decide in almost every State, that every Child conceived in the Time of Wedlock is legitimate: The Law places its whole Confidence in the Mother. This is mentioned here on account of the Obscurity of the Laws in those Cases.

123. The Usage of Torture is contrary to all the Dictates of Nature and Reason; even Mankind itself cries out against it, and demands loudly the total Abolition of it. We see, at this very Time, a People greatly renowned for the Excellence of their civil Polity, who reject it without any sensible Inconveniencies. It is, therefore, by no Means necessary by its Nature. *We* will explain this more at large here below.

124. There are Laws, which do not allow the Application of Torture, except only in those Cases, where the Prisoner at the Bar refuses to plead, and will neither acknowledge himself innocent nor guilty.

125. To make Oath too cheap by frequent Practice, is to weaken the Obligation of it, and to destroy its Efficacy. The Kissing of the Cross cannot be used upon any Occasion, but when he, that takes an Oath, has no private Interest of his own to serve; as for Instance, the Judge and the Witnesses.

126. Those who are to be tried for capital Offences, should chuse their own Judges, with the Consent of the Laws; or, at least, should have a Right of rejecting such a Number of them, that those who remain in Court may seem as chosen by the Malefactors themselves.

127. It is likewise just, that some of the Judges should be of the same Rank of Citizenship as the Defendant; that is, his Equals; that he might not think himself fallen into the Hands of such People, as would violently over-rule the Affair to his Prejudice: Of this there are already Instances in the Martial Laws.

128. When the Defendant is condemned, it is not the Judges who inflict the Punishment upon him, but the Law.

129. The Sentence ought to be as clear and distinct as possible; even so far as to preserve the very identical Words of the Law. But if they should include the private Opinion of the Judge, the People will live in Society, without knowing exactly the reciprocal Obligations they lie under to one another in that State.

130. There are many different Ways of passing Sentence. In some Countries they shut up the Judges, and allow them neither meat nor drink, till they are unanimous in their Verdict.

131. There are sovereign States, where the Judges act after the Manner of Jurymen. They consult together, impart their Minds to one another, moderate their Opinions, so as to conform with the Opinion of others, and strive to agree in their Suffrages.

132. The Judges amongst the Romans allowed no more than the precise Demand, without increasing, diminishing, or moderating it in the least.

133. But their Praetors invented other Forms of Plea for the Plaintiffs Right, which they termed the Right of Good Faith, in which the Manner of determining and pronouncing Sentence was more in the Judges Disposal, who had a Power of deciding as their Conscience directed.

134. For in a false Action for Debt the Plaintiff loses the Cause; and a Penalty ought to be laid upon the Defendant, if he does not acknowledge what he owes, that by these means good Faith might be preserved on both Sides.

135. If Judges, who ought to act according to the Laws, should have a Right to confine a Citizen, who can give Bail, in that Case there would be an End of Liberty, unless he should be put under Confinement, that he might immediately answer a Charge laid against him for such a Crime, as deserves capital Punishment by the Laws. In this Case he is really free; for he is subject to nothing else, but the Power of the Law.

136. But if the legislative Power thinks itself endangered by some secret Conspiracy against the State, or Sovereign, or by some traiterous Correspondence with neighbouring Enemies; in such a Case, the legislative Power allows the executive to take all suspected Citizens into Custody, for a limited Time, who are deprived of their Liberty for that Time; for this Reason only, that it might be preserved inviolate for ever.

137. But it is best to define exactly in the Laws those important Cases, in which a Citizen cannot be admitted to Bail: For the Law, in all Countries, deprives such People of their Liberty, who cannot find sufficient Bail, so long as the common Security, or a Part of it, shall require. In Chapter X this will be treated of more at large.

138. Though all Crimes affect the Community, yet those which affect the Citizens ought to be distinguished from those which still more immediately affect the State, in consideration of the Union subsisting between the State and the Citizen. The first are termed *proper* or *particular* Crimes, because committed against Individuals; the second are Crimes which affect the Community, or whole Body of the People in general.

139. In some Countries, a Prince placed upon the Throne to see the Law duly executed in every Part of his Dominions, according to the Constitution of the Country, establishes an Officer in every Government, to prosecute Crimes in the Name of the Sovereign; from whence the Name of the Informer is utterly unknown in those Countries. But if ever the People suspect this Avenger of Mankind of abusing the Trust reposed in him, they will then oblige him to declare the Name of his Informer. This Office, established in the Community, watches over the Welfare of the Citizens; the Concealment of the Informer's Name carried on the Business, and the People are quiet. *Peter the Great* has prescribed to the Attorneys to examine, and to determine all Affairs

where there is no Witness; and if to this could be still added a Person of Rank, vested with the above-mentioned Office, Informers would be less known amongst us.

140. That Law of Rome is highly blame-worthy, which allowed the Judges to take small Presents, provided they did not annually exceed the Sum of one Hundred Crowns. They to whom we give nothing, demand nothing; but they to whom we give but a Trifle, desire that Instant a little more, and afterwards are hardly to be satisfied. Besides this, it is earlier to prove the Truth to him, who, though obliged to take nothing, yet takes a Trifle, than to him who will take more, when he ought to have taken less, and who will always find specious Reasons, and proper Representations sufficient to excuse himself.

141. Among the Roman Laws there is one, which forbids the Confiscation of Property to the Sovereign, except in Cases of *Treason*; and even then, only in the *highest Degree* of that Crime. It would be often extremely prudent to conform to the Spirit of this Law, and to *specify* the *particular* Crimes to which the Confiscation of Property to the Sovereign should be *limited*, and at the same Time no other Part of Property ought to be confiscated to the Sovereign, besides the proper Acquests of the Criminal.

Chap. X

142. *Of the Forms of criminal Courts.*

143. We do not intend here to enter into extensive Inquiries, nor into a subtile Division of every Crime into its respective distinct Species, nor to ascertain which Punishment is best adapted to each. We have already divided them into four Classes; and, by a contrary Procedure, the great Number and Variety of Objects, and the different Circumstances of Time and Place, would oblige us to launch out into an Infinity of trifling Particulars. It will be sufficient here to lay down, 1*st*, The principal *general Rules*, and 2*dly*, The Crimes which are most prejudicial.

144. Q. 1. *From whence have Punishments their Origin, and upon what Right is the Power of Punishing founded?*

145. We may term Laws *the Means* by which People are united together, and protected in Society, and without which, Society would be dissolved and ruined.

146. It was not sufficient to establish these *Means*, which became a *Deposite* to Society: It was requisite, at the same Time, to support them. Punishments were instituted for the Violators of them.

147. Every Punishment is unjust, when it is not essentially necessary to preserve this *Deposite* entire.

148. The first Consequence of these original Rules is this: That the Right of determining the respective Punishment for Crimes appertains solely to the Laws, and that the Legislator, as Representative of the whole Society, and having the entire Power deposited in his own Hands, has the sole Right of making penal Laws. Hence it again follows, that the Judges and Administrations, as being themselves no more than a Part of the Society, cannot with Justice, nor under Pretence of the general Good, inflict a Punishment upon any other Member of the Society, which has not been expressly appointed by the Laws.

149. Another Consequence is, That a Sovereign, who is the Representative, and possesses the whole Power for the Defence of the Community, can, by his own Authority, publish general penal Laws, to which every Member in the Society is *amenable*; but he ought to abstain from sitting as *Judge himself*, as was mentioned above in the 99th Article. Therefore he ought to appoint *other Persons*, who should judge according to the Laws.

150. The third Consequence is, If the Severity of Punishment should not have been already over-ruled by the beneficent Virtue of Compassion for Mankind, this Consideration alone, *that it is useless*, would suffice to abolish it; which serves for Proof, that it is unjust.

151. The fourth Consequence is, That Judges, in criminal Cases, can have no Right to interpret penal Laws; for this Reason only, that they are not Legislators. Who then should be the lawful Interpreter of them? I answer, the Sovereign, and not the Judge; for the Duty of a Judge consists only in examining closely, whether a Man has, or has not committed such a Fact, contrary to the Law.

152. A Judge, in every criminal Case whatsoever, ought only to form a Judgment in his own Mind by a *Syllogism*, in which the first Proposition lays down the general Law; the second declares, whether the Action in question is conformable to, or repugnant to that Law; and the Conclusion consists either in the Acquittal, or Punishment of the Party accused. If the Judge himself is constrained, by the Obscurity of the Laws, to make more than *one Syllogism* in criminal Cases, then all will be obscure and uncertain.

153. Nothing is so dangerous, as this general Axiom: *The Spirit of the Law ought to be considered, and not the Letter.* This can mean nothing else, but to break down the Fence, which opposes the Torrent of popular Opinions. This is a self-evident Truth, which is not to be controverted, how strange soever it may appear to vulgar Minds; who are more terrified by the least Irregularity which happens before their Eyes, than by Consequences more remote, but infinitely more fatal, which flow from one false Principle adopted by a People. Every Man has his own particular Mode of viewing Objects presented to his Mind, different from every other. We should see the Fate of a Citizen changed, by the Removal of his Cause from one Court of Judicature to another; and his Life and Liberty depending upon Chance, either from some false Ideas, or the Perverseness of his Judge: We should see the same Crimes punished *differently*, at *different* Times, by the *very same* Court of Judicature; if they will not listen to the invariable Voice of the fixed, established Laws, but follow the deceitful Inconstancy of their own arbitrary Interpretations.

154. The Disorders which may possibly arise from a *strict* and *close* Adherence to *the Letter* of *penal* Laws, are by no Means comparable to those, which are produced by the *arbitrary Interpretation* of them. The Errors proceeding from the *first* are only *temporary*, and will obliged the Legislator to make, some-times, easy and necessary Corrections in such *Words* of the Law as are capable of a *double Meaning*. However, it will prove a Bridle to curb that *licentious* Method of *interpreting*, and *deciding* at *their own Discretion*, which may prove fatal to every Citizen.

155. If the Laws are not *exactly* and *clearly* defined, and understood *Word by Word*; if it be not the sole Office of a Judge, to *distinguish*, and lay down *clearly*, what Action is conformable to the Laws, and what is repugnant to them: If the Rule of *just* and *unjust*, which ought to govern alike the ignorant Clown, and the enlightened Scholar, be not a *simple Question* of Matter of Fact for the Judges; then the Situation of the Citizen will be exposed to strange Accidents.

156. By making the penal Laws always *clearly* intelligible, *Word by Word*, every one may calculate truly, and know exactly the Inconveniencies of a bad Action; a Knowledge which is *absolutely* necessary for restraining People from committing it; and the People may enjoy Security, with respect both to their Persons and Property; which ought ever to remain so, because this is the *main Scope* and *Object* of the Laws, and without which the Community would be dissolved.

157. If the Power of *interpreting* Laws be an Evil, there is an Evil also which attends the *Obscurity* of them, and lays us under the Necessity of having Recourse to their Interpretation. This Irregularity is still greater, when the Laws are written in a Language *unknown* to the People, or expressed in *uncommon* Phrases.

158. The Laws ought to be written in the *common vernacular Tongue*; and the Code, which contains all the Laws, ought to be esteemed as a Book of the utmost Use, which should be purchased at *small* Price as the Catechism. If the Case were otherwise, and the Citizen should be ignorant of the Consequences of his own Actions, and what concerns his Person and Liberty, he will then depend upon some few of the People, who have taken upon themselves the Care of preserving and explaining them. Crimes will be less frequent, in *proportion* as the Code of Laws is more *universally* read, and *comprehended* by the People. And, for this Reason, it must be ordained, That, in all the Schools, Children should be taught to read *alternately* out of the Church Books, and out of *those* which contain the Laws.

159. Q. 2d, *Which are the best Means to be used, when a Citizen is to be taken into Custody, and also to convict him of a Crime?*

160. That Person will violate the *personal Security* of every Citizen; who shall allow a Court of Judicature, (which is obliged to act according to the Laws, and has the Power of imprisoning a Citizen) to deprive *one Man* of his Liberty, under some frivolous Pretence, and to leave *another* at large, notwithstanding the most clear Evidence of his Guilt.

161. To confine a Citizen is a Punishment, which differs from all other Punishments in this, that it inevitably *precedes* the judicial Declaration of the Crime.

162. But this Punishment cannot be inflicted, except where there is a great Probability that a Citizen has committed a Crime.

163. Consequently, the Law ought to *specify* exactly the *distinguishing Marks* of *that* Crime, which should make a Man liable to be put under Confinement, and should subject the Party accused to this Punishment, and to the *verbal Examinations*, which are likewise a Species of Punishment. As for instance:

164. The Voice of the People, which accuses him; his Flight; his own preceding Confession, whilst at Liberty; the Evidence of his Accomplice in the same Crime; the Threats, the known Enmity between the accused Party and the offended, the very Fact itself, and *other similar* Marks, will afford sufficient Reason why a Citizen ought to be taken into Custody.

165. But these Proofs ought to be *specified* by the Law, and *not* by the Judges, whose Sentences are always averse to civil Liberty, if they are not deduced from the general Rule, which is in the Code of Laws, upon whatever Occasion it may so happen.

166. When the Prison shall be less dreadful; that is, when Humanity and Compassion shall reach even the Prisons themselves, and shall penetrate the *callous Hearts* of the Officers of Judicature; then the Laws may be satisfied with *these specific Marks*, and order any Person into Custody.

167. There is a Difference between taking into Custody, and shutting up in Prison.

168. To take a Man into Custody is nothing more, than to guard the Person of a Citizen accused of some dangerous Crime, until it can be discovered, whether he is guilty or not; consequently, Confinement ought to be as short, and as gentle as possible; a *limited* Time ought to be fixed for it, *proportioned* to the Time *requisite* for preparing the Process to be laid before the Judges. The Strictness of the Confinement ought to be no greater, than what is necessary to prevent the Escape of the Offender, or for the Discovery of Proofs of the Crime alledged against him. The Affair therefore ought to be *finally* determined as soon as possible.

169. The Man, who has been under Confinement, and afterwards cleared himself of what was laid to his Charge, ought not to be *subject to Infamy*. Amongst the Romans, we see that Citizens, who had been accused in Court even of capital Crimes, yet were honoured, and raised to the principal Posts in the State, after they had proved their Innocence.

170. The Confinement of a Prison is the Consequence of the final Determination of the Judges, and serves instead of Punishment.

171. We ought not to confine in the same Place, 1*st*, Him, who is accused of a Crime upon *Suspicion* only; 2*dly*, He, who is *convicted*; 3*dly*, He, who is *condemned*. He who is charged on *Suspicion*, is kept only in Custody, and the other two are confined in Prison. But this Imprisonment will be only a Part of the Punishment to *One* of them; but the *Other* must suffer the Punishment *itself* he is condemned to.

172. To be taken into Custody is not to be considered as a Punishment, but as an Expedient to secure the Person of a Citizen accused: Which Expedient assures him, at the same Time, of Liberty, if he be not really guilty.

173. To be put under Arrest by the Articles of War, is no Dishonour to any Member of the Military Corps. It ought to be the same among the Citizens, with respect to *Civil* Confinement.

174. The detaining of a Person under Confinement changes into *Imprisonment*, if the Party accused should be found *guilty*; consequently there should be *different* Places of *Confinement* for all three.

175. Here is a general Proposition for Calculation, in order to *evince with Certainty* the Truth of the Crime committed; as for Instance, when the Proofs of any Fact depend on each other; that is, when the Proofs of the Crime can neither be *demonstrated*, nor the *Truth* of them *affirmed*, otherwise than of *one* by *another*. When the *Truth* of *many* Proofs *depends* upon the *Truth* of *one* Proof only, then the *Number* of Proofs neither *increases* nor *diminishes* the Probability of the Fact; because, *at that Time*, the *Force* of *all* the Proofs *centers* only in the *Force* of *that Proof*, upon which all the rest *depend*; and if this *one Proof* should not be *valid*, then all the *others* depending upon that *one* will be instantly *invalidated* too. But when the Proofs are *independent* on each other, and every particular Proof *confirms* the *same* Truth, then the *Probability* of the Fact *increases* according to the *Number* of the Proofs; because, the Falsehood of *one* Proof does not infer the *Falsity* of another. Perhaps it will appear strange to some Persons, that *I* speak of Cries; which, in order to *deserve Punishment*, ought to be *undoubtedly certain*; yet it ought here to be considered, that moral Certainty is only *Probability*; which is termed *Certainty*; because, every Man of Sense is obliged to acknowledge it *as such*.

176. The Proofs of Crimes may be divided into two Species, *perfect* and *imperfect*. *I* call those *perfect*, which exclude all *Possibility* of shewing the Innocence of the Party accused; and those *imperfect*, which do not exclude such Possibility. One single *perfect* Proof is sufficient to confirm the Justice of the Condemnation which was passed upon the Malefactor.

177. With respect to *imperfect* Proofs, their Number should be so great, as to form a *perfect* Proof; that is, the *Sum Total* of all such Proofs ought to exclude all *Possibility* of proving the Innocence of the Party accused; though each Proof, *separately* taken, does not exclude it. We must add to this, that *imperfect* Proofs, which the Party accused is not able to *invalidate* in his Defence, though his Innocence ought to give him *the Means* of doing it; in such a Case, become *perfect*.

178. Where the Laws are precise and clear, there the *Office* of a Judge *consists* only in *ascertaining* the Fact.

179. To investigate the Proofs of a Crime, a Quickness of Apprehension is required, and in order to sift out from these Disquisitions the *final Result*, there ought to be a *Precision* and *Clearness* of Ideas; but, in order to judge by this *final Result* of the whole, nothing more is required but plain good Sense, which will be a more certain Guide, than all the Knowledge of a Judge, who is accustomed to find every one guilty.

180. That Law, therefore, is highly beneficial to the Community where it is established, which ordains that every Man shall be judged by his Peers or Equals. For when the Fate of a Citizen is in Question, all Prejudices arising from the Difference of Rank or Fortune should be stifled; because they ought to have no Influence between the Judges and the Parties accused.

181. But if the Crime extends to the Prejudices of a third Person, *one Moiety* of the Judges ought to be taken from the *Peers* to the Party accused, and the *other Moiety* from the *Peers* to the Party offended.

182. It is also just, that the Party accused should have the Liberty of excluding a *certain Number* of his Judges, upon any *Suspicion* of Partiality. Where the Party accused has the Benefit of this Right, in that Case he, who is guilty, will seem to condemn himself.

183. The Sentences of the Judges, as well as the Proofs of the Crimes, ought to be communicated to the People; that every Citizen might say, *He lives under the Protection of the Laws*; a Sentiment, which inspires Courage in the Citizens, and is of the greatest Utility to a Sovereign, who has his *real Interest* at Heart.

184. It is highly necessary in all Laws, *to specify exactly* the principal Rules upon which the *Credibility* of the Evidence depends, and the *Strength* of the Proof required for every Crime.

185. Every Man of good Sense, that is, whose Ideas have a Connection with each other, and whose Sensations sympathize with the Sensations of those who are like himself, is qualified to be a Witness. But the Credit due to his Evidence will be exactly *in Proportion*, as he is *interested* in declaring, or concealing the Truth. Credit must be given to Witnesses in every Case, where they have no Reason to give a false Testimony.

186. There are People, who estimate among the *Abuses* of Words, *those* which have *stolen secretly* into Use, and have already *taken strong Root* in worldly Transactions. That Observation is worthy of Remembrance, which induced Legislators to abolish the Evidence of a Malefactor after Condemnation. Such a Citizen is reckoned as *dead in Law*, say the

Legislators, and a *dead Man* is incapable of producing any Fact. If the Evidence of a Malefactor, after Sentence of Condemnation only, should be no Obstacle to the judicial Course of Law, why do not they allow him a little more Time, even after Condemnation, for the Sake of Truth, and the terrible Destiny of the unfortunate Man; that he might either justify himself, or others who are accused, if he can but produce *new Proofs*, which may alter the Nature of the Fact?

187. Formalities are necessary in the Administration of Justice, but they must never be appointed in such a Manner by the Laws, as may prove fatal to Innocence, otherwise they would occasion great Inconveniencies.

188. Therefore we may admit the Testimony of *any Person*, who has *no Reason* to be a false Witness. By these Means the *Credibility* of the Evidence, will be *greater* or *less*, in *Proportion* to the Hatred, or Friendship, or Connections, or Differences, *subsisting* between the *Witness* and the *Party* accused.

189. One Evidence alone is not sufficient. When the Party accused *denies* that which a single Evidence *affirms*, Truth remains *in Suspense*, and the Right that every one has to be esteemed *innocent*, will turn the Balance, in such a Case, on the Side of the *Party* accused.

190. The Credibility of a Witness is of so much the *less Weight*, as the Crime is *more* horrible, and the Circumstances of it are *less* probable. This Rule may be applied also in Cases of Witchcraft, or Acts of wanton Cruelty.

191. Whoever obstinately refuses to answer such Questions as are put to him by the Court, deserves Punishment; which ought to be appointed by the Law, and chosen out of the most rigorous of those which are already established, to the End that the *Guilty* might not screen themselves from being exposed as a *publick Example* to the People, which they ought to be. This particular Punishment is unnecessary, when no Doubt can be made that the Party accused has really committed the Crime he stands charged with; for Confession is no longer necessary, when other evident Proofs demonstrate that he is guilty. This last Case is the most common; because the Evidences generally depose the *chief Circumstances* in criminal Cases, which the Guilty *refuse* to confess.

192. Q. 3. *Whether the Torture of the Rack does not violate the Rules of Equity; and whether it produces the End proposed by the Laws?*

193. The Torture of the Rack is a Cruelty, established and made use of by many Nations, and is applied to the Party accused during the

Course of his Trial, either to extort from him a Confession of his Guilt, or in order to clear up some Contradictions, in which he had involved himself during his Examination, or to compel him to discover his Accomplices, or in order to discover other Crimes, of which, though he is not accused, yet he may *perhaps* be guilty.

194. (1.) No Man ought to be looked upon as *guilty*, before he has received his judicial Sentence; nor can the Laws deprive him of *their* Protection, before it is proved that he has *forfeited all Right* to it. What Right therefore can Power give to any to inflict Punishment upon a Citizen at a Time, when it is yet dubious, whether he is *innocent* or *guilty*? Whether the Crime be known or unknown, it is not very difficult to gain a thorough Knowledge of the Affair by duly weighing all the Circumstances. If the Crime be known, the Criminal ought not to suffer any Punishment but what the Law ordains; consequently the Rack is quite unnecessary. If the Crime be not known, the Rack ought not to be applied to the Party accused; for this Reason, *That the Innocent ought not to be tortured*; and, in the Eye of the Law, every Person is innocent whose Crime is not yet *proved*. It is undoubtedly extremely necessary, that no Crime, after it has been proved, should remain unpunished. The Party accused on the Rack, whilst in the Agonies of Torture, is not Master enough of himself to be able to declare the Truth. Can we give more Credit to a Man, when he is light-headed in a Fever, than when he enjoys the free Use of his Reason in a State of Health? The Sensation of Pain may arise to such a Height, that, after having subdued the whole Soul, it will leave her no longer the Liberty of producing any proper Act of the Will, except that of taking the shortest instantaneous Method, in the very twinkling of an Eye, as it were, of getting rid of her Torment. In such an Extremity, even an *innocent* Person will roar out, that he is *guilty*, only to gain *some Respite* from his Tortures. Thus the very same Expedient, which is made use of to distinguish the *Innocent* from the *Guilty*, will take away the *whole Difference* between them; and the Judges will be as uncertain, whether they have an *innocent* or a *guilty* Person before them, as they were before the Beginning of this *partial* Way of Examination. The Rack, therefore, is a sure Method of condemning an *innocent* Person of a weakly Constitution, and of acquitting a *wicked Wretch*, who depends upon the Robustness of his Frame.

195. (2.) The Rack is likewise made use of to oblige the Party accused to clear up (as they term it) the Contradictions in which he has

involved himself in the Course of his Examination; as if the Dread of Punishment, the Uncertainty and Anxiety in determining what to say, and even gross Ignorance itself, common to both *Innocent* and *Guilty*, could not lead a timorous *Innocent*, and a *Delinquent*, who seeks to hide his Villanies, into Contradictions; and as if Contradictions, which are so common to Man even in a State of East and Tranquillity, would not increase in that Perturbation of Soul, when he is plunged entirely in Reflections, how to escape the Danger he is threatened with.

196. (3.) To make use of the Rack for discovering, whether the Party accused has not committed *other* Crimes, besides *that* which he has been *convicted* of, is a certain Expedient to *screen every Crime* from its *proper* Punishment: For a Judge will always be discovering new Ones. Finally, this Method of Proceeding will be founded upon the following Way of reasoning: *Thou art guilty of one Crime, therefore, perhaps, thou hast committed an Hundred others: According to the Laws, thou wilt be tortured and tormented; not only because thou art guilty, but even because thou mayest be still more guilty.*

197. (4.) Besides this, the Party accused is tortured, to oblige him to discover his Accomplices. But when we have already proved, that the Rack cannot be the proper Means for searching out the Truth, then how can it give any Assistance in discovering for him, who accused himself, to accuse others. Besides, is it just to torture one Man for the Crimes of others? Might not the Accomplices be discovered by examining the Witnesses, who were produced against the Criminal? By a strict Inquiry into the Proofs alledged against him, and even by the Nature of the Fact itself, and the Circumstances which happened at the Time when the Crime was committed? In short, by all the Means which serve to prove the Delinquent guilty of the Crime he had committed?

198. Q. 4. *Must Punishments be proportioned to Crimes, and how are we to fix the Proportion?*

199. A Time ought to be fixed by the Law for collecting the Proofs, and whatever is necessary for carrying on the Prosecution of great Crimes; that the Guilty might not be able to stave off the Punishment they merit for any Length of Time, nor perplex the Affair. When all the Proofs shall be collected, and the Certainty of the Crime shall be known; Time and Means ought to be allowed the *Guilty*, for his Justification, if he is able to make it. But this Interval should be but short, lest Delays should prejudice the god Effect of the Punishment;

which ought to follow the Crime as speedily as possible; a Method which is esteemed one of the most powerful Expedients for preventing People from committing Crimes.

200. That the Punishment should not seem to proceed from the Violence of one, or many, who rise up against a Citizen, it ought to be public, as speedy as the Good of the Community requires, and as moderate as possible; and according to the Circumstances, proportioned to the Crime, and precisely *expressed* in the Laws.

201. Though Laws cannot punish the Intention; yet it cannot be said, that an Action, which is a *Prelude* to a Crime, and which *demonstrates* the violent Tendency of the Will to compleat that Crime in the very Act, should not deserve Punishment, though more moderate than any of those, which are established for a Crime already committed in Fact. Punishment, in this Case, is requisite, for this Reason, that it is highly necessary to *prevent* even the very *first Approaches* to a Crime; but as, between the *first* Attempts, and the *Completion* of a Crime, there might be some *Interval*; therefore it would not be amiss to leave the *greater* Punishment for the Crime *already completed*, in order to give some Encouragement to a Beginner in Wickedness; which may perhaps deter him from *completing* the Crime, he had just entered upon.

202. The same Punishment likewise must not be decreed for the Accomplices in any Villainy, who are only *Accessory* to it, as for the Principals, who *actually committed* the Fact. If many Persons shall agree to hazard a Danger in Common, in that Case, the greater the Danger is, the more they will strive to bring every One into an equal Share of it. The Laws, which punish the *Principals* in a Crime with more Severity than those who are barely *accessory* to it, will prevent the Danger from being *equally* divided amongst the whole Confederacy, and will render it more in the Execution of any *concerted* Villainy. For the Danger he exposes himself to, will be *greater*, just in the Proportion of that *greater* Degree of Punishment allotted for him, to that *smaller* Degree of Punishment *decreed* for the *rest* of his Confederates. There is only one Case, in which we can make an Exception to this general Rule; which is, when the Perpetrator of a Crime receives a *peculiar* Reward from his Confederates: In such a Case, as the *Difference* in point of *Danger* is recompenced by the *Difference* in point of the *Emolument*, his Punishment ought to be *equal* to that of the *whole Body* of the Confederates. These Considerations may seem extremely refined and delicate; but we ought to reflect, how essentially necessary it is, that the Laws should leave as

little Room as possible, for *Confederates* in Villany to *agree* among themselves.

203. There are some States, which dispense with the Punishment of a *Confederate* in any great Crime, provided he *impeaches* his Accomplices. Such an Expedient has its Inconveniencies, which practised on some particular Occasions. A fixed standing Law, which promises *Pardon* to any Accomplice who *reveals* a Crime, ought to be preferred to a timely *particular* Discovery of it, on some particular Occasion. For such a Law may prevent the *Combination* of a *Crew* of Villains by striking such a Terror into all, as may prevent any one of them from taking the Danger *wholly* upon *himself.* But we ought afterwards to *observe this Promise sacredly*; and give full Assurance of taking *every Person* under Protection, who shall *rely* upon the *good Faith* of this Law.

204. Q. 5. *What is the proper Estimate of the Degrees of Crimes?*

205. The Intent of well-regulated Punishments, is not merely to torment a sensible Being: They are ordained for this wise End; which is, to prevent a Criminal from doing *father* Injury to the Community for the future; and to *deter* his fellow Citizens from committing the *like* Offences. For this Reason, *such* Punishments, and *such* a *Mode* of inflicting them, ought to be selected, as will make the *deepest* and most *durable* Impression on the Minds of the People, and at the same Time with the *least* Cruelty to the Body of the Criminal.

206. Who can read, without being struck with Horror, tbe History of so many barbarous and useless Tortures, invented and executed without the least Remorse of Conscience, by *People* who assumed to themselves the *Name of Sages*? Who does not feel within himself a sensible Palpitation of the Heart, at the Sight of so many Thousands of unhappy Wretches, who have suffered, and still suffer: *frequently* accused of Crimes, which are *difficult, of impossible to happen*, proceeding often from *Ignorance*, and some-times from *Superstition*? Who can look, I say, upon the Dismembering of these People, who are executed with *slow* and *studied* Barbarity, by the *very Persons* who are *their Brethren*? Countries and Times, in which the most *cruel Punishments* were made use of, are those, in which the most *inhuman Villainies* were perpetrated.

207. That a Punishment may produce the *desired* Effect, it will be sufficient; when the *Evil* it occasions exceeds the *Good* expected from the Crime, including in the Calculation the *Excess* of the Evil *over* the Good, the undoubted *Certainty* of the Punishment, and the *Privation* of all the *Advantages* hoped for from the Crime. All Severity *exceeding* these Bounds is *useless*, and consequently *tyrannical.*

208. Wherever the Laws have been extremely severe, they have either been altered, or the Impunity of the Criminals arose from the very Severity of the Laws. The *Degrees* of Punishment ought to be referred to the present *Situation* and *Circumstances* in which every People *finds* itself. In *Proportion* as the *Minds* of those who live in a Community become *enlightened*, the *Sensibility* of every Individual *increases*; and if Sensibility increased amongst the Citizens, then the *Severity* of Punishments must *abate* in Proportion.

209. Q. 6. *Whether the Punishment of Death is really useful and necessary in a Community, for the Preservation of Peace and good Order?*

210. Proofs from Fact demonstrate to us, that the frequent Use of capital Punishment never mended the Morals of a People. Therefore, if *I* prove the *Death* of a Citizen to be neither *useful* nor *necessary to Society in general*, *I* shall confute *those* who *rise up against* Humanity. *I* repeat here, *to Society in general*; because the Death of a Citizen can *only* be useful and necessary in *one* Case; which is, when, though he be *deprived* of Liberty, yet he has *such Power* by his *Connections*, as may *enable* him to raise Disturbances dangerous to the publick Peace. This Case can happen only, when a People either loses, or recovers their Liberty; or in a Time of Anarchy, when the *Disorders* themselves hold the *Place* of Laws. But in a Reign of Peace and Tranquillity, under a Government established with the united Wishes of a whole People; in a State well fortified against external Enemies, and protected within by strong Supports; that is, by its own internal strength and virtuous Sentiments rooted in the Minds of the Citizens; and where the whole Power is lodged in the Hands of a Monarch; in such a State, there can be *no* Necessity for *taking away the Life* of a Citizen. The twenty Years Reign of the Empress *ELIZABETH PETROVNA* gives the Fathers of the People a more illustrious Example for Imitation than a Reign of the most shining Conquests.

211. It is not the *Excess* of Severity, nor the *Destruction* of the human Species, that produces a powerful Effect in the Hearts of the Citizens, but the *continued Duration* of the Punishment.

212. The Death of a Malefactor is not so efficacious a Method of deterring from Wickedness, as the *Example continually remaining* of a Man, who is deprived of his Liberty for *this End*, that he might *repair*, during a Life of *Labour*, the *Injury* he has done to the Community. The Terror of Death, excited by the Imagination, may be more strong, but has not Force enough to resist that *Oblivion*, so natural to Mankind. It is

a general Rule, that rapid and violent Impressions on the human Mind, *disturb* and *give Pain*, but do not *operate* long upon the *Memory*. That a Punishment, therefore, might be conformable with Justice, it ought to have *such* a Degree of Severity only, as might be sufficient to *deter* People from committing the Crime. Thence *I* presume to affirm, that there is no Man who, upon the least Degree of Reflection, would put the *greatest possible* Advantages he might flatter himself with from a Crime *on the one Side*, into the Balance against a Life *protracted* under a *total* Privation of Liberty, *on the other*.

213. Q. 7. *What Punishments ought to be inflicted for different Crimes?*

214. He who disturbs the publick Peace, who refuses to submit to the Laws, who breaks through those Ties, by which People are united in Society, and reciprocally defend each other, ought to be excluded from the Community; that is, to become *politically dead*.

215. There ought to be stronger Motives for the *Expulsion* of a *Citizen*, than of a *Stranger*.

216. A Punishment which declares a Man *infamous*, is a Mark of the publick *bad* Opinion, which deprives a Citizen of the Esteem and Confidence before reposed in him by the Community, and which expells him from the Fraternity existing between *Members* of the *same* Country. The *Infamy* inflicted by the Laws, ought to be the very same with that which *results* from universal Morality; for if an Action, which Moralists term *indifferent*, should be declared *infamous* by the Laws, then this bad Consequence would follow, that Actions, which for the common Good ought to be deemed *infamous*, will quickly cease to be reckoned so.

217. Great Care ought to be taken not to inflict corporal and painful Punishments upon those, who are infected with the Vice of Enthusiasm, either by pretending to Inspiration, or by counterfeiting a false Appearance of Sanctity. This Vice, founded upon Pride, and puffed up by Self-conceit, will derive *Glory*, and *fresh* Nourishment from the *very* Punishment itself. There have been Instances of this in the late *secret Chancery where such Persons used to come voluntarily on particular Days, merely for the Sake of suffering Punishment*.

218. *Infamy* and *Ridicule*, are the *only* Punishments which ought to be employed against these *pretendedly* inspired, and *counterfeit* Saints. For these may *abase* their *Pride*; and wise Laws, by opposing *those* Forces with Forces of the *same Kind*, will scatter, like Dust, that Admiration of these *false Doctrines*, which may *nestle* in the *weak* Minds of the Populace.

219. *Infamy* ought not to be inflicted upon a *Number* of Persons at once.

220. A Punishment ought to be *immediate, analogous* to the *Nature* of the Crime, and *known* to the Publick.

221. The *sooner* the Punishment succeeds to the Commission of a Crime, the *more useful* and *just* it will be; because it will spare the Malefactor the torturing and useless Anguish of Heart about the *Uncertainty* of his Destiny. Consequently the Decision of an Affair, in a Court of Judicature, ought to be finished in as little Time as possible. *I have said before, that Punishment immediately inflicted is most useful*; the Reason is, because the *smaller* the Interval of Time is, which passes between the Crime and the Punishment, the *more* the Crime will be esteemed as a *Motive* to the Punishment, and the Punishment as an *Effect* of the Crime. Punishment must be *certain* and *unavoidable*.

222. The most certain Curb upon Crimes, is not the *Severity* of the Punishment, but the absolute Conviction in the People' that Delinquents will be *inevitably* punished.

223. The *Certainty* even of a small, but *inevitable* Punishment, will make a *stronger* Impression on the Mind, than the *Dread* even of *capital* Punishment, *connected* with the Hopes of escaping it. As Punishments become *more* mild and moderate; Mercy and Pardon will be *less* necessary in Proportion, for the Laws themselves, at such a Time, are replete with the *Spirit* of Mercy.

224. However extensive a State may be, *every Part* of it must depend upon the Laws.

225. We must endeavour to exterminate Crimes in general, *particularly* those which are *most* injurious to the Community: Consequently, the *Means* made use of by the Laws to deter People from the Commission of every Kind of Crimes, ought to be the *more* powerful, in proportion as the Crimes are *more* destructive to the Publick Good, and in proportion to the *Strength* of the Temptation, by which *weak,* or *bad* Minds may be *allured* to the Commission of them. Consequently, there ought to be a *fixed* stated *Proportion* between *Crimes* and *Punishments*.

226. If there be two Crimes, which injure the Community *unequally*, and yet receive *equal* Punishment; then the *unequal* Distribution of the Punishment will produce this *strange Contradiction*, very little *noticed* by any one, though it frequently happens, that the *Laws* will punish Crimes, which *proceed* from *the Laws themselves*.

227. If the *same* Punishment should be inflicted upon a Man for killing an *Animal* as for killing *another Man,* or for *Forgery,* the People will soon make no *Difference* between *those* Crimes.

228. Granting the Necessity and Conveniency of *uniting* People in *Societies* we may *arrange* Crimes by a *Scale,* beginning from the *highest,* quite down to the very *lowest*; in which the *first* Degree will consist of *those,* which tend to the *final* Dissolution, and *immediate* Ruin of the Community; and the *last,* of the *least* Provocation, which can be given to any *Individual* in the *Society.* Between these two *Extremes* will be comprehended all *Actions,* contrary to the *Good* of the Community, which are termed *Criminal,* decreasing *almost* imperceptibly from the *first,* or *highest* in this Scale, to the very *last* or *lowest.*

It would suffice, if on *these Scales* should be marked regularly, by *Degrees,* all Actions deserving Blame, which belong to each of the four Species, which *We* have already enumerated in the seventh Chapter.

229. *We* have allotted the *first* Degree to *those* Crimes, which *tend* directly and immediately to the *Destruction* of the Community, and to the Injury of him, who is the *Head* of it; which are of the greatest *Importance*; because they are of all others the *most Fatal* to the Community; these are termed the *Crimes of High Treason.*

230. Next to this *first* Degree of Crimes follow *those,* which are *destructive* of the Security of *Individuals.*

231. It is indispensably necessary, that Criminals of *this* Degree should suffer the greatest of Punishments. Attempts against the Life and Liberty of a Citizen, are *Crimes* of the *most* atrocious Nature. In this Class are not only comprehended *Assassinations,* and *Murders* committed by the Populace; but even the *same* Acts of Violence committed by Persons of any *Rank* or *Dignity* whatsoever.

232. Also Robberies attended *with* Violence, or *without* it.

233. Personal Offences against the Honour of a Citizen; that is, which *tend* to deprive a Citizen of that *just Share* of Respect, which he has a Right to demand from others.

234. With regard to Duels, it may not be unnecessary to repeat again, what many have affirmed, and what others have wrote upon that Subject: That the *best Expedient* for preventing *these* Crimes is, to punish the *Aggressor*; that is, the *Challenger,* who have *Occasion* for the Duel, and to acquit the other as *innocent,* who was *compelled* to defend his Honour, without having given *any Cause* for the Challenge.

235. Smuggling of Goods is a *Real* Robbery of the State. This Crime took its *Origin* from the *Law itself.* For the *higher* the *Duties* are,

the *greater* the Profit is which arises from *Smuggling*. Consequently, the Temptation is the *stronger*; which is still *more increased* by the *Opportunities* of doing it, where the *Circumference* to be guarded is of *a great Extent*, and when contraband Goods are *small* in *Bulk*. The Forfeiture of the contraband Goods, together with such other Goods as are found along with them, is *very just*. Such a Crime deserves severe Punishment; such as *Imprisonment* proportioned to the *Nature* of the Crime. The Imprisonment for a *Smuggler* ought not to be the *same*, as for a *Highway-man* or a *Murderer*; and the most *proper* Punishment seems to be, *to oblige the Offender to labour for the Publick, the Produce of which should be calculated, and settled according to the Value of that Sum, of which he intended to defraud the Revenue*.

236. We ought here to mention *Bankrupts*, or those who *fail* in Trade on account of *Debt*. The Necessity of *good Faith*, in Contracts for the *Safety* of Commerce, obliges the Legislator to allow *Creditors* the *proper Means* for obtaining *Payment* from their *Debtors*. But it is necessary to make a Distinction between the *fraudulent* and the *honest* Bankrupt. The *honest undesigning* Bankrupt, who can *shew* evidently, that either the Breach of Promise in his own *Debtors*, or *Losses* which have disabled them from making good their *Payment*; or *Misfortunes*, which human Prudence can neither *foresee* nor *prevent*, have ruined his Fortune; such a One ought not to be *treated* with the *same* Rigour as the *fraudulent* Bankrupt. For why should he be *thrown into Prison*? Upon what Account should he be deprived of *his Liberty*, the only *Property* that is *left* him? Why should he be subject to a *Punishment*, which is only *proper* for Criminals; and be compelled, through Despair, to *repent* of his *Honesty*? Let his *Debt*, if you please, stand *charged* against him, till his Creditors are intirely satisfied: Let him be denied the Liberty of *removing* into another Country, without Leave from *those* to whom he is *indebted*; and let him be *compelled* to employ his *Industry* and *Abilities* to effect such a *Change* in his Situation, as may *enable* him to make a *clear Discharge of his Debts*. That Law, therefore, is not to be justified, which deprives him of his Liberty, without the *least* Benefit to his *Creditors*.

237. We may, I think, be able to distinguish, on all Occasions, a Fraud attended with aggravating Circumstances, from a *great* Oversight; and a *great* Oversight from a *small* Oversight; and *this last* from perfect *Innocence*; and, by *this Distinction*, proportion the *Measure* of the Punishment provided by the Laws.

238. A wise and provident Law might prevent the greatest Part of these *fraudulent* Bankruptcies, and provide *proper* Expedients to guard

against those Accidents, which may befall the *honest industrious Trader*. A publick *Register* for all mercantile *Contracts*, and free Liberty for every Citizen to *inspect* it on Occasion, and to act accordingly; and a *Fund* raised by a prudent Contribution of the Merchants; out of which the *unfortunate*, although *careful* Trade, might be properly assisted; *provided* these Establishments bring with them many great Advantages, and occasion no Difficulty in the Execution.

239. Q. 8. *Which are the most efficacious Means of preventing Crimes?*

240. It is better to *prevent* Crimes, than to *punish* them.

241. To *prevent* Crimes, is the *Intention*, and the *End* of every *good* Legislation; which is nothing more than the Art of conducting People to the *greatest* Good, or to leave the *least* Evil possibly amongst them, if it should prove impracticable to *exterminate* the whole.

242. If we forbid many Actions, which are termed *indifferent* by the *Moralists*, we shall not prevent the Crimes, of which they *may* be productive, but shall *create* still *new* Ones.

243. Would you *prevent* Crimes? order it *so*, That the Laws might rather favour every *Individual*, than any particular Rank of Citizens, in the Community.

244. Order it so, that the People should fear *the Laws*, and *nothing* but the Laws.

245. Would you prevent Crimes? order it so, that the *Light of Knowledge* may be *diffused* among the People.

246. A Book of good Laws is nothing but a Bar to prevent the Licentiousness of injurious Men from doing Mischief to their fellow Creatures.

247. There is yet another Expedient to *prevent* Crimes, which is by *rewarding* Virtue.

248. Finally, the *most sure*, but, at the same Time, the *most difficult* Expedient to mend the Morals of the People, is a perfect System of Education.

249. In this Chapter will be found Repetitions of what has been said before; but they, who shall examine the Case with the least Attention, will perceive, that the Subject itself required it; and besides, it is very allowable to *repeat* more than once, whatever may be *useful* to Mankind.

Chap. XI

250. A Society of Citizens, as well as every Thing else, requires a certain fixed Order: There ought to be *some to govern*, and *other to obey*.

251. And this is the Origin of every Kind of Subjection; which feels itself more or less alleviated, in Proportion to the Situation of the Subjects.

252. And, consequently, as the Law of Nature commands *Us* to take as much Care, as lies in *Our Power*, of the Prosperity of all the People, we are obliged to alleviate the Situation of the Subjects, as much as sound Reason will permit.

253. And therefore, to shun all Occasions of reducing People to a State of Slavery, except the *utmost* Necessity should *inevitably* oblige us to do it; in that Case, it ought not to be done for our own Benefit; but for the Interest of the State: Yet even that Case is extremely uncommon.

254. Of whatever kind Subjection may be, the civil Laws ought to guard, on the one Hand, against the *Abuse* of Slavery, and, on the other, against the *Dangers* which may arise from it.

255. Unhappy is that Government, which is compelled to institute *severe* Laws.

256. *Peter the Great* ordained, in the Year 1722, that Persons who were insane in Mind, and those who tortured their Vassals, should be put under the Tutelage of Guardians. This Injunction is executed with regard to the Objects of the first Part of it; the Reason why it is not put in Force with respect to the Objects of the last Part, is *unknown*.

257. In Sparta Slaves could not obtain the least Satisfaction in the Courts of Judicature: And the Extreme of their Unhappiness consisted in this, that they were not only the Slaves of *one* individual Citizen, but at the same Time of the *whole* Community.

258. Among the Romans, in Case of maiming a Slave, Regard was only paid to the Damage done by it to the Master. It was esteemed *equal* by them, whether a Wound was inflicted on a Beast, or on a Slave: Nothing was taken into Consideration, but only the *Diminution* in the Price of each: And even that turned to the *Interest* of the Master, *not* of the injured.

259. Among the Athenians, whoever treated a Slave with Cruelty, was punished with great Severity.

260. A great Number of Slaves ought not to be infranchised all at once, nor by a general Law.

261. A Law may be productive of public Benefit, which gives some *private* Property to a Slave.

262. Let us finish all this, by repeating that *fundamental Rule*; that the government which most resembles that of Nature, is that, whose particular Disposition answers best to the Disposition of the People, for whom it is instituted.

263. However it is still highly necessary to prevent those Causes, which so frequently incited Slaves to rebell against their masters; but till these Causes are discovered; it is impossible to prevent the like accidents by Laws; though the Tranquillity, both of the one and of the other, depends upon it.

Chap. XII

264. *Of the Propagation of the human Species in a State.*

265. Russia is not only *greatly* deficient in the *number* of her Inhabitants; but at the same Time, extends her Dominion over *immense* Tracts of Land; which are neither peopled nor improved. And therefore, in a Country so circumstanced, *too much* Encouragement can never be given to the *Propagation* of the human Species.

266. The Peasants generally have twelve, fifteen, and even twenty Children by one Marriage; but it rarely happens, that one *Fourth* of these ever attains to the *Age* of Maturity. There must therefore be some Fault, either in their Nourriture, in their Way of Living, or Method of Education, which occasions this *prodigious* Loss, and disappoints the *Hopes* of the Empire. How flourishing would the State of this Empire be, if we could but ward off, or *prevent* this fatal Evil by proper Regulations!

267. You must add too to *this*, that two Hundred Years are now elapsed, since a *Disease* unknown to our Ancestors was imported from America, and *hurried* on the Destruction of the human Race. This Disease spreads *wide* its *mournful* and *destructive* Effects in *many* of our Provinces. The utmost Care ought to be taken of the Health of the Citizens. It would be highly prudent, therefore, to stop the Progress of this Disease by the Laws.

268. Those of Moses may serve here for an Example. LEVITIC. Chap. xiii.

269. It seems too, that the Method of exacting their Revenues, *newly* invented by the Lords, diminishes both the *Inhabitants*, and the

Spirit of Agriculture in Russia. Almost all the Villages are *heavily* taxed. The Lords, who seldom or never *reside* in their Villages, lay an Impose on every Head of one, two, and even five Rubles, without the least Regard to the *Means* by which their Peasants may be able to *raise* this Money.

270. It is highly necessary that the Law should prescribe a Rule to the Lords, for a more judicious Method of raising their Revenues; and oblige them to levy *such* a Tax, as *tends least* to separate the Peasant from his House and Family; this would be the Means by which Agriculture would become more extensive, and Population be more increased in the Empire.

271. Even now some Husbandmen do not see their Houses for fifteen Years together, and yet pay the Tax annually to their respective Lords; which they procure in Towns at a vast Distance from their Families, and wander over the whole Empire for that Purpose.

272. The more happily a People live under a Government, the more easily the Number of the Inhabitants increases.

273. Countries, which abound with Meadow and Pasture Lands, are generally *very thinly* peopled; the Reason is, that *few* can find Employment in those Places: But arable Lands are much *more* populous; because they *furnish* Employment for a *much greater* Number of People.

274. Wherever the Inhabitants can enjoy the Conveniencies of Life, there Population will certainly increase.

275. *But a Country, which is so overwhelmed with Taxes, that the People, with all their Care and Industry, can with the utmost Difficulty find Means for procuring a bare Subsistance, will, in length of Time, be deserted by its Inhabitants.*

276. Where a People is poor for no other Reason, but because they live under oppressive Laws, and esteem their Lands not so much as a *Fund* for their Maintenance, as a *Pretence* for their Oppression; in such Places, the Inhabitants cannot increase. They have not the Means of Subsistance sufficient for themselves, how then can they think of yielding a Part of it to their Offspring? They are not able to take Care of *themselves*, even in their *own* Illness; how then can they bring up, and look after *Creatures*, which are in a State of *continual* Illness, that is, *Infancy*? They bury their Money in the Earth, and are afraid to let it circulate; and they fear to appear rich, because their Wealth might expose them to Persecution and Oppression.

277. The Ease of asserting, and the Incapacity for thoroughly examining an Affair, have induced many to affirm, *That the poorer the*

Subjects live, the more numerous their Families will be; and the heavier the Taxes are, the more readily they will find the Means of paying them. These are two Sophisms, which ever did, and ever will bring Destruction upon Monarchies.

278. The Evil is almost incurable, when the Depopulation of the Country has been of long standing, from some internal Defect in the Constitution, and a bad Administration. The People drop off there by an imperceptible and almost habitual Malady. Born in Langour and Misery, under the Oppression, or false Maxims adopted by Government, they see themselves destroyed frequently, without perceiving the Causes of their Destruction.

279. In order to re-establish a State stripped in such a Manner of its Inhabitants, it will be in vain to expect Assistance from the Children, which may be born in future. This Hope is totally over: People in their Desart have neither Courage nor Industry. Lands, which might feed a whole People, can scarce yield Food for a single Family. The common People in those Parts have no *Share* even in that, which is the *Cause* of their Misery; that is, the Lands which lie *fallow* and *uncultivated*, with which the Country abounds; either some of the principal Citizens, or the Sovereign, insensibly ingross the *whole Extent* of these desert Countries. The ruined Families have *left* their Oppressors the *whole* for *Pastures*, and the laborious Man has nothing.

280. In such Circumstances, the same Method ought to be followed through the whole Extent of that Country, which the Romans practised in one Part of theirs. To *do*, in a Scarcity of Inhabitants, what they *did* in a Superfluity of them, to *divide* the Lands amongst the Families which *had none*, and to enable them to cultivate and improve them. This Division ought to be made without Loss of Time, as soon as ever one Man can be found who would undertake it on those Terms, that not a Moment might be lost before the Work is begun

281. Julius Caesar gave Premiums to those who had many Children. The Laws of Augustus were more forceable. He imposed Penalties upon those who refused to marry, and increased the Premiums of those who married, and also of those who had Children. But *these* Laws are not consistent with *those* of our orthodox Religion.

282. In some Countries particular Privileges are granted to married Persons: For Instance, that the Overseers, and petty Justices in Villages, must be elected out of the married People only. Unmarried Persons, and those who have no Children, are neither qualified to transact

publick Business, nor to preside in the Village Courts. He who has the most Children, takes the highest Place in that Court; and that Peasant, who has more than five Sons, is exempt from all Taxes.

283. Among the Romans, unmarried People were excluded from receiving Legacies bequeathed by the Last Wills of Strangers; and married Persons, who had no Children, were entitled only to a Moiety.

284. The Benefits which a Husband and Wife are able to leave reciprocally by Will to each other, were limited by Law. If they had Children by one another, they could bequeath each other their whole Substance; but, if they had none, they could only inherit the tenth Part after the Death of either, in consideration of their Marriage. And if they had Children by a former Marriage, they were allowed to bequeath each other as many tenth Parts as they had Children.

285. If a Husband absented himself from his Wife, upon any other Account than that of the publick Service, he was not allowed to inherit her Effects.

286. In some Countries, a certain Pension is appointed for those who have ten Children; and a larger for those who had twelve. But the Point does not consist in rewarding Fecundity only in married People; their Lives ought also to be made as easy as possible; that is, the Careful and Industrious ought to enjoy the Means of supporting themselves and their Families.

287. Temperance in the People conduces greatly to Population.

288. It is generally ordained by the Law, that Fathers should unite their Children in Marriage. But what Advantage will arise from this, if Oppression and Avarice should, in an illegal Manner, usurp the Authority of a Father? Fathers ought rather to be encouraged to unite their Children in Marriage, and not to be debarred the Power of marrying their Children according to their own Judgment.

289. With regard to Marriages, it would be highly necessary, and of great Importance, to define once *clearly* and with *Certainty,* the *Degree* of Consanguinity in which Matrimony is allowed, and the *Degree* in which it is forbid.

290. There are Countries where the Law [in case of Want of Inhabitants] gives the Freedom of Citizens to Foreigners; or whose who are illegitimate, or born only from a Mother who is a Citizen: But when they have acquired a sufficient Number of Inhabitants by these Means, they admit them no longer.

291. The savages of Canada burn their Prisoners of War; but if they have any vacant Huts, with which they can accommodate the Prisoners, they incorporate them with their own Nation.

292. There are People who, after the Conquest of other Nations, unite in Marriage with the Conquered: Thus they attach the conquered People to themselves, and increase their Numbers.

Chap. XIII

293. *Of handicraft Trades, and Commerce.*

294. There can be neither skilful Handicraftsmen, nor a firmly-established Commerce, where Agriculture is neglected, or carried on with Supineness and Negligence.

295. Agriculture can never flourish there, where no Persons have any Property of their own.

296. This is founded upon a very simple Rule: *Every Man will take more Care of his own Property, than of that which belongs to another; and will not exert his utmost Endeavours upon that, which he has Reason to fear another may deprive him of.*

297. Agriculture is the most laborious Employment a Man can undertake. The *more* the Climate induces a Man to shun this Trouble, the *more* the Laws ought to animate him to it.

298. In China, the Emperor Bogdo-Chan is informed annually of that Husbandman, who has distinguished himself most in his Profession, and makes him a Mandarine of the Eighth Order. That Sovereign begins every Year to open the Ground with a Plough, with his own Hands, and with the most magnificent Ceremonies.

299. It would not be improper to give a Premium to those Husbandmen, who bring their Fields into better Order than others.

300. And to the Handicraftsmen, who distinguished themselves most by their Care and Skill.

301. This Regulation will produce a Progress in the Arts, in all Parts of the Country. It was of Service, even in our own Times, in establishing very important Manufactories.

302. There are Countries, where a Treatise of Agriculture, published by the Government, is lodged in every Church, from which the Peasant may be able to get the better of his Difficulties, and draw proper Advantage from the Instructions it contains.

303. There are Nations inclined to Laziness. In order to exterminate Laziness in the Inhabitants, arising from the Climate, such Laws are to be made, as should deprive those, who refuse to work, of the Means of Subsistance.

304. All Nations inclined to Laziness are arrogant in their Behaviour; for they who do not work esteem themselves, in some Measures, Rulers over those who labour.

305. Nations who have given themselves up to Idleness, are generally proud: We might turn the Effect against the Cause from which it proceeds, and destroy Laziness by Pride itself.

306. For Government may be as strongly supported by *Ambition*, as it may be endangered by *Pride*. In asserting this, we need only represent to ourselves, on the one Hand, the innumerable Benefits which result from *Ambition*; such as, Industry, Arts, and Sciences, Politeness, Taste &c.; and, on the other, the infinite Number of Evils arising from *Pride*, in some Nations; such as Laziness, Poverty, Disregard for every thing; the Destruction of Nations, who accidentally fall into their Power, and afterwards the Ruin of themselves.

307. As *Pride* induces some to shun Labour, so *Ambition* impells others to excell all the rest in Workmanship.

308. View every Nation with Attention, and you will find, that arrogant Pride and Laziness, most commonly, go Hand in Hand together.

309. The People of Achim are haughty and lazy: Such amongst them as have no Slaves of their own, hire one, if it be only to carry a small Bag of Rice a hundred Paces. They would look upon it as a Disgrace, if they should carry it themselves.

310. The Women in India think it a Scandal to learn to read: This Business, they say, belongs to the female Slaves, who chaunt the Hymns in their Temples.

311. A Man is not poor, because he has nothing; but because he will do no Work. He who has no Estate, but will work, may live as well as he, who has an annual Income of a Hundred Rubles, but will do no Work.

312. A Tradesman who has taught his Children his Art, has given them such an Estate, as increases in proportion to their Number.

313. Agriculture is the first and principal Labour, which ought to be encouraged in the People: The next is, the manufacturing of our own Produce.

314. Machines, which serve to shorten Labour in the mechanick Arts, are not always useful. If a Piece of Work, wrought with the Hands, can be afforded at a Price, equally advantageous to the Merchant and the Manufacturer; in this Case, Machines which shorten Labour, that is, which diminish the Number of Workmen, will be greatly prejudicial to a populous Country.

315. Yet, we ought to distinguish between what we manufacture for our Home-consumption, and what we manufacture for Exportation into foreign Countries.

316. Too much Use cannot be made of this Kind of Machines in our Manufactures, which we export to other Nations; who do, or may receive the same Kind of Goods, from our Neighbours, or other People; especially those who are in the same Situation with ourselves.

317. Commerce flies from Places where it meets with Oppression, and settles where it meets with Protection.

318. The Athenians did not carry on that extensive Commerce, which might have been expected from the Labour of their Slaves, the great Number of their Seamen, the Power which they had over the States of Greece, and, what exceeded all, the excellent Regulations of Solon.

319. In many Countries, where all the Taxes are farmed, the *Collection* of the Royal Revenues *ruins* Commerce, not only by its Inequality, Oppression, and extreme Exactions, but also by the *Difficulties* it occasions, and the *Formalities* it requires.

320. In other Places, where the Duties or Customs are *collected* upon the *good Faith* of the Importers, there is a wide Difference in respect of the Conveniencies for Traffick. One Word in Writing transacts the greatest Business. The Merchant is under no Necessity of losing Time in Attendance; nor obliged to employ *Clerks* on purpose to remove the Difficulties started by the *Financiers* or be *compelled* to submit to them.

321. The Liberty of Trading does not consist in a Permission to Merchants of doing whatever they please; this would be rather the *Slavery* of Commerce: What *cramps* the Trader, does not *cramp* the Trade. In free Countries the Merchant meets with innumerable Obstacles; but in despotic Governments he is not near so much thwarted by the Laws. England prohibits the Exportation of its Wood; she has ordained Coals to be imported to the Capital by Sea; she has prohibited the Exportation of Horses fit for Stallions; she obliges Ships, which

Trade from her Plantations in America into Europe, to anchor first in England. By these, and such like Prohibitions she *cramps* the Merchant; but it is for the *Benefit* of Commerce.

322. Wherever there is Trade, there are Custom-houses also.

323. The Object of Trade is the Exportation and Importation of Goods for the Advantage of the State: The Object of the Custom-houses is a certain Duty, exacted from the same Exportation and Importation of Goods, for the Advantage likewise of the State; for this Reason a State ought to preserve an exact Impartiality between the Custom-house and the Trade, and to make such proper Regulations, that these two might never clash with each other: Then the People will enjoy there free Liberty of Commerce.

324. England has no Tariff, or fixed Book of Rates with other Nations: Her Tariff changes, as we may say, at every Session of Parliament, by the particular Duties, which she lays on, or takes off.

Strongly jealous of the Trade which is carried on, in Her Country, She rarely engages herself in Treaties with other States, and depends on no Laws, but Her own.

325. Some Countries have made Laws, perfectly well calculated to humble those States, which carry on the Commerce of Oeconomy. They are forbidden to import any Commodities, except what are Raw, and not manufactured; and even those must be the Growth of their own Country; and they are prohibited from trading thither in any Vessels, but what are constructed in that Country, from whence they come.

326. The State, which imposes these Laws, ought to be in a Condition to carry on the Trade itself with Ease, and without the Assistance of others; otherwise it would, at least, do *equal* Injury to itself. It is better to be concerned in Trade with such a Nation, as exacts little, and which the Necessity of Trade renders in some Measure attached to us: With such a People, who from their extensive Views or Traffick know where to dispose of their superfluous Merchandize; who are rich, and can take off a great Stock of Commodities; and who will pay for them in ready Money; who, if we may express ourselves in this Manner, are *necessitated* even by Interest to be *honest*; who are *pacifick* from *Principle;* who aim at *Profit,* but not at *Conquests.* It is better, *I* say, to be concerned with *such a Nation* than with others, who are always *our Rivals,* and will grant us *none* of these Advantages.

327. It would be still more injurious to a State; if, in order to sell its Commodities, it should confine itself to one Nation only, upon this

weak Pretence, that it will take off all our Goods at a fixed Price certain.

328. The true Maxim is not to exclude any People from trading with us without very important Reasons.

329. In many Countries Banks are established with good Success; which, by their Credit, have created *such new Signs* of valuation, as have increased the Circulation. But, in order to establish the Credit of such Institutions under a monarchical Government, these Banks ought to be annexed to such *charitable Foundations*, as are esteemed *sacred*, and *independent of the Government*; and which have a *Grant* by Letters Patent, with which no Person *can*, or ought *to interfere*; such, for Instance, as *Hospitals, Orphan-Houses, &c.* that all Persons might be *persuaded*, and *firmly trust*, that the Sovereign will never violate the *sacred character* of *those Places*; nor incur the *Guilt of Sacrilege*, by seizing their Money.

330. One of the best Writers upon Laws gives us his Sentiments in the following Words. *People, incited by what they see practised in some Dominions, imagine, that it would be expedient to have Laws, which should encourage the Nobility to ingage in Commerce. This would be the Means of ruining the Nobility, without the least Advantage to Commerce. The Practice indeed is extremely wise in those Countries, where Merchants, though not ennobled, are yet capable of attaining the Rank of Nobility; they have the Hopes of obtaining that Rank, without labouring under the Inconveniencies, which actually attend it. They have not a more certain Method of rising above their present Profession, than by carrying it on with the utmost Assiduity, or meeting with such Success, as is generally accompanied with an affluent Fortune. It is repugnant to the true Spirit of Trade, that the Nobility should engage in it under a monarchical Government. It would be fatal to the Cities, as the Emperors Honorius and Theodosius affirm; and would destroy the Facility of buying and selling between the Merchants and the Plebians. It is equally contrary to the Spirit of monarchical Government, for the Nobility to engage in Trade. The Custom allowed to the Nobility, in some Countries, of engaging in Trade, is one of the Means, which contributed most to weaken the Monarchical Government.*

331. There are People, however, of a different Opinion; who judge, that such Noblemen may be permitted to Trade, as are not actually in the Service of the Government; but still with this Restriction, *that they conform themselves, in every Thing, to the Laws of Commerce.*

332. Theophilus seeing a Ship freighted with Merchandize for his Consort Theodora, ordered it to be burnt. *I am an Emperor, said he to her, and thou makest me a Master of a Vessel; which Way shall poor People be able to*

earn a Livelihood, if we turn Traders? He might have added, "Who will be able to restrain us, if we turn Monopolists? Who can compel us to make good our Contracts? The Courtiers, following our Example, will do the same; they will be more rapacious, and more unjust than we are. The People confide in our Justice, but not in our Opulence: The great Number of Taxes, which reduce them to Misery, are convincing Proofs of our own Necessities."

333. When the Portugese and Spaniards lorded it over the East-Indies, Trade there produced such lucrative Branches, that their Sovereigns thought proper to seize upon them themselves. This destructive Measure ruined their Settlements in that Part of the World. The Viceroy of Goa granted exclusive Privileges to different Persons. No one can ever confide in such Sort of People; the Trade was ruined by the continual Change of the Parties, to whom it was intrusted. No one gave himself the least Concern about such a Kind of Trade; nor cared in how ruinous a Condition he left it to his Successor. The Profit centered in few hands, and was not sufficiently diffused.

334. Solon made a Law at Athens, that the Person of a Debtor should not be arrested for Debts on civil Contracts. This Law is very useful for the common domestick Affairs of the Citizens; but *We* ought not to follow it in Affairs relative to Commerce. For as Merchants are frequently obliged to intrust *large* Sums of Money for *very short* Times, to *give* them, and to *receive* them back; the *Debtor* ought in Justice to be always punctual to the Time appointed for the Payment; which implies a Power of *arresting* his Person. In Disputes arising from common civil Contracts among the Citizens, the Law ought not to allow the Arrest of the Person; because it sets a greater Value upon the *Liberty* of one Citizen, than the *private Interest* of another. But in *commercial Contracts,* the Law ought to set a *greater* Value upon the *Interest* of the *whole* Community, than upon the Liberty of a *private* Citizen. Yet this does by no Means exclude such Restrictions and Limitations, as Humanity and good Policy require.

335. That Law at Geneva is highly praise-worthy, which excludes all the Children of those who lived or died insolvent from the Magistracy, and even from a Seat in the great Council; unless they discharged the Debts contracted by their Parents. The happy Effect resulting from this Law produces a general Confidence for the Merchants, for the Magistrates, and for the City itself. The particular Credit of every Individual has, in that Place, the same Force as the united Credit of the Publick.

336. The Rhodians extended this Law much farther. Amongst them a Son could not possibly avoid the Payment of his Father's Debts, even though he should relinquish all Right to his paternal Inheritance. This Law of Rhodes was calculated for a State founded in, and supported by Commerce. The very Nature, therefore, of their Constitutions seems to have required *this Exception* to be annexed to the Law, for the Encouragement of Commerce, *That all Debts contracted by the Father, after the Son had commenced Trader upon his own Account, should not affect, or deprive him of what Property he had acquired after that Period of Time.* A Merchant ought always to know thoroughly the Extent of his Contracts, and to conduct himself so, as never to exceed his capital Stock.

337. Xenophon is of Opinion, "that a Premium should be allowed to such of the Prefects of Trade, as terminated soonest all Processes relating to Commerce." He seems to have foreseen the Necessity of the Consular Jurisdiction.

338. Affairs relating to Trade will hardly admit of the Delay occasioned by judicial Formalities. They are Actions produced *every day* in Commerce, from which others of the *same Nature* must *every Day* invariably follow. They ought therefore to be *every Day* decided. The Case is quite different with respect to *temporal* Affairs, which chiefly influence *future* Events, and which happen *but rarely*. We generally marry *but once*; we do not make our *Wills*, or *bequeath* Gifts *every Day*, and we can be of Age *but once*.

339. Plato affirms, that in a City which carried on no Commerce by Sea, there is no Occasion for Half the Number of civil Laws; which is extremely right. A maritime Trade introduces People of *various* Nations into the *same* Place; a great Number of *Contracts, different* Kinds of Commodities, and different Methods of Gain: Consequently, in a trading City, there are *fewer* Judges, and *more* Laws.

340. The Law, which confiscates the Effects of any Stranger to the Sovereign's Use in whose Territories he happens to die, and deprives the right Heir of his Inheritance; and the Law, which appropriates to the Sovereign, or his Subjects, the Cargo of a Ship wrecked upon their Coasts, are alike ill-judged and inhuman.

341. The Grand Charter, or *Magna Charta* of England, forbids the Seizure of Lands or Revenues of a Debtor, if his moveable or personal Effects are sufficient to discharge his Debts, and he is willing to resign them to his Creditors; In such a Case, all his Effects are valued as *ready Money*. This Charter does not prevent the *Lands* and *Revenues* of an

Englishman from being valued *as ready Money*, in the same Manner as his personal Effects. The Intention of this Prohibition was to protect the Debtor from the Hardships he might be exposed to from the Severity of his Creditors. Justice becomes *Oppression*, when strained so far beyond the *Bounds* of Equity, in Seizures for Debts, as to *deprive* the Debtor of that *Security*, which every Man has a *Right* to demand; and if *one Species* of Wealth is alone sufficient for the Payment of his Debts, there is no absolute Necessity for seizing *another*. And as *Lands* and *Revenues* are seized for the Payment of Debts, where no other Effects remain sufficient to satisfy the Creditors, it should seem, that *they* ought not to be excluded from the *Number* of those Signs, which are *valued as ready Money*.

342. The Proof of Gold, of Silver, and of Copper, in Coin, likewise the Impression and the instrinsick Value of the Coin, ought always to be regulated by *one fixed Standard*, which should never *be varied* upon any Occasion; for *every Alteration* in the Coin *injures the Credit* of the State. Nothing ought to be so much *exempted* from Alteration, *as that* which is the *common Measure* of every Thing. Commerce, in its very Nature, is extremely uncertain, and it is highly injurious to add a new Degree of Uncertainty to that, which arises from the very Nature of the Thing itself.

343. There are Laws in some Countries, which prohibit the Subjects to sell their Lands, lest they should transport the Purchase-money into foreign Countries. These Laws might be of use at that Time, when the Wealth of any Country was so circumstanced, that it could not be transported to another without the utmost Difficulty. But since, *by the Invention of Letters of Exchange, Wealth* is, in some Measure, no longer the *sole Property* of any *particular* Country, and can with so much East *be transferred* from one Country to another; that ought to be termed *a bad Law*, which does not permit the Owner to dispose of *his Lands* as he thinks proper, and the Situation of his Affairs requires, just *as freely*, as he can *dispose* of his Money. This Law is bad too for this Reason, that it gives the Preference, in point of Advantage, to the *personal* over the *landed Estate*; because it prevents *Foreigners* from *settling* in that Country; and, finally, because it may be *easily eluded*.

344. It ever happens, that whoever forbids that which Nature itself dictates, or unavoidable Necessity requires, such a one will do nothing more, than only *reduce* those who practise it to be *dishonest*.

345. In commercial Countries, where great Numbers depend intirely upon their Art, the State is frequently obliged to provide for the

Necessities of the Ancient, the Infirm, and the Orphans. A well-regulated State draws a Fund for their Subsistence from the very Arts themselves; it gives Work to some in proportion to their Abilities; and it teaches others to work, which is itself an Employment.

346. An Alms bestowed on a Beggar in the Street, can never acquit a State of the Obligation it lies under, of affording all its Citizens a certain Support during Life; such as wholesome Food, proper Cloathing, and a Way of Life not prejudicial to Health in general.

Chap. XIV

347. *Of Education.*

348. The Rules of Education are the fundamental Institutes which train us up to be Citizens.

349. Each particular Family ought to be governed upon the Plan of the great Family; which includes all the Particulars.

350. It is impossible to give a general Education to a very numerous People, and to bring up all the Children in Houses regulated for that Purpose; and, for that Reason, it will be proper to establish some *general Rules*, which may serve *by Way of Advice* to all Parents.

1.

351. Every Parent is obliged to teach his Children the Fear of God, as the Beginning of all Wisdom, and to inculcate into them all those Duties, which God demands from us in the ten Commandments, and our orthodox Eastern Greek Religion, in its Rules and Traditions.

352. Also to inculcate into them the Love of their Country, and to enure them to pay due Respect to the established civil Laws, and to reverence the Courts of Judicature in their Country, as those, who, by the Appointment of God, watch over their Happiness in this World.

2.

353. Every Parent ought to refrain *in Presence* of his Children, not only from *Actions*, but even *Words* that *tend* to Injustice and Violence; as for Instance, *Quarrelling, Swearing, Fighting,* every Sort of *Cruelty* and *such like Behaviour*; and not to allow those who are about his Children *to set them such bad Examples*.

3.

354. He ought to forbid his Children, and those who are about them, the *Vice* of *lying,* though even *in jest*; for *Lying* is the most pernicious of *all Vices.*

355. We shall add here, for the Instruction of every Man in particular, what has been already printed, and serves as *a general Rule* for the Schools already founded, and which are still founding by *Us*, for *Education,* and for the *whole* Society.

356. *Every one ought to inculcate the Fear of God into the tender Minds of Children, to encourage every laudable Inclination, and to accustom them to the fundamental Rules, suitable to their respective Situations; to incite in them a Desire for Labour, and a Dread of Idleness, as the Root of all Evil, and Error; to train them up to a proper Decorum in their Actions and Conversation, Civility, and Decency in their Behaviour; and to sympathize with the Miseries of poor unhappy Wretches; and to break them of all perverse and froward Humours; to teach them Oeconomy, and whatever is most useful in all Affairs of Life; to guard them against all Prodigality and Extravagance; and particularly to root a proper Love of Cleanliness and Neatness, as well in themselves as in those Qualities, which join to form a good Education; by which, as they grow up, they may prove real Citizens, useful Members of the Community, and Ornaments to their Country.*

Chap. XV

357. *Of the Nobility.*

358. The Husbandmen, who cultivate the Lands to produce Food for People in every Rank of Life, live in Country Towns and Villages. *This is their Lot.*

359. The Burghers, who employ their Time in mechanick Trades, Commerce, Arts, and Sciences, *inhabit the Cities.*

360. *Nobility* is an Appellation of *Honour,* which distinguishes all those who are adorned with it from every other Person of *inferior Rank.*

361. As amongst Mankind there were *some more* virtuous *than others,* and who at the same Time distinguished themselves *more* eminently by their *merit,* the People in ancient Times agreed to dignify the *most* virtuous, and the *most* deserving, by this *honourable Appellation, or Title,* and determined to *invest* them with *many Privileges* which are *founded* upon *the Principal Rules of Virtue and Honour* above mentioned.

362. The proceeded still farther, and regulated by Law *the Means* by which *this Dignity* might be *obtained* from the Sovereign, and pointed out *those bad Actions* by which it *might be forfeited.*

363. *Virtue* with *Merit raises* People to the *Rank of Nobility.*

364. Virtue and Honour ought to be the Rules, which prescribe *Love for their Country, Zeal for its Service, Obedience and Fidelity to their Sovereign*; and continually suggest, *never to be guilty of an infamous Action.*

365. There are few Ways which lead so directly to the Attainment of Honours, as the military Service. To defend their Country, and to conquer the Enemies, is the first Duty, and Proper Employment of the Nobility.

366. But though the military Art is the most ancient Way of attaining the Rank of Nobility; and though the military Virtues are essentially necessary for the Existence and Support of the State;

367. Yet still Justice is no less required in Time of Peace than in War; and the State would be destroyed without it;

368. And from hence it proceeds, that this Dignity is not attached solely to the Nobility; but may be acquired by the *civil* Virtues, as well as by the *military.*

369. Whence it still follows, that no one can lose the Rank of Nobility, but he who forfeits it by a Conduct directly opposite to the *Rules of Virtue and Honour*, on which his Dignity was founded; and by such means renders himself unworthy of that Appellation;

370. And the Honour and Preservation of the Purity of that Dignity require, that he, who by his ill Conduct has violated the *Rules* on which his Title is founded, should be excluded, after Conviction, from the Number of the Nobility, and be deprived of that Dignity.

371. The Actions, which render a Man unworthy of the Appellation of *Noble*, are *Treason, Robbery, Theft* of all Kinds, the *Violation of Oaths*, or his *solemn Word given, false Evidence,* which he either *gave* himself, or *suborned* others to give; *Forgery* of false Deeds, Letters, of any such Kind of Writings:

372. In a Word, *every Fraud* contrary to *Honour*, especially those *Actions*, which *degrade* a Man, and bring him into *Contempt.*

373. And the Preservation of Honour intire, consists in the *Love of their Country*, and *Observance of all of Laws and Duties*: From whence will follow,

374. *Praise* and *Glory*, especially to *that Race*, which can reckon up among *their Ancestors more* of such Persons, who were *adorned* with *Virtue,*

Honour, Merit, Fidelity and *Love to their Country*, and consequently *to their Sovereign*.

375. And the Prerogatives of the Nobility ought to be founded on all the above-mentioned Qualifications, which compose the very *Essence* of the Appellation of *Nobleman*.

Chap. XVI

376. *Of the middling Sort of People.*

377. *I* have mentioned in the xvth Chapter, *that those People who inhabit the Cities, apply themselves to handicraft Trades, Commerce, Arts, and Sciences.* In whatever *State* the *fundamental Qualification* for the Rank of Nobility is established, *conformably* with the Rules prescribed in the xvth Chapter, it is no less *useful* to establish the Qualification of Citizens upon *Principles* productive of the *Good Manners and Industry*, by which the People, we here treat of, will *enjoy that Situation*.

378. This Sort of People, of whom we ought now to speak, and from whom the State expects much Benefit, are admitted into the *Middling* Rank, if their *Qualifications* are firmly *established* upon *Good Manners, and Incitements to Industry*.

379. People of *this Rank* will enjoy a State of Liberty, without intermixing either with the *Nobility* or the *Husbandmen*.

380. To this Rank of People, we ought to annex all those who are neither *Gentlemen* nor *Husbandmen;* but employ themselves in *Arts, Sciences, Navigation, Commerce,* or *handicraft Trades*.

381. Besides these, all those, who are not of the *Nobility*, but have been educated in *Schools* or *Colleges*, of what Denomination soever, *ecclesiastical* or *civil*, founded by *Us* and *Our* Ancestors.

382. Also the Children of People belonging to the Law. But as in that *third Species*, there are different Degrees of Privilege, therefore we shall not enter into a Detail of Particulars; but only open the Way for a due Consideration of it.

383. As the whole Qualification, which intitles People to this *middling* Rank, is founded upon good Manners and Industry; the Violation of these Rules will serve, on the Contrary, for their Exclusion from it; as for Instance, *Perfidiousness* and *Breach of Promise*, especially if *caused* by *Idleness* and *Treachery*.

Chap. XVII

384. *Of the Cities.*

385. There are Cities of different Kinds, and of *greater* or *less* Importance, according to their Situation.

386. In some Cities more Trade is carried on by Land, or by Water, than in others.

387. In other Cities the Merchandize is only collected together to be forwarded to other Places.

388. There are likewise some, which only serve as Places of Sale for the Products brought by the Husbandman of that and other Districts.

389. The one flourishes by Manufactories.

390. The other, lying near the Sea, enjoys all these and other Advantages.

391. The third Sort draws Benefit from Fairs.

392. The other are Capitals, &c.

393. Though there are many *different* Situations of the Cities, yet they all in general agree *in this*, that *one particular Law* is necessary for them all, *viz.* to determine *what* a City is, *who* is to be deemed an *Inhabitant* in it, and *who* are to compose the *Community* of that City, and *who* are to *enjoy* the Benefit of the Advantages arising from the natural Situation of the Place, and *how* a Person may be *admitted* a Citizen?

394. The Appellation of Citizen is *appropriated* to those who are entitled to share in the beneficial Situation of the City, by the Possession of a House and Property in it of their own. These are engaged for the Sake of their own happy Situation, and for their *Privileges* as Citizens, with respect to *Security* as to Life, Health, and Property, to pay *different* Taxes; in order to *enjoy* these Conveniencies, as well as their other acquired Wealth, without *Hindrance* or *Molestation*.

395. But those who do not give his *common Pledge*, as we may term it, are not *intitled* to the Privileges of Citizens.

396. Having fixed the *fundamental* Rules for Cities, it remains now to examine into what particular Advantages, and what Commodities, every Kind of City may enjoy, without Detriment to the common Interest; and *what Regulations* ought to be established for their *mutual* Benefit?

397. In the Cities, where an extensive Trade is carried on, they ought strictly to observe, that *Credit*, in every Branch of Commerce, can only be *preserved* by *Honesty* in the Citizens: For Honesty and Credit

are *the Soul* of Commerce; and where Art and Deceit get the *better* of Honesty, there is an *End* of Credit.

398. Towns are very necessary in the Districts, where the Husbandman might dispose of the Produce of the Land, and his own Labour, and furnish himself with whatsoever he has occasion for.

399. The Cities of Archangelgorod, of St. Petersburgh, of Astracan, of Riga, of Revel, and such like, are Cities and Sea Ports. Orenburg, Kachta, and many other cities, carry on other Kinds of Trade: Whence we may clearly perceive, how great an *Analogy* the *Situation* of Places bears to the *civil* Regulations; and that, without a thorough Knowledge of all the *particular* Circumstances, it is impossible to make the *Situation* of every City *beneficial.*

400. With respect to the *exclusive* Trade of Companies of Artificers, and the Establishment of Companies for Trade in Cities, the Question is still great agitated, whether it is better to establish Companies of Handicraft Trades in Cities, or to reject them; and *which* of those Regulations will conduce most to the *Advancement* of Manufactories and Trade?

401. It is most certain, that the Establishment of Companies for handicraft Trades is useful, but they are sometimes injurious; particularly when the Number of Workmen is limited; for this *very* Limitation *hinders* the *Increase* of handicraft Trades.

402. In many Cities in Europe, where the Number of the Members is *not limited,* and any one may be *admitted* to the *Freedom* of the Company whenever he pleases; it has been observed, that *such Companies* contribute to the inriching of those Cities.

403. In Cities where there are few People, Companies might be of use, in order to have *able* People in handicraft Trades.

Chap. XVIII

404. *Of Inheritances.*

405. The Order of Inheritance is founded upon the Principles of the political or *civil* Law, and not upon the Law of Nature.

406. The Division of Property, the Laws respecting this Division, and the Inheritance after the Death of him who made this Division, could not have been regulated otherwise than by the Community, and consequently by the political or civil Law.

407. The natural Law enjoins the Fathers to nourish and educate their Children, but does not oblige them to make them their *Heirs*.

408. For Instance, a Father who has brought up his Son to some Art or handicraft Trade, by which he can earn his Bread, may enrich him more by that Means, than if he should leave him his small Property, which might only serve to make him idle and lazy.

409. It is true that political or civil Order often requires, that Children should inherit after their Fathers, but does not always insist upon it.

410. This Rule is *general*. To bring up their Children, is an *Obligation* of the Law of Nature; but to *give* them their Inheritance, is the *Regulation* of political or civil Law.

411. Each State has proper Laws for the Possession of Property, which answer to the Regulations of the State: Consequently, the Patrimony ought to be enjoyed according to the Manner prescribed by the Laws.

412. And a fixed inviolable Law ought to be made for the Succession to a Patrimony, that the right Heir might be easily known, and no Disputes or Complaints arise about it.

413. Every Law ought to be observed by the whole Community, and no Particular of it should ever be allowed to be violated by any private Regulation of the Citizens.

414. Since the Order of Inheritance was settled amongst the Romans by a political Law of the State; none of the Citizens were allowed to violate it by his own *private* Will; that is, in the first Ages of Rome, no one was allowed to *make* a Will. However, it was a most cruel Circumstance, that a Man, at his last Hour, should be deprived of the Power of bestowing Favours.

415. But an Expedient was contrived to reconcile the Laws, in this Respect, with the Laws Wills of Individuals. They were allowed to *dispose* of their Property by Will, in the publick Assembly; and thus each *Last Will* was, in some Measure, an *Act* of the legislative Power of that Republick.

416. In succeeding Ages, that unlimited Permission granted to the Romans, of making Bequests by Will, contributed, by imperceptible Degrees, to the Destruction of that political Ordinance, the *Partition of Lands*; and was the *chief* Cause of introducing that *great* and *fatal* Difference between the Rich and Poor. Many Shares of Land *centered* in one Owner; and some Citizens had *too much*, whilst an infinite Number

of others had *nothing*, and by that Means became an *insupportable* Burden to the Publick.

417. The ancient Laws of Athens did not allow a Citizen to make a Will: Solon permitted every Citizen to do it, except those who had Children.

418. But the Roman legislators, overawed by the imaginary Power of a Father, permitted them to make Wills even prejudicial to their Children.

419. It must be acknowledged, that the ancient Laws of the Athenians were more consonant to good Sense than the Laws of the Romans.

420. There are States, where they observe *a Medium* in all these Cases; that is, where they allow *acquired* Property to be *disposed* of by Will; but forbid a Village to be *divided* by Will into *different* Shares. And if the Inheritance of the Father by Descent, or, to speak more properly, his Patrimony, should be sold or spent, it was enacted, that a *Portion equal* to that Patrimony should be given to the lawful Heir out of the purchased or *acquired* Estate, unless he should be disqualified by Law, as unworthy of the Inheritance. In his last Case, the next Heir *after* him was to succeed to it.

421. As the lawful Heir, so the Heir chosen pursuant to the Will of the Testator, may *accept* of, or *refuse* the Inheritance.

422. The Daughters among the Romans were excluded from inheriting by Will; for this Reason, they provided for them by *Fraud* under a *false* Name. This Law constrained People either to make themselves *infamous, or to violate* the Laws of Nature, which inculcate in us the Love of our Children. These are Cases which ought carefully to be avoided in constructing Laws.

423. Since nothing so much *weakens* the Force of Laws, as the Possibility of *evading* them by *Art*; *useless* Laws likewise diminish the Respect due to *useful* ones.

424. Among the Romans, Wives were permitted to be Heiresses, when it was agreeable to the Law for the *Partition* of Lands; and, when it was contrary to that Law, they were debarred the Right of Succession.

425. *My* Opinion in this Affair inclines more to the Division of Property; as *I* esteem it, *My* Duty to wish, that every one should have a *Competency* sufficient for his *Livelihood*. Besides, Agriculture, by this Method, will arrive to greater Perfection; and the State will receive more Benefit from several *Thousands* of Subjects, who enjoy a *moderate* Competency, than from a few *Hundreds* who are *immensely* rich.

426. But the Division of Property should not be prejudicial to ancient *general Rules* (at a Time for regulating the Laws) as *much*, or perhaps *more* conducive to the Preservation of the whole State; which Rules should therefore not be laid aside, without due Consideration.

427. The Division according to the Number of Peasants, which has been hitherto customary, is detrimental to Agriculture, and falls heavy with respect to Taxes, and reduces the last Partakers to Poverty; but, on the Contrary, the Division of an Inheritance into certain Portions is agreeable with the Preservation of all these fundamental Rules, and with the *general* and *particular* Interest of every one.

428. A Person under Age is a Member of the *domestic Family*, and not of the *Community*, till he attains the Age of Maturity: It is necessary, therefore, to regulate the Guardianship of such *Minors*; as for Instance,

429. 1*st*, For Children which are left Orphans at the Death of their Parents, and have not yet attained the Age of Maturity; and therefore cannot be intrusted with the *full Power* over their Fortune, lest they should *squander* it away before they come to *Years* of Discretion.

430. 2*dly*, So likewise for *Lunaticks*, or those who have *lost* their Senses.

431. 3*dly*, Also for People in the like unhappy Circumstances.

432. In some free States, the Laws allow the nearest Relations of a Man, who has squandered away the *Moiety* of his Fortune, or has contracted Debts to the *Amount* of that Moiety, to sequester the *other Moiety* of it. The Revenues of this remaining Moiety are divided into *two* Parts; *one* Part is allowed him for his Support, and the *other* is appropriated to the Payment of his Debts; and, at the same Time, he is restrained from selling or mortgaging it deeper. When his Debts are discharged, the Fortune, which his relations held for him in Trust, is given back for his own Benefit, in case he should reform his Manners; but if he should persist in his former Course of Life, they allow him only the Income of it.

433. It is necessary to establish Rules adapted to every one of these Cases, that the Law might preserve every Citizen from such Acts of Violence, and such Extremities, as may happen in those Circumstances.

434. The Laws which intrust the Guardianship of a Child to the Mother, consider most the Preservation of the remaining Orphan; and those which intrust it to the nearest Heir, attend most to the Preservation of the Fortune.

435. In Nations corrupt in their Manners, the Legislators intrusted the Guardianship of an Orphan to the Mother; and in those where the Laws could place a Confidence in the Manners of the Citizens, they gave the Guardianship to the Heir of the Fortune, and sometimes to both of them.

436. Women, among the Germans, were never permitted to be without a Guardian. Augustus made a Law, "That those Women who had borne three Children should be exempted from the Power of Guardianship".

437. The Roman Laws permitted the Bridegroom to make Presents to his Bride, and the Bride to do the same to the Bridegroom, *before* Marriage; but *after* Marriage, that Practice was forbidden.

438. A Law of the Western Goths ordained, "That the Bridegroom should not make a Present to his future Spouse of more than the *tenth* Part of his Fortune; and that, in the first Year of their Marriage, he should make her no Present at all".

Chap. XIX

439. *Of the Composition of Laws.*

440. The whole Body of Laws ought to be divided into three Parts.

441. The first Part is to be intitled *Laws*.

442. The second is to be denominated *the momentary Regulations,* which depend upon Circumstances.

443. The third is to be named *the Injunctions.*

444. Under the Word *Laws* are comprehended all the *fundamental Institutions,* which ought never to be altered, and the Number of such can never be large.

445. Under the Denomination of *momentary Regulations,* is comprehended that *Order* by which all Affairs are to be carried into Execution, and the different Instructions and Institutions which relate to them.

446. The Word *Injunctions* includes in it whatever is made upon some Emergency, and what is only occasional, or relates to some particular Person, and may be *altered at any Time.*

447. Every Subject, according to the *Order* and *Place* to which it belongs, is to be inserted separately in the Code of Laws. For Instance,

Judicial, Military, Commercial, Civil, or the Police, City and Country Affairs, &c. &c.

448. Each Law ought to be written in so clear a Style, as to be perfectly intelligible to every one; and, at the same Time, with great Conciseness: For which Reason Explanations, or Interpretations, are undoubtedly to be added (as Occasion shall require), to enable the Judges to perceive more readily the *Force* as well as *Use* of the Law. The martial Law is full of Examples of the like Nature, which may easily be followed.

449. But the utmost Care and Caution is to be observed in adding these Explanations and Interpretations; because they may, sometimes, rather *darken* than *clear up* the Case; of which there are many Instances.

450. When Exceptions, Limitations, and Modifications are not absolutely necessary in any Law, in that Case it is better not to insert them: For *such* particular Details generally produce still *more* Details.

451. If a Legislator desires to give his Reason for making any particular Law, that Reason ought to be *good*, and *worthy* of the Law. Amongst the Roman Laws, there is one, which determines, that a blind Man should not plead in a Court, for this Reason, because he does not see *the Insignia* of the Magistracy. This Reason is extremely weak, when so many better might be given.

452. Laws ought not to be filled with subtile Distinctions, to demonstrate the quick Parts of the Legislator; they are made for People of *moderate* Capacities, as well as for those of *Genius*. They are not a *Logical Art*, but the simple and plain Reasoning of a Father, who takes Care of his Children and Family.

453. *Real* Candour and Sincerity ought to be *displayed in every Part* of the Laws, and as they are made for the Punishment of Crimes, they ought consequently to *include* in themselves the greatest *Virtue* and *Benevolence*.

454. The Style of the Laws ought to be simple and concise: A *plain direct* Expression will be always better understood, than a *studied* one.

455. When the Style of Laws is *tumid* and *inflated*, they are looked upon only as a Work of *Vanity* and *Ostentation*.

456. Laws ought not to be wrote in Words of a *vague indeterminate* Meaning, an Instance of which is here produced. "The Law of one Greek Emperor punishes that Man with Death, who shall purchased a freed Man like a Slave, or *who shall disquiet him.*" Such a vague indeterminate Expression as *disquiet* ought not to be made use of. The

Disquiet we give a Man depends wholly upon the *Degree of Sensibility* he is endued with.

457. The Style of the Code of Laws of Czar Alexis Michailowiz, of blessed Memory, is in general clear, simple, and concise. We listen with Pleasure when Extracts are quoted from it; no one can mistake the Meaning of what he hears: The Words in it are understood even by Persons of middling Capacities.

458. Laws are made for the whole Body of the People: It is the Duty of every Individual to act conformably to them; consequently, it is absolutely necessary that every Individual should understand them.

459. The *sublime*, or lofty, and elevated Expressions, are studiously to be avoided; nor should one unnecessary Word be added in the Construction of a Law; that every one, at first Sight, might readily and clearly comprehend its Meaning.

460. Due Care is likewise to be taken, that, amongst the Laws, there should be none which do not answer the End they were made for; that is, none which abound in Words, and are deficient in Sense; which, in their Contents, are trifling, and in their Style, *bombast*.

461. Laws which prescribe *those* Actions as highly *necessary*, which partake *neither* of Vice *nor* Virtue, are subject to this pernicious Consequence, that they oblige People, at the same Time, to esteem Actions *unavoidably necessary* as *unnecessary* ones.

462. Laws for pecuniary Mulcts or Fines, which mark precisely the Sum of Money payable for particular Offences, ought at least to be re-examined every *fifty Years*; because the Payment of that Sum, which at one Time was a *sufficient* Penalty, may be *none at all* at another; for the Value of Money changes, in proportion to the Quantity of Wealth in a Nation. There was once a whimsical fellow at Rome, who have a Box on the Ear to all he met, and paid every one immediately *five and twenty Pence*, which was the *Mulct* inflicted by the Law for that Offence.

Chap. XX

463. *Of the different Statutes which require Explanation.*

464. (*A.*) The Crime of High-treason.

465. Under this Denomination are comprehended *all* Crimes against the Safety of the Sovereign and the State.

466. The Style of all Laws ought to be expressed in *clear* and *concise* Terms; but there are none which require *more* Precision and Conciseness

in their Construction, and *more nearly concern* the Security of the Citizens, that the Laws relating to *the Crime* of High-treason.

467. The Liberty of a Citizen is endangered by nothing so much as by judicial and oblique Accusations in general. How dangerous then would it be, if this important Statute should remain *obscure*? For the Liberty of a Citizen depends chiefly upon the *Goodness* and *Excellency* of the penal Laws.

468. The penal Laws are not to be intermixed with the Laws, which regulate the judicial Forms.

469. If the Crime of High-treason is laid down in the Laws in *vague indefinite* Terms, it will then be productive of an Infinity of different Abuses.

470. The Chinese Laws, for Instance, decide, That whoever does not shew *proper Respect* to the *Sovereign* is to be punished with Death. But as they do not *define* what is *not shewing proper Respect*, in that Case any Thing will furnish a Pretext for taking away the Life of whoever they please, and destroying the whole Family of any Person whom they chuse to ruin.

Two Persons commissioned to write the *Court Gazettes*, having inserted in the Account or Description of an Affair of no Consequence, some Circumstances which proved not to be *strictly true*; it was declared, that to *lie* in the *Court Gazette* is to be wanting in *the Respect due to the Court*; and they were both put to Death.

One of the Princes of the Blood having *inadvertently* put some Mark upon a Memorial signed by the Emperor, it was decided, that he did not shew *due Respect* to *Bogdo-Chan*; which occasioned a most horrible Persecution against the Prince and his whole Family.

471. To denominate an Action *High-treason*, which is absolutely *not so*, is a most flagrant Abuse of the Law. A Law of the Roman Emperors prosecuted those as guilty of *Sacrilege*, who questioned the *Merit* of any Person to whom they thought proper to give an Employment, and consequently condemned them to die.

472. Another Law declared those guilty of *High-treason*, who coined false Money; but they are to be considered as no more than *Robbers* of the State. Thus the Ideas of Things, *different* in their Nature, are confounded.

473. To affix the name of *High-treason* to a Crime of a different Nature, is only to lessen the Horror for the Crime of High-treason.

474. A Roman Governor wrote Word to an Emperor, that a Process was preparing against a Judge for *High-treason*, who had

pronounced a Sentence contrary to the Ordinances of that Emperor; the Emperor replied, that, in his Reign, the Crimes of *indirect* High-treason were *not* to be admitted in Courts of Judicature.

475. There was a Law among the Romans, which ordained, that whoever should throw any Thing, though by Accident, against the Images of the Emperors, should be punished as guilty of *High-treason*.

476. There was a Law in England, which declared all those guilty of *High-treason* who should *foretell* the Death of the King. In the last Illness of that King, no Physician dared to inform him of the Danger he was in: We may presume, that they acted in the same Manner with respect to the Cure.

477. A Man *dreamed* that he killed a King: That King ordered him to be put to death, declaring that he would not have dreamed of it in the Night, if he had not often *meditated* upon it in the Day-time. This was a terrible Act of Tyranny; for though he had even *intended* it, yet he had not *attempted* to put his Design in Execution. The Laws are not obliged to punish any Acts but external or *overt* Acts only.

478. When a great Number of Crimes were included in the Term *High-treason*, it became unavoidably necessary to *distinguish* and *proportion* the Punishment to the *Nature* of the respective Crime; it was therefore, at last, decreed, that no Crimes should be *deemed* High-treason, but those which *indicated an Intention* against the Life and Security of the Sovereign, and against the State, and such like; to which Crimes they annexed the severest Punishment.

479. This kind of Actions does not happen every Day; many People may have an Opportunity of taking Notice of them: A false Accusation with *respect to Facts* may be easily cleared up.

480. *Words*, accompanied with *Actions* partake of the *Nature* of those Actions; therefore, a Man who goes to publick Places to excite the Subjects to Rebellion, will be guilty of *High-treason*; because the *Words*, accompanied with the *Action*, partake of its *Nature*. In this Case the Laws do not punish for the *Words*, but for the *Action* committed, at the Time when the *Words* were made use of. *Words* are never imputed as a *Crime*, unless they *prepare*, or *accompany*, or *follow* the *criminal Action*. He who tortures *Words* into a *Crime* worthy of Death, perverts the whole Order of Things: *Words* ought to be esteemed only the *Sign* of a Crime, worthy of capital Punishment.

481. Nothing renders the Crime of *High-treason* more dependent upon the *arbitrary* Interpretation and *Will* of another, than when *indiscreet*

Words are the *Subject* of it. Words *spoken* in Conversation are so subject to *arbitrary* Interpretations, and *so great* a Difference subsists between *Indiscretion* and *Malice*, and so *little* between *indiscreet* and *malicious* Expressions, that the Law can by no Means subject *Words* to capital Punishment; at least, without *expressly specifying* those *particular Words* which it declares treasonable.

482. And, consequently, *Words* do not form the *Essence* of a Crime; they frequently signify *nothing* of *themselves* but by the *Tone of Voice* they are pronounced with. Frequently a Repetition of the *same Words* does not give the *same Sense*; this *Sense* depends upon the *Connexion* with what *preceded* or *followed*. Sometimes *Silence* expresses *more* than *Words*. There is nothing so *equivocal* and *uncertain*, as this whole Affair about *Words*. How then can so capital a Crime as *High-treason* be made of *Words*, and punished in the *same* Manner as the very *Action* itself? I mean not to lessen the Indignation which every one ought to have for *those*, who try to *tarnish* the Glory of their Sovereign; but will say this, that simple corrective Punishment will *suit better*, on these Occasions, than the *Charge of High-treason*, which is always terrible even to *Innocence* itself.

483. *Writings* contain Things, which are more durable than *Words*; but if they do not *lead* to the Crime of *High-treason*, they cannot, *of themselves*, constitute the *Essence* of High-treason.

484. Satirical Writings are prohibited in Monarchies; but they make them a *Misdemeanor* subject to the *Police* of the Town, and not a *Crime*: And great Care ought to be taken, in the Examination of *these Libels*, how we *extend it farther*; representing to ourselves, that Danger of *debasing* the human Mind by *Restraint* and *Oppression*; which can be productive of nothing but *Ignorance*, and must *cramp* and *depress* the *rising Efforts* of Genius, and destroy the *very Will* for Writing.

485. Slanderers ought to be punished.

486. In many States, the Law obliges all Persons, under Pain of capital Punishment, to discover even those Conspiracies which they know of *only by Hearsay*, and *not* by any Communication with the Conspirators. It is highly necessary that this Law should be executed with the *utmost Severity*, in Cases of the *highest Degree* of Treason.

487. And it imports us greatly not to coufound the *different* Degrees of this *Crime*.

488. (*B.*) *Of Judgments by particular Commissions.*

489. The most useless Thing to sovereign Monarchies is, to nominate sometimes *particular* Judges, or *Commissioners* to try some of

their Subjects. Such Judges ought to be *virtuous* and *upright* Men; that they might not think to justify themselves by *their Orders,* by some *secret Interest* of the State, by the *Choice* made of *their persons* and by their *own Fears.* So little Benefit accrues from Trials by *Commissioners,* that it is not worth the Trouble of altering the *common* Forms of Trial for that Purpose.

490. This Method too may be productive of an Abuse highly dangerous to the publick Safety. Of this we shall here produce an Instance. In England, in the Time of some of their Kings, they judged the Members of the House of Peers by *Commissioners* chosen out of the same Body; and by this Method they put to Death whatsoever Peers they pleased.

491. Among *Us* they often embroiled the Discussion of an Affair by nominating *such Kind* of Judges, both by their Opinion in that Affair, and the judicial Sentence consequent upon it.

492. However there is a wide Difference between collecting all the Informations and Circumstances relative to any Affair whatsoever, and giving our Opinion, or judging that Affair.

493. (*C.*) *Rules necessary, and of great Importance.*

494. In such a State as *Ours,* which extends its Sovereignty over so many different Nations, to forbid, or not to allow them to profess *different Modes* of Religion, would greatly in danger the Peace and Security of its Citizens.

495. And the most certain Means of bringing back these wandering Sheep to the true Flock of the Faithful, is *a prudent Toleration* of other Religions, not repugnant to our orthodox Religion and Polity.

496. The human Mind is irritated by Persecution, but the Permission *to believe* according to *one's Opinion,* softens even the most *obdurate* Hearts, and draws them gradually from their *inveterate* Obstinacy, by *stifling* those Disputes; which are detrimental to the *Tranquillity* of the State, and the *Union* of the Citizens.

497. We ought to be extremely cautious in the Examination of Persons accused of *Witchcraft* and *Heresy.* Accusations of these two Crimes may break terribly in upon the Tranquillity, Liberty, and Welfare of the Citizens; and prove the Source of innumerable Acts of Tyranny, unless *Bounds* are set to them by the Laws. For as this Kind of Accusation does not directly strike at the Actions of a Citizen, but the imaginary Idea which People form of his Character, it become highly dangerous, in proportion to their *Ignorance*; and, in that Case, a Citizen

will always find himself in Danger; because neither the *most* exemplary Behaviour in Life, nor the *most* conscientious Discharge of every moral Duty, can protect him against the Effects of Suspicions of these Crimes.

498. In the Reign of the Greek Emperor Manual Comnenus, the Protestator was accused of a Conspiracy against the Emperor, and of making certain *secret Inchantments, which rendered People invisible.*

499. They write in the History of Constantinople, that after a Revelation was published, that a miraculous Power had ceased by the *magical Art* of a particular Person, both he and his Son were condemned to die. Upon how many different Circumstances did this Crime depend, which a Judge was obliged to unravel? 1*st*, That the Miracle had ceased; 2*d*, That, at the Time of this Cessation of the Miracle, *magick Art* had been practised; 3*d*, That this *Inchantment* could put a Stop to the Miracle; 4*th*, That the Man accused was a *Conjuror*; 5*th*, and lastly, That *he* had done this *Act of Inchantment*.

500. The Emperor Theodore Lascaris ascribed his Illness to *Inchantment*. Those who were accused of it had no other Way of proving their Innocence, but *by handling a red-hot Iron without burning themselves*. They joined here, to the most *uncertain Crime* in the World, the most *uncertain Proofs* for its Discovery.

501. (*D*.) *How can we know, when a State approaches to its Fall, and entire Dissolution?*

502. The Corruption of every Government generally begins by the *Corruption of its fundamental Principles*.

503. The fundamental Principles of a Government are not only corrupted, when they extinguish that Idea of the State ingrafted in the Minds of the People by the Law, which may be termed the *Equality* prescribed *by the Laws*; but even then, when this *Idea of Equality* shall take root in the People, and grow to *such* a Pitch of Licentiousness, that every one *aims* at being *equal* to him, who *is ordained* by the Laws *to rule over him*.

504. If they do not shew Respect to the *Sovereign*, to the *Courts of Judicature*, and to *Governors*; and if they do not respect the *Ancient*, neither will they respect *Fathers,* nor *Mothers*, nor *Masters*; and the State insensibly will run to ruin.

505. When the fundamental Principles of Government are corrupted, then the *Regulations* introduced in it are termed *Hardships*, or *Severities*. The established *Rules* are termed *Restraints*; what was *Caution* before, is *now* termed *Fear*. The *Property* of particular Persons constituted,

in former Times, the *Wealth of the People*; but now the *Wealth of the People* becomes the *Inheritance of particular Persons*, and the Love of their Country vanishes.

506. In order to preserve the *fundamental Principles* of a well-regulated Government inviolate, the State ought to be supported by its present Grandeur; and this State will fall to Decay, if its fundamental Principles should be *altered*.

507. There are two Kinds of Corruption; the first is, when *the Laws are not observed*; the second when *the Laws are so bad, that they corrupt themselves*; and the Evil then is *incurable*; because the *Remedy* of the Evil is to be found only in *itself*.

508. A State may change also two different Ways; either because the Constitution of it *mends*, or because the *same* Constitution *corrupts*. If the *fundamental* Principles in a State are preserved, the Constitution of it *mends*; but if the fundamental Principles of it are destroyed, the Constitution *changes*, and then it *corrupts*.

509. The *more* capital Punishments increase, the *more* a State is in Danger of Destruction; for capital Punishments *increase* in Proportion to the *Corruption* of Manners, and Corruption of Manners produces the *Ruin* of a State.

510. What destroyed the Reign of the Posterity of Cina and Sinhy, says some Chinese Author, is this: "That those Sovereigns, not content with the general Inspection of Affairs, which alone become a Sovereign, would govern every Thing immediately by themselves, and brought all the Causes before themselves, which ought to have been decided by the different Courts of Judicature, instituted for that Purpose."

511. A Monarchy is destroyed, when the Sovereign imagines, that he displays his Power more by *changing* the Order of Things, than by adhering to it, and when he is more fond of *his own Imagination* than of *his Will*, from which the Laws proceed, and have proceeded.

512. It is true, there are Cases, where Power ought and can exert its full Influence, without any Danger to the State. But there are Cases also, where it ought to act according to the *Limits* prescribed by itself.

513. The supreme Art of governing a State consists in the *precise* Knowledge of *that* Degree of Power, whether *great* or *small*, which ought to be exerted according to the *different* Exigencies of Affairs: For, in a Monarchy, the Prosperity of the State depends, in Part, on a mild and condescending Government.

514. In the best constructed Machines, Art employs the *least Moment, Force*, and fewest Wheels possible. This Rule holds *equally good* in the Administration of Government; the most *simple Expedients* are often the *very best*, and the *most intricate* the *very worst*.

515. There is a certain Facility in the Method of governing: It is better for the Sovereign to *encourage*, and for the Laws to *threaten*.

516. That Minister is ill qualified for his Office, who shall always tell you, "That the Sovereign is displeased; that he is unexpectedly prevented; that he will act as he pleased."

517. It would be a grievous misfortune to a State, if no one should dare to represent the Danger of some future Accident; nor excuse his bad Success, proceeding from ill Fortune; nor presume to speak his Mind freely.

518. But if any one should inquire, *When* a Sovereign ought to punish, and *when* to pardon? this is a Point which can be more easily *felt* than *prescribed to*. When *Lenity* is dangerous; the *Dangers* arising from it are extremely *obvious*. It is easy to distinguish *Lenity* from that *Weakness*, which brings the Sovereign into an Aversion for punishing, and into such a Situation, that he cannot himself *decide whom he ought to punish*.

519. It is certain, that a *high* Opinion of the *Glory* and *Power* of the Sovereign, would *increase* the *Strength* of his Administration; but a *good Opinion* of *his Love of Justice, will increase it at least as much*.

520. All this will never please those Flatterers, who are daily instilling this pernicious Maxim into all the Sovereigns on Earth, *That their People are created for them only*. But *We* think, and esteem it *Our* Glory to declare, "That *We* are created for *Our* People"; and, for this Reason, *We* are obliged to Speak of Things just as they ought to be. For God forbid! that, after this Legislation is finished, any Nation on Earth should be more just; and, consequently, should flourish more than Russia; otherwise the Intention of *Our* Laws would be totally frustrated; an Unhappiness *which I do not wish to survive*.

521. All the Examples and Customs of different Nations, which are introduced in this Work, ought to produce no other Effect, than to co-operate in the Choice of those Means, which may render the People of Russia, humanly speaking, the *most happy* in themselves of any People upon Earth.

522. Nothing more remains now for the Commission to do, but to compare every Part of the Laws with the Rules of these Instructions.

CONCLUSION

523. *Perhaps some Persons may object, after perusing these Instructions, that they will not be intelligible to every one. To this it may be answered: It is true, they will not be readily understood by every Person, after one slight Perusal only; but every Person may comprehend these Instructions, if he reads them with Care and Attention, and selects occasionally such Articles as may serve to direct him, as a Rule, in whatever he undertakes. These Instructions ought to be frequently perused, to render them more familiar: And every one may be firmly assured, that they will certainly be understood, because,*

524. Assiduity *and* Care *will* conquer *every Difficulty; as, on the Contrary,* Indolence *and* Carelessness *will* deter *from every laudable Attempt.*

525. *To render this difficult Affair more easy; these Instructions are to be read over once, at the Beginning of every Month, in the Commission for composing the New Code of Laws, and in all the subordinate Committees, which depend upon it; particularly the respective Chapters and Articles intrusted to their Care, till the Conclusion of the Commission.*

526. *But as no perfect Work was ever yet composed by Man; therefore, if the Commissioner should discover, as they proceed, that any Rule for some particular Regulations has been omitted, they have Leave, in such a Case, to report it to* Us, *and to ask for a Supplement.*

The Original signed with Her Imperial Majesty's *own Hand, thus,*

CATHERINE.

Moscow, *July* 30.
1767.

THE FIRST
SUPPLEMENT
TO THE GRAND
INSTRUCTIONS

Chap. XXI

527. *Of good Order, otherwise termed Police.*

528. The Order in general in a State is frequently understood by the Term *Police.*

529. *We Ourselves* will explain in this Chapter what *We* mean here by the Term *Police.*

530. To the Care of which every Thing appertains, which conduces to the Preservation of *good Order* in a Society.

531. The Institutes of this *Department* are entirely of a *different* Kind from the rest of the Civil Laws.

532. There are a Kind of Criminals, whom the *Laws punish.*

533. There are others whom they only *correct.*

534. The first Sort are subject to the Rigour of the Law, and the other to its Authority; the former are excluded from the Society, the latter, on the contrary, are *compelled* to live in the Society, according to the *established Rules.*

535. The *Objects* of the Police are *Affairs*, which may happen every Hour, and are generally Matters of little Consequence; and, therefore, judicial Formalities are here quite unnecessary.

536. The Police is continually taken up with particular Details, or with Trifles; consequently Affairs which require a great Length of Time, in order to their being thoroughly examined into, are by no Means fit to come under the Cognizance of *this Department.* In many Places, Affairs, after the Expiration of a certain limited Number of Days, are sent to those Courts of Judicature, to which they belong.

537. The Actions of the Police ought not to be in the least tedious; and they are exercised in Cases, which happen over and over again every Day. And, consequently, the great Punishments can have no

Place here; and the great Examples of Justice are not made for *this Department.*

538. *Regulations* are more necessary for it than *Laws.*

539. The Persons who belong to it are always under the Eye of the civil Magistracy, and the wise Regulations of the Police prevent them from the Commission of great Crimes.

540. For this Reason *High Violations* of the Laws ought not to be confounded with the *simple Violation* of the Police: These Things must not be *ranked* in the *same* Order.

541. From hence it follows, for Instance, that the Action of a *certain Sultan,* who ordered a *Baker to be impaled,* who had been detected in a Fraud, is the Action *of a Tyrant,* who does not know how to execute Justice but by *exceeding the Measure of Justice itself.*

542. It is extremely necessary to separate those Cases, in which the Police ought to *punish,* from those, in which *it* ought only to *correct.*

543. It is not sufficient to find out Disorders, and to contrive *Means* to prevent them: *It* ought, besides, to look with a watchful Eye, that those *Means* should be put in Execution at the very Instant the Cases happen.

544. And this is a Part of the Argument proposed to be resolved here; which, in many Countries, is totally neglected; however, *without it,* the *other* Parts of the Chain, (if one may make use of the Expression) which connect the Government of the whole State, will fall into Disorder.

545. Exactly the same Confusion has happened in the Regulations of *this Department,* as with *that* Number of Houses, which *compose* a City, *where* the *Plan of the Ground* was not regularly *marked out* before the People *began* to build. When People begin to build in a City so circumstanced, every one fixed upon a Spot, which he thinks most convenient, without the least Regard either to the *Symmetry* or *Extent* of the Place he had selected: Whence a *Heap* of Edifices are *huddled* together, which can hardly ever be thought into a *regular* Form by the Efforts and careful Attention of *whole Ages.* The Laws for the Preservation of good Order are equally *liable* to the *same* Irregularities.

546. The Number of those Regulations increases, in proportion to the Necessities of the State; but to bring them into such *regular* Order, that they might always be *properly* carried into Execution, without *any Difficulty,* or *Obstruction;* will be the *Masterpiece of Science,* with respect to *this Offspring of the Laws.*

547. These Regulations ought to be divided into two Species.

548. The first contains in itself the *Police* of the City.

549. The second, the Police of the Country.

550. This last has neither *Objects,* nor *Extent* equal to the first.

551. In these Departments *particular* Care and Attention ought to be given to Rules what follows here below.

552. (1.) Not to allow any Thing which may disturb the Celebration of divine Service in Places appointed for that Purpose, and that *Order,* and proper *Decorum* should be *observed* by the Citizens, at the Time of the *Procession with the Cross,* and such like *Rites* and *Ceremonies.*

553. (2.) Purity of Manners is the *second* Object for the Preservation of good Order, and comprehends in itself whatsoever is necessary to repress Luxury, to deter from Drunkenness, to put a Stop to the Progress of prohibited Games, to regulate the publick Bagnios, and publick Spectacles, in order to restrain the Licentiousness of *those People,* who lead *bad* Lives, and to drive out of the Community *those,* who *cheat* the People, under the *Denomination* of Magicians, Fortune-tellers, Prophets, and such like *Imposters.*

554. (3.) Health is the *third* Object of the Police, which obliges *it* to extend *its* Care to the Salubrity of the Air, the Cleanliness of the Streets, Rivers, Wells, and Water-Springs; and to the *Quantity* of Provision of *Eatables* and *Drinkables*; and, finally, to those *common* Maladies which increase among the People, as well as to those which are *contagious.*

555. (4.) To the most watchful Care for the Conservation of every *Species* of the *Corn,* even before the Harvest, and for the Preservation of Cattle, and Meadows for their Pasture, of Fisheries, &c. *It* ought to prescribe *general* Rules for all *these* Things according to their *various* Circumstances, and direct *what* Precautions *ought* to be taken for the *future.*

556. (5.) To the *Security* and *Firmness* of Buildings, and *such* Rules as are *proper* to be observed in *this Case* by the different Artists and Workmen, upon whom the *Strength* and *Goodness* of the Building *depends*: To the Preservation of Pavements, of the Decoration, and Ornaments of Cities; of *free* Way in the Streets for *Passengers,* who either *walk* or *ride*; of the *general Rates* for Carriage of Goods or Persons; of the Inns, &c.

557. (6.) The Tranquillity of the People requires, that *sudden Accidents* should be prevented, as well as *other Casualties*; such as *Fires, Robberies,* &c. And therefore certain Rules are prescribed for the Preservation of this Tranquillity; such, for Instance, as to put out *all*

Fires at the *appointed* Hours, to *shut up* their Houses, to set such Vagabonds and Persons *to work* as can *give no Account* of themselves, and shew *which Way* they gain a *Livelihood*; or to *expell* them the City; to forbid such Persons to carry Arms, who have *no Right* to do it, &c.; to prohibit *unlawful* Assemblies, or *rendezvous*, and to forbid the Dispersion of *seditious*, or *scandalous Libels*. To endeavour, at the Ending of the Day, to preserve the Town in *Peace* and *Safety*, and, in the *Night*-time, to *light* the Streets, &c.

558. (7.) To regulate and establish *one true Weight* and *Measure*, and to prevent the Practice of any *Kind* of *Fraud*.

559. (8.) Servants hired by the Year, and those who work by the Day, compose an *Object* of this Department, both to *keep* them to their Duty, and likewise to enable them to *obtain* their *just* Due *punctually* from those who hire them.

560. (9). Finally, Beggars, and *particularly* such of them as are *sick*, or *impotent*, come under the Care of *this Administration*. In the *first* Place, to set those to work, who beg for Charity, but have the *Use* of *their Limbs*; and, at the same Time, to give a *certain* Maintenance, and the *Means* of Cure, to *those* who are *sick* or *impotent*.

561. As the *Intention* and *End* of the Institution of this Administration is *good Order*, and *Decency* in general, in the *Dwellings* of the Citizens, it evidently follows, that *every* Member of the Society, of *whatsoever Rank* he may be, is *dependent* upon *this* Administration.

562. Where the Limits of the Power of the *Police* end, there the Power of the *civil* Jurisdiction begins.

563. For Instance, *the Police* takes a Thief, or Criminal, into Custody: *It* examines him, but *it* recommends the *Decision* of the Business to that Court of Judicature which his Case properly belongs to.

564. From the whole of what has been mentioned above, it evidently appears, that this Administration ought not to inflict severe Punishments on the Delinquents. It is sufficient, in order to curb Licentiousness, and to keep the Affairs intrusted to its Care in proper Order, that its Punishments should consist in *Corrections, Amercements*, and such other Penalties as bring Shame and Infamy upon those who are guilty of bad and scandalous Actions, and to keep up a due Respect and Obedience in all the other Inhabitants to this Administration.

565. There is an established Rule in the Courts of Judicature, not to judge of any Affairs, except those which are brought before them *regularly*, and *in due Form*, in order to be heard.

566. On the Contrary, the *Business of the Police* is to *discover* Crimes, leaving the *Decision* of all *criminal* Cases to the other Courts of Judicature, to which *It refers* them for *that Purpose.*

The Original signed with Her Imperial Majesty's *own Hand, thus,*

CATHERINE.

St. Petersburgh,
February 28, 1768.

THE SECOND
SUPPLEMENT
TO THE GRAND
INSTRUCTIONS

Chap. XXII

567. *Of the Expences, Revenues, and publick Management of the Finances; that is, of the Oeconomy of the State, otherwise termed the Direction of the Exchequer.*

568. Every one here ought to say to himself, *I am a Man, and think myself interested in every Thing which affects Mankind.*

569. And consequently, (1.) *The Man* ought not, nor ever can be forgotten.

570. (2.) There is very little done by *Man*, which is not done for *Man*; and, for the most Part, all Things are done by *him.*

571. The first of these two last Expressions requires the greatest possible *Notice* and *Attention*, from the *Dignity* of its *Object.*

572. The second requires *much Gratitude*, and sincere *Benevolence*, to the *pains-taking Labourer.*

573. A Man, whatever he should *happen* to be, whether a Sovereign or a Plowman, a Handicrafts-man or a Merchant; whether he who eats

the *Bread of Idleness*, or he, who, by his Industry and Labour, gives him *the Means* of doing it; whether the Governor or the Governed; every *Individual* of *all these* is still but a *Man*. This one *emphatical Word* gives already a perfect Idea of all his Necessities, and of all the Means of supplying them.

574. How many more *Wants* must that Multitude of People still *labour under* who are united in one common Cohabitation in a State.

575. Whatever occasions the publick *Expences* of a State, is here termed the *Necessities* of the State, and consists in the following Particulars.

576. The Preservation of the entire State:

(1.) By maintaining the *Means* for its Defence; that is, the Land and maritime Forces, the Fortresses, Artillery, and every other Necessary that belongs to it.

577. (2.) By preserving the interior Order, Quiet, and Safety of *every one* in particular, and *of all* in general; by maintaining Persons for executing Justice, keeping good Order, and inspecting into the different Establishments, which conduce to the *general Good*.

578. (3.) By *Means* which conduce to the publick Utility; such for Instance, as the Building of Cities, making Roads and Drains, scouring Rivers, the Regulation of Schools, Infirmaries, and other innumerable Objects, the Particulars of which are Conciseness of this Work does not permit *Us* to describe.

579. (4.) Decency requires, that Affluence and Magnificence should surround the Throne, as the Source of Prosperity to the whole Community; from which flow Rewards, Encouragements, and Bounties; for all which, *Expence* is not only *necessary* but *highly* useful.

580. After this short Description of the Expences of the State, it is now proper to speak of its *Revenue*, and the *Means* of collecting it in the *Manner least* burthensome to the Publick.

581. Taxes are an *Offering*, which every Citizen *makes*, in order to preserve his own peculiar *Welfare, Safety, Life,* and *Property*; as was remarked above.

582. But (1*st,*) On what Objects ought Taxes to be imposed?

583. (2*d,*) How are they to be made least burthensome to the People?

584. (3*d,*) How to levy them with the least Expence?

585. (4*th,*) How to prevent Frauds in the Revenue?

586. (5*th,*) How they are to be directed?

587. These are the Questions necessary to be resolved, though attended with great Difficulty.

588. Remarks upon the (1*st*). Politicians reckon five Objects, on which Imposts are generally laid.
(I.) Persons
(II.) Property.
(III.) Family Improvements, which are made use of by the People.
(IV.) Goods exported and imported.
(V.) Deeds, Bonds, &c.

589. Upon the (2*d*). Taxes, which are esteemed least burdensome, are those, which are paid voluntarily, and without Constraint, and regard all the Inhabitants of a State in General, and increase *in proportion* to the Luxury and Prodigality of *each* Individual.

590. But, in order to render the Imposts less sensibly felt by the Subjects, this ought, at the same Time, to be constantly observed as a general Rule, *Never to allow a Monopoly on any Pretence whatever*; that is, never to grant the Privilege of any particular Trade to any one, *exclusive of every other Person.*

591. Upon the (3*d*). The Diminution of the Expence, in levying those Imposts, requires a particular Consideration with respect to those Trifles, where the Duty, sometimes, is not worth the Expence of collecting it, which should be excluded from the Number of Taxables.

592. Upon the (4*th*). The more *substantial* the People shall happen to be, the *more able* they will find themselves to pay the Taxes *faithfully.*

593. It may be mentioned here, that, in general, there are Taxes; which, from their very Nature, are subject to many Difficulties, and Inconveniencies; the Means of preventing which ought to be discovered. Others, where the Expence of collecting the Duty exceeds the Revenue arising from it, are of very little Consequence.

594. At the same Time, the Reason, why Deficiencies happen in some Places, deserves strictly to be inquired into.

595. Is it because the Circulation of Money is less there, than in other Places?

596. Or is it, because the Exportation of their Superfluities becomes burdensome?

597. Or, because the People are still deficient in Arts, and handicraft Trades?

598. Or, because they have very few Means of acquiring Wealth?

599. Or, does it proceed from Laziness, or from excessive Opprcssions?

600. It follows now to speak upon the (5*th*). Of the Direction of the Finances of the State, or the Oeconomy, which is otherwise termed

the Direction of the Exchequer: But *We* comprehend all this under the Denomination of *the Oeconomy of the State.*

601. It has been shewed, that five Objects are reckoned up as subject to Imposts for raising the Revenue. But the *Imposts* in a State are like *Sails* upon a Ship, *destined* for her safe *Run* by a *sure* Track, and *safe* Arrival at her *intended Port*; and not for *overwhelming* her whilst continually *floating* upon the Waves, till *she founders at last in the Depth of the Abyss.*

602. Whoever considers *the Oeconomy of the State*, with respect to the Revenue in Money only, sees only the *final Expence* of it, and does not comprehend the *principal foundations* on which it rests. But he, who examines the *whole Affair* with Attention, and penetrates into the *Interior* of it, will find out the principal *Foundations, Objects*, and *Ways* and *Means* which are *most useful* to the State.

603. What are the *first Foundations*, which support *this Oeconomy* by their Strength and Firmness? Nothing, certainly, *but the People*.

604. Hence follows (1*st*,) The Necessity of encouraging the Increase of Population, in order to produce a greater Number of People in the State.

605. (2*d*,) Of employing them usefully in whatever is necessary, according to the Number of People, and the Extent of the Countries; and of encouraging and assisting the different Arts and Employments, in proportion to the different Degrees of *their* being *necessary* or *beneficial.*

606. Here *Agriculture* claims the *first* Place; for as *it alone* nourishes the People; if duly improved, it may bring them into such a happy Situation, that they will soon be Possessors of *all other* Conveniencies. Without Agriculture there will be *none of the first Materials* for the Use of the Manufacturer, or handicraft Tradesman.

607. The Duty of the *Oeconomy of the State,* is to find out Means for encouraging the Proprietors of Lands.

(1.) That they might reap the *Profit* of the Goodness of the Land of every Kind, *arising* from whatever *Produce* it should yield them.

(2.) That they might endeavour to increase *Fruits, Forests, Trees,* and every other Kind of *Growths* that cover the Surface of the Earth.

(3.) That they might encourage the Propagation of every *Kind* of Animals, and of every *Species* that *creeps* upon the Earth, and *flies* in the Air; which *serve for the Improvement of Land,* and which *reciprocally* gives them *Subsistence.*

(4.) That they might employ, for *their Benefit,* the Metals, Salts, Stones, and *other Minerals* and *Fossils*, which conceal themselves within the Earth, and which we *pluck* out, by our Labour, from the *very Bowels of it.*

(5.) And likewise *Fish,* and in *general,* whatever lives in the Water.

608. Hence is derived the *Root* and *Foundation* of Commerce. By Commerce all these Things are brought into Circulation within the State, or are exported into foreign Countries.

609. The inland, or Home Trade, cannot properly be called Commerce; it is nothing more, than a *simple Circulation in the same Spot.*

610. True Commerce, *emphatically* so called, is *that,* by the *Means of which* a State procures from foreign Countries whatever Things are necessary, which it does not produce itself, and sends out *in Return* its own *Superfluities.*

611. But Exportation and Importation of Goods are subject to *different* Laws, according to the *Difference* of their Object.

612. The foreign Trade is not always the same.

613. Trade, which is well regulated, and carried on within Care and Assiduity, animates, and supports every thing. If it be *foreign,* and the Balance is on *Our* Side; and, if Inland, and the Circulation has *no* Obstacles, nor shackles which restrain it; then, *in both Cases,* Trade inevitably ought to bring a *general* and *constant* Abundance to the People;

614. From whence arise Riches; which are, (1*st,*) *Natural,* or *acquired.*

615. (2*d,*) *Real,* or *Imaginary.*

616. In the Number of *natural* Riches, *We* may reckon the natural *Genius* of the Inhabitants; which, after it is *enlightened,* and incited and animated by Zeal, may extend far, and by its *extensive* Progress, bring *great* Utility to the State, and no *little* to Individuals.

617. Countries, which have been examined with Attention, and cultivated with Care, yield rich Harvests, and a plentiful Sufficiency of all the Necessaries and Conveniences of Life.

618. *Acquired* Riches are those, which are produced by Care and Application, indefatigably exerted in handicraft Trades, Manufactures, Arts, and Sciences.

619. Encouragement will conduct greatly to farther Improvement, and more perfect Knowledge in every Branch of these, and more Industry in the Execution of their Productions.

620. One ought also to esteem as *acquired* Wealth, the convenient inland Navigation through *Canals, cut* for that Purpose in Places, which, without *those,* are *inaccessible* to Vessels. The *Extent* of foreign Commerce by Sea, the *Improvement* of Land Carriage, both as to Facility and Safety,

by *constructing, rebuilding,* and keeping in *good* and *solid Repair,* publick Roads, Bridges, and Ferries.

621. The Number of Particulars, which belong to this Head, is so *extensive,* that the *principal ones* only are here mentioned; but still even these, according to the *Necessities* and *different Circumstances* of Things, are always subject to Alteration. However, this will be sufficient to give an Idea of what *We* mean under the Denomination of *the Oeconomy of the State.* The rest remains for the Consideration of those, who will engage in the Execution of this *important* Part, in order to penetrate into the Depth of it.

622. Of the Riches in a State some are *real,* and others *imaginary.*

623. The real ones are either immoveable, or moveable.

624. They belong either to the Sovereign, or to Individuals.

625. The Riches of the Sovereign are either *simply* his own *Lordships,* such as *certain* Lands, or *Possessions,* belonging to *him,* in the *same* Manner as to any *other particular Lord*; or, as *Sovereign* Lord over whatever the publick Wealth consists of, which *he possesses by virtue of that Appellation which he derives immediately from God.*

626. The *Wealth* of *Individuals* consists in whatever they enjoy as Citizens; whose Property is the *Foundation* of the *real Riches* of the State by *these two Methods,*

(1*st,*) By the *Produce* of every Kind of these Persons, who enter into Trade, and which comes into the *Home Circulation.*

(2*dly,*) By *Taxes,* which an *honest* Man cannot pay otherwise, than by the Means of *this Produce.*

627. The real *Riches,* which consist in the Revenues, are either *constant* or *occasional,* and belong equally with the Lands, either to the *Sovereign* or to *Individuals.*

628. The Revenues, which belong to the Sovereign, are likewise of *two Species*; either as belonging to *him,* as a *particular* Lord, or as to the Head of the State.

629. The Sovereign possesses the *first* in his own proper *Right.*

630. But, *as Sovereign,* he reckons,

(1*st,*) *The Income of all the Property in the State in its full Extent.*

(2*dly,*) The *Taxes* upon whatever the State possesses.

631. This *last Branch* of the Revenue *a wise Sovereign* never increases, without *extreme* Reluctance; and whenever *he* is *compelled* to do it, he takes particular Care that the Taxes should be regulated in *proportion* to the *Wealth* of the Subjects; and that it should never *exceed* the *Measure* of

their Abilities, nor lay a *greater* Burden upon the Citizens, than they can naturally support, or than ought, in *strict Equity*, to be *exacted* from them.

632. In collecting the Taxes, the *greatest Exactness* ought to be observed, as well as the *greatest Moderation and Humanity*.

633. We ought to observe here, that Gold and Silver, which represent alternately the Commodities, and the Signs of whatever can be made use of in Exchange, are procured either from the Mines, or by Commerce.

634. Gold and Silver are considered either as the *first simple* Material [Bullion], or as a Thing *constructed by Art* [Bullion coined, which is Money].

635. Commodities or Goods, and every Species of moveable Property, are frequently the *Object* of the *interior* Circulation, and of *that Trade* which is carried on with foreign States.

636. And in this Case, especially with respect to *foreign* Trade, it is highly necessary to examine, whether the Traffick with the *first Raw Materials*, together with the *Manufactures* constructed from them; or whether *the One or the other* of them is carried on by *our own People?*

637. *Real* Wealth might be greatly increased by that, which is *imaginary*.

638. *Imaginary* Wealth is *founded* upon *Credit* or *Confidence*; that is, upon the ingrafted and received *Opinion* of the *faithful* and *punctual* Payment of a Debt, when it becomes due, and of the Ability of the Person who is to pay it.

639. *Credit*, or *Confidence*, may be either *that* of the *whole Body of the People*, which is visible in *national Banks*, and in the *Circulation* of some *Signs*, which from *good Regulations* of Government have *acquired the Force* of Credit; or from *Confidence* in *particular* Persons, either as *Individuals*, or as *united in a Company*.

640. As *Individuals*, they may, by their *Integrity, upright Conduct*, and *extensive Views*, become *Bankers*, not only for *one State*, but even for *the whole Universe*.

641. Individuals may unite together into great or small Bodies, in *mercantile Companies*, and then the *personal Credit* of Individuals increased the *Credit* of the Public.

642. But the Conveniences of *natural* and *acquired* Wealth, both *real* and *imaginary*, are not confined within the Limits of the *present* Time; they *extend* even to the *Future*, by supplying, in *Time of Need*, the certain *Means* for augmenting the Revenue. These also constitute an Offspring of *the Oeconomy of the State*.

643. These *Means*, or *Expedients*, are exactly circumstanced like *publick Credit*; a *wise Use* of them *enlarges*, but the *Abuse* as certainly *destroys* them.

644. It is injurious to a State, when it is *totally* ignorant of *these Expedients*, or when it has *continual Recourse* to them. It ought to *seek* for them, as if it could not *do* without them: But, on the *other Hand*, it ought never to make use of them, except in Time of *absolute* Necessity, and even *then* too but *sparingly*, and with *such Precaution*, as if no *new ones* could be found out in future.

645. And the true principal Foundations *of the Oeconomy of the State* lead us to this prudent Management.

646. The general *Oeconomy of the State* is divided into *political* and *domestick*.

647. The *political* comprehends the whole Body of the *People* and *Affairs*, and a *distinct Knowledge* of *their Situations, their Ranks,* and *their Employments*.

648. The whole System of Affairs, both as to *Particulars* and in *general*, is necessary to be thoroughly known, that one might judge of their *reciprocal Relation* to each other, in order to make *them altogether* useful to the Community.

649. The *domestick Oeconomy* comprehends the following Objects, with respect to the principal Foundations of *the Oeconomy of the State*. It ought to preserve the Sources of the Revenue *untouched*, to make them, if possible, yield *more abundantly*, and to draw *Supplies* from them, without *exhausting* or reducing them to *Penury*.

650. With respect to *the national Wealth,* it ought to preserve the Lands in a well-cultivated State, and to endeavour to *better them* by Improvement;

651. To *defend just* Rights, to collect *the Revenue* in *such a Manner*, that nothing might be *lost*, which ought to be *brought* into the publick Exchequer:

652. And that, at the Time of discharging the publick Expences, every Part of *the Revenue* should be applied to *those Disbursements* for which it was *appropriated*.

653. That the *Sum-total* of the Expences might not, if possible, *exceed* the *Revenue*;

654. And that the *Accounts* should always be *regularly kept*, and proved by *clear indisputable Vouchers.*

655. From the whole of what *I* have said here upon *the Oeconomy of the State*, it evidently appears, That *this* very *simple* and very *natural*

Division, and the Assemblage and Connection of *general* Ideas, *clear* and *intelligible* to all, *lead* to the *direct determinate* Meaning of *that Expression*, which is of *so much Importance* to the *whole* Community: That in this Chapter, *all* the Parts enter *one into another*, according to the *Propriety* of that *reciprocal* Relation, which *they bear* to each other: That there is not *one* amongst them which does not *depend* upon the *rest*, and that a *single* Connection only of *all* these Parts may *establish*, *strengthen*, and *perpetuate* for ever, the *Safety* of the State, the *Prosperity* of the People, and the *Glory* of the Sovereign.

The Original signed with Her Imperial Majesty's *own Hand, thus*,

CATHERINE.

St. Petersburgh,
April 8, 1768.

THE GRAND INSTRUCTIONS TO THE COMMISSIONERS
APPOINTED TO FRAME A NEW CODE OF LAWS FOR THE RUSSIAN EMPIRE.

COMPOSED BY HER IMPERIAL MAJESTY CATHERINE II
[*The Macartney-Dukes Text*]

INTRODUCTION

1. To do all the Good we possibly can to each other, is the great Rule of Christianity.

2. Taking it for granted therefore, that this Precept prescribed by Religion, is rooted, or ought to be rooted in the Hearts of all People, we doubt not, but, that it is the Wish of every worthy Member of Society, to see his Native Country raised to the highest degree of Prosperity, Glory, Happiness, and Peace.

3. And to see every Individual of his fellow-Citizens protected by Laws, which so far from injuring him, will shield him from every Attempt against his Welfare, and opposite to this Christian Precept.

4. In order therefore more speedily and effectually to succeed in accomplishing what we hope is the general Desire, it is necessary to build upon that fundamental Principle, and to consider the natural State of this Empire.

5. For those Laws are most conformable to Nature, the peculiar Genuise of which, is best suited to the Circumstances of the People for whom they are instituted.

This natural State of the Empire is described in the three following Chapters.

Chapter 1st

6. Russia is a European Power.

7. Of which this is a Demonstration. The Changes undertaken in Russia by Peter the Great, met with the better Success, because the manners then existing (which had been brought in to use by the Conquest of foreign Powers, and the Mixture of various People) disagreed entirely with the nature of the Climate: So that Peter on introducing European Manners and Customs among a European People, found such Facility as he himself never expected.

Chapter 2nd

8. The Empire of Russia contains 32 degrees of Latitude, and 165 of Longitude on the Terrestrial Globe.

9. The Sovereign is absolute, for no other than absolute Powers vested in one Person, can be suitable to the Extent of so vast an Empire.

10. An extensive Empire demands absolute Power in the Person who rules it: it is necessary that Dispatch in the Decision of Affairs sent from distant places compensate for the Delay occasioned by their remoteness.

11. Any other than absolute Government, would not only be detrimental, but in the End destructive to Russia.

12. Another Reason is that it is better to obey the Laws under the direction of one Master, than to be subject to the Wills of many.

13. What is the Object of absolute Government? Certainly not to deprive the People of their natural Liberty, but to direct their Conduct in such manner that the greatest good may be derived from all their Operations.

14. That form of Government therefore which promotes this End more than any other, and infringes natural Liberty less than any other, is most conformable to the native Sentiments of reasonable Creatures, and at the same time corresponds best with the End constantly in View in the Establishment of Civil Societies.

15. The Intention and End of Absolute Government is the Glory of the Citizens, of the State, and of the Sovereign.

16. This Glory in a People under monarchical Government creates a Sense of Liberty, which in such States, is capable of producing as many great Actions, and of contributing as much to the happiness of the Subjects, as Liberty itself.

CHAPTER 3rd

17. Of the Constitution.
18. The intermediate Powers subject to and dependent upon the Supreme Power, form the Substance of Government.
19. These I have called intermediate Powers subject to and dependent upon, the Supreme Powers: but in reality, the Sovereign is the Source of all Power Supreme and Civil.
20. The fundamental Laws on which the supreme Authority is established, constitute inferior Judicatures, through which the Power of the Sovereign flows as through smaller Channels.
21. Such Laws as empower these inferior Courts to represent that some Edicts are contrary to the Constitution, that others are obscure and cannot be fulfilled, and which determine what Edicts must be obeyed, and in what manner they are to be executed, these undoubtedly are the Laws which render the Establishment of every State firm and immovable.

CHAPTER 4th

22. It is necessary that Laws should have a Sanction.
23. This Sanction can only be in the constitutional Courts of Judicature, which publish to the People new made Laws and renew those which had become obsolete.
24. These Courts upon receiving the Laws from the Sovereign examine them with Diligence, and have a right to represent whatever they find in them contrary to the Constitution, as above said Chapter 3 Article 21.
25. But if nothing exceptionable is found in them, they are registered among those already confirmed and are issued publicly to the People.
26. In Russia the Senate is the Depository of the Laws.

27. Other Courts of Judicature ought, and may make Representation with the same force to the Senate, and even to the Sovereign as above mentioned.

28. Should one still ask, what is the Sanction of the Laws? I answer, The Sanction o the Laws is a particular Instruction by which the above mentioned Courts of Judicature appointed to see the Sovereign's Will carefully observed according to the fundamental Laws and Establishments of the State are obliged to act in the discharge of their Duty, agreeable to the Order therein prescribed.

29. These Instructions restrain the People under penalties from contemning the Edicts of the Sovereign, and at the same time preserve them from their own headstrong Desires and stubborn Inclinations.

30. For on the one hand by these Instructions the Sentences passed on Transgressors of the Law are justified, and on the other hand they also justify the Refusing to admit, into the Number of the received Laws, such Regulations for the Administration of Justice and Transaction of public Affairs as are contrary to the good Order of the State.

CHAPTER 5th

31. Of the Condition of all People in Civil Society.

32. It is a great Happiness for Man to be placed in such Circumstances that when his Passions prompt him to be wicked, he nevertheless finds it more for his own Advantage not to be so.

33. It is necessary that the Laws provide as much as possible for the Security of every individual Citizen.

34. The Equality of Citizens consists in their being all subject to the same Laws.

35. This Equality requires a good Establishment which may prevent the Rich from oppressing the Poor, and from converting to their own private Advantage those Employments and Offices entrusted to them only for the benefit of the State.

36. Social or civil Liberty consists not in doing every one as he pleases.

37. In a State that is in a Collection of People living in Society where Laws are established, Liberty can consist only in the Ability of doing what every one ought to desire, and in not being forced to do what should not be desired.

38. It is necessary to have a clear and distinct Idea what Liberty is. Liberty is the right of doing whatever is permitted by the Laws: For where any one Citizen has a power to do what is forbidden by the Laws, Liberty there would no longer exist because others in like manner would have the same Power.

39. Civil Liberty is a Tranquility of Mind arising from the Opinion that every individual of the whole Society enjoys his personal Security, And that People may possess this Liberty, the Laws must be such as that no one Citizen need be in fear of another, but that all alike should fear the Laws only.

CHAPTER 6th

40. Of Laws in general.
41. Nothing should be prohibited by Law but what is hurtful either to Individuals, or to the whole Community.
42. All Actions having no such Tendency are not in the least the Object of Law, which is instituted solely to procure the greatest Security and Advantage to the People living under it.
43. That the Laws may be inviolably observed, they ought to be so salutary and so conducive to the Attainment of the greatest Good for the People, that every Person may be thoroughly persuaded it is his Interest to Endeavour to preserve them Inviolable.
44. And this which in the highest degree of Perfection ought to be endeavoured at as far as possible.
45. Mankind is influenced by many things: Religion, Climate, Laws, Fundamental Maxims of Government, Examples of Actions, Morals, and Customs.
46. From these Causes a general Way of thinking correspondent with them is produced among a People. e.g.
47. All Savage Nations are influenced almost solely by Nature and the Climate.
48. The Chinese are guided by Custom.
49. The Severity of Law tyrannizes in Japan.
50. At one period Morals formed the Conduct of the Lacedemonians.
51. Rome was influenced by Ancient Manners, and by Maxims which the ruling Powers laid down at the Foundation.

52. Virtues and Vices, good and bad Qualities compose the Characters of different Nations.

53. There is a happy Complexion of Character from which many and great Blessings low, though it is often impossible to understand that they are derived from that Cause.

54. To evince this I will here produce several Examples shewing its different Effects. The Spaniards were at all times famous for their Goodness of Heart: History informs us of their Fidelity in preserving their Trust often at the expense of their Life. This their ancient Fidelity remains with them to this day. All Nations trading to Cadiz entrust their Effects with the Spaniards, and have never yet repented of their Confidence: But this admirable Quality joined to their Idleness makes such a Mixture or Composition, as produces Effects detrimental to themselves: for the European Nations carry on before their Eyes all the Trade belonging to their own Monarchy.

55. The Character of the Chinese is of another Cast quite opposite to that of the Spaniards. Their insecure Life (arising from the Nature of the Climate and Soil) is the Cause that they are endowed with a Subtlety almost inconceivable, and their desire of Gain is so Exorbitant that no trading Nation can confide in them: it is this notorious Infidelity which has preserved to them the Japan trade: for no European Merchant has ventured to engage in it under their Name, though it might easily be done through their Maritime Territories.

56. What I have here mentioned is not with a View of diminishing in the least the infinite distance between Virtue and Vice, God Forbid! My Intention was only to shew that all political Evils are not Moral Evils, nor all Moral Evils political. This must indispensably be known in order to avoid enacting Laws inconsistent with the Genius of the People.

57. Legislation must have regard to the Genius of the People. We always act best when we act willingly, freely, and according to our Natural Inclination.

58. Even to introduce better Laws it is previously requisite to prepare the Minds of the People for receiving them: but let not this serve as an objection against the most advantageous Establishment; for if the Minds of the People are not yet prepared, take upon yourselves the trouble to prepare them, and by that very Endeavour much will be effected.

59. Laws are peculiar and regular Establishments of the Legislator, but Manners and Customs are Establishments of all the People at large.

60. So that when it is necessary to work any important Change among a People for their own Good, what was instituted by Laws must be reformed by Laws, and what was introduced by Customs must be changed by Customs. Very bad therefore is that Policy which reforms by Laws what ought to be altered by Customs.

61. There are means to prevent Crimes from increasing, for which purpose Punishments are inflicted by Laws: There are also Means to introduce a Change of Customs, and to this End Example is most useful.

62. Besides in proportion as Nations have more Intercourse with each other, with the greater Facility do they Change their Customs.

63. In a word, All punishment not inflicted through absolute Necessity is tyrannical: for the Law does not arise from Power alone. Things indifferent neither Good nor Evil in their own Nature do not fall under the Cognizance of Law.

CHAPTER 7th

64. Of Laws in particular.

65. Laws beyond measure Mild give rise to excessive Evil.

66. Means are always found to evade those Laws which are carried to the contrary extreme. Moderation and not proceeding beyond due bounds best governs any People.

67. It is then Civil Liberty flourishes when the Laws deduce every Punishment from the peculiar Quality of every Crime. Whatsoever End is proposed in the Inflicting of Punishment should proceed from the Fact itself, and not from the Arbitrary pleasure of the Legislator. Man should not do Violence to Man, but his own proper Action.

68. Offences are divided into four kinds.

69. Of the first kind are those against Religion.

70. Of the second those against Morals.

71. Of the third those against the Peace.

72. And of the fourth kind are those which affect the Security of the Citizens.

73. Punishments inflicted for these Offences must be deduced from the particular Quality of each kind of Offence.

74. First. Among Offences against Religion I reckon no others than those which directly affect it, such are covert and open Acts of

Sacrilege: For as those which disturb the practice of Religion bear the Quality of Offences against the Peace of the State, they must be referred to that Class. In order therefore that the Punishment for Sacrilege be deduced from the Nature of the Fact, it should consist in a deprivation of all the advantages we derive from Religion, as Expulsion from the Church, Exclusion from the Assemblies of the Faithful, for a time or for ever, and a Removal from their Presence.

75. And Civil Punishments are also usually inflicted.

76. Second. In the second kind of Offences are comprehended those which pervert good Morals.

77. Such are corrupting the general Purity of Manners, or the Manners of any Individual in particular, that is All Actions contrary to those Institutions which point out how far every one may lawfully avail himself of the Exterior Advantages given Man by Nature to administer his Necessity, to his Convenience, and to his Satisfaction. The Punishment for these offences must likewise be derived from the Nature of the Crime. Privation of the Advantages publicly annexed to Purity of Manners, Amerciement, Shame or Disgrace, obliging such Offenders to conceal themselves from the Eyes of the People, public Infamy, Expulsion from the City and from Society, in a word, those kinds of Punishments appointed by the Court for the Reformation of Manners are sufficient to check the Immodesty of both Sexes: and in reality these Offences are not such much founded on a Wicked Heart as on Forgetfulness and undervaluing of themselves. Here are meant only Crimes relative to the Corruption of Manners, and not those which disturb the public Safety at the same time, as Ravishment, and Violation, for these are included in the fourth kind of Crimes.

78. Third, Offences of the Third Class are those against the public Peace. Punishment for these must be deduced from, and referred to that Peace: Such as Privation of it, Exile, Correction, and other Punishments proper to reclaim turbulent People and to bring them back into the Established Order. Crimes against the Peace I place among those Actions only which include in themselves a simple Violation of civil Institutions:

79. For those which violate the Peace and affect the Security of the Citizens at the same time, are referred to the fourth kind of Crimes. Fourth. The Punishments of these last mentioned Crimes are called Capital Punishments, which are a kind of Retaliation, whereby the Society deprives that Citizen of his Security, who has deprived or

intends to deprive another of his: This Punishment is deduced from the Nature of the thing, is founded on Reason and drawn from the Sources of Good and Evil. A Citizen becomes worthy of Death when he has so far violated the Security of another as to have taken away or attempted to take away his Life. The Punishment of Death is a kind of Medicine for a Sick Community. If Security is endangered with respect to Property many Proofs must be brought to shew that in this Case the Punishment of Death should not be inflicted. A better, and much more natural Punishment of this Crime seems to be Deprivation of Property, and this would incontestably be so were Goods in common or equal among all: But as the Person who has no Possession is most likely to take away from others, it is necessary that instead of pecuniary corporal Punishment be inflicted as a Compensation. All I have here advanced is founded on the Nature of things and tends to the Protection of civil Liberty.

CHAPTER 8th

80. Of Punishments.

81. Love of the Native Country, Shame, and Fear of Reproach, are powerful Means to restrain many Crimes.

82. In a moderate Government the greatest Punishment for any bad Action will be to be convicted of that Action. There Evils will be corrected more easily by the civil Laws, nor will there be a necessity to make them very rigorous.

83. In these States they are more careful to prevent than to punish Offences, and indeed much greater pains should be taken to instill good Morals into the Minds of the Laws, than to deject their Spirit by Punishments.

84. In a word whatsoever in the Law is called Punishment, is actually nothing else than Pain and Misery.

85. Experience teacheth us, that in those Countries where mild punishments are in use, the Hearts of Citizens are as much affected by them as in other parts by rigorous punishments.

86. Suppose a sensible Injury done to the state by some irregularity; A Violent Government would suddenly remedy it, and instead of thinking about executing the ancient Laws, inflict a cruel Punishment which would stop the Evil at once: the Imagination of the People is

affected by this heavy Punishment just in the same degree as it would have been by a light one: so that the Terror of it is soon diminished and then it will be necessary at all Events to establish another.

87. Mankind must not be driven by extreme Methods, but the Means furnished us by Nature must be cautiously used in order to lead them to the end intended.

88. Enquire attentively into the fault of all Relaxations, you will find them to arise from the Impunity of those Offences, and not from the Mildness of the Punishments. Let us follow Nature who has given Man Shame instead of a Scourge, and let the greatest part of all Punishment be the Infamy included in the very suffering of Punishment.

89. If there are such Countries where Shame is not a Consequence of Punishment, the Cause of it is tyrannical Government which inflicts the same Punishments on the Virtuous and on the Vicious.

90. And if again there are other Countries where the People can only be restrained from Crimes by severe Punishments, know also that this flows from the Severity of the Government, which appoints these heavy Punishments for trivial Offences.

91. It often happens that a Legislator desirous to remedy an Evil thinks of nothing beyond the Cure, his Eyes are intent upon this Object only, and he considers not the inconvenience attending it. The Cure once performed, nothing is seen but the Severity of the Legislator: But the Evil arising from this Rigour remains among the People, their Minds are depraved, they are accustomed to Violence.

92. Accounts concerning the Education of the Japanese inform us that Children must be treated mildly, because their Hearts become hardened by Punishment: and also, that Slaves should not be used too severely, because it will soon put them upon having recourse to defence: Could not these People who discerned the Spirit proper to reign in the Domestic Government, by the same Reasoning discover also that Spirit which ought to animate all parts of political and civil Government?

93. Means may be found even there to reclaim wandering Minds into the right Path, by Maxims of Religion, Philosophy, and Morality selected and adapted to the Character of the People, by a just temperament of Punishments and Rewards, by an innocent application of the proper Rules of Honour, by Punishment consisting in Shame, by a constant enjoyment of Happiness and Ease: But should it be feared, that Minds long accustomed to Severity can be no otherways subdued than by Cruelty of Punishment, that they are not to be

managed by gentler methods, In that Case (attend diligently to this Rule confirmed by Experience in instances where the Mind has been spoiled by too rigorous Punishments) it will be necessary to act in a secret and imperceptible manner, and in particular Cases where Mercy may be shewn which will often occur, there to inflict more moderate Punishments, until it succeeds so far that they may be moderated on all Occasions.

94. It is very impolitic to punish one who robs upon the Highway in the same manner as one who not only robs but Murders too. Every one clearly perceives that for the public Safety some difference should be made in their Punishments.

95. There is a State where Highwaymen do not commit Murder because those who only rob may hope to be transported: but Murderers can never expect this Indulgence.

96. Good Laws keep the exact Medium, they do not always punish by Amerciements, nor do they always inflict corporal Punishments. All Punishments which deform the human body ought to be altered.

CHAPTER 9th

97. Of the process of Justice in general.

98. The judicial Power consists solely in executing the Laws, and that for this reason, because there should be no doubt concerning the Liberty and Security of the Citizen.

99. Wherefore Peter the Great wisely established the Senate, Colleges and inferior Courts for the Administration of Justice in the Name of the Sovereign and according to the Laws, and hence it is that the Report of Affairs to the Sovereign himself is rendered so troublesome: An Institution which ought never to be broken.

100. Hence follows the Necessity of having Courts of Judicature.

101. These Courts make Decisions and pass Sentences which they must keep by them and attend to, in order to administer Justice today the same as Yesterday, and that the Life and Property of every Individual Citizen may by their Means be fixed and confirmed as securely as the Establishment of the Constitution itself.

102. In an absolute Government the Decisions made in the Administration of Justice, upon which not only Life and Property but

Honour depends, should undergo the most diligent and scrupulous Examination.

103. The greater the Power vested in the Judge and the more consequential the Affair on which he is to decide, the more he should enter into its delicacies and Intricacies: So that it is no wonder that in the Laws of such States are found such varieties of Rules, Limitations and Extensions, by which particular Cases are multiplied insomuch that they seem to make an Art of Reason itself.

104. The Diversity of Rank, Family, and Condition established in a Monarchical Government, frequently gives rise to many distinctions in the Nature of Property, And Laws established upon the Constitution of this State increase still further the Number of these Distinctions.

105. Hence Property is divided into personal, acquired, dotal, Paternal, Maternal, Chattels &c &c.

106. Each particular kind of Property is under peculiar Regulations, which must be attended to in all proceedings upon it, whereby the Simplicity of the Object is again subdivided into other particulars.

107. In proportion as the judgements of Courts of Judicature are multiplied in Monarchical Governments, Jurisprudence becomes over loaded with precedents, which sometimes contradict one another either because the Judges who succeed each other think differently, or the same Causes are sometimes well sometimes badly argued, or in short, by reason of the infinite Number of abuses which gradually insinuate themselves into whatsoever passes thro' the hands of Man.

108. This is an unavoidable Evil which the Legislature corrects from time to time, as contrary to the very Spirit of a moderate Government.

109. For when any one is necessitated to have recourse to Courts of Judicature, that Necessity ought to arise from the Nature of the Constitution, and not from the Contradiction and Uncertainty of the Laws.

110. In all Governments where there are distinctions of Persons, there are necessarily Privileges confirmed to them by the Constitution. One of the principal whereof and which least of all affects the Public, is the Privilege of being tried in one Court preferable to another: Here again arise new difficulties, to know in what Courts the several Orders of Persons are to be tried.

111. It is often said that "Justice should be administered in all Countries as it is in Turkey": As if no Nation under the Sun, could

obtain so clear an Idea of an Art the most necessary in the World for Mankind to know, but a People plunged into the deepest Ignorance.

112. If you consider the formalities of Justice, with respect to the trouble a Citizen meets with in order to recover his Property, or to obtain Satisfaction for Injury done him, doubtless you will find many difficulties; but if you consider these formalities, with respect to the Liberty and Security of the Citizen, in this view you will see that the Trouble, Expense, Delay and even the very Risks of the Law, are nothing else than the price every Citizen pays for his Liberty.

113. In the turkish Dominions, where little regard is paid to the Life, the Honour, and the Property of the Subject, all disputes are quickly determined; the manner of finishing them is indifferent, provided they are but finished one way or other; The Bashaw all at once enlightened, orders the contending Parties to be bastinaded according to his Caprice, and so dismisses them.

114. But in Governments where regard is paid to Moderation, the Life, Property or Honour of the meanest Citizen is deemed of Importance: No one is deprived of Honour or Property, till after a long and strict Examination into the Truth: No one is deprived of Life, but when the public itself demands it. Nor does the public ever demand the Life of a Citizen without first granting him all possible Means of defending it.

115. The formalities of Law increase every where in proportion to the Importance, of which the Honour, Property, Life and Liberty of the Citizen is considered.

116. It is necessary the Defendant should be heard, not only for obtaining Information in the Affair, but also that he may make his defence, which he must do either in his own Person, or by a Proxy of his own choice.

117. There are People who think that the youngest Member in every department for Example of the rank of an Ensign might ex officio plead for the Defendant: From hence another Advantage would arise, namely that Judges would thereby become much more expert in their Business.

118. To defend here signifies no more than to lay before the Court, every Circumstance in behalf of the defendant which may tend to justify him.

119. Laws which condemn a Person upon the disposition of a single Witness, are dangerous to Liberty. Under the Heirs of Constantine I,

a Law was published whereby the Evidence of a Man in considerable Office was accepted as sufficient Proof, and no more was required. Justice must have been administered according to the Will of this Legislator very speedily, but at the same time, very strangely: They judged of Actions by Persons, and of Persons by their Offices.

120. Agreeable to sound Reason, two Witnesses are requisite: One Witness affirming, and the Defendant denying a Fact form two equal parts; therefore there must be a third, in order to cast the Defendant; unless independent of this there are other incontestable Proofs, or both Parties refer to one common Witness.

121. The depositions of two Witnesses, are esteemed sufficient for inflicting Punishment on all Crimes. The Law believes them as much as if they spoke by the Lips of Truth herself. The following Chapter will shew this more largely.

122. And in this manner it is they judge in almost all States, that a Child begot in Wedlock is born legitimate: The Law herein puts a Confidence in the Mother; which is mentioned in this place, on Account of the Obscurity of the Laws upon this head.

123. The Torture is contrary to sound Judgement, and common Sense. Humanity itself cries out against it, and demands it to be utterly abolished. At this day, we see a People famous for their civil Institutions, who entirely reject it, without finding any bad consequence therefrom; which shews that it is not necessary in its own Nature. We shall enlarge more upon this Matter in the Sequel.

124. There are Laws which prohibit the use of the Torture, except in Cases where the Defendant will neither plead Guilty, nor not Guilty.

125. It is only destroying the force of an Oath, in making it too common by frequent use. There ceremony of kissing the cross should be used only in Cases wherein the Person who swears has no self Interest, such as the Judges and Witnesses.

126. In Trials for Capital Crimes, the Criminals should have the Choice of their own Judges, or at least should be allowed to object to such a Number, that those which remain may appear to be of their own choosing.

127. Some of the Judges should be also of the same rank of Life as the Defendant, that is, should be his Peers, or equals, that he may not think himself fallen into the hands of Persons, capable of using Violence to oppress him in his Cause.

Some Examples of this, there are even now in the Military Law.

128. When the Prisoner is condemned, it is not the Judge, but the Law, which inflicts the Punishment.

129. Sentences should be as clear and strong as possible, even to contain the exact words of the Law, for if the private Opinions of the Judges be mixed with them, the People in such a Government must live in a Community without knowing their mutual Obligations to each other.

130. There are many different ways of passing Judgement. In some Countries, the Judges are shut up without Victuals or Drink till they unanimously agree upon their Verdict.

131. In some Monarchical Governments, they proceed in the way of Arbitration or Judgement of three: they deliberate together, they mutually communicate their Opinions, they reconcile them, they modify their Sentiments in order to make them conform to each other, and try by all possible means to make their Judgement agree.

132. The Romans never decided in any suit, unless the matter was fairly stated without Addition, or Diminution, and without any Modification.

133. However, the Praetors or chief Magistrates of Cities contrived other forms of trial, which they called ex bona fide, where the Decisions were made after a strict Examination, according to the Conscience of the Judge.

134. A Plaintiff who claims more than is just, is non suited. The Defendant should also be fined, if he does not acknowledge exactly what is just, that Good Faith may thus be preserved on both sides.

135. If those whose Duty is to fulfill the Laws, should have power to keep a Citizen under Arrest, who is capable of giving Bail, Liberty in that place would not exist at all; Unless he be arrested to answer immediately to an Accusation of some Crime which lawfully merits capital Punishment: In this Case the Person arrested is actually free, for he is subject to nothing but the Power of the Law.

136. But if the Legislative Power thinks itself in danger from secret conspiracy against the State, or the Sovereign, or from Collusion with Foreigners, in such Case, it may authorize the executive power to arrest persons upon Suspicion for a time, who only suffer a temporal Loss of their Liberty, in order to preserve it uninjured for ever.

137. But it would be best to point out exactly in the Laws, such Cases as are not bailable; for People who cannot give Bail in all places lose their Freedom so long as the public, or private Safety demands it. This Matter is treated more at large in the 10th Chapter.

138. Though all Crimes are Offences against the public, yet those which immediately concern one Citizen with another, must be distinguished from those which immediately affect the State, on Account of the Connexion between the Citizen and the State. The first are called private, and the second public Crimes.

139. In certain States, the King being placed upon the Throne to see that the Laws are executed in all parts of his Dominions, appoints some Person of distinction in every Tribunal, to prosecute all Crimes in the King's name. In these Countries, the Office of Informer is unknown. And if this Avenger of the Public is suspected of abusing his Office, he is obliged even to declare the Name of his own Accuser. This Office established in a State, watches over the Welfare of the Citizens, it transacts their Business while they are at ease. With us, Peter the Great ordered the Procurator to examine into and manage the Affairs of Non-Attendants; and if to this were added still another Office or Person invested with the above Charge, Informers would be less known among us.

140. Very blamable was that Roman Law which permitted Judges to accept presents provided they did not exceed annually one hundred Dollars. Those to whom nothing is given, desire nothing, but those to whom something is given, presently desire a little more, and afterwards a great deal more. Besides it is much easier to convince him, who being obliged to take nothing yet receives something, than him, who takes more than he has a right to, and who will be ever contriving Pretences, Excuses, Reason, and Remonstrances, weighty enough to defend his Extortion.

141. Among the Roman Laws is one which prohibits the Confiscation of Goods to the Sovereign, except in Cases of high Treason; and that in the extreme degree of the Crime. It would often be agreeable to Prudence to imitate the Tenor of this Law, and to determine, that only for certain Crimes, the Criminal's Effects should be confiscated to the Sovereign. And also, that no Effects but acquired, should be so confiscated.

CHAPTER 10th

142. Of the Form of Criminal Jurisdiction.

143. We do not intend here to enter into an Extensive Examination of Crimes, and a minute division of them into particular kinds, and what punishment is proportional to each. We have divided them above into four Classes: Otherwise the vast Number and Variety of these Objects, as also the various Circumstances of Time and Place, would lead Us into endless particulars. It will suffice here to shew First: The principal general Rules, & Secondly: The most pernicious Errors.

144. Question 1. Whence do Punishments take their Rise? And upon what is the Right of punishing People founded?

145. Laws may be called the Means whereby People unite, and preserve themselves in a Body; and without which there would be no such Union.

146. But to establish those Means, which became a Deposit, was not above sufficient; It was necessary also to provide for its Preservation; and for this reason, Punishments were appointed against Offenders.

147. All Punishment therefore becomes unjust, the moment it ceases to be necessary for preserving this Deposit in safety.

148. The first consequence of these leading Principles is this. That it pertains only to the Laws to assign the Punishments for Crimes, and that only one Lawgiver, as representing in his own Person the whole united Community, and holding all Power in his own hands, has the Right of making Laws concerning Punishments. And hence again it follows, that the Judge and Magistrate, being themselves but a part only of the Community, cannot in Justice, or under pretence of the public Good, inflict upon any Member of the Community whatever, any other Punishments than precisely those which are settled by the Laws.

149. The second Consequence is, that the Sovereign, who represents and holds in his own hands all Power for the defence of the whole Community, can alone punish a general law concerning Punishments, to which all the Members of the Community are subjected: but as abovementioned in Article 99, he must refrain from giving Judgement himself, and therefore must appoint other Persons, to judge according to the Laws.

150. A Third Consequence is, That even if the Cruelty of Punishment had not already been abolished by the Virtues which

commiserate Humanity, Its very Inutility would be a sufficient Cause to extirpate it: And this serves to shew that it is unjust.

151. The fourth Consequence is, That the Judge who tries Crimes, cannot have the Right of explaining the Laws regarding Punishments, for this very Reason because he is not a Legislator. Who then shall be the Interpreter of those Laws? I answer the Sovereign, and not the Judge; for the sole Duty of a Judge is to examine whether such and such a Person has, or has not done an Action contrary to the Law.

152. The Judge in trying any Crime whatsoever, should make only one Syllogism or Argument, of which the first Proposition or major, is the general Law, the second Proposition or Minor, declares the Action in question, to be either conformable, or contrary to the Law, And the Conclusion contains the Acquittal or Conviction of the Culprit. If a Judge of his own Accord, or urged by the Obscurity of the Laws, makes more than one Syllogism in a Criminal Cause, then all will be Uncertainty and Obscurity.

153. Nothing is more dangerous than this Common Saying: "The meaning or Sense and not the words of the Law should be considered". This signifies nothing more, than to break down the Fence which opposes the rapid Course of popular Opinions. This is a most invincible Truth, however strange it may appear to the Mind of People more strongly affected by a trivial present Inconvenience, than by remote Consequences infinitely more destructive, and which are the neverfailing Attendants of one false Principle adopted by a People. Every Man has a peculiar turn of thinking different from others upon all Subjects which fall under his Consideration. We should soon see the Fate of the Citizen constantly varying by the removal of his Cause from Court to Court, and his Life and Liberty depending upon Chance, from the false Reasoning or bad Disposition of his Judge. And we should see the same Crimes differently punished at different times, by the very same Courts of Judicature. Should Men once begin to disobey the invariable Voice of the Laws, and harken to the precarious Inconstancy of Arbitrary Explanations.

154. These Irregularities cannot be compared to those small Errors, which may arise from a very strict, and literal interpretation of the Laws regarding Punishments. These transient Evils sometimes oblige the Legislator to make some slight, and necessary Corrections in ambiguous words: but at all Events there is even then a Check upon the Rashness of Explaining and debating upon the Laws, a License which may become destructive to every Citizen.

155. If the Terms of the Law are not fixed and precise, and cannot be literally understood, If to examine and decide what Action is contrary to, or agreeable with the Laws prescribed, be not the only duty of the Judge, If the Rule of Right and Wrong which should direct equally the Actions of the Ignorant, and of the Man enlightened with Learning be not for the Judge in the Case before him, a simple Question of fact, then the Condition of the Citizen will be exposed to strange Events.

156. When the Laws regarding Punishments are always literally understood, every one may justly calculate and know with Certainty the Inconveniences of a bad Action, which is abundantly useful to deter Men from committing it, and the People will enjoy Security both as to their Persons and effects as they ought, because this is the Intention and End proposed, without which Society would be dissolved.

157. If the Right of explaining the Laws be an Evil, so also is their Obscurity which renders this Explanation needful. And this Confusion is still greater, when they are wrote in a Language or Expressions not understood by the People.

158. The Laws should be written in a plain and easy Language, And the Code containing all the Laws, should be a Book in every common use, and to be purchased at as small a price as an Alphabet; Otherwise the Citizen, being himself unacquainted with the Consequences of his own Actions (Consequences relative to his Person and Liberty), depends upon a certain Number of People, who shall have arrogated to themselves the Preservation and Interpretation of the Laws. The greater the Number of People who read and understand the Code, the less frequent will Offences be. And therefore it is necessary to Order, that in all Schools, Children be taught to read alternately Ecclesiastical Books and those containing the Laws.

159. Question 2. What are the most proper measures to be taken, when it is necessary to put a Citizen under Arrest? And also to detect and convict a Criminal?

160. It would be an Offence against the personal Security of every Citizen, to permit the Magistrate whose Duty it is to execute the Laws, and has Authority to imprison a Citizen, to deprive one Man of his Liberty under a trivial pretence, and leave another free, notwithstanding the most flagrant marks of Guilt.

161. To be taken into Custody is itself a Punishment, differing from all others in this, that it indispensably precedes the judicial Hearing of a Crime.

162. But this Punishment cannot be inflicted, except in Cases where it is probable the Citizen has been guilty of a Crime.

163. Wherefore the Law should exactly point out those Indications of Guilt by which the Accused Person may be arrested, and which may subject him to this Punishment, and to Verbal Examination, which is also a kind of Punishment. For Example:

164. The public Voice accusing him, his Flight, his Confession out of Court, the Evidence of his Accomplices in that Crime, the Threats and known Enmity between the Accuser and Accused, the being taken in the Fact, and other similar Marks may give sufficient Cause to take a Citizen under Arrest.

165. But these Proofs must be determined by the Laws, and not by the Judges whose Decisions are always repugnant to civil Liberty, if they be not deduced in every particular Case from the general Maxims contained in the Code.

166. When Prisons shall become less horrible, that is to say, when Compassion and Humanity shall descend into the very Dungeons, and enter into the Hearts of the Ministers of Vengeance, then may the Laws content themselves with Indications alone to determine the taking any one under Arrest.

167. There is a difference between keeping in Custody and confining in Prison.

168. To take a Man who is accused into Custody, is nothing else than to secure his Person until it is known whether he is guilty or not, so that this Restraint should last as short time as possible, and be as gentle as possible: The duration of it shall be determined by the Time requisite to prepare his Cause for Trial. And its Severity should be no farther extended than is necessary to prevent the Escape of the Accused, or for the discovery of the Proofs of the Crime. The Cause should be decided as quickly as possible.

169. A person having been arrested and acquitted, must not therefore be liable to any Disgrace. Among the Romans how many Citizens do we see, who have been judicially tried or the most atrocious Crimes, and after proof of their Innocence, have been respected and promoted to the highest Offices of the State?

170. Imprisonment is a Consequence of the Judge's Sentence, and serves in lieu of Punishment.

171. A Person taken up on Suspicion, another upon Matter of Fact, and a third convicted, ought not to be confined in the same Place.

For the first is only taken under Arrest, but the other two are imprisoned: Now that Imprisonment is only part of the Punishment of one of them, but the whole Punishment of the others.

172. Being arrested ought not to be looked upon as a Punishment, but rather as the means of preserving the Person of the accused in safety, which assure him at the same time of his Liberty, provided he is Innocent.

173. To be taken under arrest among the Military is reckoned no Disgrace. In the same view should Citizens look upon it in civil Life.

174. When a Person accused is found Guilty, the Arrest is changed into Imprisonment, so that there must be separate places for all three.

175. The following general Theorem will serve to ascertain the Truth of the Commission of any Crime, e.g.: When the Proofs of a Fact depend one upon another, that is to say, when the Indications which prove it, can be confirmed only one by the other. When the Truth of many Proofs depends upon the Truth of one Proof only, the Number of Proofs neither increases nor diminishes the Probability of the Fact; because then, the force of all the Proofs is included in the Force of that one Proof upon which all the rest depend, And that one being refuted, all the rest fall of Course. But if the Proofs are independent of each other, and the Truth of every respective Proof be confirmed, then the Probability of the Fact increases in proportion to the Number of Indications; because the falsity of one Proof does not imply the falsity of another. Perhaps it may seem strange that I use the word Probability, in speaking of Crimes which ought to be known beyond all doubt in order to inflict Punishment. But here it must be observed, that a moral Certainty is a Probability; which is called Certainty, because every reasonable Man is obliged to admit it as such.

176. Proofs of a Crime may be divided into two sorts, perfect and imperfect. Those I call perfect, which exclude all possibility of shewing the Innocence of the Person accused; and imperfect, those which exclude not this Possibility. One perfect proof is sufficient to demonstrate that the Sentence passed on the Delinquent is just.

177. As to imperfect Proofs, their Number must be very great to form a perfect one; that is, all these Proofs collectively must exclude a possibility of shewing the Innocence of the Person accused, though each Proof separately may not make that Exclusion. To this we may add, that imperfect Proofs, to which the Delinquent answers nothing sufficient for his Justification, though even his Innocence might furnish

him with means for an Answer, are in such Case deemed as perfect Proofs.

178. Where the Laws are exact, and precise, there the Judge has not more to do, than clearly to state the Fact.

179. In examining the Proofs of Crimes, it is needful to have Penetration and Address; To express the Result of this Examination, it is necessary to have Exactness and Clearness of Ideas; but to judge from this Result, requires nothing more than plain good Sense, which will be a more faithful Guide, than all the Skill of a Judge who has been always habituated to detect the Guilty.

180. And therefore that Law is exceedingly useful to the Community where it is established, which orders every Man to be tried by his Peers, or equals; for when the Fate of a Citizen is in question, every Sentiment created in us by the difference of Rank, Fortune, and Distinction, should be suppressed, and should be unknown between the Judge and the Prisoner.

181. But when the Crime is an Offence against a third Person, then one half of the Judges should be taken from the Peers of the accused, and the other half from those of the Person injured.

182. It is moreover reasonable that the accused be allowed to object to a certain Number of his Judges of whom he may have any Suspicion. Where the Accused enjoys this Right, the Guilty Person will appear to condemn himself.

183. The Sentences of the Judges ought to be public, as likewise the proofs of the Crime; that every Citizen may say he lives under the Protection of the Laws: A Sentiment which will Animate the Citizens, and be above all things useful and advantageous to an absolute Government which considers its true Interest aright.

184. One very important Thing in all Legislation, is to determine exactly the Principles upon which depend the Credibility of Witnesses and the Validity of Proofs in every Crime.

185. Every Man of sound Reason, that is every Man whose Ideas are justly connected, and whose Sensations correspond with the Sensations of his fellow Creatures, is capable of being a Witness. But the Faith which is due to him should be ascertained by the Interest he may have to speak the Truth or not; for on all Occasions Witnesses must be credited, when they have no Motive to bear false Witness.

186. Among the abuses of Words, which have crept into, and established themselves in human Affairs, It is well worth considering the motive which induced Legislation to annul the Evidence of a

Guilty Man on whom Sentence has already past. Such a Man, say the Sages of the Law, is dead in a civil Sense, and a dead Man is incapable of producing any Act. Provided only the Evidence of such a Person retards not the Course of Justice, Why not grant (even after Condemnation) to the Interest of Truth, and to his terrible Situation yet a little more time, that he may be able either to justify himself, or others accused, if he can but produce new Proofs, which shall be weighty enough to change the Nature of the Fact.

187. Forms are necessary for the Administration of Justice, but should never be so established by Law, as to become at any time destructive to Innocence; otherwise they will be attended with great Inconveniences.

188. And therefore any one may be admitted as a Witness, who has no Interest to give false Evidence. Hence the Credit which must be given to the Witness will be greater or less, in proportion to his Friendship with, or Enmity to the Person accused; as also according to other Connections or Dissensions subsisting between them.

189. One Witness is not sufficient for this Reason, because when the accused Person denies what the Witness affirms, nothing certain can be determined; and the general Right of being thought dishonest, will on this particular Occasion incline to the side of the accused.

190. The Credibility of a Witness is diminished in proportion as the Crime is more heinous, and the Circumstances less probable. This Rule may be applied to Accusations of Witchcraft, or to Instances of Cruelty without any Motive for it.

191. Whoso is obstinate, and will not Answer the Questions put to him by the Court, deserves punishment; which Punishment must be determined by Law, and be the heaviest among those inflicted; that thereby the Guilty may not escape being exposed to the Public, to which they are to serve as Examples. This particular punishment is needless, when there is no doubt, that the Person impeached has Committed the Crime he stands charged with, for his own pleadings are immaterial when there is other incontestable Evidence to prove him Guilty. This last Case is very extraordinary, for Experience shews us, that for the most part, in Criminal Cases, the Guilty do not confess their Crimes.

192. Question 3. Is the Torture destruction of Justice and does it produce the End for which it was intended by the Laws?

193. The Torture is a Cruelty confirmed by the use of many Nations, practised upon the Prisoner during the time of the preparation

for his Trial, either to extort form him his own Confession of the Crime, or to make him clear up the Contradictions with which he entangled himself in his Examination, or to declare his Abettors or in fine to discover other Crimes whereof he may be guilty though he be not accused of them.

194. 1st. A Person cannot be deemed Guilty before judicial Condemnation; and the Laws cannot refuse him their protection before it be demonstrated that he has violated them; So that what Right can give anyone Authority to inflict Punishment upon a Citizen at a time when it is yet doubtful whether he be innocent or Guilty? It is no difficult matter by deductions to come to this Reasoning. Either the Crime is proved, or it is not proved; if it be proved, then the Criminal should only be punished as the Law directs; Here then the Torture is unnecessary. If the Crime be not proved, the accused Person still should not be tortured, because an Innocent Person ought not to be tortured, and according to these Laws, that Person is Innocent, whose Crime is not proved. Doubtless it is necessary, that no Crime once proved should go unpunished. A Delinquent suffering the Torture has not Power over himself to speak Truth, can a Person raving in a fever be more believed than when he is in his sound Senses and perfect Health? His pain may be increased to so exquisite a degree, that having seized the whole Soul, it leaves it not at Liberty to exert its faculties, except what at that very instant he conceives may release him from that Pain, which is, to cry out Guilty provided they cease to torment him. And the same means made use of to distinguish the Innocent from the Guilty destroys all disparity between them. At the same time Judges will be as uncertain whether they have a Guilty or Innocent Person before them, as they were at the beginning of this horrible Inquisition. Hence the Torture is a probable Means to condemn the Innocent whose Constitution is weak, and to acquit the Guilty who confides in his bodily Strength.

195. 2nd. The Torture is inflicted to make the accused Person clear up (as they say) the Contradictions, wherewith he had entangled himself at his Examination; As though the fear of Punishment, Uncertainty and Anxiety of Mind, as well as Ignorance itself, disadvantages common both to the Innocent and Guilty, might not as well lead the timid Innocent Person into Contradictions, as the Criminal who endeavours to conceal his Guilt; As though Contradictions, so incident to human Nature, even in the most tranquil State of the Mind,

might not be encreased while the Spirit is alarmed, and wholly buried in the Thought of escaping the Impending Dangers.

196. [3rd]. To put a Man to Torture in order to discover whether he has been guilty of other Crimes than that which has been proved against him, is a probable Method for all Offences to go without their due Punishments, because the Judges will be always desirous of discovering new Ones. Moreover, this Conduct is founded upon the following logic: You are guilty of one Crime, perhaps therefore you have committed a hundred more Offences: According to Law, you shall be racked and tortured, not only because you are guilty, but because perhaps you may be still more guilty.

197. [4th]. Besides this, the Accused Person is tortured to make him declare his Accomplices. Now as we have already demonstrated that the Torture cannot be a means to find out the Truth, how can it contribute to find out the Accomplices of a Crime? Doubtless one who accuses himself will very easily accuse others. Farther, is it just to punish one Man for the Offence of others? Could not the Accomplices be discovered by examining the Evidence produced against the Criminal, by strict search into the Proofs brought against him, and into the very Circumstances of the Fact, and in short, by all those Means which served to convict the Delinquent of that Crime for which he is condemned?

198. Question 4. Should Punishments be proportional to Crimes? and by what means can a just Standard of this Proportion be fixed?

199. In Capital Crimes, it is necessary the Law should limit the Time for collecting the Proofs and all things needful to the Affair in question; in order that the Guilty may not prolong the time of the Punishment they deserve by pretended Changes in their Case, and by rendering it perplexed. When all the Proofs are collected, and the Certainty of the fact becomes known, Time and Means should be allowed the Criminal for making a Defence, if he is able. But this Time should be very short, so as not to retard the Punishment, because the speedy Execution of Punishment is reckoned among the most powerful Means for restraining People from Crimes.

200. In order that Punishment may not appear to be the Violence of one, or many rising up against a Citizen, it ought to be public; conveniently speedy, useful to Society, as moderate as the Circumstances will allow, proportional to the Crime, and exactly such as is laid down in the Laws.

201. Although Laws cannot indeed punish Intentions, yet it doth not thence follow, that an Action which indicates the Will, and is an Attempt to commit a Crime, deserves no Punishment, though a lighter than that inflicted upon the actual perpetration of it. Punishment is requisite, because even the very first attempts of Crimes should be prevented. But since the Attempt and the Perpetration of an illegal Action, there may be some Interval of Time, it will not be amiss to allot the greater Punishment for the Crime already completed, thereby to create in him who has entered upon a Crime, a Motive which may prevent his persisting to perpetrate it.

202. Nor should Accomplices who are not immediately concerned in the perpetration of Crimes, be punished so severely as the principals themselves. When several People agree to run a common Risk, the greater that Risk the more they endeavour to make it equal among them all. The Laws which punish the Perpetrator of a Crime with greater Rigour than the simple Accomplice, render it impracticable to divide that Risk equally, and cause the Difficulty greater of finding a Person who would choose to take upon himself to perpetrate a premeditated Crime, seeing the Risk he will run will be greater inasmuch as the Punishment to be inflicted will be unequal to that of his Accomplices. There is but one Case in which an Exception can be made to this general Rule, and that is, when the Perpetrator receives an extraordinary Advantage. In this Case, as the difference of the Risk is compensated for by a difference in the advantages, an equal Punishment must be inflicted upon them all. This Reasoning may appear very subtle, but it ought to be considered that it is highly necessary that the Laws should preclude every possible means for Accomplices to agree one among another.

203. In some Governments, an Accomplice in a Capital Crime who impeaches his Companions, obtains his pardon. This practice has its Conveniences, but likewise its Inconveniences when it is used only in particular Cases. A Constant general Law, promising pardon to any Accomplice who discovers a Crime, should be preferred to a temporary particular Information in a particular Case: for such a Law would prevent the Union of Malefactors, laying them always under the general apprehension, that one among them will betray the rest. But then this Promise should afterwards be kept sacred, and a Guard be given as it were, to protect the Person who shall have recourse to this Law.

204. [Question 5]. By what is the greatness of Crimes measured?

205. The Intention of establishing Punishments is not to torment a Creature endowed with Sense, but the end for which they are appointed is to deter the Criminal from injuring the public in future, and to prevent his fellow Citizens from committing like Offences. Such Punishments therefore should be inflicted as being adequate to the Crime, may stamp upon the Heart of the People a lasting and lively Impression, and at the same time, may be the least cruel possible to the Person of the Offender.

206. Who is not struck with Astonishment when he sees in History, what Number of barbarous and useless Torments have been invented and practiced without the least Remorse of Conscience, by People who assumed the Appellation of Wise? What feeling Heart doth not shudder at the thought of those thousands of unhappy Wretches who have suffered them, frequently accused of Crimes difficult or impossible to be effected, often times complicated with Ignorance and sometimes with Superstition? Who, I say, can behold the Laceration of these People, tormented with horrid Ceremonies, even by their fellow Creatures? The Places and Times, in which the most cruel Punishments have been in use, are those in which the most inhuman Crimes have been committed.

207. In Order that Punishment may produce the desired Effect, it is enough that the Evil it causes exceeds the Good expected from the Crime, taking into the Computation (which shows that Excess of Evil above the Good) the inevitable Certainty of Punishment, as also the Loss of Advantages proposed from the Crime. All Severity exceeding these Bounds is useless and consequently tyrannical.

208. Wherever there have been rigorous Laws, either they have been changed, or the Impunity of the Guilty has arisen from the very severity of the Laws. The weight of Punishment must be referred to the present Condition and Circumstances of a People. In proportion as the Minds of those who live in Society become enlightened, the Sensibility of every Individual Citizen is increased. And when Sensibility grows among the Citizens, then must the Rigour of Punishment be diminished.

209. Question 6. Is the Punishment of Death useful and necessary in Society for the Preservation of good Order, and personal Security?

210. Experience shews that the frequent use of severe Punishments has never rendered a People better. If then I can demonstrate, that in the ordinary State of Society, the Death of a Citizen is neither useful nor necessary, I shall overcome the persecutors of Humanity. I say

here, in the ordinary State of Society, for the death of a Citizen can be requisite only in one Case, which is, when being deprived of Liberty, he still has Means and force capable of disturbing the public Tranquillity. This Case can no where take place, but when the People either lose, or recover their Liberty, or in time of Anarchy, when Disorder itself assumes the place of Law. But during a peaceful Sovereignty of the Laws and under a form of Government established by the united Wishes of the People, in a State protected against Enemies from without, and upheld within by powerful Supporters, that is, by its own Strength and the Opinion rooted in the Minds of the People, where the whole Power is in the hands of the Sovereign, in such a State, there can be no manner of Necessity to take away the Life of a Citizen. Twenty Years Reign of the Empress Eliz. Petrovna present the Fathers of the People with an Example for Imitation more Illustrious than the brightest Conquests.

211. It is not excessive Rigour and destruction of the human Species that produces a great Effect upon the Heart, but the incessant duration of Punishment.

212. The Death of a Criminal is a weaker Means to restrain Crimes, than the long and constantly lasting Example of a Man deprived of his Liberty, in order, by hard Labour during the whole duration of his Life, to make amends for the Injury he has done to the Public. The Terror caused by the Idea of Death may be very strong, but it cannot stand against the Forgetfulness natural to Man. It is a general Rule: That sudden and violent Impressions stamped upon the human Mind alarm and strike the Heart, but their Effects remain not long in the Memory. In order that Punishment may be agreeable to Justice, it should have no greater degree of Intenseness that only what may be sufficient to deter People from the Commission of Crimes. So that I boldly affirm, there is not that Man living who after the least Reflection, can put in Comparison on one hand the Crime, what advantages soever it may promise, and on the other, The utter deprivation of Liberty which ends only with Life.

213. Question 7. What Punishments should be inflicted for different Crimes?

214. He who disturbs the public peace, he who disobeys the Laws, he who loosens those Bonds by which Men are united in Society, and mutually protect each other, should be excluded from the Society, that is should be banished.

215. The Reasons should be stronger for banishing a Native than a Stranger.

216. The Punishment of Infamy is a mark of the public bad Opinion of the Person upon whom it is inflicted, which deprives him of that Respect and Confidence which the Public formerly shewed him, and makes him forfeit that Fraternity which subsists among the Members of the same State. The Infamy inflicted by Law should be such as arises from the universal Principles of Morality: For should those Actions which Moralists term Indifferent, be deemed infamous by Law, this Inconsistency would follow. That Actions which for the Good of the public ought to be esteemed infamous, would soon cease to be looked upon as such.

217. Great Care should be taken not to inflict painful and corporal Punishments on Fanatics, and Persons pretending to be inspired. This Evil founded upon Pride and Presumption is nourished by, and affects a Glory even in Suffering; Of which Examples have been seen in the late secret Chancery, where such People came frequently on particular days solely to suffer Punishment.

218. Infamy and Ridicule are the only Punishments which ought to be used against such Fanatics and pretenders to Inspiration: for these may suppress their Pride, And thus by opposing Force to Force of the same kind, the Admiration of false Doctrine which may harbour in weak Minds, is dispersed by the Wisdom of the Legislature.

219. Infamy ought not to fall upon Numbers at once.

220. Punishment should be provided adequate to Crimes, and made known to the Public.

221. The less the disproportion between the Crime and the Punishment, and the greater the Expedition with which it follows, the more useful, and the more just will the Punishment be: more just, because it will free the Criminal from the tormenting Anxiety of Mind about the uncertainty of his Punishment. The judicial termination of an Affair should be made as soon as possible. I have said the Expedition with which Punishment is inflicted is useful; because the lesser the Interval between the Crime and the Punishment, the more will the Crime be esteemed a Cause of the Punishment, and the Punishment, an Effect of the Crime. Punishment should be immutable and inevitable.

222. It is not the Rigour of Punishments, which is the surest Curb to Crimes; but the certainty that an Offender will infallibly be punished.

223. The Certainty of a small, but unavoidable Punishment, makes more Impression upon the Mind, than the Terror of Capital Punishment,

joined with the Hope of escaping it. In proportion as Punishments become more mild and moderate, the less Occasion will there be for Mercy and Forgiveness; for then the Laws themselves are filled with the Spirit of Mercy.

224. In any State however extensive there should be no place independent of the Laws.

225. In general, Endeavours should be applied for the Extirpation of Crimes, and more especially those which are most hurtful to the People; so that the means employed by the Laws to deter People from committing them, should be more and more severe (respect being had to the kind of Crime) in Proportion as they are more injurious to the public Good, and in proportion to the force of the Motives which may excite wicked or weak Minds to perpetrate them. Therefore, there must be a Proportion between the Crime and the Punishment.

226. If two Crimes which unequally injure the Public be punished equally, this Inequality in the Punishment will produce the following Inconsistency, little remarked by any one, though it frequently occurs, That the Laws will be obliged to punish Crimes which they themselves have produced.

227. If the same Punishment be inflicted upon one who kills a Beast, as one who kills a Man, or forges any Writing of Importance, People will soon make no distinction between the Crimes.

228. The Necessity and Advantage of Uniting People in Society being presupposed, Crimes (beginning from great to small) may be placed in progression, in which the most Atrocious Crime will be that which tends evidently to disjoin, and in Consequence to the immediate destruction of that Society: and the least Crime will be the smallest degree of Provocation of any Individual; between these two Extremes, all Actions contrary to the public Good and called Crimes, will be contained, proceeding by almost imperceptible degrees from the first to the last in this Progression. It will be enough if in such Progressions, Actions culpable, are gradually and orderly distinguished under each of their four respective kinds, whereof we have made mention in the 7th Chapter.

229. We have made a particular Class of those Crimes which lead directly and immediately to the destruction of the Society, and tend to injure the Head thereof, such being the most important, because they are the most prejudicial to Society. These are called Crimes of High Treason.

230. In the next place are ranked those Crimes which affect the Security of Individuals.

231. It were impossible for Society to subsist without punishing with Severity the Violators of this Right. Crimes attempted against the Life and Liberty of the Citizen are of the Number of those of the first Magnitude. And under this Denomination are included, not only Murder committed by common People, but also Violence of the same Nature affected by Persons of what Descent and Merit soever.

232. Robbery and Theft, whether attended with Violence, or not.

233. Injuries which affect the Honour of Persons, that is, which tend to deprive them of that due degree of respect which a Citizen has a Right to exact from others.

234. It may not be useless to repeat here, what many have affirmed and others written concerning Duels: That the most effectual Means to prevent these Crimes is to punish the Aggressor, that is, him who gave Occasion to the Duel; and to declare the Person innocent, who gave no cause to the Duel, but was constrained to defend his Honour.

235. To smuggle Goods is actually robbing the State. This Crime arose from the Law itself, for the greater the Duties are and the greater the Profit gained on smuggled Goods, the greater consequently becomes the Temptation; and this Temptation is still increased by the Facility of carrying on this clandestine trade, when the Boundaries of the State which are guarded are of vast Extent, and when the Goods prohibited, or highly taxed, are small in Bulk. The forfeit of prohibited Goods and of those carried with them, is exceedingly just. Such a Crime deserves important Punishments, as Prison, Slavery, analogous to the Nature of the Crime. The Prison for a Smuggler should not be the same as that for a Murderer, or a Highwayman; and the most suitable Punishment seems to be Labour of the Guilty Person, computed and fixed at the same Value as that of which he attempted to cheat the Public Treasury.

236. It is necessary here to mention Bankrupts, or Persons in Trade who abscond from their Creditors. The Necessity of Good Faith in Contracts, and the Safety of Trade, obliged the Legislator to furnish Creditors with Means for obtaining Payment from their Debtors. But the Bankrupt who absconds to defraud his Creditors should be distinguished from the Honest Man who has inadvertently overtraded himself; the latter, if he can clearly prove that disappointments from his own Debtors, or Losses happening to them, or Misfortunes which could not be guarded against by human Prudence, have deprived him

of his own Property, must not be treated with the same Rigour as the former. For what Reason cast him into prison? Why deprive him of his Liberty, the only Possession he has now left? Why subject him to Punishments which are due to Criminals alone, and urge him even to repent of his Honesty? Be it so. Let him not be cleared till his Creditors are satisfied for their Debt, let him not have Liberty of withdrawing himself without the Consent of the Parties concerned, Let him be obliged to employ his Industry and Abilities to put himself in a Condition to satisfy those to whom he is indebted. But never by any sound Argument can that Law be justified which would deprive him of his Liberty without any benefit to his Creditors.

237. Certainly it is possible on all Occasions to distinguish Fraud attended with aggravating Circumstances from an Enormous Error, and an Enormous Error from a slight one, and this again from perfect Innocence; and establish Punishments by Law according to such Distinction.

238. A salutary and prudent Law might in a great measure prevent fraudulent Bankrupts, and at the same time provide Means to relieve the Conscientious and Industrious Man from Accidents which he is liable to. A public Register regularly kept of all Mercantile Contracts, which every Citizen should be permitted without Interruption to consult and Examine, A Bank established by a wise and well ordered Tax levied on Mercantile People, from which proper Sums might be drawn for assisting unfortunate though Industrious Traders; these would be Institutions attended with many Advantages, without creating any real Inconveniences.

239. Question 8. What are the most effectual Methods for preventing Crimes?

240. It is much better to prevent than to punish Offences.

241. To prevent Crimes is the Intention and End of a Good Legislator, which is no more than an Art, to lead People to the most perfect Good; or (if Evil cannot be entirely extirpated from among them) to diminish that Evil as much as possible.

242. When we prohibit many Actions by Moralists termed indifferent, We do not thereby prevent the possible Crimes which may arise from them; but in the contrary we produce new ones.

243. Would you prevent Crimes, let the Laws respect every Individual Citizen more than the Ranks established among Citizens.

244. Let the People fear the Laws, and let them fear nothing besides them.

245. Would you prevent Crimes, let Knowledge be diffused among the People.

246. A Code of wholesome Laws, is nothing else than a Restraint upon the Self Will of Man from injuring his fellow Creatures.

247. Again, Crimes may be prevented by rewarding Virtue.

248. In fine, the most sure though at the same time the most difficult Method to render the People better, is perfecting their Education.

249. In this Chapter, there are some repetitions of what has been said before; but whoever examines it with the least Attention, will see that the Subject itself required them; besides, what is so very interesting to the human Race, may very reasonably be repeated.

CHAPTER 11th

250. Civil Society like everything else, requires an Established Order, to which there must be one part to direct and command, and another to obey.

251. This is the Origin of every kind of Subjection which is more or less easy, according to the Situation of those who obey.

252. Since therefore, the Law of Nature commands us to labour to the utmost of our Power for the Happiness of all People, We are obliged to render the Situation of those who are subjected, as easy as sound Judgement will allow.

253. And consequently, to avoid reducing the People into a State of Slavery, unless on such urgent Occasion as indispensably constrain us to it; and then not for private Interest, but for the public benefit. However, such Occasions very seldom or never Occur.

254. Of what kind soever Subjection be, It is necessary that Civil Laws should prevent the abuse of Slavery on the one hand, and guard against the Dangers which may arise from thence on the other.

255. Unhappy is that Government in which it is necessary to establish rigorous Laws.

256. Peter 1st enacted a Law in the Year 1722, that Idiots, and those who torment their Slaves should be put under the Care of Guardians: the former part of this Law is executed, and why the latter part is neglected, is a Mystery.

257. In Lacedemonia, Slaves could obtain no Justice. And so excessive was their Misery, that they were not the Slaves of one Citizen only, but also of the whole Community.

258. At Rome, an Injury done to a Slave was reckoned only as so much loss to his Master. They esteemed it the same thing to wound a Beast or a Slave; and the dimunition of the Value being the only Consideration, this was appropriated to the benefit of the Master and not of the injured Person.

259. Among the Athenians, whosoever treated a Slave with Cruelty was severely punished.

260. A Considerable Number of People should not be render'd free at once, and by a general Law.

261. The Law may establish something useful for vesting Property in Slaves.

262. To Conclude the whole, let us repeat this Maxim, that that Government is most conformable to Nature, the peculiar genius of which corresponds best with the Genius of the People for whom it is established.

263. At the same time it is abundantly necessary, that the Causes should be prevented which have so often rendered Slaves refractory to their Lords; for without knowing these Causes, it is impossible to prevent such Evils by Laws, though the Tranquillity of both Parties depends upon it.

CHAPTER 12th

264. Of Population.

265. Russia not only has not Inhabitants enough but it contains immense Tracts of Land, neither peopled nor cultivated. And therefore it is impossible to devise sufficient means of Encouragement for increasing the Number of People in the State.

266. The Peasants have generally from 12 to 15 or 20 Children by one Marriage, but rarely does a fourth part of them attain to the Age of Maturity. Wherefore there must certainly be some Evil, either in their Diet or in their manner of Life, or in their Education, which is so destructive to this Hope of the State. How flourishing would the Situation of this Empire be, if it were possible by wise Institutions to avert or prevent this fatal Ruin.

267. Add to this, that about two hundred years ago, a Disease unknown to our Ancestors, was brought from America to these Northern parts and diffused itself to the Destruction of the human Race. This

disease spreads most Melancholy and destructive Consequences throughout many Provinces. As great Attention should be paid to the Health of Citizens, it would be therefore prudent to cut off the Communication of this Infection by Laws.

268. The Laws of Moses might here serve as a Pattern.

269. It appears farther, that the Method newly invented by the Noblemen of collecting their Revenues, both diminishes Population, and Agriculture in Russia. Almost all the Estates are laid under a certain Tax, and the Owner, having seldom or never been upon his Estates, levies upon every Soul, 1, 2, or 5 Roubles a head, without considering by what Methods his Peasants obtain this Money.

270. It would be very necessary to prescribe Laws, to oblige these Landlords to levy their Taxes with greater Discretion; and to exact such Taxes only which least remove the Peasant from his House and Family, whereby Population will increase, and Agriculture becomes flourishing.

271. But at present, some Husbandmen do not see their House for 15 Years together, and yet annually pay their Tax to the Lord, seeking their livelihood in Cities remote from their own home and strolling almost all over the Empire.

272. During a time of public Tranquility and Happiness, Population easily increases.

273. Meadow and Pasture Lands are commonly bare of People, because few find Employment there; while Arable Lands furnish Employment for and maintain a greater Number of People.

274. Wherever People live comfortably, there they always multiply.

275. But Countries oppressed so much with Taxes, that the People with all their Care and Industry can with great difficulty support themselves, must in process of time be certainly stripped of their Inhabitants.

276. Where People are Poor only because they live under oppressive Laws, and who consider their Lands not so much the Foundation of their Maintenance as the Source of their Misery, in such Places, Population cannot flourish: Destitute of common necessaries themselves, how should they think of providing for their Offspring? Incapable of procuring Assistance in their own Sickness, how can they rear helpless Creatures like their Infants ever struggling with Diseases? They bury their Money in the Earth, fearing to let it Circulate. They dread appearing Rich. They are afraid that Riches should draw upon them Oppression and Persecution.

277. The facility of speaking and the difficulty of examining the Subject on which they speak occasion many to say, "The greater the Poverty in which subjects live, the more numerous are their families". And again, "The greater the Taxes laid upon them are, the more they become in a Condition to pay those Taxes". Two Sophisms these, which every have brought, and ever will bring Destruction upon absolute Governments.

278. The Evil is almost incurable, when the Devastation of States of their Inhabitants has been of long Continuance, through some interior Evil and bad Policy: In such Places, People have wasted away by an imperceptible Disease, now almost wrought into their Nature; born in Indolence and Misery, amid Violence and false Principles adopted by the Government, they have beheld their own Extirpation, often without perceiving from what Causes it arose.

279. For the recovery of a State thus stripped of its Inhabitants, in vain shall we look for Aid from future Generations; this Hope is entirely blasted, People dwelling in their Native Wilds have neither Encouragement nor Industry; Fields capable of sustaining a whole People, scarcely afford Sustenance to a single Family; the Common People in those parts do not even partake of the little they afford, that is, of the uncultivated Land, of which there is a vast Quantity; some principal Citizens, or the Crown, have by insensible degrees got Possession of the whole Extant to those Lands which now lie waste. They are abandoned for Pasturage to impoverished Families and the Industrious Man gets nothing at all.

280. In such Circumstances, it behoveth us to do with regard to those Lands, what the Romans did in one part of their Dominions; to take the same measures in our Scarcity of Inhabitants, which they took in their Superfluity, viz. Divide the Lands among such Families as have none, and furnish them with Means to plough and cultivate them. This distribution should be made immediately as soon as a Person is found who would accept it upon the Conditions of directly setting about labouring them without loss of time.

281. Julius Caesar gave rewards to those who had many Children. The Laws of Augustus went still farther, they inflicted a Punishment upon those who were unmarried, and augmented the Rewards of those who were married, as well as those who had Children. These laws were inconsistent with our orthodox Religion.

282. In some States Privileges were granted to Married People by the Law, thus: the Magistrates, and Officers in Towns were chosen

from among them. A Person unmarried, and having no Children, was incapable of taking the lead in Affairs, and of setting in any Court of Judicature; the Peasant who had more than five Sons paid no sort of Taxes.

283. Unmarried People among the Romans, could inherit nothing by Will from Strangers; and those who were married but had no Children, received only half the Legacy.

284. The Advantages which Man and Wife might enjoy from each other's Testament, were limited by Law; if they had Children by each other, they might have the whole in their Wills, but if not, the Survivor could inherit only a tenth part of the Effects in consideration of their Marriage. And again, if there were Children by a former Marriage, in that Case they could bequeath to each other as many tenth parts as there were Children.

285. If a Husband absented himself from his Wife upon any other Cause then that of the Public Business, he could not be her Heir.

286. In certain places, a stated salary was appointed to those who had ten Children, and still more to those who had twelve. But the matter here is not to reward extraordinary Fertility; it is rather necessary to render their Lives as comfortable to them as possible. That is, to furnish the careful and industrious with Means to provide for themselves and Families.

287. Temperance contributes to the increase of Population.

288. The Laws generally give Parents the Power of disposing of their Children in Marriage, but what avails this, while Oppression and Avarice usurp to themselves unjustly the parental Authority? It should be necessary even to encourage Parents to dispose of their Children in Marriage, and not to deprive them of the Liberty of marrying them according to their best Judgement.

289. With regard to Marriages, it is highly necessary and important to enact one uniform and clear Law, to determine at what Age Marriage should be permitted, and at what Age it should not be permitted.

290. There are States, where on Account of a deficiency of Inhabitants, Foreigners, illegitimate Children, or such whose Mothers only were Natives are naturalized; but when they have by these Means acquired a sufficient number of People, it is no longer continued.

291. The Wild People of Canada burn their Prisoners, but when they have any empty Huts which they can give to the Captives, they then adopt them into their Tribes.

292. There are People, who having conquered other Parts, intermarry with the conquered People; whereby they attain two great Ends, the Securing to themselves the conquered People, and an Increase of their own.

Chapter 13th

293. Of Manufactures and Trade.

294. There can be no skilful Manufactory nor well founded Trade where Agriculture is neglected, or not industriously carried on.

295. Agriculture cannot flourish there, where no one has any Property of his own.

296. This is founded upon a Principle exceedingly simple. "Every Man is more concerned for his own Property than for that which belongs to another, and will use no Endeavours whatever for that which he has reason to fear may be taken away by another".

297. Agriculture is the most laborious Employment of Man. The more therefore the Climate discourages this Labour, the more should the Laws encourage it.

298. In China, the Emperor informs himself annually of that Husbandman who has excelled all other in his Art, and makes him Member of the Eighth Rank in the Empire. This Sovereign every year with a pompous Ceremony, holds the Plough in his own hands, and begins to plough the Land himself.

299. It would not be amiss to grant premiums to those Husbandsmen whose Lands are found to be in the best Condition.

300. And to those Manufacturers who are most Industrious in their Business.

301. This Institution is every were crowned with Success, it has been effectual even in our own days to the Establishment of very important Manufactories.

302. There are Governments, where Treatises on Agriculture are published by the Magistracy in every Village, by which every Husbandmen may find Instructions in whatever he does not perfectly know.

303. There are Idle People: in order to root out Idleness from a People which arises from the Climate, it is necessary that such Laws should be established in that place, as would deprive all those People of the Means of Subsisting who will not labour.

304. All idle People are presumptuous in their Behaviour, for as they do not labour themselves, they in some measure consider themselves as Lords over those who do labour.

305. A People sunk in Indolence are generally very proud. It is possible to oppose the Effect to the Cause which produced it, and to extirpate Indolence by Pride.

306. For the Love of Glory is as powerful to support, as Pride is dangerous to destroy a Government; to prove which, we need only represent to ourselves on the one hand, the numberless Blessings which flow from the love of Glory, hence Industry, Sciences, Arts, Politeness and Taste; and on the other hand, the infinite Number of Evils arising from Pride among some Nations, as Idleness, Poverty, Indolence, Extirpation of the People casually fallen, under their Government, and in the end, the destruction even of themselves.

307. Pride leads Man to be ignorant of Labour, but the Love of Glory excites him to understand how to labour better than others.

308. Look with Attention upon all Nations, you will see that for the most part, Presumption, Pride and Idleness are constant attendants on each other.

309. The People of Achim are both proud and lazy: He who among them has no Slave, hires one, if it be only to go 100 Paces, and carry two Pecks of Rice for him; he would think it a disgrace to carry it himself.

310. Women in India esteem it a Shame to learn to read; this say they, is a Business fit for Slaves who among them sing the Spiritual Hymns in the Churches.

311. A Man is not therefore poor because he possesses nothing but because he does not labour; he who has no Revenue yet is industrious, lives as comfortably as another who has 100 Roubles a Year Income and does not labour.

312. The Mechanic who has taught his Children his own Art, and has left them that as an Inheritance, has bequeathed to them an Estate which is multiplied in importance to the Number of them.

313. Agriculture is the first and principal Employment to which a People ought to be incited; the next is the manufacturing of their own Productions.

314. Machines which shorten the Labour of Manufacturers, are not always useful; if a Commodity worked by hands, stands in a moderate price which is equally suitable to the Buyer and Maker, then

such Machines, since they diminish the Number of working People, are pernicious in a State that is well peopled.

315. However, distinction must be made between what is manufactured for home Consumption, and what is for Exportation into foreign parts.

316. The manufacturing by Machines, cannot sufficiently be encouraged in those Goods which are exported to other People, who receive, or may receive such like Goods from our Neighbours, or from other Nations, but especially in our Situation.

317. Trade flees from Oppression, and takes Asylum where her tranquillity is undisturbed.

318. The Athenians did not carry on so great a Trade as might have been expected from the Labours of their Slaves, their great Number of Seamen, the Influence they had over the Grecian Cities, and above all, from the Excellent Institution of Solon.

319. In many Places, where all things are farmed out, the direction of collecting the Government Taxes ruins Trade by its Injustice, Oppressions, and excessive Exactions; nay, before it proceeds so far, it is destructive by the many difficulties it causes, and the forms which it demands.

320. In other Places, where the Custom houses are on Credit, Trade is carried on with remarkable facility; one written word terminates Affairs of the greatest Importance; the Merchant has not need to lose his time, nor have a number of Men placed about him to lessen the difficulties which are spun out by the Farmers, nor has he any Occasion to cringe to these Farmers.

321. Freedom of Trade is not to let the Merchant do as he pleases, this would be rather enslaving Trade; for what confines the Merchant, does not confine Trade. In free Governments, the Merchant finds many Contradictions, but where Slavery is established, he is never so much confined by the Laws. England prohibits the Exportation of her Wool and Hair; she has enacted that Coals shall be brought to the Capital by Sea; she has prohibited the Exportation of Horses for breeding, Vessels trading from her American Settlements are obliged to cast Anchor in England; by these, and such like Methods, she confines the Merchant, but all for the Advantage of Trade.

322. Wherever there is Commerce, there are Custom houses.

323. The Object of Commerce is to Export and Import Goods for the benefit of the State. And the Object of Custom houses is a certain

Collection of Duties on those Imports and Exports, for the benefit also of the State. The State therefore should maintain a just Balance between its Customs and its Commerce; and make such Regulations, that these two Objects may not clash with each other: And then it is, that the People there enjoy the Liberty of Commerce.

324. England has no fixed Book of Rates, or Tariff, settled with other Powers; her Tariff varies (to use the Expression) at every Session of Parliament by particular duties, either imposed or removed; being always exceedingly jealous of the Trade carried on with her, she seldom binds herself by Treaties with other States, and depends upon no other Laws than her own.

325. In certain States, there are Laws made exceedingly proper to reduce those Nations which carry on a home trade; such as prohibition to import any other than unwrought Goods, and that out of their own Dominions; And forbidding to come and trade with them on any other Ships than those built in the Country from whence they sail.

326. The States which enact these Laws should be in a capacity easily to carry on Trade themselves, otherwise they do themselves at least equal prejudice. It is better to do Business with a People who demand little of us and whose Commercial Wants render them in some measure dependent upon us; with a People whom from the Extent of their Views or Business, know where to bestow the Superabundant Merchandise; who are rich, and can take off many Commodities; who will pay for them in ready Money; who (to use the Expression) are obliged to be faithful; who are peaceable from fixed Principle; whose Account is in Gain, and not in Conquest: I say, it is much better to do Business with such a People, than with other our constant Competitors, and who will not grant us all these Advantages.

327. Much less should a State subject itself to the Inconveniency of selling all its Goods to one Nation only, under pretence that they will take the whole at a certain price.

328. The true Maxim is, to exclude no People from your Trade without very important Reasons.

329. In many States, Banks are established with a good Success, which by their Credit, having established new Signs of Value, have increased also the Circulation in these States. But in order that in Monarchical Governments such Establishments may be securely relied on, these Banks should be connected with religious Institutions, such as Hospitals, Orphan Houses, &c; they should be independent of all

Magistracies, and guaranteed by Letters Patent in such manner, that no one may or ought to interfere with them; so that all People may have the utmost Confidence and Assurance that the Sovereign will never offer to meddle with the Money, nor injure the Credit of such Establishments.

330. One of the best Writers upon Law has the following Reflexion: "Struck by the practice of certain States, some have imagined that Laws should be established encouraging the Nobility to enter into Commerce; This Method would ruin Nobility without any Advantage to trade; it is therefore wisely ordered in those Places where Merchants are not Noble, but may become Noble; they have always the hope of acquiring this distinction as it is not actually prohibited; and at the same time the most certain means of emerging from their Profession of a Burgher, is to conduct their Trade with the greatest Industry, or to be successful in it, which is usually connected with Wealth and Plenty. It is against the very Nature of Trade for the Nobility to be engaged in it in an absolute Government; It would be the ruin of Cities, as the Emperors Honorius and Theodosius affirm, as it would take away the means of Commerce between the Merchant and Peasant. It is against the Nature of absolute Government for the Nobility to enter into Commerce; the Custom which permitted the Nobility to pursue Commerce in a certain State, is one of the Causes which greatly contributed to weaken the ancient form of Government in that State".

331. There are people who argue contrary to this Opinion and say that Noblemen who are not actually in the Service of the Government should be permitted to trade, provided they entirely conform themselves to the Laws of Trade.

332. Theophilus seeing a Ship loaden with Merchandise for his Consort Theodora, set it on fire: I am an Emperor said he to her, and you would make me Master of a Vessel. How can poor people gain their livelihood, if we take upon us their Business and Profession? He might have added. Who can restrain us, if we think proper to enter into Monopolies? Who will force us to fulfill our Engagements? When the Courtiers see us carry on trade they will be desirous to pursue it likewise; and they will be more mercenary and more unjust than Ourselves. The People put Confidence in us in Consideration of our Justice, and not of our Riches; The many Taxes we levy which reduce them to such Poverty, are manifest Tokens of our own Necessities.

333. When the Portugese and Castillans first rules in the East Indies, Commerce there presented such very rich Branches, that their

Sovereigns thought proper to seize themselves. This ruined their Settlements in that part of the World; the Viceroy at Goa gave exclusive Privileges to several People, nobody puts Confidence in such Methods as these; the Commerce decayed by a continual Change of the Persons to whom it was entrusted; no one will protect, nor be anxious about a Trade which he finds will be utterly ruined in the time of his Successor. The Gain remains in the hands of a few People, and doth not diffuse itself far and wide.

334. Solon made a Law among the Athenians to prevent the Attaching any Man's Person for Civil Debts. This Law was very Good for the common affairs of civil Life, but We have a reason not to observe it in Affairs relating to Commerce; for Merchants are often obliged to entrust great Sums for a very short time, and mutually give and take them from each other; so that the Debtor must be obliged to fulfil his Engagements at the appointed times, which presupposes personal Seizure. In the ordinary transactions of civil Contracts, the Law should not admit personal Seizure; because that injures the Liberty of one Citizen more than it contributes to the benefit of another. But in commercial Contracts, the Law should rather consider the public Good than the Liberty of an Individual. However, this is not repugnant to certain Restrictions and Limitations which Humanity and the Wisdom of civil Government may sometimes require.

335. The Law established at Geneva which excludes from any Office in the Government and from the Great Councils of the State, the Children of those who lived or died insolvent, unless they satisfy their Father's Creditors, is very commendable. The Effect of this Law is Confidence in the Merchant, in the Government and in the City itself. The Credit of every Individual in that City has the Additional force of the Credit of the whole Community.

336. In this the Rhodians went still further, Among whom a Son could not evade paying his Father's Debts, nor receiving the Inheritance which the deceased had left him. The Rhodian Law was calculated for a Community founded upon Commerce; why should it be imagined that the very Nature of Trade required the following Limitation to be annexed to this Law? That Debts contracted by the Father after the Son commenced Trade himself, should not affect the Estate acquired by the latter. A Merchant should always be well acquainted with his own Circumstances, and at all times conduct himself according to the State of them.

337. Xenophon would have rewards given to those who presiding over Trade, decided any Law suit arising therefrom with the greatest Expedition; he foresaw the Necessity of verbal Administration of Justice.

338. The Affairs of Commerce can ill bear the Formalities of Judicial proceedings; Disputes in Trade arise daily and must infallibly be succeeded every day by others of the same kind; for which reason they ought to be decided every day. It is quite otherwise in Affairs of common Life, which though of the greatest Importance to a Man's future Condition, happen very rarely; for Example, a man seldom married more than once. Wills and Deeds of Gift are not made every day, And a Person can only come to Age of Majority once in his Life.

339. Plato says that in a City where there is no Maritime Trade, there should be but half the Number of civil Laws. And this is very true; for Commerce introduced into one Place People of different Countries, a great Number of Contracts, various Species of Property, and Means to acquire it: so that in a trading City, there are fewer Judges and more Laws.

340. The Right which appropriates to the Sovereign the Inheritance of a Foreigner's Effects who died in his Dominion when he has an Heir, as also the Right which gives to a Sovereign or his Subjects the whole Cargo of a Ship wrecked against his Shores, are excessively Impolitic and Inhumane.

341. In England the Magna Carta prohibits seizing the Lands or Revenues of a Debtor, when his moveable or personal effects are sufficient to pay his Debts; and when he himself is willing to give them up. At that time every Species of an Englishman's Property was esteemed as ready Money: this Charter does not prevent Lands and Revenues from representing Ready Money in the same manner as his other Effects; its Intention is to guard Against the Injuries which might proceed from rigorous Creditors: for Justice suffers, when the Effects taken for Debts destroy by their Excess that Security which every one has a Right to demand; and if one Species of Effects is sufficient to pay the Debts, there is no manner of reason to take another for the payment of them. But as Lands and Revenues are taken for the payment of Debts when other Effects are deficient to satisfy the Creditors, it should seem that in such Case, even this Species cannot be excluded from the Number of Signs which represent ready Money.

342. The Standard of Gold, Silver and Copper in Coins, as also the nominal and intrinsic Value thereof, should constantly remain in a fixed State, and no deviation should be made therefrom on any pretence

whatever. For every Alteration in the Money injures the Credit of Government; nothing should be less exposed to Variation than the thing which is the measure of all others; Commerce in itself is exceedingly uncertain, so that the Evil would be greatly augmented by adding another Uncertainty to that which is founded upon the Nature of things.

343. In certain States, there are Laws which prohibit Subjects from selling their Lands, that they may not thereby carry with them the Money arising therefrom into other Countries. These Laws might have been Good at that time, when this Wealth of every State belonged to it in such manner that the Difficulty was great to transfer it into other Countries; but as since that time by means of Bills of Exchange, Wealth is proper to no one Country in particular, and that it can be so easily transported out of one State into another, that Law must be called a bad one which does not permit every one to dispose of his Lands for the establishment of his Affairs according to his own good Pleasure, seeing he is at his Will to do so with his Money: and this Law is farther bad, because it gives movable Goods a preference to immovable; because it deters foreigners from coming to settle in such Places, and in fine, because it is easy to evade such a Law.

344. Whenever any one forbids what is naturally permitted and indispensably necessary, he does nothing else than render those who do the thing forbidden, infamous People.

345. In Commercial States, where many People have nothing else than their Ingenuity to depend on, the Legislature is often obliged to employ its Cares for the Assistance of Aged, Sick, and Orphans in their Necessities: a well regulated State makes the Arts themselves conducive to the Assistance of such Objects, where the ones are employed in Labour suitable to their Strength, and the others are taught to labour.

346. The giving Alms to the Poor in the Streets cannot be looked upon as an Accomplishment of the Duties of Government, which must supply all Citizens with sure Maintenance, Food, proper clothing, and a Way of Life not detrimental to the Health of Man.

CHAPTER 14th

347. Of Education.

348. The Principles of Education are the fundamental Principles which prepare us to be Citizens.

349. Every private Family should be governed according to the Example of a great Family including all the parts in itself.

350. It is impracticable to give a general Education to a very numerous People, and rear all the Children in Houses built on purpose; for this reason, it will be useful to lay down a few general Rules which may serve as advice to all Parents.

1st

351. Every one is obliged to teach his Children the Fear of God as the beginning of sound Wisdom, and to instill into them all those Duties which God requires of us in the ten Commandments, and our Orthodox Eastern Greek Religion in her Rules and other Traditions.

352. And also to inspire them with a Love of their Country, and accustom them to pay respect to the established civil Laws, and to esteem the Magistracies as Courts anxious for their temporal Happiness according to the Will of God.

2nd

353. Every Parent should refrain before his Children not only from Actions but also from Words tending to Injustice and Violence; such as Quarrels, Oaths, Fighting, Cruelty and the like Conduct; and not suffer those men who attend their Children, to set before them such vile Examples.

3rd

354. He should forbid his Children and also those who are about them to Lie, even in jest: for Lying is the most pernicious of all Vices.

355. We will here annex an Instruction to every private Person, which is already in print, as serving for a general Rule of Education that has been, and still is by us established for Schools and for the whole Community.

356. "It is necessary to instill into Youth the Fear of God, to settle their Hearts in laudable Dispositions, to teach them the essential Rules which are suitable to their Situation, to kindle in them the Love of Industry and the abhorence of Idleness as the Source of all Evil and Error, to teach them a proper Behaviour in their Actions and Conversation, Courtesy, Good Manners, Compassion for the Poor and the Unfortunate, and an Aversion to every thing Audacious, to learn them private Economy in all its minute parts, and as much of it as

is useful, to deter them from Dissipation, and particularly to ingraft in them a habit of Decency and Cleanliness, as well in their own persons, as in what belongs to them, In a word, to endow them will all those Virtues and Qualifications which belong to good Education by which in our time they may become true Citizens useful and ornamental Members of Society".

Chapter 15th

357. Of Nobility.

358. Husbandmen live in Villages and Country Places, and till the Earth; the Fruits arising from which Labour maintain all Ranks of People, and this is their Lot.

359. Burghers inhabit Towns and are employed in Arts, Sciences, Trades and Commerce.

360. Nobility is an Appellation of Honour, by which those who are adorned with it are distinguished from others.

361. As among People some were more virtuous and together more eminent for their Services than others, it was anciently resolved to distinguish the most virtuous and Serviceable by giving them in honour this Appellation, and it was established that they should enjoy various Privileges founded upon the abovementioned chief Principles.

362. Still more was done herein. Means were established by Law, whereby this Dignity might be obtained from the Sovereign, and those Actions were pointed out by which that Dignity would be forfeited.

363. Virtue and Merit raise People to the Rank of Nobility.

364. Virtue and Honour must be the Maxims thereof; Maxims which prescribe Love to the Country, Zeal to the Service, Obedience and Fidelity to the Sovereign, and which are a constant Check to the Committing a dishonourable Action.

365. The Military Service furnishes the most frequent Occasions of attaining this Honour; to defend the Country and vanquish its Enemy, is the Chief Privilege and Employment of a Nobleman.

366. But though the Military Art is the most Ancient Method by which People attained the Dignity of Nobility, and though Military Virtue is indispensably necessary for the Duration and Preservation of the State;

367. Nevertheless the Administration of Justice is no less necessary in Peace than in War, and the State would be destroyed without it.

368. Whence it follows, that this Dignity is not peculiar to Nobility alone, but may be acquired also by Civil as well as Military Virtues.

369. From whence again it follows, that no one can be deprived of his Nobility, but by his own Conduct, when contrary to the fundamental Principles of his Dignity, whereby he renders himself unworthy of his Appellation.

370. Nay even the Honour of Nobility itself and the preserving it untainted require, that he who is convicted of violating the Principles of his Rank, should be excluded from it and lose his Dignity.

371. Treason, Rapine, Theft of all kinds, Violation of Oaths and promises, Bearing false Witness, suborning others to do so, Making fraudulent Leases, or any other such like Writings, are Actions contrary to the Dignity of Nobility.

372. And so in a word is every kind of Fraud contrary to Honour, especially such Actions as are attended with Baseness.

373. But the surest supports of this Dignity consist in Love to the Country, and Observance of the Laws and of all Duties, whence will follow

374. Glory and Applause, especially to those Families who reckon among their Ancestors the greatest Number of such Persons as were distinguished by their Virtues, Honour, Merit, Fidelity, land Love to the Sovereign.

375. And upon these primary Principles which constitute the Essence of Nobility, must all the Privileges of Nobility be founded.

Chapter 16th

376. Of the Middling sort of People.

377. It is said above Chapt. 15th that "Burghers are the Inhabitants of Towns, who are employed in Manufactures, Trade, Arts and Sciences". In a Government where Nobility is established upon the Principles prescribed in the preceding Chapter, there it is also useful to have an Institution founded upon Virtue and Industry, and productive of them, for the benefit of those of whom we shall now treat.

378. This sort of People is the Middling sort, of which we are going to speak and from which great Advantages accrue to the State, if this Order is founded on the principles of Sound Morality and the proper Encouragement of Industry.

379. These being free are neither included among the Nobility nor Husbandmen.

380. In this Order of the People must be reckoned all those who being neither Nobles, nor Peasants are employed in Arts, Sciences, Navigation, Trade and Manufactures.

381. In this Class also must be numbered, all those who not being Noble, shall come from the Schools and Seminaries of what Denomination soever, Ecclesiastical or Secular, which have been established either by Us, or our Predecessors.

382. Likewise the Children of People belonging to the public Offices: but as among these latter there are several ranks, without enlarging upon each one only give a hint for Reflection about them.

383. As the fundamental Principles of this Middling Order of the People is Virtue and Industry, so whatever is contrary to these Principles, as breach of Trust, and of Promises, especially if Idleness and Deceit be the Cause, must exclude Men from this Order.

Chapter 17th

384. Of Towns.

385. Towns differ variously from each other, being of more or less Importance according to the Nature of their Situation.

386. In some, there is a greater Circulation of Trade by Land or Water.

387. In others, Goods brought in are only packed up for Exportation.

388. And others again serve only as Marts for the Husbandmen who come thither from the several Districts to dispose of their Products.

389. Some are flourishing in Manufactories.

390. Others being situated near the Sea, unite all these and other Advantages.

391. Some have Fairs.

392. And others are Capital Towns, &c.

393. But however various be the Situation of Towns, in this they should agree in general, that they all have one common Law, which may determine what a Town is, who is esteemed an Inhabitant in it, who constitute the Community of that Town, who may enjoy the benefits arising from the Nature of that Place's Situation, and by what means a Person becomes an Inhabitant of it.

394. From hence arises the Name of Burgher; which is given to those who are Interested in the Welfare of the Town, possessing House and Property in it, and in order that they may enjoy the Security of Life, Health and Property without Interruption, they are obliged to pay certain Taxes.

395. But those who do not contribute to this public Pledge (as it may be called) have no right to the Advantages of a Burgher.

396. Towns being founded, it remains to consider what particular Privileges may be granted them without general Prejudice and accordingly what Regulations are necessary thereupon.

397. In Towns where there are many Branches of Trade, great Care must be taken, that through the Probity of the Citizens, Credit be preserved in every part of Commerce; for Probity and Credit are the Soul of Commerce; and where Cunning and Fraud are superior to Probity, there Credit cannot exist.

398. Small Towns are very necessary about the several Circles, that therein the Husbandman may dispose of the produce of the Earth and of his Labour, and thereby furnish himself with what necessaries of Life he may require.

399. Archangel, St. Petersburg, Astrakhan, Riga, Revel and the like, are Cities and Seaport Towns; Orenburg, Kiakhta, and many others, have a Trade of a different Nature; whence may be seen what great Connection the Situation of Places has with civil Establishments, and that there is no possibility of making Regulations proper for each Town, without first being acquainted with their respective Circumstances.

400. It is yet a doubtful Point whether there should be any Establishments of Companies and Corporations in Towns, or whether it is better to be without them; and what Connection such Establishments have with Trades and Manufactures.

401. But it is incontestable that for introducing Mechanic Arts, Companies are useful; and that they only then become pernicious, when the Number of Workmen is limited; for such Restriction itself prevents the Increase of Manufactures.

402. In many Towns of Europe, these Establishments are so far free, that the Number of Workmen is unlimited, for any one may be registered in them, and it is observable that this has contributed to the enriching of those Towns.

403. In Towns thinly inhabited, Corporations may be useful, in order to have People skilful in the Mechanic Arts.

CHAPTER 18th

404. Of Succession.

405. The Order of Successions is deduced from the principles of Political, and not from the principles of Natural Right.

406. The Division of Property, Laws concerning this division, Inheritances upon the Death of the proprietor, are Points which could no otherwise be regulated, but by the Community; and consequently by political, or civil laws.

407. The Law of Nature orders Fathers to maintain and bring up their Children, but does not oblige them to constitute them their Heirs.

408. Thus, a Father who has taught his Son any Art, or Trade capable of maintaining them, renders him thereby much richer, than if he had left him his small Property which might make him lazy and slothful.

409. True it is, Political and Civil Order in general require, that the Children shall be Heirs to their Fathers; but this Order does not require it to be so invariably.

410. It is a general Rule, that all Men are obliged to bring up their Children by the Right of Nature; but to give them the Inheritance is an Institution of political or civil Right.

411. Every State has Laws of Succession corresponding with its Constitution; Consequently paternal Property must descend agreeable to the manner prescribed by the Laws.

412. And the Order of Succession should be established invariably, that it may be properly known who is the Successor; and that no Complaints and Disputes may arise thereupon.

413. Every Law that is enacted must be observed by all and every one; and it must not be in the Power of any private Citizen to violate it by his particular Regulations.

414. As among the Romans the Order of Succession was founded upon the Constitutional Law, so no private Person could pervert it by his own Will; that is in the first Ages of Rome no one was allowed to make Wills; but this was Oppressive, as it deprived Man of the power of doing good Actions in the last Hours of his Life.

415. Therefore in Consideration hereof, a Medium was devised to make the Laws accord with the Will of Individuals: Permission was granted them to dispose of their Effects in the Assembly of the People;

and every Will was in a manner of Work of that Republic's legislative Power.

416. In succeeding Times, the Romans had unlimited Power in making their Wills, which not a little contributed to overthrow by insensible Degrees the Constitutional Establishments regarding the division of Lands; And this more than any thing introduced a very great and destructive distinction between the rich and poor Citizens; Many divided Estates were thus collected into the possession of one Lord. The Roman Citizens had large Possessions, and an infinite Number of others had nothing at all, by which they became an insupportable Load to the Government.

417. The Ancient Athenian Laws did not permit a Citizen to make a Will; Solon permitted it, excepting those who had Children.

418. But the Roman Lawgivers possessed with the Idea of Paternal Power, permitted Fathers to make Wills even to the prejudice of their own Children.

419. It must be confessed that the Ancient Athenian Laws were much more agreeable to the principles of sound Reason, than were those of the Romans.

420. In some States they take a Medium between all these, that is, where Wills may be made of acquired Effects, but not that one Landed Estate be divided into several parts. And if the paternal Estate, or rather Patrimony is sold, or squandered away, the Law enacts to give the natural Heir a part of the purchased or acquired Effects equivalent thereto; Unless Proofs grounded on the Laws, render him unworthy of the Inheritance; for in this last Case, the next in degree succeeds in his stead.

421. Both the natural and nominal Heir may be permitted to decline an Inheritance by Will.

422. Among the Romans, Daughters were excluded from Inheriting by Will; and therefore Pretexts and Clandestine Methods were used to endow them; these Laws obliged People either to become infamous, or to despite the Ties of Nature which ingraft in Us Love to our Children; these are cases which must be avoided in making Laws.

423. As nothing renders the Laws more weak than a possibility by Fraud to evade them, so also unnecessary Laws diminish the Respect due to those which are necessary.

424. Among the Romans, Wives were Heiresses where it did not contradict the Law regarding the Division of Lands; but if this was, contrary to that Law, they could not succeed.

425. My Opinion in this Matter, inclines rather to the Division of Property; because I esteem it a Duty incumbent upon me to desire, that all People should have a Sufficiency for their Maintenance; besides, Agriculture would hereby become in a better Situation, and the State would receive much greater Benefit from some Thousands of Subjects enjoying a Moderate Substance, than from a few Hundreds exceedingly rich.

426. But the Division of Property must not injure the other general Rules established at the making of Laws, which are as much, or more useful for the preservation of the public Weal, and must not therefore be neglected.

427. A Division according to the number of Souls, as has been hitherto practised, is pernicious to Agriculture, burthensome in Collections, and reduce the last sharers into Poverty; but the Division of Inheritances to a certain degree, is more agreeable with the preservation of all those principal Rules, and both with the private and public Interest.

428. Children not attained to Age by Law are members of the domestic Family, but not of the Public; so that it is useful to establish a Court of Wards, as for Example.

429. 1st for Children left at the Father's Death not at full Age, when their effects cannot yet be entrusted to their own Power, lest thro' their immature Judgement they be wasted away.

430. 2nd for Idiots and Madmen;

431. And 3rd Not less for those who resemble them.

432. In certain free States, the nearest Relations of a Man who shall have squandered away half his Estate, or contracted Debts equivalent thereto, are permitted to prevent him from taking Possession of the other half of the Estate; the Revenues of this remaining half are divided into a certain Number of parts, one whereof is given to the reduced Person for his support, and the others are used to pay the Debts, while he at the same time is restrained from selling or pledging any more; when his Debts are paid, the Effects which his Relations preserved for his own Good, if he reforms are returned to him, but if not, he is only allowed the Annual Revenues thereof.

433. Certain Principles must be laid down proper to each of these Cases, that the Law may preserve every Citizen from the Violence and Extremity which may occur in this matter.

434. The Laws which entrust the Guardianship to the Mother are most concerned for the preservation of the Orphan, but those which

give it to the nearest Relation lay most stress upon the preservation of the Estate.

435. Among People of corrupted Morals, the Legislature made the Mothers Guardians of their Orphan Children; but among those whose Laws relied upon the Morals of Citizens, the Guardianship was entrusted to the Heir of the Estate, and sometimes to both.

436. Women among the Germans, had always Guardians. Augustus enacted, that Women having had three Children, should be free from Wardship.

437. Among the Romans, the Laws permitted Lovers to endow each other before Marriage, but prohibited so doing after the Wedding.

438. The Law of the Western Goths ordered Lovers to settle upon their future Wives no more than a tenth part of their effects; and during the first Year after Marriage to settle nothing on them.

Chapter 19th

439. Of the Composition and Style of the Laws.
440. All Rules must be divided into three parts.
441. The first and principal is Laws.
442. The second takes the name of Temporal Institutions.
443. The third is called Edicts.
444. By the word Laws is understood all those Establishments which can never change, and of such the Number cannot be great.
445. By the name of Temporal Institutions is understood that Order with which all Affairs must be transacted, and upon which there are various Edicts and Regulations.
446. The word Edict implies whatsoever is done upon any particular Occasion, which is only casual and referable to any Person, and which afterwards may be altered.
447. The Book of Laws must contain every Matter separately and orderly in that place which belongs to it; thus Judiciary, Military, Commercial, Civil, City and Country Affairs &c., all in their due Order.
448. Every Law must be wrote in words intelligible to all, and at the same time Concise: wherefore, doubtless where necessity requires it, Elucidations or Explanations must be annexed for the Judges, that they may both easily see and also comprehend the force and use of the Law. The Military Code is filled with Examples of this sort which it may be convenient to follow.

449. But nevertheless, it is necessary to proceed with great Caution in these Elucidations and Explanations; inasmuch as they may easily rather obscure than clear up the Case, of which there have been many Instances.

450. When in any Law Exceptions, Limitations and Modifications are unnecessary, it is much better not to use them; for such particularities lead only to others still more minute.

451. If the Writer of the Laws is desirous to represent in them the reasons which induced him to publish some of them, the Cause of his so doing should merit it. Among the Roman Laws is one which decides that a Blind Man cannot plead because he does not see the Distinctions and Ornaments of the Judges; this is a very sorry Reason, seeing so many good ones might have been alledged.

452. Laws must not be filled up wit Subtleties arising from quickness of parts; they are made equally for People of moderate as well as of quick Understanding; they contain not a Science of brightening human Wit, but the simple and just Reasoning of a Father anxiously concerned for his Children and Servants.

453. Sincerity must be observed throughout all the Laws, they are given to punish Vice and evil doings, so that they themselves must include great Virtue and Innocence.

454. The Style of Laws should be concise, simple; a direct Expression is much preferable to one periphrased.

455. When the Style of Laws is swelled and Sublime, they are considered in no other light, than as a Composition which manifests Vanity and Pride.

456. Laws should not be wrote with indeterminate Sentences, of which an Example follows. The Law of a Greek Emperor punishes him with Death, who should purchase a Freedman as though he were a Slave; or him who shall molest or frighten such a Man. Such an unlimited and doubtful Expression should not have been used, for Molesting and Frightening a Man depends entirely upon what degree of sensibility he has.

457. The Style of the Code of the Tsar Aleksei Mikhailovich of blessed Memory, is for the most part clear, simple and concise; you read with pleasure the Extracts which are occasionally made; no body will misinterpret what he reads; the words in it are comprehensive even by the most moderate Understanding.

458. Laws are made for the whole People, the whole People must act according to them, consequently it is necessary that the whole People should understand them.

459. All poetical, pompous, or bombast Expressions must be avoided; and in drawing up the laws, not one superfluous word should be added, in order that the thing established by the Law may be easily comprehended.

460. Care also must be taken that among the Laws, there be none which are insufficient to attain the End proposed; such as abound in Words but are deficient in Sense, which are intrinsically trivial and apparently important by the Style.

461. Laws which pronounce Actions belonging neither to Virtue nor Vice as indispensably necessary, are liable to this Impropriety, that they make us on the contrary esteem Actions which are absolutely necessary, to be unnecessary.

462. Laws of Fines and Amerciements which assign the exact pecuniary punishment to be inflicted for a Crime, should be revised at least every fifty Years; because the Fine which is judged sufficient at one time, is reckoned as nothing at another; for the Value of Money changes in proportion to the Quantity: there was such a Mad fellow once at Rome who gave everyone he met a Box in the Ear, at the same time paying them 25 Copecks a piece, that is the pecuniary fine prescribed by the Law.

CHAPTER 20th

463. Sundry Articles which require Elucidation.

464. 1st, The Crime of High Treason.

465. Under this Denomination are understood all Crimes which are contrary to the safety of the Sovereign and of the State.

466. All Laws should be composed in a clear and concise Style; but there is none in which this perspicuity is more necessary for the Security of the Citizens, than the Laws which regard the Crime of High Treason.

467. The Liberty of the Subject in general is endangered by nothing so much a by legal Accusations and oblique Insinuations; how much greater then would be the danger if this so important Article

should remain obscure! for the Liberty of the Subject depends principally upon the perspicuity of Criminal Laws.

468. And Criminal Laws should not be confounded with those which establish the Order of judicial procedure.

469. If the Crime of High Treason is defined in the Laws by indeterminate Words, Evil practices will arise thence in abundance.

470. The Chinese Laws for Example adjudge, that whoso shews not respect to the Sovereign shall be punished with Death; but as they do not determine what that want of Respect is, any handle may be made to take away the Life of any one they pleased, and to extirpate any Family they may think proper. Two Men who were appointed to write the Court Gazettes, in describing some trivial Matter, mentioned Circumstances which were not true. Now to lie in the Court Newspapers was interpreted as want of proper Respect to the Court; for which reason they were both put to Death. A certain Prince heedlessly put some kind of Mark upon a Representation of a Case signed by the Emperor. It was inferred hence that he shewed Contumacy to the Emperor. And this caused his whole Family to be horribly prosecuted.

471. To term an Action a Crime of High Treason which has no such tendency, is an Evil practice of the most oppressive Nature. A Law of the Roman Caesars punished those who doubted of the Merits and Services of People who were elected by them to any Post whatever, as they did sacrilegious People, that is with Death.

472. Another Law declared the Coiners of false money guilty of High Treason. But they are only Robbers of the State: thus it is, that different Ideas of things are confounded together.

473. To give the name of High Treason to any other Crime is only diminishing the Terror which is connected with the Crime of High Treason.

474. A Praetor once wrote to the Roman Emperor that Preparations were making to try a Judge as guilty of high Treason for passing a Sentence contrary to his Laws: to whom the Emperor answered, that direct and not indirect Crimes of high Treason were admitted to be tried as such in his Dominions.

475. Again, among the Roman laws was one which ordered a Person to be punished as guilty of high Treason who threw any thing against the Statutes of the Emperors, though inadvertently.

476. A Law in England deemed all those guilty of Treason in the highest degree who foretold the Death of the King. In the King's Illness

the Physicians dared not declare what ailed him. It is to be supposed that they acted in the same manner also in the Cure.

477. A Man dreamt he had killed the Sovereign. This Sovereign ordered him to be put to Death, saying he would not have dreamt this by Night had he not thought of it by Day. This was excessive Tyranny, for supposing he had thought of it, he had not yet proceeded to put this Thoughts in Execution. Laws should punish none but overt Acts.

478. When various Crimes of high Treason were introduced, it became absolutely necessary to distinguish and measure the degree of those Crimes, till it was brought so far at last, that no Crimes were esteemed as such, but those which included a design against the Life and Safety of the Sovereign, or Treason against the State and the like; and for which were inflicted the most rigorous Punishments.

479. Such Crimes as these do not happen every day; many People may remark them; a False Accusation in such Cases may easily be cleared up.

480. Words connected with an Action bear the Nature of that Action; thus for Example a Man coming into a public Assembly to move the Subjects to Rebellion will be guilty of High Treason, because his words are connected with the Action, and bear the Nature of it; in this Case he is not punished for the Words, but for the Act itself in which the words were used. Words are never construed into a Crime of high Treason, unless they prepare for, are connected with, or follow an unlawful Action. Whoso interprets words into a Capital Crime, perverts and overthrows every thing; for Words must be accounted only as the Index of a Crime worthy of Death.

481. The Crime of High Treason never depends so much upon the Explanation and Will of another as when it is founded upon words; Discourse is so much liable to misconstruction, the difference is so great between Intemperance of the tongue and Wickedness of the Heart, and the distinction so small between Words used through Inadvertency and Evil design, that the Law can in no wise expose words to capital Punishment; at least not without exactly pointing out the Words which are liable thereto.

482. So that Words do not Constitute a thing belonging to a Crime; often they signify nothing in themselves, but according to the Tone with which they are uttered; People often in reciting the very Words of others do not give them the same Meaning. This Meaning depends upon a Chain which connects it with other things: sometimes

Silence expresses more than any Language. Nothing includes so much Ambiguity as all these things: how then can a Crime so atrocious as that of High Treason be made out of them, and Words punished like Actions themselves? I mean not hereby to diminish the abhorrence which every one must have for those who desire to sully the Glory of their Sovereign; but I must say that in these Cases a simple Chastisement is more proper than an Accusation of High Treason which is always terrible even to Innocence itself.

483. Writings are more permanent than Words, but they even, when not directly tending to High Treason, cannot be comprehended under the Denomination of that Crime.

484. Satirical Writings are prohibited in Absolute States; but they are rather an object of Civil Policy than a Crime; and therefore great Caution should be used not to extend the Examination of these Matters too far, under pretence that the Minds of People are aggrieved by the Sting of these Writings; Because such Researches only produce Ignorance, destroy the Gifts of the human Mind, and damp the Inclination to write.

485. Slanders must be punished.

486. In many States the Law directs that whoso hears of a Conspiracy, though he be not an Accomplice in it, shall be obliged to declare it on pain of Death. It is very necessary to use this Law in its utmost Rigour, in a Crime of the highest degree of Treason.

487. And it is of great Importance not to confound the several degrees of this Crime.

488. 2nd. Of Courts appointed upon special Occasions.

489. It is a thing quite useless to Sovereigns in Absolute Governments to appoint sometimes particular Judges to try any one of their Subjects. Those Judges must be exceedingly virtuous not to think that they can always justify themselves by their Orders, by the pretence of some secret political Advantage, by the Choice made of their Persons, and by their own Influence: so little utility arises from these special Courts, that it is not worth the while to alter the ordinary forms of Trial for that purpose.

490. Besides, this may produce bad practices very pernicious to the Security of the Citizens; an Instance hereof is hereto annexed. In England during the Reigns of many Kings, Members of the House of Lords were tried by Judges authorized from among the Members of that House; by which means they condemned to Death whom they would of the House of Lords.

491. Among ourselves, the Trial of a Cause by special Courts with the Opinions of the Judges thereon have often been confounded with the Decision of the same Cause by Law.

492. Though there is a great difference between collecting the Circumstances of a Cause, and giving Opinion upon, or Judging that Cause.

493. 3rd. Very important and necessary Rules.

494. In so vast an Empire which extends its Dominion over such a Variety of People, the prohibiting, or not tolerating their respective Religions would be an Evil very detrimental to the Peace and Security of its Subjects.

495. And truly, there is no other Method than a wise Toleration of such other Religions as are not repugnant to our own Orthodox Faith and Policy, by which all these wandering Sheep may be reconducted to the true Flock of the Faithful.

496. Persecution incenses the human Mind; but permitting each to believe the Tenets of his own Doctrine, softens even the most obdurate Hearts, and keeps them from implacable Obstinacy, quenching those Contentions which are contrary to the Peace of Government and to the Unity of the Citizens.

497. Cases of Magic and Heresy must be examined with extreme Caution; an Accusation of these Crimes may greatly injure the Peace, Liberty and Welfare of the Citizens, and be even the Source of innumerable Torments, if bounds are not fixed to it by Law; for as this Accusation regards not directly the Actions of the Subject, but the Idea which the People entertain of his Character, it becomes more dangerous in proportion to the greater Ignorance of the People: and the Subject also will be in Danger because, though his Conduct in Life be ever so good, his Morals most pure, and though he fulfil all the Duties of a Good Citizen, yet this will not screen him from the Suspicious of such Crimes.

498. The reigning Greek Emperor Emanual Comine was informed that a Protestant had a design against him, and that he made use of certain magic Arts which render people invisible, in order to put his Design in Execution.

499. They write in the History of the Royal City, that when it was discovered how Miracles had ceased by reason of the Magic of a certain Man, the Magician and his Son were condemned to Death, upon what a Number of different things this Crime depended and which it was necessary the Judge should examine into. 1st That Miracles

had ceased, 2nd That this working of Miracles was abolished by Magic, 3rd That Magic could abolish Miracles, 4th That the Man was really a Magician, and in fine 5th That he did effect this magic Work.

500. The Emperor Theodore Laskar imputed his Illness to Incantation: the Person received thereof had no other Means to save himself, than to touch a red hot Iron with his hands without burning them: thus to discover a Crime the most uncertain in the World, they used Experiments equally uncertain.

501. 4th. How can it be discovered when a State approaches to its decline and final Ruin?

502. The Destruction of every Government generally begins with the Destruction of its fundamental Principles.

503. The fundamental Principles of Government are impaired not only when their Impression (stampt on the Minds of the People, and which ascertains what may be called Constitutional Subordination prescribed by Law) begins to be effaced, but also when the Notion of Equality proceeding to Extremes roots itself in the Mind, and when every one is desirous to equal those who are constituted their Superiors by Law.

504. Disrespect to the Sovereign, to the Magistracies, and to Superiors, Irreverence to Age, Parents or Lords, are evident Marks that the State thus undermined must fall by insensible degrees.

505. When the fundamental Principle of Government is impaired, then it is, that its received Maxims are called Rigour or Severity; its Regulation, Constraint; and what was before Concern for the Public Good, is now termed Fear; the Property of Individuals before constituted the Treasure of the Public, but now the public Treasury becomes a prey to Individuals, and Patriotism no longer exists.

506. To preserve the fundamental Principles of Government uninjured, it is necessary to support the State on its present Greatness, and this State approaches to its destruction, when the Fundamental Principles thereof are changed.

507. The State may be destroyed by two Causes, first when the Laws are not executed, and secondly when they are so bad that they themselves are destructive; for then the Evil is incurable, because the Poison is contained in the very Remedy.

508. A State may be also changed by two Ways. Either by reforming its Constitution, or by suffering it to decline; if the fundamental Principles of the State are observed and the Constitution is changed, it

reforms; but when on a Change of the Constitution these fundamental Principles are neglected, then the State comes to destruction.

509. The more Punishments increase, the greater Danger threatens the State; for Punishments increase in proportion to the Corruption of Manners, which likewise produces the Ruin of States.

510. What overthrew the Power of the Tribes of Tsin and Sung? says a certain Chinese Writer, the Cause was this: "Those Rulers not satisfied with the principal Inspection into Affairs peculiar only to a Sovereign, thought fit moreover to direct every thing immediately; and descended into all those Matters which appertain to the several Established Magistracies".

511. Again, Despotism is destroyed when the Sovereign imagines he shall more shew his power by altering, than by adhering to the Order of things; And when he suffers himself to be guided more by Caprice, than by his good Intentions from which all Laws have flowed, and still do flow.

512. It is true, there are Cases in which Power may and ought to be exerted in its full Sway, without any risk to the State, but on the Contrary, there are also others in which it must be exerted under Limits fixed to, and by itself.

513. The greatest Art of Government is to distinguish exactly what degree of Power should be exerted in different Circumstances; for in absolute States the happiness of Government partly consists in ruling with Mildness and Condescension.

514. In excellent Machines, the Art is to employ as few Movements, Forces and Wheels as possible; this Maxim will hold good likewise in Government, for the most simple Means are generally the best; while complicated are generally the worst.

515. There is a certain Facility in governing, it is best that Encouragement come from the Sovereign, and Threats from the Laws.

516. Very unskilful in his Business is that Minister who is always saying that his Sovereign will be angry, that he is suddenly resolved, and that he will use his own power in such and such an affair.

517. Farther, it would be a great unhappiness is a Government is no one should dare to represent his apprehension about any future Event, nor apologize for his Ill-Success which may arise from the Obstinacy of Fortune. Nor freely speak his Sentiments.

518. But it will be asked, when must Punishment take place and when not? This is a thing which can be better conceived than prescribed. When Mercy is liable to certain Dangers, these Dangers are

very apparent; Mercy can easily be distinguished from that Weakness which leads a Sovereign to overlook Punishment, and into a Situation that he cannot himself distinguish whom he should punish.

519. True it is, an Opinion of the Glory and Power of a Sovereign may increase the force of his Dominions; but it will be equally augmented by an Opinion of his Justice.

520. Truths like these cannot be pleasing to Flatterers who are daily telling all the Princes upon Earth that their People are created for them alone: but We think and esteem it a Glory to ourselves to say that We are created for our People; and that for this reason We are obliged to speak of Matters as they ought to be spoken of; for God forbid, that after finishing this Legislation, there should be a People more just, and of Course more flourishing upon Earth. Otherwise the Intention of our Laws would not be fulfilled, A Misfortune which I would not live to see.

521. All the Examples and different Manners and Customs of People, which are quoted in this Treatise, are only intended to contribute to the Choice of those Means, whereby the Russians may be rendered a People the most happy possible of Mankind.

522. And now it only remains that the Assembly regulate the peculiarities of each part of the Laws by the Rules laid down in these Instructions.

Conclusion

523. Some People in reading this Treatise perhaps may say that every one cannot comprehend it; to which it is easily replied, True, not every one will comprehend it reading it once slightly over; but they will if they read it diligently, and take the Cases which occur in it for a Guide of their Reflections: these Instructions must be frequently conned, that they may become familiar, and then every one may be firmly persuaded he will understand them; for [524] Carefulness and Diligence overcome all things; while Idleness and Carelessness estrange People from all Good. [525] But in order to render this difficult Business more easy, these Instructions for composing a Plan of a New Code of Law, especially the Chapters and Articles delivered to particular Persons, must be read once at the beginning of every Month till the Committee is dissolved in the Assembly for Composing the Plan of a New Code of Laws, and in all the particular Chanceries dependant thereon.

526. But as nothing is perfect which is done by Man, if in the Execution some Establishments occur for which Principles are not laid down on these Instructions, The Assembly is permitted to represent the same to us, and request them to be supplied. The Original Signed by Her Imperial Majesty's own hand thus,

CATHERINE.

MOSCOW, *30 July.* 1767.
Printed at the Senate.

SUPPLEMENT
TO THE GRAND
INSTRUCTIONS

CHAPTER 21st

527. On Good Order, otherwise called Police.

528. By the name police is often meant general order in the state.

529. We shall explain in this chapter, what We mean here by the name police;

530. Everything concerns it, which seems to preserve good order in society.

531. The regulations of this department are of a completely different kind from other civil laws;

532. There are some criminals, who are punished;

533. There are others, who are only corrected.

534. The first are subject to the force of the law, the others to its authority; the former are withdrawn from society, the latter on the contrary are obliged to live in society according to its instituted rules.

535. Matters pertaining to good order are those which may occur at any time, and which are usually of a petty nature: and so there should not be protracted legal formalities.

536. The Police is perpetually occupied by details or trifles: therefore cases which demand lengthy investigation are not suitable for the scrutiny and analysis of this institution. In many places after a fixed number of days cases are sent to the appropriate judicial offices.

537. The operations of the police must not be slow; and they are put into effect with matters which recur daily. And great punishments are not appropriate here; and great examples are not made for this institution.

538. It needs regulations, rather than laws.

539. The people who are employed by it are always under the eye of the town authorities; and wise rules about good order hinder them from falling into great crimes.

540. Thus great violations of the laws must not be confused with simple violation of the rules of good order: these matters must not be put in the same class.

541. Therefore it follows, for example, that the action of a certain Sultan, who ordered a baker caught for fraud to be impaled, was the action of a tyrant who did not know how to be just except by overstepping the limit of justice itself.

542. It is very necessary that those instances where there should be punishment should be distinguished from those where there should be correction.

543. It is not enough to recognise disorders, and to think of ways of preventing them; it is necessary in addition to watch with ever open eyes that these ways are actually employed in appropriate instances.

544. And this is the part of the problem whose solution is put forward here which is completely neglected in many lands; however without it the other parts of the chain, if it can be so called, which constitutes the government of the whole state, will become disordered.

545. With the regulations of this department it has occurred similarly with the number of houses forming a city, for which a land plan has not been made before it was begun. In such a city, when it begins to be built, everybody occupies the place which has pleased him best, not taking the slightest notice of the correctness or the size of the place occupied by him; and so a heap of buildings is formed, which whole centuries of effort and diligent attention can barely bring into correct order. To such confusion are also subject the laws for the preservation of good order.

546. The number of such enactments has necessarily grown: but to put them into order in such a way that they may always be carried out in the appropriate manner without any difficulties, this itself will be an art in the rationalisation of this branch of the laws.

547. These enactments are divided into two kinds.

548. The first comprises urban policy.

549. The second rural police.

550. This last will differ from the other in object and area.

551. In these divisions there must be care about the following.

552. (1) That nothing must be allowed which could interfere with the performance of Divine service in the places assigned to it, and that order and decent conduct be observed during processions with the Cross and such like ceremonies.

553. (2) Purity or morals is the second object of the preservation of good order, and it consists of everything necessary for the curtailment of luxury, the avoidance of drunkenness, the eradication of forbidden games, the firm regulation of public baths or washhouses and spectacles, so that the license of people who lead a bad life may be restrained, and so that so-called magicians, fortune-tellers, prophets and similar impostors who lead the people astray may be driven from society.

554. (3) Health is the third object of police, and obliges it to stretch its concern to the purity of the air, the cleanliness of the roads, rivers, wells and other sources of water, the quality of foods and drinks, finally the diseases epidemic and contagious.

555. (4) Concern for the conservation of all kinds of grain, even before they are harvested, care of cattle, meadows for their pasturage, fishing, and so on. General regulations must be prescribed about these matters according to the circumstances, as well as the precautions necessary for the future.

556. (5) The security and the solidity of buildings, and the rules to be observed in this instance by the various craftsmen and workers on whom the solidity of the building depends; the upkeep of the roads; the decoration and adornment of towns; free movement on foot and horseback in the roads; public transport; inns and so on.

557. (6) Public tranquillity demands that sudden accidents and other occurrences such as fires, robberies and so on should be forestalled. And so for the preservation of such tranquillity certain rules are prescribed, for example, to extinguish fires at fixed times; to close the gates of houses; to force vagabonds and nondescript people to work, or to drive them from the town. Those who do not have the right and so

on are forbidden to bear arms. Illicit assemblies or meetings are prohibited, as are the delivery and distribution of seditious or inflammatory writings. At the end of the day, the attempt is made to observe tranquillity and security in the towns and at night, the streets are illuminated and so on.

558. (7) True and identical weights and measures are set up, and all frauds prevented.

559. (8) Hired servants and day workers are also a matter for this department, both their upkeep in their work, and their reception of the proper payment from those who hire them.

560. (9) Finally, the poor, and above all the sick poor attract the attention of this department, firstly because it forces beggars to work if they have their own hands and feet, and also to give regular food and medical care to the infirm poor.

561. As the establishment of this department, like its intention and aim, is good order and conduct in the life of citizens in general, it is evident that every member of society, of whatever rank and condition, must be its dependent.

562. Where the limits of the police power finish, there begins the power of civil jurisdiction.

563. For example, the police arrests a thief or criminal; it interrogates him; however it entrusts the prosecution of his case to the appropriate court.

564. From all the foregoing it appears, that it is not for this department to inflict on people have punishments; it is enough for the restraint of individuals and the maintenance of order in those matters entrusted to it, that its punishments should consist of corrections, monetary fines and other punishments, which bring shame and infamy on those who behave badly and dissolutely, and preserve respect for this department of government and the obedience to it of all other citizens.

565. In the courts it is a rule, not to pass judgment on matters, other than those presented to it in the proper manner.

566. On the contrary the police uncovers crimes, leaving it to other departments to judge cases such as those it sends them.

The original signed by her Imperial Majesty's own hand thus:

CATHERINE.

28 February 1768
St. Petersburgh
Printed at the Senate.

SUPPLEMENT
TO THE GRAND
INSTRUCTIONS

Chapter 22nd

567. On the Expenses, Revenues and on their State Administration, that is on the State Economy, otherwise called the Administration of Finances.

568. Every man must say to himself: I am a man; I do not consider anything alien to me which man has undergone.

569. And so (1) man must not and cannot ever be forgotten.

570. (2) Little in the world is done by man, that is not for man, and all things are mostly done by him.

571. The first of these two last propositions deserves to demand every possible notice and attention.

572. The second – much gratitude and sincere good-will to those who labour.

573. A man, whoever he is, proprietor or cultivator; handicraftsman or trader; an idle consumer or one who gives him the means for it through diligence and care; the governor or the governed; he is still a man: this word alone already gives a complete idea of all needs and of all means of their satisfaction.

574. How much greater are the needs of the large number of people joined together as a community in the state.

575. Here are what are called state needs, from which are used up state expenses, and which consist of the following.

576. The preservation of the integrity of the state (1) By the maintenance of defence, that is of land and sea forces, fortresses, artillery and everything thereunto appertaining.

577. (2) By the observance of internal order, tranquillity and security for everybody in particular and all in general; by the maintenance of people for the execution of justice, good order and supervision of the various institutions serving the general good.

578. (3) By enterprises conducive to the general good. These include the construction of towns, of roads and canals, the cleaning of rivers, the foundation of schools and hospitals, and the countless number of other objects, which the brevity of this work does not allow to describe in detail.

579. (4) Decency demands, that abundance and magnificence should surround the throne, source of beneficence for the whole of society, form which flow rewards, encouragements and favours. For all this expenses are necessary and useful.

580. After this short description of the expenses of the state, it is necessary to talk of the revenues and of the means by which their collection is made bearable.

581. Taxes are, as indicated above, the tribute which each citizen pays for the preservation of his own well-being, tranquillity, life and property.

582. But (1) on which objects should taxes be imposed?

583. (2) How are they to be made least burdensome to the people?

584. (3) How is the expense of their collection to be reduced?

585. (4) How are the revenues to be assured?

586. (5) How are they to be administered?

587. These are the questions, which must be answered, although it is very difficult to do so.

588. As to (1) there are five objects on which impositions are generally laid: (a) persons, (b) estates, (c) domestic produce consumed by people (d) goods exported and imported, (e) [legal] deeds.

589. As to (2) The least burdensome taxes are considered to be those that are voluntary and exempt from constraint, which also concern all the inhabitants of the state in general, and which are augmented in proportion to the luxury of each individual.

590. But to make, as much as possible, the weight of the impositions felt less by the subjects, it is necessary to preserve as a permanent rule, to avoid monopolies in all cases, that is not to give to any one the trade in this or that exclusive of everybody else.

591. As to (3) The diminution of expenses during collection demands a detailed consideration of trifles, and of the exclusion from their number of everything which sometimes causes unnecessary expenses.

592. As to (4) The more the people prospers, the more certainly it will be in a position to pay.

593. It may be observed here, that in general there are taxes which by their nature are subject to many difficulties and certain inconveniences, for the elimination of which ways must be found; there are others which, if the expenses incurred in their collection are subtracted, are extremely unimportant.

594. It is also necessary to investigate, why are there arrears in certain places?

595. Is it because less money circulates there than in other places?

596. Or because the export of surpluses is burdensome;

597. Or because there is not enough there of arts and crafts;

598. Or because the people there has insufficient means for their enrichment;

599. Or does it come from laziness, or from oppression greater than elsewhere?

600. We must now turn to (50 which speaks of the state's administration of taxes, or the economy, which is otherwise called the administration of finances. But We comprehend all this under the heading of the state economy.

601. It has been pointed out above that there are five objects of revenue: but impositions in a state are like sails on a ship, for her safe course and arrival at the intended port by the intended route, and not for weighing her down increasingly as she floats along the waves, until she finally plunges into the abyss.

602. Whoever considers the economy of the state by money alone, sees only its final issue, and does not understand its basic principles. But he who examines carefully all the aspects of this area, and penetrates into its interior, will seek out both its main foundations and the ways and means of operation which are most necessary for the government.

603. What are the main foundations, which maintain the economy through their strength? Without a doubt, nothing but people.

604. From which it follows, that it is necessary (1) to encourage the increase of the people, so that there is a great number of people in the state.

605. (2) to use them to advantage according to the number of people and the extent of the lands; to facilitate and assist the various arts and professions in proportion to their different degrees of necessity and usefulness.

606. Here agriculture itself takes the first place. Because it alone nourishes people, it may bring them into such a condition, that they

possess everything else. Without agriculture, there will not be the prime materials for crafts and trades.

607. It is the duty of the economy to find out ways of encouraging landlords

(1) to make use of the goodness of lands of all kinds, whatever value they have and whatever produce they yield.

(2) to try to cultivate and increase the fruits, woods, trees and all other plants which cover the face of the earth.

(3) to multiply animals of all kinds and aspects creeping on the earth and flying in the air, which serve to improve the land and receive food from it in a reciprocal manner.

(4) to exploit for their own benefit the metals or ores, salts, stones and other materials concealed within the earth and dug out from its bowels by our labour.

(5) and so with the fish and everything in general which is to be found in water.

608. There is the foundation and root of commerce. Through commerce all these things are brought into circulation within the state, or are exported into other countries.

609. Internal commerce cannot properly be so called; it is nothing more than simple circulation.

610. True commerce is that, by means of which the state acquires for itself from other lands necessary things, which it does not possess itself, and sends its surpluses beyond its limits.

611. But the export and import of goods are subject to different laws according to the difference of their object.

612. External commerce is not always the same.

613. Commerce which is well arranged and diligently conducted animates everything and supports everything: if it is external, and the balance is favourable to us; if it is internal, and the circulation meets no obstacles or shackles restricting it; then in both instances it must bring a general and permanent abundance to the people.

614. Whence are born riches; which are (1) natural or acquired;

615. (2) real or imaginary.

616. Among natural riches may be put the native wit of the inhabitants which, having received enlightenment, and being animated and elevated by zeal, might extend itself far, and by its great successes bring no small profit to the state and private people.

617. Lands, properly tested and diligently cultivated, will give a rich harvest and plentiful sufficiency of all sorts of things necessary, useful and agreeable.

618. Acquired riches are those which arise when zeal and diligence are dominant in trades, manufactures, arts and sciences.

619. Encouragement greatly assists further and more complete knowledge and production in all these.

620. As acquired riches one must also consider as interior: the convenience of canals, cut especially for water movement, in places which would otherwise be inaccessible to ships; as exterior: the spread of commerce by sea and its growth on land, its facilitation and production by the construction, repair and maintenance in good repair and permanence of main roads, bridges and ferries.

621. The number of things which are relevant here is so great that only the most important of them can be indicated; and even these are always by necessity and different circumstances subject to change. However, it will suffice to give an idea of what We understand by the name state economy. The rest must be left for the consideration of those, who will apply themselves to the execution of this important area, so that they might penetrate into its depths.

622. Some riches in the state are real, others are imaginary.

623. The real ones are either immovable or movable.

624. They belong either to the Sovereign, or to a private individual.

625. The riches of the Sovereign are either simply proprietary, likewise certain lands or other things belong to him as a particular private landlord or master; or as the riches of the Autocrat, holding sway by this God-given title over everything which comprises the public treasure.

626. The riches of private people are those which they possess as citizens, whose property is the foundation of the actual wealth of the State in two ways: (1) by produce of every kind, put by them into commerce and circulation; (2) by the impositions, which the private individual cannot pay otherwise, than by means of the self-same produce.

627. Real riches, which consist of the revenues, are either constant or occasional; and they belong, as do the lands, either to the Sovereign or to a private individual.

628. The revenues which belong to the Sovereign are likewise of two kinds: they are his either as particular private landlord, or as head of state.

629. The Sovereign possesses the first in his own right.

630. But as Autocrat, he counts: (1) all the revenues of state property in its entirety; (2) impositions on the property of others.

631. A wise Autocrat never increases this last revenue without the greatest regret, and if he does so he watches carefully to see that the arrangement of the impositions is effected in proportion to the resources of the subjects, so that it does not exceed the measure of their ability from the point of view of possessions, and so that it does not burden the citizens more than they can naturally support or can be in justice demanded from them.

632. In the collection of taxes, the greatest exactness, moderation and humanity should be observed.

633. Let us point out here that gold and silver, which are alternately both commodities and the symbols of whatever may be used in exchange, are acquired either from mines or Commerce.

634. Gold and silver may be considered either as primary material or as a thing manufactured.

635. Goods and all movable property are often the object of internal circulation, and of the commerce carried on with foreign states.

636. And in this case, particularly in the latter, it is very necessary to find out, whether the primary material and the completed manufacture together, or just one of them, is produced by our people.

637. Real riches may be prodigiously multiplied by those which are imaginary.

638. The latter are based on credit or trust, that is on the opinion which has been received and accepted, that payment is assured, and that means for payment are sufficient.

639. Credit or trust may be either that of the whole people, which is to be seen in banks and in the circulation of certain things which have been accredited by the good regulations of the government; or the trust of private individuals, either separately or together.

640. Separately, they may by their integrity, honourable conduct and far-sighted aims become the bankers not only of one state, but even of the whole world.

641. Together, they may unite in large or small assemblies in commercial companies; and then personal credit augments the public credit.

642. But the advantages of natural and acquired riches, real and imaginary are not confined within the limit of the present time; they stretch into the future as well, preparing the necessary means for the augmentation of the revenues, which also form a branch of the State economy.

643. These means are like credit; sensible use increases them, and abuse eliminates them.

644. It is not good either to be entirely ignorant of these means or to have constant recourse to them. They must be sought as if they could not be dispensed with; they must not on the other hand be used, except in actual necessity; and they must be used sparingly, with as much care as if it would not be possible to find other new ones in the future.

645. And to this prudent management we are led by the true main foundations of the state economy.

646. The general state economy is divided into the political and the domestic.

647. The political embraces the entirety of the people and things, the consideration of the situation, rank and employment of all people.

648. The entirety of things demands a good knowledge of them all in particular and in general, so that the relations between them might be judged, and all of them together be made useful for society.

649. Domestic economy has the following objects. With regard to the main foundations of the economy, its sources must be preserved unharmed, and they must be made more abundant if possible, and used without reducing them to penury or exhausting them.

650. With respect to riches, it is necessary to keep the lands in good condition and to try to improve them;

651. To defend rights, to collect revenues in such a manner that nothing is lost, which should go into the State exchequer.

652. And during expenditure, every part of the revenues should be used for the designated purpose.

653. So that total expenditures should not exceed revenues.

654. And so that the accounts might always be in order and attested by clear proofs.

655. From the whole of what has been said by Me here about the state economy it is evident, that the simplest and most natural division, the collection and connection of concepts clear and common to everybody lead to the straight forward definition of that word which is

so important for every society; that in this chapter all parts go in to each other because of the excellent relationship between them; that there is not one of them, which does not depend on the others; and that only the assembly of all these parts can establish, strengthen and perpetuate for ever the security of the State, the prosperity of the people and the glory of the Autocrat.

The original signed by Her Imperial Majesty's own hand thus:

CATHERINE

St. Petersburgh
8 April 1768

Printed at the Senate.

PRINTED EDITIONS OF CATHERINE'S NAKAZ: A BIBLIOGRAPHY

William E. Butler

Catherine II's Nakaz, or in the French language, *Instruction*, was intended to provide a framework of rules and a lawmaking guide for an assemblage of deputies summoned to Moscow to discuss and improve the Russian legal system. It was never intended – and confusion persists to the present day about this – to be a Code of Laws for adoption *in toto* by the deputies.

The Nakaz rapidly achieved fame throughout Europe and helped to secure for Catherine the title of "the Great". Of the 43 editions (not counting the present edition) published in ten languages, twenty-six appeared between 1767 and 1797. In 1771 the French Government prohibited two thousand copies from entering France, the country of its inspiration. Emperor Paul I later prohibited its being read in Russia. But the eminent enlightenment philosopher and correspondent of Catherine, Voltaire, greeted the Nakaz with unqualified praise in his correspondence with her. Voltaire's personal library, purchased by the Empress shortly after his death and now in the Russian National Library at St. Petersburg, contains a copy of the 1771 Amsterdam edition.

This bibliography of editions of the Nakaz requires some additional comments. The first and second texts of the Nakaz published in 1767 contain only twenty chapters; the final two chapters were each published separately in 1768. The third text (St. Petersburg, 1768) was the first to include the entire Nakaz – twenty-two chapters – as a unit; it sold for 50 kopecks.

The most desirable and rarest of all the versions of the Nakaz is the remarkable four-language edition of 1770. A masterpiece of eighteenth-century printing, the text of the Nakaz is spread over two quarto pages, two columns to a page, in four languages – Russian, Latin, German, and French. There are four separate title pages, one in each language. The first letter of each chapter is elaborately designed in contemporary Russian style. At the top of the first two pages and bottom of the last two pages of the book are allegorical engravings designed by Jacob Shtelin (1709-1785) and engraved by a Swabian artist then resident in Moscow, Christopher Melhior Roth (d. 1798). The Latin translation was by Catherine's state secretary and current favorite, Grigorii Kozitskii. The translators of the French and German texts have never been identified. It is known that the French and German texts from the 1769 and 1767 editions respectively were used in the 1770 four-language version, but the nineteenth century bibliographer A. Chertkova is alone in crediting the German translation to three individuals: G. F. Müller, Gr. Münich, and Klingshted.

Russian bibliographers indicate that the 1770 Nakaz was highly regarded by Russian bibliophiles. Catherine II presented copies to contemporaries throughout Europe. One such presentation copy, accompanied by a letter in French in Catherine's own hand to the Earl of Chesterfield, is held by the Harvard Law School Library.

The four-language edition evidently enjoyed a large printing. According to the bibliographer, Sopikov, the Academy Committee disposed of 1421 copies in 1808 at the price of 4 rubles, five kopecks per *pud* (one *pud* is 36 pounds). Whether those 1421 copies were pulped or not is unknown, but by 1861 the Nakaz was bringing five rubles at auction in St. Petersburg.

Of the subsequent editions, the 1771 Russian-Greek edition is noteworthy for its beauty as well as another attempt by Catherine II to identify herself as the protectress of Greek interests. The 1776 Russian edition was printed in only 700 copies. The first edition of 1767 was reprinted without place or year of publication in 1796-97, as determined from the watermarks in the paper by specialists at the Russian National Library.

The Dutch language editions were most probably, if not most certainly, made from French and German language versions rather than from the original Russian.¹

The Swedish version was most likely made from a French-language version. There is a copy in the Royal Library at Stockholm which, judging by provenance marks, at one time belonged to Chancellor Oxenstierna.²

BIBLIOGRAPHY

Russia

1. *Наказ Комиссии о составлении проекта новаго уложения* [М.], Печатан при Сенате, [1767]. 92, 136, 9 p. 8°. [СК2147; MH]
2. *Ея Императорскаго Величества Наказ Комиссии о сочинении проекта новаго уложения. Ihrer Kaiserlichen Majestät Instruc-*

---

1. See A. H. Huussen Jr., "Catherine the Great's Instruction (Nakaz) to Her Legislative Commission: The Dutch Translations of 1769 and 1794", in E. Waegemans (ed.), *Russia and the Low Countries in the Eighteenth Century* (1998), pp. 245-260 (Baltic Studies 5).
2. See A.Florovskii, «Шведский перевод Наказа Имп. Екатерины II» [Swedish Translation of the Nakaz of Catherine II], Записки Русского исторического общества в Праге [Notes of the Russian Historical Society in Prague], no. 1 (1927), pp. 149-152.

tion für die zu Verfertigung des Entwurfs zu einem neuen Gesetz-Buche verordnete Commission. Moscau, In der Kaiserlichen Universitäts-Buchdruckerey, 1767. 156 p. [CK2149; DLC; MH-L; WEB]

Parallel texts in Russian and German.

3. *Обряд управления Комиссии о сочинении проекта новаго уложения | Ordnung, nach welcher die zu Verfertigung des Entwurfs zu einem neuen Gesetzbuche verordnete Commission verfahren soll*. M., Gedruckt in der Kaiserlichen Universitäts- Buchdruckerey, 1767. 34 p. 8° [CK2163; DLC].

4. *Наказ данный Комиссии о сочинении проекта новаго уложения* [Спб.], печ. при Сенате, [1768]. 265, 29, 7 p. 8°. [CK2150; MH]

5. *Дополнение к большему Наказу ... глава XXI-XXII*. Спб., Печатано при Сенате, 1768. 8, 15 p. [CK2135-2136; MH-L; WEB]

6. *Instructions adressées de Sa Majesté l'Imperatrice de toutes les Russies Catherine II: pour la commission chargée de dresser le projet d'un nouveau code de loix*. St. Petersburg, [l'Imprimerie de l'academie des sciences], 1769. 286 p. 8° [MH-L; IDC]

7. *Instruction de Sa Majesté Imperiale Catherine I, pour la Commission chargée de dresser le projet d'un nouveau code de loix*. Traduit de l'allemand. St. Petersburg, Imprimerie de l'Académie des sciences, 1769. 1, 172, [2] p. 8° [DLC; MH; WEB; IDC]

8. *Наказ Ея Императорскаго Величества Екатерины Вторыя Самодержитсы Всероссийския, данный Комиссии о сочинении проекта новаго уложения | Instrvctio Sacrae-Imperatoriae Maiestatis Aecaterinae Secvundae | Ihrer kayserlichen Majestät instruction für die zu Verfertigung des entwurfs zu einem neuen gesetz-buche verordnete commission | Instruction de Sa Majesté impèriale Catherine II, pour la Commission chargée de dresser le projet d'un nouveau code de loix*. Спб., при Императорской Академии наук, 1770. [2], 403 p. 4° [CK2151; MH-L; WEB]

Four title pages, one in each language. Printed in double columns, Russian and Latin on one page and German and French on the opposite page. Allegorical engravings by C. M. Roth as head and tail pieces. Latin translation by Grigorii Vasil'evich Kozitskii (d. 1775).

9. *Наказ Ея Императорскаго Величества Екатерины II. учрежденной Коммиссии о составлении проекта новаго уложения | Eisēgēsis tēs Autokratorikēs Megaleiotētos Aikaterinas 2. pros tēn epitachthesian epitropian epi te ekthesei tou provlēmatos henos nearou nomikou kōdikos | переведенный на общий нынишний Греческий язык Иеродяконом Евгением Вулгаром |metafrazeisa eis tiō koiniō niō Ellēnōn dialektōn hypo Ierodiakono Eugeniou Voulgareōs* [Спб., В Типографии Академии наук, 1771]. 44, 274 p. 8° [СК2152; МН]

Translation by Eugenios Voulgaris (1716-1806).

10. *Наказ Ея Имперeторскаго Величества Екатерины вторыя Самодержиц, Всероссийския, данный Коммиссии о сочинении проекта новаго уложения, с принадлежащими к тому приложениями.* Спб., при Императорской Академии наук, 1776. [8], 212, [94] p. 8° [СК2153; МН]

Includes documents related to the Nakaz originally issued separately.

11. *«Наказ комиссии о составлении проекта новаго уложения», в Указы всепросветлейшия державнишия великия государыни Императрицы Екатерины Алексеевны, состоявшиеся 1769 июля с 1-го генваря по 1-го число 1768 г.* Спб., при Сенате, 1783. 4°

12. *Наказ Ея Императорскаго Величества Екатерины Вторыя Самодержитцы Всероссийския, данный Коммиссии о сочинении проекта новаго уложения, с принадлежащими к тому приложениями.* М., в Сенатской Типографии, 1796. [134], 258 p. 8°. [СК2154; МН]

13. *Наказ Ея Императорскаго Величества Екатерины Вторыя Самодержитцы Всероссийския, данный Коммиссии о сочинении проекта новаго уложения* [М., печ. при Сенате, 1796-97]. 118 p. 8°. [СК2148; МН]

Watermarks demonstrate that this edition was published in 1796 or 1797.

14. *Наказ комиссии о составлении проекта новаго уложения* [Спб.], печ. при Сенате, [1810]. 8°.

15. *Наказ Ея Императорскаго Величества Екатерины Вторыя Самодержитцы Всероссийския, данный комиссии о составлении проекта новаго уложения, с принадлежащими к тому приложениями.* Спб., Тип. Правительствующаго Сената, 1820. 299 p. 8°. [WAU]

16. Текст в *Полное собрание законов Российской Империи.* М., 1830.

17. Текст в *Сочинения Императрицы Екатерины II.* Изд. А. Смирдина. Спб., В типографии Императорской Академии наук, 1849-50, т. I. 4° [MH]

18. *Наказ Ея Императорскаго Величества Екатерины Вторыя Самодержицы Всероссийския данный Коммиссии о сочинении проекта новаго уложения | Instruction de Sa Majesté Impériale Catherine II pour la Commission chargée de dresser le projet d'un nouveau code de loix.* с библиографическими заметками И. Г. Безгином. Спб., Изд. Л. Пантелев, 1893. 53, 201 p. [DLC; MH-L; IDC]

Il'ia Grigor'evich Bezgin (1852-1907) added bibliographic notes to the Russian and French texts in parallel columns.

19. *Наказ Императрицы Екатерины II: данный Комиссии о сочинении проекта новаго уложения.* Ред. Н. Д. Чечулин. Спб., [Имп. Акад. наук], 1907. ii, cliv, 174 p. [DLC, MH-L]

Edited by Nikolai Dmitrevich Chechulin (1863-1927).

20. *Имератрица Екатерина Вторая. Наказ, данный Комиссии о сочинении проекта нового Уложения.* Под редакцией и с предисловием В. А. Томсинова. Библиография: проф. У. Э. Батлер. М.: Зерцало, 2008. 544 p. (Серия «Русское юридическое наследие»). 1000 ptd.

Publishes the four language versions from the 1770 edition in consecutive order (Russian, French, Latin, German), followed by two English versions, the Tatishchev (1768) and Macartney/Dukes (ca. 1768/69) translations.

England

21. *The Grand Instructions to the Commissioners Appointed to Frame a New Code of Laws for the Russian Empire: composed by Her Imperial Majesty Catherine II, Empress of all the Russias ; to which is prefixed a description of the manner of opening the commission, with the order and rule for electing the commissioners, translated from the original, in the Russian language, by Michael Tatischeff, and published by permission.* London, printed for T. Jeffreys, at the corner of St. Martin's Lane, Charing Cross, MDCCLXVIII [1768]. xxiii, 258 p. 4to. [MH-L; WEB]

22. "The Grand Instructions to the Commissioners Appointed to Frame a New Code of Laws for the Russian Empire: composed by H. I. M. Catherine II", in William Fiddian Reddaway (1872-1949), *Documents of Catherine the Great: The Correspondence with Voltaire and the Instruction of 1767, in the English Text of 1768.* Cambridge, The University Press, 1931. xxxii, 349 p. [DLC; MH]

23. "The Grand Instructions to the Commissioners Appointed to Frame a New Code of Laws for the Russian Empire: composed by H. I. M. Catherine II", in William Fiddian Reddaway (1872-1949), *Documents of Catherine the Great: The Correspondence with Voltaire and the Instruction of 1767, in the English Text of 1768.* New York, Russell & Russell, [1971]. xxxii, 349 p. [DLC].
Reprint of the 1931 Cambridge edition.

Germany

24. *Ihrer Kayserlichen majestät instruction für die zu verfertigung des entwurfs zu einem neuen gesetz-buche verordnete commission.* Frankfurt und Leipzig, 1769. 160 p. 8to. [MH-L]

25. *Katharina der zweiten kariserin und gesetzgeberin von Russland instruction fur die zu Verfertigung des Entwurfs zu einem*

neuen Gesetzbuche verordnete Commission. Frankfurt/M., Verlag Ferdinand Keip, 1970. [vi], 142 p. [DLC; WEB]

Holland

26. *Code Russe ou Instructions addresses par sa Majesté L'Impératrice de toutes les Russies. A la Commission établie pour travailler à l'exécution du projet d'un nouveau Code de Lois.* Traduit de l'Allemand. Troisieme Edition considérablement augmentée. Amsterdam, Ches Marc-Michel Rey, 1775. 286 p. [WEB]

27. *Instructien gegeven door Katharina de II. Keizerin en Wetgeevster van geheel Rusland. Dienende tot eene Handleiding voor de kommissie aangesteld door deze Vorstin, om te arbeiden aan een Nieuw Wet-boek.* Amsterdam, Gerrit Bom, 1769.

Translation by Joan van Woensel (1740-1816).

28. *Instruction de sa Majesté Impériale. Catherine II: pour la commission chargée de dresser le projet d'un nouveau code de loix.* Amsterdam, Chez Marc Michel Rey., 1771. [7], 229 p. 8to. [MH-L; WEB]

With engraved medallion portrait of Catherine II by C. A. Boily.

29. *Berigtschrift van Catharina de Tweede ter vervaardigung van een ontwerp voor ein nieuw Russiesch wetboek.* Delft, M. Roelofswaert, 1794. 8to.

Translated by Johan Gerard Van Oldenbarnevelt (c. 1735-1803).

Italy

30. *Istruzion di S.M.C. Caterina II I.d.R. alla deputazione ...* Pisa, 1769.

31. *Istruzione emanata da Caterina Seconda, Imperatrice e legis-*

latrice di tutta la Russia stante la commissione stabilita da questa sovrana per la reduzione di un nuovo codice delle leggi tal quale è stata impressa in Russia, n Alemagna, e in Francia. Tradotta nuovamente dal Francese in lingua Toscana. Firenze, Stamperia Bonducciana, 1769. 160 p. 8to. [DLC; MH-L; WEB]

    DLC catalog shows 160 p.

32. *Istruzione data da Catterina II alla commissione* ... 1790. 8to.

Latvia

33. *Katharina der zweiten kariserin und gesetzgeberin von Russland instruction für die zu Verfertigung des Entwurfs zu einem neuen Gesetzbuche verordnete Commission.* Riga und Mietau, Verlegts Johann Friedrich Hartknoch, 1768. [vi], 142 p. 8to. [WEB]

    Translation by M. [J. J.] Haigold, the nom de plume of A. von Schlözer, who indicates in a Preface that the German translation published in Moscow is not authentic and offers this version. Reprint edition exists: Frankfurt/am Main, Verlag Ferdinand Keip, 1970. [vi], 142 p. 525 articles. See item 25 above.

34. *Katharina der zweiten, Kariserin und Gesetzgeberin von Russland, Instruction für die zu verfertigung des entwurfs zu einem neuen gesetzbuche verordnete commission.* Riga und Mietau, Verlegts Johann Friedrich Hartknoch, 1769. 214 p. 8to. [CUD; NYPL]

    New translation by M. [J. J.] Haigold.

35. "Katharina der zweiten kariserin und gesetzgeberin von Russland instruction für die zu verfertigung des entwurfs zu einem neuen gesetzbuche verordnete commission", in M. Johann Joseph Haigold [August Ludwig Schlözer], *Neuverandertes Russland oder Leben Catharina der Zweiten Kaiserinn von Russland.* 2d. rev. ed. Riga und Mietau, Johann Friedrich Hartnoch, 1769, I, pp. 247-510. [WEB]

    Engraved frontispiece portrait of Catherine II.

36. "Katharina der zweiten kariserin und gesetzgeberin von Russland instruction für die zu verfertigung des entwurfs zu einem

neuen gesetzbuche verordnete commission", in I. [J. J.] Haigold, *Neuverandertes Russland.* 3d ed.; Riga und Mietau, 1771, I, pp. 247-510.

Poland

.37. *Ordynacya S. y N. Katarzyny II, I.C.R. dana w roku komissyi zebraney* ... Warsaw, 1780. 8to.

Sweden

38. *Innehaller Hennes Maj:ts Kajsarinnan i Ryssland Catharina den Andras år 1767 utfärdade Instruction för Committerade till Ryska Lagbokens författande, hvarvid, af den anledning, at eh betydlig del av Kajsarinnans Instruction är hämtad ur Montesqieus Arbete, kallat "De l'Esprit des Loix", eller om Lagarnes Förstånd, ej allenast under varje §, där Hennes Kejserliga Maj:t och Montesqieu ord ifrån ord yttrat sig lika, sådant blifwit anmärkt, utan och tillagt hwad Montesqieu uti äamnet, antingen widare sig uttalat, eller desse bägge Författare i grundsatserne warit skiljaktige.* Stockholm, Anders Zetterberg, 1796.

Translation by Jacob Albrecht Flintberg (1750-1804). A multi-volume publication devoted to Swedish legislation, except for volume one, which contains the Nakaz.

Switzerland

39. *Instructions adressées par Sa Majesté l'Imperatrice de toutes les Russies, à la Commission établie pour travailler à l'execution du projet d'un nouveau code de loix.* Traduit de l'allemand. Yverdon, Aux dépends de la Société typograph, M.DCC.LXIX [1769].

286, [i] p. 12to. [DLC; MH, WEB]

The "Approbation" is on a separate page without pagination, but also dated 17 February 1769.

40. *Instructions adressées par Sa Majesté l'Imperatrice de toutes les Russies, à la Commission établie pour travailler à l'execution du projet d'un nouveau code de loix*. Traduit de l'allemand. A Petersbourg [Yverdon], M.DCC.LXIX [1769]. 286 p. 12to. [WEB]

Translated by J. Rodolphe Frey des Landres from the version published in item 2 above. The "Approbation" is incorporated into the pagination and dated 17 February 1769. The Lawbook Exchange Ltd. offered in 2009 a copy bearing the super libros of the Duke of Buccleuch centered on each board and an early manuscript transmittal note affixed to the front pastedown and on the half-title a text probably in the hand of the Duke: "Supposed at St. Petersburg | to be written by Herself- | Sent to me by Mr. Gathstone[?] | from St. Petersburg". ($1,500).

41. *Nouveau code de lois, ou Instructions* ... A Petersbourg (Yverdon), 1769. 12to.

42. *Instruction donnée par Catherine II Impératrice et Législatrice de toutes les Russies, a la commission établie par cette souveraine, pour travailler à la rédaction d'un nouveau Code de Loix, telle qu'elle e été imprimée en Russe & en Allemand, dans l'Imprimerie Impériale de Moscow*. Traduite en Francois. Nouvelle édition, augmentée. Lausanne, Chez François Grasset & Comp., 1769. [4], xiv, 160 p. 4to. [APS, WEB]

Engraved frontispiece portrait of Catherine II, titlepage with engraved vignette. The APS copy donated by Thomas Vaughan on 20 October 1809.

United States of America

43. "Catherine the Great's Instruction (NAKAZ) to the Legislative Commission, 1767", in P. Dukes (ed.), *Russia under Catherine the Great*. Newtonville, Oriental Research Partners, 1977, II, pp. 42-121 [WEB].

This is the first publication of the Dukes/Macartney English translation of the Nakaz.

www.ingramcontent.com/pod-product-compliance
Lightning Source LLC
Chambersburg PA
CBHW022005300426
44117CB00005B/45